中国社会科学院　学者文选

夏鼐集

中国社会科学院科研局组织编选

中国社会科学出版社

图书在版编目（CIP）数据

夏鼐集／中国社会科学院科研局组织编选. —北京：中国社会
科学出版社，2008.7（2018.8 重印）

（中国社会科学院学者文选）

ISBN 978 - 7 - 5004 - 7047 - 2

Ⅰ.①夏… Ⅱ.①中… Ⅲ.①夏鼐（1910～1985）—文集②考古学—中国—文集 Ⅳ.①K870.4 - 53

中国版本图书馆 CIP 数据核字（2008）第 096198 号

出 版 人	赵剑英	
责任编辑	李 是	
责任校对	周 昊	
责任印制	戴 宽	

出　　版	中国社会科学出版社	
社　　址	北京鼓楼西大街甲 158 号	
邮　　编	100720	
网　　址	http：//www.csspw.cn	
发 行 部	010 - 84083685	
门 市 部	010 - 84029450	
经　　销	新华书店及其他书店	

印刷装订	北京市十月印刷有限公司	
版　　次	2008 年 7 月第 1 版	
印　　次	2018 年 8 月第 2 次印刷	

开　　本	880×1230　1/32	
印　　张	16.5	
字　　数	401 千字	
定　　价	99.00 元	

凡购买中国社会科学出版社图书，如有质量问题请与本社营销中心联系调换
电话：010 - 84083683

出 版 说 明

一、《中国社会科学院学者文选》是根据李铁映院长的倡议和院务会议的决定，由科研局组织编选的大型学术性丛书。它的出版，旨在积累本院学者的重要学术成果，展示他们具有代表性的学术成就。

二、《文选》的作者都是中国社会科学院具有正高级专业技术职称的资深专家、学者。他们在长期的学术生涯中，对于人文社会科学的发展作出了贡献。

三、《文选》中所收学术论文，以作者在社科院工作期间的作品为主，同时也兼顾了作者在院外工作期间的代表作；对少数在建国前成名的学者，文章选收的时间范围更宽。

中国社会科学院

科研局

1999 年 11 月 14 日

目　录

考古学与科技史

中西文化交流和外国考古

田野考古发掘报告

代序：我是怎样开始从事
考古学研究的[*]

　　这里，就我是怎样开始从事考古研究的，和本论文集所收论文的写作背景作一简要的叙述。

　　在清华大学历史系学习之时，我的兴趣是在中国近代史方面。1934 年我在那里毕业以后，一个偶然的机会通过了清华美国公费留学生考古学专业的考试，于是改变了专业，开始专修考古学。1935 年春，我参加了安阳侯家庄西北冈的发掘，当时发掘队的主任是梁思永先生（1904—1954）。这是我第一次从事田野工作。同年夏天，为了留学而远渡重洋，到了英国的伦敦。由留学美国改为留学英国，是根据当时尊师李济先生（1896—1979）的指示。

　　1930 年代的英国考古学界，是巨星璀璨、大学者辈出的时代。埃及考古学有比特里（W. M. F. Petrie, 1853—1942），美索不达米亚考古学有伍莱（C. L. Woolley, 1880—1960），希腊考古学有伊文思（A. Evans, 1851—1941），理论考古学，以及比较考古学有柴尔德（G. Childe, 1892—1957），田野考古学有惠勒

　　* 本书是据作者《考古学论文集》的日文版（1981 年）摘录。题目是编者另加的。

（M. Wheeler，1890—1976）。说到惠勒，我曾在他的指导下在梅登堡（Maiden Castel）发掘工地进行过实习，至今我还记得他的名言："我们的发掘不是为了寻找宝物，而是为了寻找居住遗迹的柱洞。"1973年，我再度访问英国时，惠勒过去在梅登堡的发掘成为我们谈论的话题。

我在伦敦大学学习的是埃及考古学。当时的中国考古学尚处在开创时期，远不成熟。我认为，我们首先必须学习的是近代考古学中获取资料的田野工作和室内整理研究等一系列科学的方法。因此，在专修埃及学之外，我还到了埃及当地、与其相邻的巴勒斯坦地区，参加发掘。另外，我利用伦敦大学的比特里收藏品中的埃及古代文物，完成了博士论文的写作。

直至1939年欧洲大战①开始，这一时期我就是这样度过的。战争爆发后，我离开了英国。

归国途中，我在埃及逗留了一年，之后才回到了中国，在四川省的南溪李庄参加了工作。当时，战火熊熊，但在大后方进行考古调查和发掘还是可能的。1941年，参加了吴金鼎博士（1901—1948）率领的四川彭山发掘队，进行东汉时代崖墓群的发掘。1944—1945年间，参加向达教授（1900—1966）率领的西北科学考察团沿河西走廊在兰州至敦煌这一地区进行调查。另外，我本人作为负责人，进行了敦煌附近的发掘和洮河流域史前遗址的调查发掘，其成果的一部分见于本论文集中的论文。

我的考古工作的大部分，是1949年以后进行的，1950年中国科学院创立之时，最初建立的一系列研究所中就有考古研究所。郑振铎先生（1898—1958）作为文化部文物事业管理局局长兼任考古研究所所长，健康状况欠佳的梁思永先生（1904—1954）担

---

① 即第二次世界大战。——编者注

任第一副所长，另一名副所长就是我。1950年在北京就任职务仅仅一周之后，我便率领发掘队离开北京前往辉县进行发掘。次年春季，带领发掘队在河南西部进行考古发掘；秋季，率发掘队赴长沙进行发掘。回到北京，主持《辉县发掘报告》（1956）和《长沙发掘报告》（1957）这两部专著的编写，并执笔了其中的部分章节。

由于郑振铎、梁思永两位先生相继辞世，考古研究所从学术方面的事务到非学术性的行政工作都落到了我的肩上，并且越往后这样的工作越多，长时间到野外亲自主持发掘的时间便越来越少了。但即使如此，1955年前往洛阳主持黄河水库考古队的调查工作，1958年在北京主持定陵的发掘工作。其他的发掘工地，也能够前往参观。这样从事发掘工地工作的同时，写就数十篇文章，除本论文集所收之外，1979年出版了题为《考古学和科技史》的论文集。

1949年以后的30年间，特别是最近10年间，我常常到外国访问，参加学术会议。迄今先后访问了法国、日本、巴基斯坦、阿尔巴尼亚、秘鲁、墨西哥、英国、伊朗、希腊、意大利、泰国、美国等，计14次，其中英国和日本两国访问过两次。在国内，在考古研究所会见了大量的外国来宾，其中与日本友人的相会为数最多。通过这样的学术交流，相互交流经验，在获得不少有益的知识的同时，同许多外国友人结下了友谊。

1980年7月22日

考古学与考古工作

什么是考古学[*]

考古学的研究对象是古老的实物，但是作为一门科学的学科，它却是一门很新的学科。它的起源相当早，因为一个社会发展到一定的阶段，社会成员的思想意识发展到一定的阶段，他们便会对自己的过去历史发生兴趣，对于古代传留下来的遗物和遗迹发生兴趣。出于各种不同的动机，他们搜集古物、调查古迹，有的更进一步把它们记录下来，甚至于探讨它们的意义，进行个别的研究。但是这些只是考古学的前身，还不是现代学术界所指的科学的、近代的考古学。

既然"考古学"的概念和研究范畴在各个时代中并不相同，便在同一时代中，各人的理解也不完全相同，那么，我们便有必要说明我们今天对于考古学这门学科的理解。

汉文中"考古学"一名，译自欧文，而欧文中考古学一词的字源，如英文（Archaeology）、法文（Archéologie）、德文（Archäeologie）、俄文（Археопогия）、意大利文（Archeologia）、西班牙文（Arqueologia）等各国文字，都是源于希腊文

---

[*] 本文原载《考古》1984 年第 10 期。

Αρχατολογτα。希腊文中这个字是由 αρχατος（意为古代或古代事物）和 λοϒος（意为科学）组成。这名词在古代希腊是泛指古代史的研究，公元前 4 世纪时柏拉图使用这字时便是这种含义。后来这字很少使用。但是，到 17 世纪时，这名词又重新使用，这时已用以指古物和古迹的研究。最初，即 17、18 世纪时，一般用以指古物和古迹中的美术品；到了 19 世纪时，这才泛指一切古物和古迹。

中国早在东汉时代（1—2 世纪）已有"古学"一名称，如《后汉书》说郑兴长于古学，又说他好古学。书中又说：马融传古学，贾逵为古学，桓谭好古学。这都是泛指研究古代的学问。到了北宋中叶（11 世纪）便已有考古学的前身金石学的诞生。最初是限于吉金（青铜彝器）和石刻；并且已有"考"、"古"二字连文。例如，1092 年成书的北宋学者吕大临的《考古图》，其中著录了公私收藏的古代铜器和玉器，便是把"考古"一词作这样理解的。稍晚的南宋程大昌《考古编》、叶大庆《考古质疑》二书，虽也用"考古"一辞，其内容乃是考证文章，当又作别论。到了清代末叶，金石学的研究范围扩大了，便有人（如罗振玉）主张应改称"古器物学"。当然，清代至民国的这种古器物学，更接近于近代的考古学。所以也有人把西文的考古学一词译作"古物学"（如 1931 年商务印书馆出版的《百科名汇》，第 28 页）。但是我国的这种"古器物学"经过系统化后虽然可以成为考古学的一部分，而本身并不便是考古学。而且考古学一词现已成为一般通用的学科名称，我们应加采用。日本由欧洲引进这学科，最初是考古学和古物学两个名称并行，但是 1887 年（明治二十年）以后便专用考古学这一名称了（1976 年江上波夫监修《考古学ゼミナル》，第 2 页）。

考古学的定义，从前是有各种不同的说法，众说纷纭。现下虽然还不能完全一致，但是一般的理解还是相同的或近似的。我们可以说"考古学是根据古代人类活动遗留下来的实物来研究人类古代情况的一门科学"。

这个定义需要稍加解释。考古学是历史科学的一个部门。它的对象是属于一定时间以前的古代。所以近代史和现代史不属于考古学的范围。例如英国的考古学下限是诺曼人的入侵（1066），法国的是加洛林王朝的覆灭（987），美洲各国的是哥伦布发现"新大陆"（1492）。现下我国一般是以明朝的灭亡（1644）为下限。近年来，英国有了"中世纪考古学"（Medieval Archaeology）把下限移到资产阶级革命（1640），还有"工业考古学"（Industrial Archaeology），研究近代工业初期的遗物和遗迹。美洲各国有所谓"历史考古学"或"殖民地时代考古学"，是指1492年以后至美洲各国独立以前那一时期中的历史的考古学研究，那是到18世纪末和19世纪初的时代了。当然，随着时代的推移，所谓"古代"和"考古学"二者的下限都会自然地向下推移。但是研究近代史初期的工业遗物和遗迹的"工业考古学"，和美洲近代史的"历史考古学"都只是利用考古学的方法来研究近代史的一侧面，似乎还不能算是考古学的一部门。另一方面，有些人以为考古学是专门研究史前时代的遗物和遗迹（《牛津英语大辞典》中"考古学"一词的第三种释义）。这不是以绝对年代的古老为标准，而是以文化发展阶段的古老为标准。这样便把各个有古老文明的国家的历史时期考古学剔除出去，不算它是考古学。这是不妥当的。现下一般都采用较广泛的含义，将考古学包括先史的、原史的和历史的三个时期。当然，历史越古老，文字记载越稀少，考古学的研究也越重要。到了没有文字记载的史前时代，史前史的研究便几乎完全依赖考古学。因之，史前史也便等于史前考古学了。

考古学的研究对象是实物。有些人望文生义，偏重一个"古"

字，以为只要是考证古代的事物，不管它是史事、制度或实物，都可算是考古学。实际上，考古学研究的对象只是物质的遗存，这包括遗物和遗迹。所以它和利用文献记载进行历史研究的狭义历史学（History Sensu Stricto）不同。虽然二者同是以恢复人类历史的本来面目为目标，是历史科学（广义历史学）的两个主要的组成部分，犹如车子的两轮，飞鸟的两翼，不可偏废，但是二者是历史科学中两个关系密切而各自独立的部门。二者都以研究人类古代的历史（广义）为目标，但是方法不同而利用的材料也不同。一个是研究反映古代人类活动的实物，一个是研究记载人类活动的文字记载（文献）。有人把专门利用文献记载作古代史研究也称为考古学，这是不符合现代考古学的含义。

作为考古学的研究对象的实物，即物质的遗存，应该是古代人类活动遗留下来的。考古学是历史科学的一部门。马克思和恩格斯在《神圣家族》中说过：“历史不过是追求着自己目的的人的活动而已。”[①] 所以，考古学所研究的古物一般是古代人类有意识地加工过的。如果它们是未经人类加工过的自然物，那它们也一定是可确定与人类活动有关而能够反映古代人类的活动的。所以，在人类出现以前的地质时期中存在的岩石、矿物和动植物化石，都不能收入考古学研究范围中，虽然它们年代比人类本身的出现还要古老得多。即便在人类出现之后的时代中，如果遗留下来的实物和人类活动无关，它们也只能受到同样的对待。所以，考古学是属于人文科学中的历史科学，而不属于自然科学。但是，只要是反映古代人类活动的实物，它便是考古学研究的对象。它便不只限于古代器物（或古物，包括工具、武器、日用器具、装饰品等），还要包括人类居住及其他活动（如宗教活动、艺术活动

---

① 《马克思恩格斯全集》第 2 卷，人民出版社 1957 年版，第 119 页。

等）的遗迹（包括一切建筑物或建筑遗址，如寺庙、皇宫、住宅、作坊、矿山、堡垒、城墙等等），和反映古代人类活动的自然物（如农作物、家畜和渔猎采集品的遗骸）。由于考古学的研究对象是物质的遗存，苏联在十月革命后曾一度把"考古学"改称为"物质文化史"。这虽然突出了考古学这一特点，考古学所利用的资料虽然是物质的遗存，但是它所要恢复的古代人类历史是要包括各个方面，不限于物质文化。考古学可以通过物质遗存的研究以了解古代社会的结构和演化，即所谓"社会考古学（Societal 或 Social Archaeology）"，和美术观念和宗教信仰等精神文化的历史。所以在 1957 年苏联在使用了"物质文化史研究所"这名称将近 30 年后，仍改回去叫做"考古学研究所"。这也是因为考古学是全世界通用的一个名称。但是，我们仍应该以人类劳动手段的工具为重要的研究对象。马克思说过："要认识已经灭亡的动物的身体组织，必须研究遗骨的构造；要判别已经灭亡的社会经济形态，研究劳动手段的遗物，有相同的重要性。"[①]

古代人类活动的情况，包括人类的各种活动。然而这种活动的主体是作为社会的一个成员的人。人类的特点是社会的动物。人类所加工的器物（包括工具），和人类所创造的文化，都是反映他所在的社会的共同传统。个人的创造和发明，都是以他所在的社会中多年积累的文化传统为基础，而他的创造和发明也只有被他所在的社会中别的成员所接受和传播才成为他所在的社会的文化传统的一个组成部分。考古学研究的主要对象便是这些具有社会性的实物，是器物的整个一类型（type），而不是孤立的单独的一件实物。后者是古董，而不是考古学研究的科学标本。即便是有突出的美术价值的，那也是美术史研究的好标本，是代表某一

---

① 马克思：《资本论》第 1 卷，人民出版社 1957 年版，第 194—195 页。

个人的艺术天才，而考古学要研究的是一个社会或一个考古学文化的特征和传统，而不是某一个人的创作。这是美术考古学和美术史的区别，二者的着重点不同。考古学中似乎不应该有历史人物评价的问题。这不仅是因为所研究的实物绝大多数无法和历史人物相联系起来，而且更重要的是考古学的目的是研究人类的古代情况，研究的任务不同。横的方面，我们研究每一时期人类的各种活动情况和这些活动之间的相互关系。纵的方面，研究人类各种活动在时间上的演化。最后是进而阐明这些历史过程的规律。

作为一门历史科学，考古学不应限于古代遗物和遗迹的描述和系统化的分类，不应限于鉴定它们的年代和确定它们的用途（即功能）。历史科学应该是阐明历史过程（processes）的规律。当然，资产阶级的历史科学家，包括考古学家，有些人是不承认历史过程有客观的规律。因之，他们以为历史事实之外，只有史料鉴定学和历史编纂学，而没有阐明历史过程的规律的史学。有些人承认有客观的规律，但又把它同自然科学的规律，混为一谈。像60年代美国的"新考古学派"（New Archaeology），似乎便犯了这毛病，他们以为考古学的主要目标便是探求"文化动力学的规律"。他们叫嚣了20多年，"新考古学"变老了，但是他们仍然没有拿出一条大家公认的新规律来。马克思主义不仅承认有这种历史过程的规律，并且承认马克思主义的历史唯物主义便是这些规律中最基本的东西。历史现象和自然现象不同，是由于它有"社会的人"这一因素在内。自然现象的变化过程的因果律多少是带有机械性的，而历史过程的规律是辩证的，不是机械的。恩格斯曾说过："在社会历史领域内起作用的则是人，而人是赋有意识的，经过深思熟虑而行动，或受因热情驱使而行动，并且抱有预期的目的的。"当然，"它丝毫不能改变历史进程服从内在的一般规律这事实"。但是它"对于历史的研究，尤其是对于个别年代和个别事变的研究"，则是重要的[①]。我们不能把中国历史（包括中国考古学）写成简单的社会发展史。我们要探求历史进程的一般规律，但是也要探求各国家、各民族的历史进程互相不同的异点和它们的客观原因。例如史前考古中对于各种考古学文化的研究，便是这样的。尽管种种考古学文化形形色色、千变万化，但是它们的历史过程，由诞生、兴盛而最后消灭，即或归并（或混合）于另一文化，或质变而成为另一个文化。这些都是有一些共同的一般规律。同时，由于各种自然条件、社会历史背景和人们的活动等的差别，依照另一些规律而产生了各种考古学文化的特点和不同的变化过程。这样使得这种研究丰富多彩，引人入胜。各国历史时代的考古学也是这样，有它们的共性，也有它们的具有民族特点的个性。如果只谈社会发展的一般规律而不谈各国各民族的发展过程的特殊性，那是社会科学中的社会学，而不是历史科学中的考古学。

总而言之，考古学是一门历史科学，它的研究的目标、对象和观点，都和那基本上以文献为根据的狭义历史学一样。它们二者的区别，也就是考古学的特点，一是它所根据的史料是古代留下来的遗迹和遗物，它可以结合文献，但主要的不是依靠文献资料。二是它所涉及的时代是古代，不是现代。虽然各国、各民族的所谓"古代"并不相同，但是考古学所研究的，一定和当代有相当的时间距离。

我们只有正确地了解考古学是什么性质的学科，然后才能依据其性质来讨论我们应该采用什么方法来从事这门学科的研究工

---

① 恩格斯：《费尔巴哈与德国古典哲学的终结》，人民出版社1960年版，第36—38页。

作。这方法论的问题，我打算留待以后另写一文来讨论。

附注一　古器物学、古物学和文物研究

罗振玉在《与友人论古器物学条目书》中说："古器物之名，亦创于宋人。赵明诚撰《金石录》，其门目分古器物铭及碑为二。金蔡珪撰《古器物谱》，尚沿此称……今定之曰：'古器物学'，盖古器物能包括金石学，金石学固不能包括古器物也。"（1920 年成书的《永丰乡人甲藁：雪窗漫藁》，第38 页）罗氏的《雪堂所藏古器物图录》（1923），便将自己的见解付诸实施。于省吾的《双剑诊古器物图录》（1940）也沿用这名称。后来刘节于《中国金石学绪言》中，特立"古器物学鳞爪"一节，便是沿袭罗氏的说法。但是刘氏将古器物学与彝器学（礼器）并列，因之把它限于乐器、兵器、权度量衡诸器、符牌和服御诸器，一共五项。最后一项，刘氏将车器、马饰、行镫、门铺、烛盘、铜洗、犁钼、铁镈以及带钩、镜鉴都包括进去。但是刘氏又将泉币学、玺印学（包括封泥）、古陶学（包括瓦当、画像砖、陶范、明器等）另行分叙，不算它们是古器物。至于殷墟书契、流沙坠简及石刻（他以为石刻中以碑刻、墓志、造像、题名、画像石五者为最重要）等，刘氏也是别立节目，不放在古器物项下叙述（刘文见《图书季刊》第 1 卷第 2 期，1934 年，第 59—73 页）。这似非罗氏创倡古器物学的原旨。罗氏原来那篇书信中，把这些项目中绝大部分都列为"古器物条目"。我以为我们应保持古器物学的原来的涵义，但又要把古器物学和后来西文"考古学"异译的"古物学"一名，加以区别。这是我所以主张放弃"古物学"这一译名而专用"考古学"一名的原因之一。至于"古器物学"一名，仍可保留，相当于英文中的

Relicology（这字在英文书籍中也很罕用，见英文杂志《古代》第53卷，1979年，第95页）。一般称为"studies of antiquities"（古代文物研究）。这是对于古代遗留下的器物作研究，一般不包括居住遗址等遗迹方面，并且有点像狭义历史学中的史料学。史料学主要是考订文献资料的真伪和年代等。我们不能说史料学便是历史学；同样地，我们也不能说古器物学便是考古学。至于1949年后开始流行的"文物"一名，它和"古器物"不同，一方面"文物"不限于古代，它的范围包括近代和现代的字画、善本图书和革命文物；另一方面，它又似乎是有选择的，一般是指具有历史、艺术、科学的价值的，所以有时说：某件东西有文物价值。这样一来，"文物"虽可作为行政管理的对象，可以也应该设置文物局，便是文物事业管理局；一些以"文物"命名的刊物，也可以办，以刊登研究古器物、革命文物、字画、古建、善本图书等各科的文章，但是"文物"本身不能自成一门学科。自成一个体系的"文物学"是没有的。至于研究古代文物的古器物学，那只是考古学的一部分。至于把古代文物叫做"历史文物"，以区别于"革命文物"，这可能是为了区分历史博物馆和革命博物馆的藏品，但是这是不妥的。历史包括革命史，也包括近代史和现代史。为了避免不必要的错觉和混乱，为了加强科学性，我认为我们最好今后专用比较正确的"古代文物"一名。至于"历史文物"这一名词是最近30来年才有人使用的，现在似乎不应以"约定俗成"为借口而继续加以使用。

附注二　关于考古学的定义

考古学的定义，从前众说纷纭。现在把各种不同的定义，举出一部分，并稍加评论。

　　因为现代式的考古学这一名词的概念是国外输入的，所以它的定义也受到外国考古学著作的影响。1922 年日本出版的滨田耕作的《通论考古学》中所下的定义是"考古学者研究过去人类的物质的遗物之学也"（俞剑华译本，第 6 页），并且说它的目的是"研究人类的过去"（同上，第 10 页）。这定义是依据当时欧洲考古学者的意见而制定的，例如英国 D. G. 荷加斯（Hogarth）在他主编的《古籍证据和考古学》（1899 年再版）一书的序言中便有类似的定义。他说"考古学是研究人类过去的物质遗留"（Ⅶ页）。这在当时还是一个比较妥当的定义。滨田的书不久便译成汉文（1930 年的张凤的《考古学》一书，其中大部分便是由滨田的书编译而成；滨田的书有 1931 年俞剑华的全译本，商务印书馆出版）。1947 年合订本的《辞海》中在"考古学"条所下的定义是"研考古物之学也"。这定义未免太狭隘，太简单。这是古器物学的定义，不是考古学的定义。所以，撰者接着便加以解释说："其范围包括古代生物及人类日用之遗物与一切有关文化之古物而言。近时尤注意发掘之工作，于人文过程之陈迹，以次发见，收获良多。"这又过于繁多，不像个定义。而研究古代生物的学科是古生物学，不是考古学。

　　中华人民共和国建立初期，全国掀起一股学习苏联的热潮，考古学也不例外。1953 年便译出《苏联大百科全书》的"考古学"条目。这里对考古学所下的定义是"根据实物的历史材料，研究人类的历史过去"（第二版，1950 年，第 3 卷第 167—174 页，中译见《文物参考资料》1953 年第 12 期，第 76 页）。苏联考古学家 A. B. 阿尔茨霍夫斯基的《考古学通论》中所下的定义："考古学是根据实物史料来研究人类历史的过去的科学。"（原书 1954 年出版，中译本的《绪言》部分最初发表于《考古通讯》1955年第5期，第1—14页，后来全部译成中文后，于1956年由科学出版社出版）二者完全相同。所谓"人类的历史的过去"，是指一定时期以前（苏联考古学以蒙古入侵时期为断限）的人类作为社会成员的一切历史的活动。尽管苏联考古学家的立场、观点和方法，可能是和资本主义国家的考古学家，有所不同。但是二者对于考古学是什么这个问题，他们的认识似乎还是一致的。

1979年新版《辞海》中"考古学"条所下的定义是"根据实物史料研究人类社会历史的科学"（第2831页）。这虽然参考了前人各家的说法，加以酌定，但是似乎仍有未妥的地方。例如漏去"古代"这一形容词，似乎是怕犯了"厚古薄今"的错误。把研究对象限于"社会"，也嫌太狭。除非是专攻"社会考古学"，我们不能把考古学限于研究社会组织的结构和演化等，而是要广泛得多，包括人类各方面活动的历史。《现代汉语词典》（1978年版）中的考古学定义："根据发掘出来的或古代留传下来的遗物和遗迹来研究古代历史的科学"（第628页），颇为简明扼要。但是其中"发掘出来的或古代留传下来的"这13字实际也可以省略，只要是"遗物和遗迹"，当然不是发掘出来的发掘品，便是古代留传下来的所谓"传世品"或"地面上遗留"。不过，我们或许可以说：这里强调一下"发掘工作"也是好的。卫聚贤说："前人研究古物，可说是一种'金石学'，或'古器物学'。现代的考古，即西人所谓'锄头考古学'，注重在发掘。"（《中国考古小史》，1933年版，第4页）"锄头考古学"是"田野考古学"的俗名，是考古学中的一部门，不能把它和考古学等同起来。就一般而论，丹尼尔教授最近所下的考古学的定义，说它是"研究人类过去的物质遗存的一支历史科学"（《考古学简史》，

1981 年出版，第 13 页），仍是维持这一百来年的对于考古学的理解，还是比较妥当的。

此外，还有一些人对于考古学是什么这问题，有不同的理解。例如从前有人以为考古学主要是研究古典时代（希腊、罗马）的实物史料，尤其是美术品。现在很少有人这样想了。但是又有人走到另一极端，以为考古学是专研究史前时代，顶多可扩充到原史时代的（见《企鹅丛书》1972 年版《考古学的企鹅字典》第 21 页"考古学"条）。有人以为中国考古学便是研究中国境内各考古学文化所反映的各种文化内容。我们知道，"考古学文化"这一术语，是指史前时代的各种现下无法确定族名的人民的物质遗留所反映的文化，所以这里也是把考古学和史前学二者等同起来了。《牛津英语辞典》中"考古学"条第三种释义也说"史前时代的遗物和遗迹（纪念物）的科学研究"，也犯了这种"以偏概全"的毛病。像 G. 丹尼尔所指出的，史前学只能是考古学中的一个分支（丹尼尔，前引书，第 13 页）。

当然，考古学不能限于古物和古迹的分类和描述，以及初步的系统化的研究。那是初步的、必需做的工作。考古学还要利用对于古代文物的研究成果来阐明人类的古代历史。当然考古学的研究也可以在历史科学中已获得的关于历史发展过程的一般规律之外，探求一些新的规律或考古学所特有的规律。但是美国 60 年代所兴起的"新考古学"派，似乎走到了另一个极端。他们以为考古学是一种研究"文化过程"（cultural process）的一门科学，目的是获得"文化动力学"（cultural dynamics）的规律。他们以为 60 年代以前的考古学著作都是旧式的，都是值不得一读。他们撰造一些别人不容易懂得的术语用来阐述他们的"范例"（paradigms）和理论，提出一些"模式"（models）和规律。这是对于传统考古学流于繁琐的一种反抗，但是矫枉过正，流于片面性。怪不得当时有的老的考古学家说这种"新考古学"虽然很"新"，但并不是"考古学"，至少不是一般人所理解的"考古学"。现在经过了 20 多年，"新考古学"也有点变"老"了，锐气也有点降落了，但是他们仍没有获得什么得到公认的新规律（参阅丹尼尔，前引书，第 190—192 页）。像考古学这样一种科学，如果要取得发展，还是应该要从事实出发，详细占有材料，然后在正确的思想指导之下，采用正确的方法，进行具体分析，得出结论，包括一些规律或因果关系。但是这些是方法论的问题。在对某一学科下定义时，只应指出它是什么，而可以把方法论暂放在一边，留待讨论方法论时再谈。

关于考古学上文化的定名问题[*]

  在这次编写"十年考古"座谈会上，好几位同志提起了中国考古学上文化的定名问题。在会议结束时，尹达同志也曾对这问题作了简要的解说。我现在想对这问题提出一些不成熟的意见，以便引起大家的讨论；或许对于这问题的解决，有所帮助。

  我们先要弄清楚什么是考古学上的所谓"文化"。在考古学的文章中，常常出现"文化"这一名词。有时这是指一般用语中的"文化"，便是指人类社会在生产斗争和阶级斗争中，在科学、技术、艺术、教育方面和精神生活及其他方面所达到的总成就。例如我们说到"文化"或"物质文化"时，便是这种意义。但是在更多的场合中，尤其是涉及原始社会时，例如我们说到"仰韶文化"或"彩陶文化"时，这"文化"是考古学上的特别术语，是有它一种特定的含义。这是某一个社会（尤其是原始社会）的文化在物质方面遗留下来可供我们观察到的一群东西的总称。因为它常常以地名或特征性的东西（如陶器）来定名，有人误会以为是指某一地方或一陶系。于是对于在某一地区所发现的遗物或碰

 * 本文原载《考古》1959 年第 4 期。

到某一类陶系的陶片，便匆遽地以为它便是属于某一种文化。有人问起京戏《乌盆计》中张别古所拿着的乌盆是否属于"黑陶文化"。这种看法当然是不正确的。考古学上的"文化"，是表示考古学遗迹中（尤其是原始社会的遗迹中），所观察到的共同体①。这是一个复杂的共同体，上面那种错误的看法，显然是太过于片面性了。具体地举例来讲，我们在考古工作中，发现某几种特定类型的陶器和某类型的石斧和石刀以及某类型的骨器和装饰品，经常地在某一类型的墓葬（或某一类型的住宅遗址）中共同出土。这样一群的特定类型的东西合在一起，我们叫它为一种"文化"。因为这一群东西是共同存在于同一文化层或墓葬中，这表示它们是属于同一时代遗留下来的。因为它们的一起出现是经常的现象，并不是个别的孤立的事实，这表示它们是属于同一社会的产品。这个社会因为有共同的传统，所以留下来这些考古学遗迹的共同体。考古学所研究的破铜、烂铁、碎陶片，并不是因为它们古香古色，因之对它们本身发生兴趣，而是想通过它们来研究古代各个社会的社会经济情况和生活面貌。

既然弄清楚什么是"文化"，我们可以"言归正传"，讨论一下"文化"的命名问题。实际上，这里面包括两个问题：（1）在什么条件之下，我们可以认为一群遗物和遗迹是一个前所未知的特定的共同体而给予它们以一个新的"文化"名称？换言之，在什么条件下可以命名的问题。（2）给予这些新的"共同体"以怎么样的名称？换言之，即如何命名的问题。

因为后一问题比较简单，所以先加讨论。考古学上对于原始社会的"文化"，大多数是以第一次发现的典型的遗迹的小地名为

①　关于"考古学文化"的释义，可参阅《苏联大百科全书》，第2版，第24卷，第31页；中译文见《考古通讯》1956年第3期，第89—90页。

名。这是有它的历史渊源的。19世纪60年代法国考古学家莫尔蒂耶发表他研究法国旧石器文化的成果时，他依照地质学上地史分期的命名办法，用第一次发现的典型遗迹的地方来命名，例如"莫斯特"、"索留特累"、"马格德林"等名称。这些原是考古学上时期的名称，但实际上是兼指"时期"和"文化"的。后来对于中石器、新石器、铜器和铁器时代的原始社会的命名，也常常采用这种以典型遗迹的小地名为时期和文化名称的办法。到了20世纪第一次世界大战以后，因为考古发现的地理范围扩大了，才认识到这些名称以作为"文化"的名称为妥。如果用以作"时期"名称，那只能适用于欧洲某一地区范围以内而已，决不能作为全球性的时期名称。所以一般的趋势是用它们来指"文化"而不指时期。我们应该将"文化"和"时期"两个概念加以区别，否则会引起思想上的混乱。

这种用小地名来做"文化"名称的办法，被采用得最为普遍，例如我国考古学上的"周口店文化"、"丁村文化"、"仰韶文化"、"龙山文化"，苏联的"特里波列文化"，巴基斯坦的"哈拉巴文化"。另外也有以一地区或流域的名称来命名的，这多是事后是弄清楚这一文化的分布区域的大致范围而加以命名的。例如我国的"河套文化"，欧洲的"多瑙河文化"，苏联的"白海文化"，巴基斯坦的"印度河文化"（现在多称为哈拉巴文化）。也有以某一文化中特征的事物来命名的，例如我国的"细石器文化"、"彩陶文化"和"黑陶文化"，西欧的"钟形陶器文化"和"巨石文化"。至于时期较晚的原始社会，因为它们毗邻的各个社会中有些已有文字记录，所以这些文化有时便用文字记录上的族名来命名，例如我国的"巴蜀文化"，苏联的"斯基泰文化"，西欧的"克勒特文化"和"高卢文化"。至于历史时期中的"殷周文化"、"秦汉文化"，或"隋唐文化"，这里所用的"文化"一词，严格言之，是指一般用语中的"文化",便是指汉族在特定的时期中各方面的总成就,包括物质文化以外的一切文字记录上所提及的各方面的总成就。这与考古学上含有特定意义的"文化",严格说来,是要加以区别的。

"命名"的原来目标,是想用简单的名称来充分表示一种特定的含义。使用时大家互相了解,不致引起误解。命名的适合与否,似乎可以用这个标准来判断。像尹达同志在座谈会中所指出的,旧有的名称如果并不引起误解的,可以保留使用;否则可以考虑另起一个新的名称。这种新的名称以及新发现的各种文化的名称如何命名,似乎可以采用最通行的办法,便是以第一次发现的典型遗迹(不论是一个墓地或居住遗迹)的小地名为名。我很赞同这办法。旧的名称既已通行,如果并不引起误会,那么,"约定俗成",似可不必多所更动,反而引起混乱。例如苏联考古学家也承认"舍利文化"用"舍利"这名称不大适合,但是仍不肯追随西欧考古学家们将它改名为"阿布维利",便是由于这个缘故①。至于新的名称的命名办法,虽然考古学上惯例并不一致,但我们应该采用最为通行的办法,因为它有简便而确切的优点。以族名来命名的办法,只能适用于较晚的一些文化,并且须要精确的考据;否则乱扣帽子,产生许多谬误,反而引起历史研究的混乱。除非考据得确实无疑,否则最好仍以小地名命名而另行指出这文化可能属于某一族。苏联吉谢列夫同志以为西伯利亚的塔加尔文化可能属于中国史上的丁零族,但并不直接称它为"丁零文化",这是比较审慎的科学态度。以地区或流域来命名的办法,须要先知道这一文化的分布地区范围。这便在长期工作之后还会随着新发现而须要加以修改的。至于以某一特征来命名的办法,容易将片面

---

① 见叶菲明柯《原始社会》,1953 年版,第 106 页。

性的特征作为整个文化，而忘记了"文化"是一个复杂的共同体。例如有人碰到彩陶片便称为"彩陶文化"。像苏联考古学家所说的，这些"文化"是"在不同的族的共同体在形成过程中所产生的"[1]。"文化"应该是表示"一定地区内独特地存在着的族的共同体"。如果不论时间、地点和其他一切条件，只要有了彩陶片，便都属于同一文化，这样便失去了"文化"的原有意义。至于有些文化现今有两个不同的名称，却是指同一种文化，例如"仰韶文化"和"彩陶文化"。那么，为了名词的统一，我主张应该两者中选择其一，作为标准名词。在上面这个例子中，我个人的意见是主张采用"仰韶"一名，因为"彩陶文化"一名容易引起误解，并且已经引起过一些误解。关于选择"文化"名词这一问题，最好采用群众路线办法来解决。例如可以在全国性的考古会议上大家就某一文化的名称，展开争辩，然后得出基本一致的意见，决定采用某一名称，以求统一。

现在我们可以讨论在什么条件之下可以命名这一问题。像尹达同志所指出的，我们在过去太保守了。在具有适当的条件下，我们可以并且应该另起一些新的"文化"名称。什么是适当的条件呢？那天，因为时间关系，他没有来得及详加说明；在这里我想就以下三点详细地谈一谈。

第一点是：一种"文化"必须有一群的特征。像英国的进步的考古学家柴尔德所说的：一种文化必须是有一群具有明确的特征的类型品。这些类型品是经常地、独有地共同伴出[2]。一种文化如果没有特征，便无法与另一种文化区分开来。我们要求这些特

[1] 《考古通讯》1956 年第 3 期，第 90 页。

[2] V. Gordon Childe, Piecing Together the Past: the Interpretation of Archaeological Data, 1956, pp. 123—128.

征最好是有一群，而不是孤独的一种东西。因为不仅是一种形式的陶器（例如瓦鬲），或一种陶器纹饰（例如绳纹），不足以构成一种文化；便是只有一种陶系（例如黑色蛋壳陶系），也仍不足以构成一种文化，而须要有和这作为特征的陶系之外共同伴出的其他可作为特征的东西。这样一群的特征的类型品，才构成独特的一种文化。我们并不要求这文化中所有作为特征的类型品在每一个墓地或每一个居住址中都全部出现。但至少在两处出现，并且出现不止一件。另有一点须加注意，所谓作为特征的东西，并不一定是最重要的东西。有些在经济生活上占非常重要的事物，例如种植谷物和养畜豕羊，如果它们是属于较为普遍性的东西，在很长的时间中为广大地区内的各个共同体所使用，那么，它们便不足作为某一文化的特征，虽然描写这一文化的主要内容时仍必须提到它们。而某一些较不重要的遗物，例如特定类型的石环，或特定类型的陶罐，因为它们的发现是限于某一文化的遗存中，反而可以作为这文化的特征之一。一种文化中所特有的一群特征，是别的文化所没有的。这并不是说，别的文化遗存中绝对不偶尔包含有这一群特征性的类型品中之一二，但是不同包含全部整群。这种偶然出现可能由于两种文化的接触关系。马克思说："不同的共同体，是在各自的自然环境内，发现不同的生产资料和不同的生活资料。所以，它们的生产方式、生活方式和生产物，是不同的。也就因为有这种自然的差别，所以，在诸共同体接触的地方，引起了彼此间生产物的交换。"[①] 最后，这些作为特征的类型，应该是明确的类型。例如，谈到陶器，必须是用某种质料以某种制法所制成的某种（或某几种）形式的和某种（或某几种）纹饰的陶器，而不是像"灰陶"或"彩陶"那样空泛的不明确的类型。

---

① 马克思：《资本论》第 1 卷，人民出版社 1956 年版，第 423—424 页。

一种类型可以有不同的分型作为某一文化中不同分支的特征，而这些分型比起总类型来将会更为明确。这里另外还有一个问题，便是那些可以算是两个不同的文化，那些只是由于地区或时代关系而形成的一个文化的两个分支。这里各人可能有不同的看法，所以最好留待将来有机会时再加详细讨论。

第二点是：共同伴出的这一群类型，最好是发现不止一处。换言之，不仅在一个墓地中几个墓葬内，或一个居住址中几座住宅内发现，而是在不同的墓地和居住址中都发现过它们在一起的。如果一种文化确是代表一个族的共同体，它的分布决不会限于一个墓地或一处居住址的。族的共同体活动于一定限度的地域内，它的遗迹也将分布于这一地区内的几个地点。只有在较多的处所都发现有这一文化的遗存，我们才会知道它的分布的范围；我们才会认识到哪些是它的主要内容（包括作为特征的东西），哪些只是个别的遗迹中例外的东西，因之，可以确定这一文化的内容的变异的限度。当然最初发现时，可能只找到一处。但是我们必须继续发现几处，才有可以互相比较的资料，才可把它建立于巩固的基础上。

第三点是：我们必须对于这一文化的内容有相当充分的知识。换言之，在所发现的属于这一文化的居住址或墓地中，必须至少有一处做过比较全面而深入的研究，以便了解这一文化的主要内容。哪些虽不是特征，但在它的生活中是占重要地位的；另有一些既不重要，也不算特征，但仍是构成这一文化的一元素。这样一来，我们才能对这文化有全面的了解。如果仅在地面上拾到几片陶片或石器，便匆促地给它加上一个新的"文化"名称，这是不妥当的。

总之，在考古学上一种新的文化类型的成立，应当具备着必不可少的一定条件。如果应有的条件都具备了，而我们还迟疑不决，不敢给它以应有的新的名称，那就未免太保守了；这就会使一些不同类型的文化遗存长时间地混淆在一起，因而延缓了对于古代社会研究工作进展的速度。如果还不具备一种文化类型所应有的条件，而我们看到某些片面的个别的现象，就匆匆忙忙地给它一个新的名称，那就未免有些冒失了；这就会造成一些不应有的混乱，因而使古代社会的研究工作发生不必要的纠纷。根本问题在于对古代文化遗存的实事求是的科学分析。在这里踟蹰不前是不好的，轻率浮夸更是要不得的。考古工作者对于文化的命名问题，应当具有严肃的科学态度。

如果对于上述的三点加以充分考虑后，觉得有必要提出一个新的"文化"名称，我们便可以提出。当然事先要掌握有比较充分的资料，作了比较深入的分析，有了比较全面的了解；只有这样，才能提出这文化的所以区别于别的文化的主要特征是些什么，同时也应该描写这文化中其他虽非特征的而是重要的内容，并且，如果可能的话，确定它的时代和分布区域以及它和别的文化的关系。这样提出来后，最后一道手续，是像尹达同志所说的，采取"群众路线"来加以审查，我以为最好是在全国性考古会议上展开充分的争辩。如果认为它条件具备了，可以成为一个新的"文化"，就可以采用。否则可暂且搁置一下，经过继续的探索，有了更充分的了解之后，再加采用。

在本文开端时，我已声明过，本文只是想提出一些未成熟的意见，以便引起大家的讨论。所以，最后是希望大家提出批评。

考古工作者需要有献身精神[*]

我们考古学界的工作作风改革问题，也可以说是一个学科的学风问题。别的学科的情况，我不清楚，也不懂，我没有发言权。我只谈我们考古学这一学科。我这里谈的只是我个人的一些看法，并不代表学会的看法，事前也没有征求过理事们的意见。我的意见不一定都对。我想还是提出来请大家讨论和批评。

至少在考古学领域内，改革问题首先应该是反省一下：解放以来这30多年我们本行的工作中，有哪一些优良传统应该继承和发扬，有哪一些不正之风，或缺点、错误，应该坚决加以改革，以便把我们的工作做得更好。我看，有下列三点可以谈一谈：

第一点是贯彻我们考古学会章程第二条关于基本任务的规定：

* 本文是作者1985年3月1日在中国考古学会第五次年会开幕式上的讲话，内容包括："本届年会准备讨论的主要课题"、"我们考古学界工作的作风改革问题"两个方面，现摘录讲话的后一部分。全文曾在1985年3月10日的《光明日报》第1版发表。该报所加编者按指出："这个讲话，对于如何提高考古学学科的水平，科学工作者如何正确对待经济利益和生活改善问题，应该具有怎样的思想和作风，都发表了很好的意见。希望广大科学工作者和知识分子，都能从这个讲话中受到启发和教益。"后来，这篇讲话又在《考古》1985年第6期转载。

要"在马克思列宁主义、毛泽东思想的指导下，发扬实事求是的优良学风"。在学习马列主义方面，我们考古工作者，包括我本人在内，不是学得太多，多得消化不了，而是太少。另一方面，我们在工作中倒还是坚持"实事求是"的。日本学者贝塚茂树于1979年出版的一本书对我国考古学工作评价说："当然，中国是以马克思列宁主义为基本的社会主义国家，因而在考古学方面也贯彻一条马克思主义的线。……然而，在野外考古学调查、发掘现场，却是尊重事实。那种以理论歪曲解释事实的倾向虽不能说绝对没有，但是确实是罕见的"（《中国文明的再发现》，日文版，第21—22页）。他的话未必完全正确，但是至少可以供我们参考。我们要继续学习马列主义，以便把考古学研究提高到更高的理论水平。所以我们还是要坚持马列主义，好好地学习马列主义，尤其是我们仍要坚持"实事求是"的作风。"实事求是"是马列主义基本原则之一。丢掉了实事求是，就是丢掉马列主义的基本原则。

第二点是在我们中国考古学会章程第二条基本任务的规定中，除了"发扬实事求是的优良学风"之外，还要在马列主义、毛泽东思想的指导之下，"提高考古研究的科学水平"。每一学科的科学工作者，都有提高本学科的科学水平的任务，这不必细说理由。去年有位好心的朋友对我建议，你们考古学会也应该办些古物发展公司，搞搞经济效益，大家分奖金，公家也可节省学会经费津贴。我说：我们考古工作者，尤其是田野考古工作者，是不许搞古物买卖的。我们学会的组织是为提高本学科的科学水平，决不能是为了赚钱的。我国的田野考古工作者有一个优良的传统，私人决不买卖和收藏古物。前次邓力群同志在全国文物工作会议上还夸奖过，说这是个优良传统，应该坚持下去。

这个传统是有一段历史的。50年前我参加安阳殷墟的发掘，当时发掘队便有一个非成文的规定，队员个人不得买卖和收藏古物。这是因为你是主持发掘的，谁知道你收藏和出卖的古物是从地摊上收购的呢，还是挖出来私自收进腰包中去的呢？古人说"瓜田不纳履，李下不整冠"。我们应该避免"瓜田李下"的嫌疑。解放以后，我第一次带着年轻的同志到河南省西部作考古调查。有一天，一位年轻的同志拿着一把商代铜戈喜冲冲地跑来对我说：这是从地摊上买的，真是便宜货。我便把这道理讲给他听，并作为一条规定，要考古所的同志们自觉地遵守。后来"三反"、"五反"，以及"文革"中抄家，都没有发现考古所的同志有涉及窃取私藏出土古物的事。

关于科学研究和个人经济效益的关系，我想谈谈一个故事。发现放射性元素镭的居里夫妇，是大家都知道的。当居里夫妇考虑应否在他们的发现上取得经济上的利益时，他们都认为这是违反他们的纯粹研究观念。因之没有申请镭的专利，也就抛弃了一笔财富。居里夫人说："我坚信我们这样做是对的。"忘我的工作使他们没有闲暇，也无兴趣去谋求物质上的利益（见1984年《读者文摘》第8期，第13页，兰州出版）。当然，申请专利不仅不违法，而且就情理而言，也是说得过去的。但是作为一个科学工作者，至少是作为一个考古工作者，我们应该在精神思想上能够达到这样高度的境界：一心一意为了提高本学科的水平，而不计较个人的经济利益。同时，我们应该提倡"勤俭办科学"，这是周恩来总理从前几次号召过的。我们学会第一次年会是成立大会，在西安召开。有人提出会开过后是否可以组织参观甘肃敦煌千佛洞，说这是就近顺便参观，也是与考古学的业务有关的，可以报销。我说：你说得好容易，"顺便就近"去一趟，你知道敦煌离西安多少里？这是3650里的路程（见《旧唐书·地理志》敦煌郡条）。会议不能组织这个参观。谁要去自己设法。我可以介绍常书鸿所长做东道主，代为安排食宿。所以我们学会竭力节约开支，除第一次成立大会发了一个小塑料包以装文件，最近四届都是用纸的公文袋。人家说我们小气。我们就让他说吧。

第三点，我认为也是我们考古工作者，尤其是田野考古工作者的优良传统，便是"不怕吃苦"。我并不提倡"吃苦"主义，我曾提醒新的考古所领导班子，应该在可能做到的范围内，照顾田野工作队的生活条件和工作条件。但是作为田野考古工作者，为了工作取得良好的成果，应该有"不怕苦"的精神。我是在考古工作中当"小兵"出身的，知道田野工作的辛苦。最近一次考古所开了年终田野工作总结汇报会，我也去参加旁听。有些队长抱怨田野队工作得不到照顾。后来我对他们说：所中当然应该设法改进田野队的条件，但是由于种种原因，我们所中还无法满足所有的要求。同时希望各队在现有的条件下，为了取得科研成果，能够保持我们田野工作的好传统，有"不怕苦"的精神。我告诉他们我自己在旧社会中做田野考古工作的辛苦情况。例如1945年4—5月我在甘肃洮河流域一个人单枪匹马搞调查，凭着两条腿翻山越岭，有时好几天只有煮土豆蘸点盐巴当饭吃。现在我们的工作条件比旧社会好得多了。你们不要希望每个田野队马上配备上汽车和电视机。我这些话，好像从前我们请老贫农讲"忆苦思甜"，大家听了后，似乎心情便舒服一些。我们国家近几年经济好一些，但还是穷，我们田野考古工作不能要求改善生活过高过急。好在我们有"不怕苦"的好传统，我们田野工作的生活条件会随着国家经济发展而逐步改善的。我们合理的要求是会得到满足的，因为我们只是想有更好的工作条件，而决不在于私人的享受。我曾对青年同志说过，搞我们这一行总算"倒霉"。有的高级消费品，我们做田野工作的便是得到了也无法享受。我于1935年到英国留学，出国前做了两套西装。到英国我去参加考古发掘工作。发掘团的团长看到我身上穿着笔挺的新西装，便问我是来打算干啥的？我说是来参加发掘工作的。他说，快去换一套衣服再来吧。我是主张我们可以也应该搞一些娱乐，只要不耽误工作，又不费钱。我们1950年在辉县发掘时，有时晚间没有事，会唱京戏的搞清唱。赵铨唱"打渔杀家"，马得志唱"空城计"郭宝钧老先生来一段河南梆子，王仲殊唱一支日本歌，独有我什么也不会，只好做一个听众，每次听罢鼓鼓掌。如果我们想把我国考古学的水平提高到新的高度，这便需要我们有献身的精神，在工作中找到乐趣，不羡慕别人能够得到舒服的享受，也不怕有人骂我们这种不怕吃苦的传统是旧思想，旧框框。我们搞考古工作的，脑中有些"古旧"思想也是自然的嘛！

中国文明的起源与史前考古

中国文明的起源[*]

全世界最古老的、独立发展的文明，是六大文明体系。即：两河流域、埃及、印度、中国、墨西哥和秘鲁。前二者是有互相影响的关系，有考古学的资料为证。印度和两河流域二者之间的关系，也是如此。墨西哥和秘鲁在"新大陆"，和旧大陆远隔重洋，一般认为它们的文明起源与旧大陆无关。只有中国文明的起源这一问题，成为传播论派和独立演化论派的争论的交锋点。

以前，有的学者们以为小屯殷墟文化，即从安阳小屯殷墟所发掘出来的遗址、遗物，便是代表中国最早的文明。小屯殷墟文化，便是中国文明的诞生。

但是，小屯殷墟文化是一个高度发达的文明。如果认为这是中国文明的诞生，那就未免有点像传说中的老子，生下来便有了白胡子。

---

* 本文是作者应日本广播协会（NHK）的邀请于1983年3月在日本所作三次公开讲演中的一篇讲演稿。讲演集的日文版，以《中国文明的起源》为书名，由"日本放送出版协会"于1984年出版，为便于日本读者阅读，文末由日本考古学家添加注释。中文版由文物出版社于1985年出版并译载日文版注释。

　　于是有些人主张中国文明的"西来说"，说中国文明是把近东的两河流域成熟了的文明，整个移植过来。这是主张中国文明"西来说"者，用最简单的办法来解决中国文明起源这样一个复杂问题。

　　但这个问题并不是那样简单的。中国考古工作者经过了30多年的考古工作，对于小屯殷墟文化有了更加深刻的认识。在这一讲里，着重地介绍了安阳小屯的考古新发现，特别是关于青铜器的发现。更重要的是，对于中国文明的起源，可以从殷墟文化向上追溯到郑州二里岗文化，和比这更为古老的偃师二里头文化。从新发现的文化内容上，我们可以证明它们之间是有互相联系、一脉相承的关系。

　　关于中国文明的起源问题，最能代表商文明的高度水平的特点有：相当发达的冶铸青铜的技术与铜器上的纹饰，甲骨文字的结构与特点，陶器的型制与花纹，玉器的制法与纹饰，等等。这些都有它的个性、它的特殊风格和特征。它们可以证明，中国文明是独自发生、发展，而并非外来的。

　　从最新发现的中国新石器时代的各种文化的分布地区及其相互关系与发展过程，也可以看出中国文明的产生，主要是由于本身的发展；但是这并不排斥在发展过程中有时可能加上一些外来的因素、外来的影响。根据考古学上的证据，中国虽然并不是完全同外界隔离，但是中国文明还是在中国土地上土生土长的。

　　中国的考古工作者，现正在努力探索中国文明的起源。探索的主要对象是新石器时代末期或铜石并用时代的各种文明要素的起源和发展，例如青铜冶铸技术、文字的发明和改进、城市和国家的起源等等。这些都是我们中国考古学上今后的重要课题。

文明起源的早晚

"文明"一词，在中国文献中最初见于《易经·文言》中"天下文明"。孔颖达疏："有文章而光明也。"现今汉语用它来翻译西文中 Civilization 一字，指人类社会进步的状态，与"野蛮"相对①。摩尔根—恩格斯的社会发展史学说（Morgan Engels Theory）将"野蛮"分为"蒙昧"与"野蛮"两时期，和"文明"时期合为人类社会发展的三个时期。人类从野蛮时期的高级阶段经过发明文字和利用文字记载语言创作而进入文明时期。

现今史学界一般把"文明"一词用来以指一个社会已由氏族制度解体而进入有了国家组织的阶级社会的阶段。这种社会中，除了政治组织上的国家以外，已有城市作为政治（宫殿和官署）、经济（手工业以外，又有商业）、文化（包括宗教）各方面活动的中心。它们一般都已经发明文字和能够利用文字作记载（秘鲁似为例外，仅有结绳记事），并且都已知道冶炼金属。文明的这些标志中以文字最为重要。欧洲的远古文化只有爱琴—米诺文化，因为它已有了文字，可以称为"文明"。此外，欧洲各地的各种史前文化，虽然有的已进入青铜时代，甚至进入铁器时代，但都不能

---

① 今本《尚书·舜典》中，有"睿哲文明"句，论者或以为较《易经·文言传》为早。但今本的《舜典篇》，为东晋孔传本从《尧典》中分出者。据近人考订，其成书当在战国时代。《舜典》中，开始的28字（其中包括"睿哲文明"四字），实为南齐建武四年（487年）姚方兴奏献本所附加的（参见《十三经注疏》本《舜典》篇孔颖达疏及陈梦家《尚书通论》第71—72、112页）。因此，《舜典》篇的"文明"二字，较之《易经·文言传》的时代为晚。关于《文言传》的年代，一般以为应是西汉初期的著作。马王堆三号墓（西汉初年）出土的《易经》未见《文言传》。汉字"文"与"明"二字连缀一起构成一个词组，恐不能上溯到先秦时代。

称之为"文明"。

英国剑桥大学丹尼尔教授（G. Daniel）在 1968 年曾认为全世界最古老的独立发展的文明是六大文明：埃及、两河流域、印度、中国、墨西哥（包括奥尔密克文化和玛雅文化）和秘鲁。前二者是有互相影响的关系，这有考古学的资料为证。印度河流域和两河流域二者之间的关系，也是如此，荷兰著名考古学家法兰克福（H. Frankfort）在 20 世纪 50 年代初便指出全世界范围内独立发展的文明可能只有三个：近东（埃及、两河流域），中国和中、南美（墨西哥、秘鲁）。后者远在"新大陆"，与旧大陆遥隔重洋，一般认为它们的起源与旧大陆无关。只有中国文明的起源这一问题，成为传播论派和独立演化论派的争论的交锋点。它不仅是中国史学和中国考古学中的一个重要课题，也是世界文化史上的一个重要课题。

我以为中国文明的起源问题，像别的古老文明的起源问题一样，也应该由考古学研究来解决。因为这一历史阶段正在文字萌芽和初创的时代。纵使有文字记载，也不一定能保存下来，所以这只好主要地依靠考古学的实物资料来作证。

60 年以前，一位五四新文化运动的主将之一，文史研究的权威胡适博士，在 1923 年 6 月写给顾颉刚的一封信中还说道："发见渑池〔仰韶村〕石器时代的安特生近疑商代犹是石器时代的晚期（新石器时代）。我想他的假定颇近是。"① 1925 年法国考古学家第·摩根（J. de Morgan）以为中国文明的开始大约在公元前7 世纪至公元前 8 世纪，更早的便属于中国史前时代，情况完全不清楚。

自从 1928 年安阳小屯的考古发掘开始以后，经过了最初几年

---

① 胡适的这几句话，见顾颉刚主编的《古史辨》第一册，1926 年版，第 200 页。

的田野工作，便取得了很大的收获。到了 30 年代，已可确定商代
文化实在是一个灿烂的文明。但是当时一般学者仍以为小屯殷墟
文化便是中国最早的文明。有人以为这便是中国文明的诞生。我
们知道小屯殷墟文化是一个高度发达的文明。如果这是中国文明
的诞生，这未免有点像传说中的老子，生下来便有了白胡子。所
以有些人以为中国文明是西来的，是把近东两河流域成熟了的文
明整个拿过来。这是中国文明西来说者用最简单的办法以解决中
国文明起源这一个复杂问题。

　　但是这个问题并不是这样简单。我们经过了 30 多年的考古工
作，对于小屯殷墟文化有了更深刻的认识。我们先来谈一谈小屯
殷墟文化的面貌。

小屯的殷墟文化

　　我是 1935 年春季在安阳殷墟初次参加考古发掘的，也是我第
一次到考古圣地。那一季我们发掘西北冈墓群。发掘团在侯家庄
租到几间民房住下去。因为当时盗墓贼猖狂，曾寄来匿名信，要
我们不要染指他们视为宝藏的西北冈墓群，否则当心性命，所以
住处的门前有威风凛凛的武装士兵站岗。我最近一次去安阳，是
1976 年妇好墓发现后去参观这墓的出土物的。经过这 40 年的时
光，这里的农民生活变化很大，社会治安良好。我们考古研究所
在小屯村西建立了工作站，盖了楼房，有办公室、工作室、陈列
室和仓库。工作人员的条件改善了。日本朋友们去安阳参观，我
们都很欢迎。

　　这 40 多年来变化更大的是商代考古的研究方面。我们不仅累
积了更多的考古资料，并且研究工作也更加深入了。去年（1982
年）9 月我在美国檀香山参加商文化的国际讨论会时，与中国台

湾省来的代表和外国的同行们（包括日本的朋友）谈到这事时，大家也都有这种感觉。我们现在不是把甲骨文、铜器和玉器当作古董铺或收藏家的古董来看待，也不是把陶器、陶片、铜器、玉石器和骨器作为孤立的考古标本来做研究，而是把商文明作为一个文明的整体来作研究。

作为都市的殷墟

小屯殷墟是在今日河南安阳市西北约 3 公里余，在洹水南岸。它是商朝后期的首都。这是有文献记载的。秦汉之际（公元前 3 世纪末），大家还知道这里是"洹水南殷墟"（《史记·项羽本纪》）。关于都城的年代，虽有各种不同的说法，一般认为是盘庚迁殷一直到纣王被周所灭，共 273 年，全建都在这里。它的绝对年代，一般采用公元前约 1300—公元前 1027 年的说法，但是也有提早数十年到一百来年的可能。①

根据考古发掘结果，我们知道远在公元前第二个千年后期小屯殷墟已是一个都市规模的城市。这里的中心区有几片夯土地基。其中较大的一座是 30 年代发掘的 A 区 4 号房子，宽 8 米，长近 30 米。根据遗迹，这房子大致可以复原。小屯及其附近，还有铸铜、制陶、制玉石器、制骨等手工业作坊。当时手工业不仅已经和农业分工，并且已经相当发达，集中于城市内。中心区也有祭殉坑，当为房屋奠基及祭祀鬼神时的牺牲品。占卜是一种宗教活动，甲骨片刻辞后贮藏在坑穴中，有点像后世的档案处。在小屯没有发现城墙。工作站曾经有意地作了调查和试掘，仍是没有找

---

① 关于安阳殷墟的年代问题，参阅陈梦家《殷虚卜辞综述》，科学出版社 1956 年版，第 211 页。

到。只是在小屯村西约 200 米的地方，发现南北向的一条殷代灰沟，已探出的部分已长达 750 米。沟宽 7—21、深 5—10 米。发掘者推测它可能是王室周围的防御设施。这还有待于继续探测。如果这个推测将来被证明是正确的，如果这条灰沟向南伸延后转而东行直达洹水，那末，小屯就不需要筑城垣了。它的北边和东边已有天然的洹水河道作为防御之用。

最引人注意的是离小屯约 2.5 公里的西北冈帝王陵墓的墓地。西北冈在洹水北岸的武官村的西北。当时我们的发掘团住在侯家庄，所以叫它为"侯家庄西北冈"，实际上它是在侯家庄的东北。这墓地有亚字形大墓八座，其中最大的 1217 号墓，墓室面积 330 平方米，加上四个墓道，总面积达 1800 平方米。深度在 15 米以上。各墓的墓中和附近埋有殉葬的人，少则数十，多的可达一二百人。殷墟西区近年来发现了一千多座小墓，一般长度只 2—4、宽 0.8—1.2、深 2—3 米。它们的规模比起大墓来，相差很大。随葬物的丰俭则相差更大。这些都可以看出当时社会中阶级和等级的分化程度，和当时的埋葬的习俗。

商殷时代的文字制度

一个文明的重要的标志之一，便是有了文字制度。商文明的遗物中，在陶器、玉石、甲骨的上面，都曾发现过文字。尤其是刻字甲骨出土最多，已发现的当达 16 万片以上。1971 年我们在小屯西地发现一堆完整的卜骨，其中有字的 16 片，无字的 5 片；1973 年在小屯南地又发现有字的大小碎片达 4800 余片。商代的文字制度，是用后来所谓"六书"的方法，以记录语言。许慎《说文解字·叙》中说六书是指事、象形、形声、会意、转注、借假。这实际上是指象形、象意（包括象事）和象声，而以象形为基本。象形的字，如画一圆圈以代表太阳，画一个半圆以代表月亮，比较容易明白。象意的字，或用两个或更多的象形字合为一字使人领会意思，像许慎所说的止戈为武，人言为信（会意），或用几个不成字的点划以表示意思，如许慎所举的上、下二字（指事）。象声的字是用同音的象形字以代表无法象形或象意的抽象概念或"虚字"（假借），或于同音的象形字之外，又加一表示含义的象形字（后世称为"部首"），合成一字（形声）。这样使用不同的部首，便可使同音而异义的字区别开来，不致混淆。至于"转注"到底指什么，两千年来各种说法纷纭，我们暂时可以不必去管它。我是学过埃及象形文字（hieragraph）的。古代埃及人的文字制度也不外乎象形、象意、象声而已。它也是以象形为基本，以形声字为最多，古埃及语是多音节语言，所以每字长短不一，不像单音节的汉语，所用以记音的文字是方块字。这和拼音文字完全依靠象声这一方法，很是不同。汉字到今天虽然字体有了变化，字形已改变得不再像原来的物形了。但是它基本上还是沿用商代文字制度。所以甲骨文字只要能改用楷书字体来写，其中大多数仍是可以认识的。不过，甲骨文仍保留一些原始性：例如同一个象形字，写法可以稍有不同。同一形声的字，可以用意义相近的不同的偏旁。假借的字较多，只有一部分加上偏旁成为形声字。这些不统一的现象是象形文字演化过程中不可避免的。但是商代文字已经成熟到足以记录语言，不能再当做只是一些符号而已。甲骨文已能记录史事，包括帝王及臣僚的名字，战争、祭祀和狩猎等的事迹，史事发生的月日和地点。这表示小屯殷墟文化已进入历史时期，不仅只是有了文字而已。为了创造文字制度，象声方法的采用是一个突破点，否则所写的仍是符号和图画，不是文字。试想如果我们只用象形和象意（包括象事）的方法，那末，不仅是"之、乎、者、也"等虚字无法表示，便是那些在理论上有可能用象形或象意的方法表达的事物，实际上也是办不到的。例如甲骨文以一划表示一，一直到用四划表示四；但是十千为万的"万"字，我想谁也不肯写上一万道的笔画来表示它的。这便需要用同音的字来表达。

已经发达的青铜器铸造技术

有人以为青铜器是文明的各种重要因素中最重要的一项。这种说法似乎并不正确。古今中外许多已掌握冶炼青铜甚至于炼铁技术的民族，仍是"野蛮"民族，不算是"文明"民族。但是我们可以说，最能代表商文明的高度水平是它的发达了的冶铸青铜的技术。商代青铜器包括礼器（举行仪礼时用的酒器、食器等容器）、乐器（铎、铃）、武器和工具、车马器。其中形状奇伟、花纹瑰丽的礼器，一般认为是上古文明世界中技术方面最突出的成就之一。从前有人以为这一类的青铜器只能使用失蜡法才可铸成。失蜡法是用一种易于塑刻又易于熔化的蜂蜡一类的材料做成模子，刻上花纹，然后涂抹上几层细泥和粗泥，留出灌铜口和出气口，最后用火烧烤厚壁的泥范，使蜡熔化流出。使用时把青铜熔液灌进范内的空隙，凝固后打碎泥范，取出成品，再加修整。近30年来我们在安阳小屯及其附近不断地发现陶范碎片。最近几年我们又做了模拟试验，知道商代铸造青铜容器是用复合范，不用失蜡。这和西方各文明（包括印度河文明）很早便采用失蜡法，似乎代表不同的传统。中国最早使用失蜡法的实物是属于春秋时代，例如近年发现的河南淅川下寺楚墓的铜禁（放置酒器的小方桌）和随县曾侯乙墓的尊和盘。安阳妇好墓出土的四百多件铜容器，其中许多是器形整齐、花纹清晰的佳品，有的器形奇伟，如鸮尊，有的还是前所未有的，如三联甗和偶方彝。至于那二件通高达80

余厘米、重达百余公斤的方鼎则以凝重庄严见胜。在湖北崇阳，还发现一件商代铜鼓。冶铸青铜技术的发明和广泛采用是有其重要的意义的。首先青铜的原料铜和锡不像石器时代那些制造石器的石料，并不是到处都有，可以就地取材。其次，铜和锡都是矿物，其中自然铜的产地很稀少，一般铜矿和锡矿都要经过提炼才能得到金属的铜和锡。这不像石料那样可以利用天然物如砾石、页岩、板岩等，不必经过化学方法来提炼。金属提炼出来后，还需要翻铸，才能铸造出可用的青铜器来。这些是意味着要有一批掌握冶金技术的熟练工匠，又要一定的贸易活动和保证交通路线的畅通，才能解决原料和产品的运输问题。这又需要社会组织和政治组织上一定的改革，以适应新的经济情况，包括生产力的发展。

关于金属冶炼方面，又有一个商代用铁的问题。最近十多年来，在河北省藁城和北京市平谷县刘家河都曾发现过铁刃铜柄钺一件。年代可能比安阳殷墟文化第一期早，或可早到郑州二里岗上层文化。但是经过分析，这二件都是由陨铁锻造而成，所以并不能作为殷代已能冶炼铁的证据。现已发现的中国最早用冶炼的铁制成的器物，是在春秋时期（公元前6世纪—公元前5世纪之交）。

殷墟文化独有的特点

除了上述三个文明的普遍性特点以外，殷墟文化还有它的一些自己独有特点。但是这些不能作为一般文明的必须具备的标志。殷代玉石的雕刻，尤其是玉器，便是这种特点之一。别的古代文明中，除了中美洲文明之外，都没有玉器，但是它们仍够得上称为文明。妇好墓中出土玉石器750余件，其中绝大多数是玉器。

这是迄今发掘出来的数量最大的一批玉器，而且品种众多，雕刻也很精美，有许多实在超过了从前的传世品和发掘品。它们在制作技术上，已有熟练的操作水平，而造型和花纹方面，许多都是头等的美术作品。这些花纹和殷墟铜器的花纹，有很多的共同点，都是殷墟艺术的重要的表现。殷墟又出土了许多骨雕和象牙雕刻，它们的花纹也是和殷墟铜器上的相类似。妇好墓出土的一对镶嵌绿松石的象牙杯，便是这一类中的特出的精品，是前所未见的。

使用驾马的车子，是殷墟文明的另一个特点。但是这也不能算是一切文明都必具的标志，中美洲文明和秘鲁文明中，在欧洲人于 15 世纪末侵入"新大陆"以前，始终没有马匹，也没有车子，当然没有驾马的车子。埃及的马车是希克索人于公元前 17 世纪左右由亚洲入侵时引进的。这时离开尼罗河文明的开始已是一千多年了。20 世纪 30 年代在安阳曾发现过几座殷墟文化时期的车马坑。1947 年安阳发掘的老将石璋如先生说："〔车子的〕木质均已腐朽，仅余不相连续的铜饰。各种装饰的部位，也非绝对正确。所以精确的结构如何仍难复原。"[1] 1935 年我在安阳工作时也曾亲手发掘过一座车马坑，颇有同感。但是 1950 年在辉县琉璃阁发掘到战国时代的一座大型车马坑。我亲自动手和熟练发掘的工人一起探索，终于搞清楚了车子的木质结构，复原了车子的原状。后来在安阳又发掘过 8、9 座车马坑。发掘时，采用辉县车马坑的发掘方法，大多数都可以大致复原。[2]

殷墟文明的另一特点是制陶业的发展。这主要表现在灰陶占绝对优势（占所采集的陶片的 90%）。它替代红、褐、黑陶而成

---

① 见《中国考古学报》第 2 册，1947 年，第 17 页。
② 杨宝成：《殷代车子的发现与复原》，《考古》1984 年第 6 期，第 546—555 页。

为主要陶系。这发展的另一表现是刻纹白陶的出现和原始瓷（Proto-porcelain，即加釉硬陶）的烧造。最后一项当为南方长江下游地区的发明，然后传到安阳来而成为小屯陶器群的一个组成部分。浅灰色的细泥灰陶，颜色均匀，表示陶工控制陶窑中还原气氛的技术更加完善。原始瓷后来在长江下游地区逐渐改善，终于在汉末出现了瓷器，成为中国文明的特点之一。

总之，现下我们可以确定商代殷墟文化实在是一个灿烂的文明，具有都市、文字和青铜器三个要素，并且它又是一个灿烂的中国文明。中国文明有它的个性、它的特殊风格和特征。在上述三个要素方面，它都自具有中国色彩的特殊性。在其他方面，例如玉石雕刻、驾马的车子、刻纹白陶和原始瓷、甲骨占卜也自有特色。殷墟的艺术也自成一风格。中国文明各时代都有变化，每时代各具有一定的特点，但仍维持中国文明的共同的特点。

1949年以前，有人认为殷墟文化便是中国文明的开始。也有人推测在这以前中国文明还有一个更古的、更原始的阶段；但是，由于没有证据，这只好作为一种推测而已。1949年后30多年的考古发掘工作，使我们对于中国文明的起源问题的研究，可以从殷墟文化向上追溯。第一步是追溯到郑州二里岗文化。

郑州二里岗文化

郑州二里岗遗址是1951年发现的。当时我们考古所的河南省调查发掘团到了郑州。当地一位对历史和考古有兴趣的小学教师韩维周在二里岗一带采集了一些陶片、石器和卜骨。他把它当做新石器时代遗址。他把采集到的标本给我们看，并且引我们去观察一些已露出的文化层。我们认为这不是新石器时代的。它的遗物近于安阳殷墟的，很可注意。1952 年第一届考古工作人员训练班便拿这个遗址作为实习地点，证实了二里岗文化的重要性。它是早于安阳小屯的商殷文化。后来河南省的考古队同志为了配合基建，在这里做了多年的考古工作，现已基本上搞清楚二里岗文化的大致面貌。

二里岗文化的时代，根据层位关系，可以确定为早于小屯殷墟文化。至于绝对年代，根据几个碳十四测定年代，是约公元前 1600—公元前 1500 年（年轮校正过），误差约为 150 年。这便是说，它的年代有 68% 的可能是在公元前 1750—公元前 1350 年的范围以内。相对年代要较小屯殷墟文化为早。它的分布地区，以郑州二里岗为中心，根据已知道的材料，北达河北藁城，南抵湖北黄陂，西到陕西华县，东至山东益都，近年来都发现过二里岗文化的遗迹。

我们就上述的文明的三个主要标志而言，二里岗文化都已具备了。它在郑州的商城，有夯土城垣。城的周长近 7 公里，城内总面积约 25 平方公里。城内东北部发现有大片夯土台基，当为宫殿遗迹。城外近郊有几处手工业作坊遗址，包括铸铜、制骨、烧陶等手工业。黄陂盘龙城也有夯土城墙，周长虽只 1.1 公里，但城内也有保存较好的宫殿遗址。其次，二里岗文化已有文字制度。这里曾发现过三件有字的骨。其中两件各只有一字。其余一件有 10 个字，似为练习刻字而刻的，是在翻动的地面上找到的。二里岗文化的陶器和陶片上也有划刻记号的，但是那不是文字，只是符号。古今有文字制度的各民族常有在器物（包括陶器）上面用符号为记。当然他们也可以在陶器上刻划文字。但是我们就《郑州二里岗》这本报告中所发表的资料而言，这批陶片上刻划的似乎都是符号，不是文字。再其次，关于铸造青铜器，二里岗文化已有单范或双合范的武器和工具，还有复合范的容器，其中有郑州杜岭街出土的二件大型方鼎。除了上述三点以外，器物方面，它的陶器自成一组，但是可以与小屯殷墟的，排入一个系列。青铜器也是这样。花纹方面，铜器、陶器和玉器上的花纹，显然是商代艺术的风格，但较为简单。占卜等宗教活动，也带有中国特点。所以二里岗文化够得上称为文明，并且是属于中国文明中的商文明。

偃师二里头文化

我们还可以从二里岗文化向上追溯到偃师二里头文化。二里头遗址在河南偃师县西南9公里。这是1957年发现的。1959年夏天我们考古研究所徐旭生老先生，做河南省西部"夏代废墟"的调查时，到这里进行考察，指出这里可能是商汤的都城西亳。这年秋季起，考古所派遣发掘队前往工作。这20多年做了十几次的发掘，到现在仍未停，不过现下正将一部分力量放在编写正式报告上。这项工作，在考古学方面取得了很大的收获。

二里头文化现已可确定比郑州二里岗文化更早。根据层位关系，我们已搞清楚：它是压在河南龙山文化层之上，而又被二里岗文化所压住。它的绝对年代根据碳十四测定年代，其范围约相当于公元前1900—公元前1500年。它可分早（1—2期）、晚（3—4期）两期。它的分布范围，据已知的材料，集中于河南省西部和山西省西南部。它西达陕西华县，北达山西襄汾地区，但是南面和东面，似乎都没有超越今日的河南省境。

二里头文化，至少它的晚期，是已达到了文明的阶段。第一，在二里头遗址本身，便发现过二里头文化晚期的宫殿遗迹。已发掘出来的一座宫殿遗址，它的台基近正方形，每边各约百米，总面积达一万平方米左右。宫殿的基座，略高出于台基，呈长方形，东西长36、南北宽25米。建筑物的规模是面阔八间，进深三间。四周有挑檐柱。屋顶可能是四坡出檐式。宫殿区以外，还有制陶、铸铜等手工业作坊。第二，它似乎已有文字制度。发掘物中有刻划记号的陶片，都属于晚期。记号已发现的共有24种，有的类似殷墟甲骨文字，但是都是单个孤立，用意不清楚。这还有待于进一步的探讨。第三，冶铸青铜器，这里不仅有工具的武器，并且也有爵杯这种小件容器。此外，陶器具有一套有一定特色的陶器群。其中如觚、爵、盉等专用酒器也在墓中开始普遍出现。玉器中有的器形和花纹，已是殷墟玉器的祖型。总之，二里头文化同较晚的文化相比较，是直接与二里岗文化，间接与小屯殷代文化，都有前后承继的关系。所以，我们认为至少它的晚期是够得上称为文明，而又有中国文明的一些特征。它如果不是中国文明的开始，也是接近于开始点了。比二里头更早的各文化，似乎都是属于中国的史前时期。最近发现的甘肃马家窑文化、马厂文化和山东龙山文化的小件青铜器，如小刀和锥，如果被证实，也只能说它是青铜冶炼的开始，与二里头青铜容器的铸造水平是不能比较的。

至于二里头文化与中国历史上的夏朝和商朝的关系，我们可以说，二里头文化的晚期是相当于历史传说中的夏末商初。但是夏朝是属于传说中的一个比商朝为早的朝代。这是属于历史（狭义）的范畴。在考古学的范畴内，我们还没有发现有确切证据把这里的遗迹遗物和传说中的夏朝、夏民族或夏文化连接起来。我们知道，中国姓夏的人相传都是夏朝皇族的子孙。我虽然姓夏，也很关心夏文化问题，但是作为一个保守的考古工作者，我认为夏文化的探索，仍是一个尚未解决的问题。①

文明的起源和新石器文化

　　有人以为"文明"这一名称，也可以用低标准来衡量，把文明的起源放在新石器时代中。不管怎样，文明是由"野蛮"的新石器时代的人创造出来的。现今考古学文献中，多使用"新石器革命"（Neolithic Revolution）一名辞来指人类发明农业和畜牧业而控制了食物的生产这一过程。经过了这个"革命"，人类不再像旧石器或中石器时代的人那样，以渔猎、采集经济为主，靠天吃饭。这是人类经济生活中一次大跃进，而为后来的文明的诞生创造了条件。

　　中国新石器时代遗址，这30多年新发现而已发表的，大约有七千余处，经正式发掘的也在百处以上。这些遗址，散布在全国。由于碳十四测定年代法的采用，使不同地区的各种新石器文化有了时间关系的框架，使中国新石器时代考古学有了确切年代序列而进入了一个新时代。

----

　　①　关于夏王朝探索问题，《文物》1983年第3期上发表了河南省登封县王城岗（或谓当作望城岗）遗址调查简报。曾引起中日两国报界与新闻杂志界的关注和热烈的讨论。

　　那是一处河南龙山文化晚期的居住遗址。遗址周围有纵横各不到100米的经夯过的填土的沟，将遗址围绕起来。沟深约2米多。发掘者认为：此沟当为城墙的基槽，此城当为夏都阳城。1983年5月间，中国考古学会第四次年会在郑州开会之际，我们参观了王城岗的发掘现场。通过参加大会者的讨论，多数人认为这个问题暂缓下结论为宜。关于夏王朝的时代及夏文化的确定这一重要课题，要有待于今后更多、更明确的新的证据的发现和深入的研究。

　　〔补记〕1983年发现和试掘的偃师尸乡沟商城，有夯土城墙和宫殿遗址，可能是汤都西亳。

最引人注意的是 20 世纪 70 年代后半期所发现的早期新石器文化，如中原地区的磁山·裴李岗文化，年代约在公元前 6000—公元前 5700 年（校正过，以下同）。当时人民种植的主要农作物是粟类，已知驯养猪、狗，住宅是半地穴式，屋旁还有储粮的窖穴。陶器较为原始，都是手制的，陶质粗糙，火候不高。石器有带齿石镰、磨盘和磨棒。这种文化还有它的渊源。如能找到更早的新石器文化，或可解决中国农业、畜牧业和制陶业的起源问题。

20 世纪 50 年代发现和发掘的西安半坡遗址，现今成为仰韶文化早期的代表。现已建立现场博物馆。它以精美的彩陶闻名于世。但是我们现在把它作为一座当时村落遗址来研究，想搞清楚他们的住宅的结构和布局，手工业、墓葬制度和墓地的位置，生产工具和经济生活、社会组织等各方面。半坡文化年代是约公元前 5000—公元前 4500 年。彩陶的美术图案反映了当时的审美观念。彩陶在中原地区后来到了龙山文化时期便衰退了。但是在黄河上游的甘肃青海地区，反而更为发展了。那里的马家窑文化和半山马厂文化，都有图案华丽的彩陶。年代则前者为约公元前 3000 年，后者为公元前 2500—公元前 2000 年。1974—1980 年，我们在青海乐都柳湾墓地发掘 1700 余座以半山马厂文化为主的墓，随葬陶器达一万余件，其中彩陶壶、罐便有七八千件。现以 564 号墓为例，出土陶器便达 91 件之多，彩陶占 81 件，其中有 73 件为彩陶壶。

长江流域最近有许多重要发现，其中最重要的是浙江余姚河姆渡文化的发现。它的年代与北方黄河流域的仰韶文化早期（半坡）同时，或许开始稍早。当时这一带气候比较温暖潮湿，居住点的周围环境是分布有大小湖沼的草原灌木地带。河姆渡文化的房子是木结构。主要农作物是水稻。这是中日两国人民的主要粮食（水稻）的最早的实物标本，年代约在公元前 5000 年左右。家畜有狗、猪，可能还有水牛。石器有斧和锛。还发现有木质和角质的柄以及骨耜等。因为这里的文化层已在潜水面以下，所以像日本弥生时代的登吕遗址一样，有许多木器如船桨、耜、碗、筒等保存下来。陶器制作比较原始，都是手制的。胎壁粗厚，造型不整齐。表面多平素，但是也有刻划花纹的。从前我们认为良渚文化（约公元前3300—公元前2250年）是我们所知道的长江下游最早的新石器文化，并且认为良渚文化是龙山文化向南传播后的较晚的一个变种。实则这里是中国早期文化发展的另一个文化中心，有它自己独立发展的过程。此外，庙底沟二期文化的发现，证实了仰韶文化到河南龙山文化的过渡期的存在，纠正了前人以为二者曾同时存在、东西对立的看法。

山东地区的新石器文化，从前我们只知道有龙山文化，以光亮的黑陶著名。1959年发现了大汶口墓地，以另具一种风格的彩陶而著名。这种大汶口文化后来被证明较龙山文化为早，分布范围大致相同。60年代至70年代，我们又发掘滕县北辛庄和平度县东岳石。前者比大汶口文化更早，碳十四年代约公元前5300—公元前4300年。后者却填补了山东龙山文化和商文化之间的空隙，现称为岳石文化，年代约为公元前1900—公元前1500年。岳石文化中已出现青铜小件器物，陶器上印压有云雷纹和变体夔纹。这样看起来，山东地区史前文化的发展自有演化的序列，与中原地区的和长江下游地区的各不相同。黄河中下游是有东、西相对的两个文化圈，不过与仰韶文化相对的是大汶口文化，而不是山东龙山文化。

中国文明是否系独立地发展起来的

上面所说的以外，在其他地区还有别的新石器文化，例如湖北省的屈家岭文化等，今天不谈了。关于各个文化中类型划分，早晚分期以及各个文化之间的互相影响等问题，今天也不谈了。我只谈那些与中国文明起源问题关系最密切的史前文化。这主要是上述三个地区中的晚期新石器文化，偃师二里头文化就其文化内容和所在地点而言，显然是从晚期河南龙山文化发展过来的。但可能又吸收了其他地区一些文化中某些元素，例如山东晚期龙山文化（陶器某些类型、铜器），晚期大汶口文化（陶器上刻划符号，可能还有铜器），江浙地区的良渚文化（玉璧、玉琮等玉器）。西北地区的"甘肃仰韶文化"（陶器上符号，铜器）等。我以为中国文明的产生，主要是由于本身的发展，但这并不排斥在发展过程中有时可能加上一些外来的影响。这些外来的影响不限于今天的中国境内各地区，还可能有来自国外的。但是根据上面所讲的，我们根据考古学上的证据，中国虽然并不是完全同外界隔离，但是中国文明还是在中国土地上土生土长的。中国文明有它的个性，它的特殊风格和特征。中国新石器时代主要文化中已具有一些带中国特色的文化因素。中国文明的形成过程是在这些因素的基础上发展的。但是文明的诞生是一种质变，一种飞跃。所以有人称它为在"新石器革命"之后的"都市革命"（Urban Revolution）。当然，中国文明的起源问题还有许多地方仍不清楚，有待于进一步的探讨。

齐家期墓葬的新发现及其
年代的改订[*]

　　自从安特生于 1924 年发现齐家文化居住遗址以来，到现在已经 20 多年了，但同一文化期的墓葬，始终没有找到。

　　那次的发掘，到最近安特生才有详细的报告印出来，距离发掘的时间已将近 20 年了。这报告没有深入阐明齐家文化的性质，并且又没有墓葬方面的材料[①]。关于年代问题，安特生仍维持他的旧说法，以为齐家文化较早于甘肃仰韶文化[②]；但是友人刘燿（即尹达）和瑞典的比林—阿尔提对这说法，都加以怀疑。他们根据

---

　　* 本文原载《中国考古学报》第 5 册。1946 年曾译成英文，在英国《皇家人类学会会志》第 76 卷发表。1961 年作者《考古学论文集》出版时，曾加"补记"。1981 年《中国考古学研究》（日文版）出版时，又加"再补记"。"再补记"由白云翔译成中文。

　　① J. G. Andersson, *Reserches into the Prehistory of the Chinese* (1943), pp. 78, 282; Margit Bylin-Althin, *The Sites of Ch'i Chia P'ing and Lo Han T'ang in Bul. of Mus. of Far Eastern Antiquities*, No. 18, (1946), p. 398.

　　② Andersson, 前书, pp. 281—282, 295。

器物形制研究的结果，都拟加以修正①。1945 年我们居然找到了齐家文化期的墓葬。新发现的结果，不仅对于齐家文化时代的埋葬风俗及人种特征方面，供给新材料②；并且意外地又供给地层上的证据，使我们能确定这文化与甘肃仰韶文化二者年代先后的关系。这新发现的重要，使我们觉得有把这一部分材料先行整理发表的必要。

1944 年春，作者参加中央研究院及中央博物院所发起的西北科学考察团，从事于甘肃省的考古调查及发掘，历时二年。本文所叙述的墓葬发现于 1945 年 5 月。那时候，作者正住在从前曾发现过丰富的彩陶墓地的宁定县半山区域内的瓦罐嘴。便在那个地方的附近，我们寻找到齐家文化期的墓地。这墓地叫做阳洼湾，在魏家嘴村子的附近（图 1）。"阳洼"是当地俗语"向阳的山坡"的意思。墓地在瓦罐嘴东北约 0.8 公里，在半山西南约半公里。如果我们翻开安特生的《半山区域墓葬地图》③，便可以看出这是在他的图中写上"-9"记号的地方。就地形说起来，这是一个靠近山顶的，倾斜度不大的斜坡上。西边是一个陡坡，下临一个叫做西清的深沟。这平坦的斜坡被农民耕种成梯田（图版 2—1，1）④。5 月 12 日，我们在这附近调查，在较低层的麦田中发现了几块齐家期式的陶器碎片；其中有些是薄壁的耳瓶及带篮纹的红陶罐的碎片。我们想这些陶片很可能便是由于上层梯田的侧壁上

---

① 刘燿：《龙山文化与仰韶文化之分析》，见《中国考古学报》第 5 册（1947），第 276—280 页；Bylin Althin, op. cit pp. 462—468。

② 补注：这次发现的头骨，见颜訚《甘肃齐家文化墓葬中头骨的初步研究》，《考古学报》第 9 册（1955），第 193—197 页。

③ Andersson, 前书，第 113 页，本文图 1 即依原图，唯添加了魏家嘴的地名。

④ 由于本文集的体例问题，所选文章的图版均未配用，但编号仍保留《夏鼐文集》原貌。编者注。

掉落下来的，所以便在这侧壁上搜寻，结果找到了露出来的人头
骨。第二天加以试掘，在麦田的边缘荒地上掘到了两座用齐家期
陶器作殉葬品的墓葬（图版2—1，2）。就它们的排列情形看，在
我们所掘的区域以东，一定还有更多墓葬。但是如果扩大我们的
发掘范围，便要在已种上农作物的麦田上工作，必需先与田主接
洽，征求同意，并酌给代价。因为经费及时间种种关系，只得在
掘了两墓后中止工作；但是我希望将来环境一许可，便可以再来
继续下去。

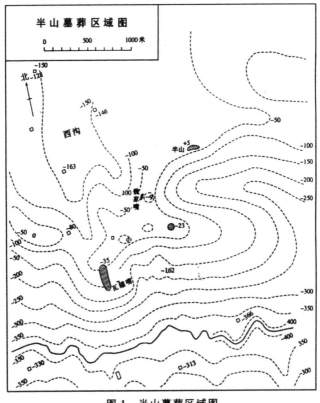

图1 半山墓葬区域图

梯田侧壁上所暴露的人头骨，掘出来的虽是一个完整的头颅，但是包含这头骨的墓葬（第零号墓葬）的其余部分，不知道是由于农民的取土，或由于侧壁的崩坍，已经是完全被破坏无存了。第一号墓葬由一个长2米，阔0.7米的墓穴构成，表面为一斜坡，所以这架人骨离地面的深度是1.2—1.4米不等。人架是仰卧着，头部向北偏东12度（图2；图版2—2，1），头骨的右侧，有一枚骨器，用途不明，或许是属于骨笄一类，或许是耳坠（6，见图3；图版2—3）。颈侧有一红色陶耳碎片，大概是齐家式的薄壁耳瓶的耳部。这碎片似乎是墓穴填土时混入的（7，见图版2—3）。人骨足部两侧放着5件陶器。右侧的是单耳陶杯一个，两耳陶瓶一个（1、2，见图6；图版2—3）；左侧的是单耳陶杯两个，绳纹粗陶罐一个（3、4、5，见图6；图版2—3）。

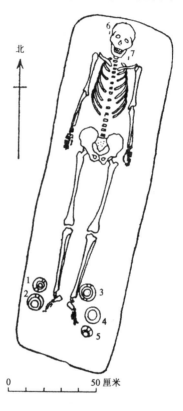

图2　第一号墓平面图

第二号墓葬的位置和第一号平行，相距仅0.8米；其墓穴大小，尸体放置的姿态及头顶的方向，都和第一号相似（图4；图版2—2，2）。人架足部的两侧，各安放一组陶器。每组是由一个两耳瓶和一个绳纹粗陶罐组成的（1、2、3、4，见图7；图版2—4）。在左臂和肋骨之间放着一个骨锥，是由鹿或羊类的蹠骨做成的（此承杨克强先生代为审定，书此志谢）（5，见图3；图版2—4）。

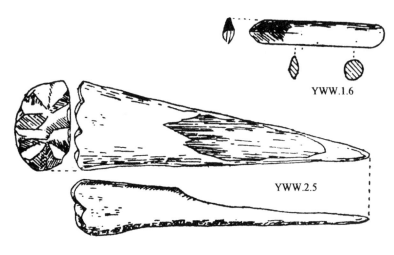

YWW.1.6

YWW.2.5

图3　骨栓及骨椎

　　除了这些殉葬品外，在这墓中，又找到两片带黑色花纹的彩陶碎片（6、7，见图5；图版2—4）。其中一片（6）在地面下1.2米，距骨盆的上面仅0.1米。另外一片（7），在地面下1.4米，近头颅骨，深度也相等。填入这墓穴的土下半部是稍带棕色的黄土，厚约0.8米，甚坚实，但并未经过夯打。至于上半部的填土及墓葬周围的表面土，都是颜色稍深的棕色土，厚约0.5—0.6米，土质松软，似经后期翻动过。下层的填土，却丝毫看不出有什么扰乱过的痕迹。就这两片彩陶的位置而言，如果是埋葬后墓上的土经过扰乱翻动以致这些彩陶片混入，那么墓中的人骨和彩陶片既这样挨近，也必定会被动乱的；但是我们却绝对地没有找到这些尸骨被扰动过的任何痕迹（见图4）。因此我们断定这两片彩陶是由墓穴中未被扰乱过的下半部填土中出来的。这两片彩陶的泥质，颇细且匀，似曾经过"冲淘"手续。外表磨光，绘黑色花纹。因为碎片过小，花纹图案不清楚。现存的部分仅剩黑色宽带的一部分，边缘平滑。就陶质及花纹而论，皆与标准型的仰韶文化彩陶无异。

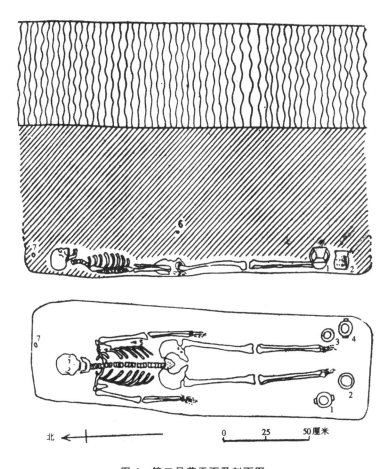

图 4　第二号墓平面及剖面图

　　至于墓中的殉葬陶罐，皆属于标准型的齐家文化陶器。我们掘得的 9 件陶器，根据陶质可以归为二类（图 6、图 7）。其中 6 件属于第一类，陶质是匀细的泥土，夹挟杂质很少。外表皮曾经过磨光，

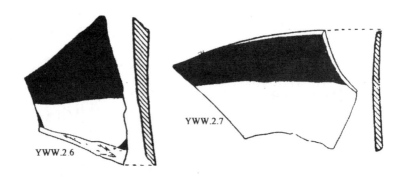

图5　第二号墓填土中的彩陶片

陶色是棕黄色或红色。厚度平均约3—4毫米。至于陶器的形制，其中3件是典型的齐家式两耳瓶（比林—阿尔提的齐家陶器形制分类中第六式）。瓶的腹部圆形，由两个圆锥体合成；颈部是漏斗式的向外侈张。这3件又可归成两小类。甲类2件（1：1及2：1），腹壁曲线中间折断，换言之，腹部两圆锥体接合处隆脊很显著。颈部很高（55—65毫米），占全器高度41％—45％。乙类1件（2：4），腹壁为圆弧形；颈部较低（36毫米），仅占全器高度28％。其余3件陶器（1：2；1：3；及1：5），比林—阿尔提器形分类中未曾收；但与上文所述的第六式乙类相似；唯一的差别，是全器仅有一个耳部，并没有两个。不过，比林—阿尔提所发表的两耳瓶中，至少两个是由颈部残缺仅留一耳的残器复原的（比林—阿尔提论文附图二十三：2及3），也许原物只有一耳，复原时误作对称的两耳。又比林—阿尔提器形分类第五式，也是单耳，与我们这3件很相似，不过那件有遮盖器口的顶篷，形状特殊。这6件瓶罐的外表面，都曾刮磨得光滑，并留有一条一条的刮磨过的痕迹。腹部的下半，常有篮席印纹；但是这些篮纹大半曾以湿手抹平，不留痕迹。

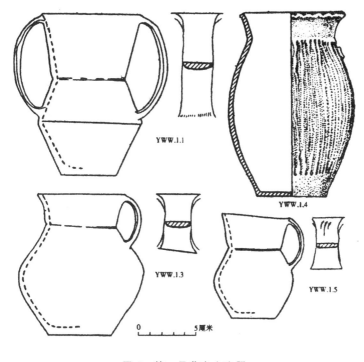

YWW.1.1

YWW.1.4

YWW.1.3

YWW.1.5

0   5厘米

图 6 第一号墓出土陶器

这一类陶系的制作方法，像比林—阿尔提在他的论文中所说的，大概如下：先将陶泥搓成泥条，然后将这些泥条盘成圆环，累叠成陶器腹部的下半；如果陶器矮小，一条较阔的泥条便可够用。大概有一个圆锥形或半球形的模子；这模也许便是一个无底部的编织好的篮子，也许是用旁的质料做成，内壁铺上一层编席。泥条铺叠于模的内面，用手指或小拍将泥条压于模上，并且将各泥条结连的地方捏合，将结合的痕迹抹去。然后再往上制造腹部的上半，也是有泥条堆叠成的；各泥条的结连的地方也经过捏合的手续。颈部及底部是分别另行制造好后再接合到腹部上去。器壁的外表皮，尤其是颈部与腹部上半曾经刮磨过。刮磨的痕迹显明，仅腹部中央突出处的刮磨痕是水平的，其余的刮磨痕迹都是垂直的。耳部是用一片长方形的陶泥，先在编席上压制成形，然后黏合到器身上去。编席的印痕便遗留在耳部的外表面。器物的外面及颈部的内面，其表面都有极薄的一层较细匀的表衣，颜色与内肉相同，似乎是由于以湿手或湿器刮磨或抹摩的结果，并不是制成后另外加上质料不同的一层薄衣。依照比林—阿尔提的估计，这一类系的陶器烧制的火候在摄氏900度左右。陶窑的结构比较原始，窑内空气的供给不均匀，所以陶器各部分的氧化程度不同，常有一块地方颜色较红或较灰，成为颜色深浅不同的斑痕。

其余3件陶器是属于比林—阿尔提齐家陶器的第二类。这一类是夹砂颇多的粗陶。器壁厚度平均为7—8毫米，外表满布垂直绳纹，蒙着一层黑色的烟灰；内表也有几处沾上了黑烟，大概由于这些器物是作煮饮用的。至于形式方面，这3件都是罐子，腹壁剖面成圆弧形，颈部稍向外侈张（比林—阿尔提齐家陶器形式分类中第八式）。制造的方法，与上段所叙述的关于细红陶瓶的制法，大致相同。但是陶质较粗，陶泥中夹砂较多，砂粒比较粗大；制成后的陶器具有较多的小气孔。制造的时候，在模子的内面铺上一层绳衣，绳衣的印痕便遗留在陶器物的外表上。这绳衣似乎是用粗绳垂直着平行放置，或许用线穿过各绳缝成一袋。颈部另外做好，在器腹尚存在模子中时附加到器腹上去。后加的颈部与原来的腹部结合的地方，痕迹颇显明。模子的内面的粗绳印纹，也印压到颈部上去。颈部的下端虽仍保留这些绳纹，但是上端的近口处即已趁湿抹平，不留绳纹痕迹。这些粗陶器中有一个（YWW.2.3），颈部的内表上端向外翻转黏贴在外表上成为一条阔带以巩固口部。另外一个（YWW.1.4）颈部近口缘处向外弯曲，口缘加厚，按捺成起伏的波形纹饰。各器的底部是另外做成的，从外面黏贴在器腹的下面。底部和腹部接合痕迹，不论由底部的内表或腹壁近底的地方，都可以看得出来。腹部外表底部的绳纹都曾经抹平或刮平，不留绳纹痕迹。这3件中有两件，其腹部下端刮平时所多余出来的泥土，向底部折叠过来，继续成一圈环，骤看好像是底部做好后，由器物中间塞进去，同时将腹壁下端折过来黏住底部似的。这些陶器的表面似乎有层比较细匀的皮衣，以补救器壁小空隙过多的弊病。这些粗陶的烧制火候似乎较细陶为低，比林—阿尔提以为那些棕灰色的质料疏松的绳纹粗陶（如此次所掘得的绳纹罐 YWW.2.3）其火候恐不会超过摄氏600度的①。

关于陶器方面，我们拿比林—阿尔提齐家坪发掘报告中详细描写的陶器来做比较，知道这次出土的殉葬瓶罐两类陶系在齐家坪居住遗址中所出土的陶器，都有代表。至于骨器方面，那件锥也可以与居住遗址出土的那些骨锥相比较②。

由于上面的叙述，我们知道仰韶式的彩陶确曾发现于未被扰乱过的典型的齐家期墓葬的填土中。当齐家期的人埋葬亡人的时候，这些彩陶是已被使用过打破了，碎片被抛弃在地上；因之便混入填土中。彩陶制造的时期与齐家墓葬的时期二者之间必定有相当的间隔，虽然我们尚无法知道这间隔的久暂。这样便有两种可能：这些彩陶制造者或许是另外一个较早的民族，或许便是齐家文化的人，不过在这墓葬以前较早的某一时期中制造这些彩陶。我们知道在齐家坪及辛店丙址二个遗址的齐家期文化层中，几乎可以说完全没有彩陶片；偶或出土的几片仰韶式的彩陶片，差不多可以断定说它们不会是齐家文化的人所制造的。它们混入齐家

---

① Bylin-Althin，前书，第403—414页。

② Bylin-Althin，前书，p. 1. 16 nos. 13—15。

期的遗物中，若不是较古的仰韶文化的遗物，便是邻近残存的仰韶文化区的输入品。总之从陶器方面来研究，齐家陶与仰韶陶是属于两个系统，我们不能说齐家陶是由仰韶陶演化而来的，也不能说仰韶陶是由齐家陶演化而来。当时的情形似乎是这样的：齐家文化抵达陇南的时候，甘肃仰韶文化的极盛时代已过去了。在有些地方，齐家文化便取而代之；在另外一些地方，齐家文化并没有侵入，当地的仰韶式的文化仍保守旧业，但各地逐渐各自演变，并且有时候与齐家文化相混合，相羼杂。这个假设对于目前所知道的事实，可以解释得较为满意。因为我们知道在齐家坪及朱家寨二处，齐家陶片与晚期的仰韶陶片混合在一处，但是齐家坪以齐家陶为主，而朱家寨以仰韶陶为主①。又这两种陶器，在旁的遗址也有混在一起的②。

　　本篇开端时已经提到刘燿和比林—阿尔提由于研究陶器形制的结果，都以为仰韶文化要比齐家文化为早。巴尔姆格伦也承认仰韶文化中的无彩陶器，其制作的技术是比齐家陶器为幼稚拙劣，文饰也没有后者中佳品的精致。但是他依照安特生所订定的年代，以为齐家文化较早，所以只好承认这种技术的幼稚拙劣为"退化"现象③。白哈霍夫也将齐家文化放在仰韶马厂文化的后面，以为是与辛店期的相关联的④。甚至于安特生自己也说："关于齐家文化的时代问题，我也很愿意将它加以可能的修改，因为这文化期的家畜事业颇为进步。"⑤ 比林—阿尔提也以为齐家期中家畜的进步

---

①　Bylin-Althin，前书，第 463—464 页。

②　Bylin-Althin，前书，第 459—460、467 页。

③　N. Palmgren, Kansu Mortuary Urns of the Pan Shan and Ma Chang Groups (1934), p. 165.

④　L. Bachhofer, a short History of Chinese Art. (1946), p. 22.

⑤　Andersson，前书，第 281 页。

是很清楚的证据，证明齐家文化是比罗汉堂和马家窑两处仰韶期遗址为晚[①]。安特生似乎为他自己的假设所误；因为他假定在未被扰乱过的齐家文化层中从来没有发现过仰韶式彩陶片。他自己便记载过齐家文化层中曾发现过好几片仰韶式彩陶；其中一片是在离地面深达 1 米半的文化层中找到了[②]。1945 年作者在齐家坪试掘时，也曾在齐家文化层中深达 1 米处掘到一片仰韶彩陶，这文化层除表面扰土外，是未被扰乱过的。对于这些发现，安特生的解决办法，便是假定这些彩陶片是由曾经扰乱过的文化层中出来的，不管这些文化层是确被扰乱没有[③]。这次我们发掘所得的地层上的证据，可以证明甘肃仰韶文化是应该较齐家文化为早；这事实已有好几位学者猜度过的，提出来过的。

从前安特生初发现河南不召寨等处的无彩陶器的新石器文化遗址时，他以为这些是比仰韶文化为早，因为他们是代表陶器绘彩技术未达到河南以前的文化[④]。但是经过将近 20 年的研究，他现认为不召寨是比仰韶村稍晚[⑤]。根据我们的新证据，安特生也许可以同样地承受齐家文化相对年代的修改。

至于齐家文化的绝对年代，我们现仍无法加以确定。安特生最初估计它很早，以为是在公元前 3500—公元前 3200 年[⑥]。后来有人将齐家陶与欧亚北区晚期新石器陶器作比较，推论齐家坪及

---

① Bylin-Althin，前书，第 466—467 页。仰韶文化遗址，大都仅有犬豕二种家畜。齐家文化遗址，增添牛、山羊及绵羊。

② Bylin-Althin，前书，第 385、463 页。

③ Andersson，前书，第 82、281 页。Bylin-Athin，前书，第 385—386 页。

④ Andersson, Preliminary Report on Archaeological Research in Kansu (1925), pp. 37—38. Andersson. Children of the Yellow Earth (1934)，p. 334.

⑤ Andersson，前书 (1943)，第 66 页。

⑥ Andersson，前书 (1925)，第 27 页。

不召寨的文化，不会比公元前 2000 年早过许多[1]。安特生也重新估定它为公元前 2500—公元前 2200 年，换言之，比他从前所估计的移晚 1000 年。同样的，他也将仰韶文化移晚，以为是在公元前 2200—公元前 1700 年[2]。但是中央研究院在河南几个史前遗址发掘的结果，由地层上证明在仰韶文化层和殷商文化层之间有一层龙山文化的堆积[3]。这龙山文化是一种新石器文化，其特征是细薄光亮的黑色陶器[4]。安特生的最新所估计的仰韶文化年代，似乎没有替这龙山文化保留余地，因为据传说殷商开国是在公元前 1766 年。但是我们又不能将齐家文化移早。前面已曾说过，齐家文化不会比公元前 2000 年早过许多。如果我们根据新证据，将齐家文化和仰韶文化的相对年代加以修改，互相倒转，这些困难问题就迎刃而解了。河南区域的仰韶文化一定比殷商期早过许多，至少是隔离一个黑陶文化期（即龙山文化）。甘肃区域的仰韶文化的年代和在河南区域的大致相差不远。至于齐家文化，不会比公元前 2000 年早过许多，但是也许是比之晚过许多。

出土各物说明

第一号墓出土者： YWW 即阳洼湾国音罗马拼音的缩写。

（1）YWW.1.1. 双耳瓶。陶色棕灰。瓶腹似两圆锥体拼合。

---

[1]　O. Mengcin, Weltgeschichte der Steinzeit (1931)，第 81 页。

[2]　Andersson，前书（1925），第 295 页。

[3]　吴金鼎，Prehistoric Pottery in China (1938)，第 21、26、43 页。

[4]　梁思永，The Lungshan Culture, A Prehistoric Phase of Chinese Civilization. Article in the Quarterly Bulletin of Chinese Bibiography, new series, Vol. I, No. 3, 第 251—262 页（本文中文 1954 年 9 月在《考古学报》第 7 册发表，并已收入《梁思永考古论文集》——编者注）。

颈部高 65，全器高 145，腹部最宽处直径（即腹宽）90，口部外径 88，底部直径 51，器壁厚度 3，柄部宽 29mm。颈部有颇显明之刮磨痕。柄部外表面有席印纹。（图 6；图版 2—3）

（2）YWW.1.2.单耳杯。陶色棕黄。器高 118，腹宽 93，口部外径 81，底径 52，器厚 3，柄部宽 25mm，腹部下半有席印纹，但有曾经抹过的痕迹。柄部有三刻划痕。（图版 2—3）

（3）YWW.1.3.单耳杯。陶色棕黄，有红斑及灰斑。器高 120，腹宽 190，口径 78，底径 55，器厚 4，柄宽 25mm，腹部下半及柄部外表面皆有席印纹。腹部上半及颈部皆有刮磨痕。柄部有一刻划。（图 6；图版 2—3）

（4）YWW.1.4.粗陶罐。红棕色。器之外表熏黑，内部亦有黑烟数斑。器高 150，腹宽 112，口径 97，底径 61，厚度 6mm。口缘部近边缘处加厚，外线捻成波浪形。腹部满布垂直绳纹，仅近口缘处及近底部处刮磨平滑。底部由外面加上。（图 6；图版 2—3）

（5）YWW.1.5.小单耳杯。棕黄色。器高 88，腹宽 68，口径 62，底径 38，柄宽 19，器厚 3mm。颈部及腹部有刮磨痕。柄部有三道刻划纹。（图 6；图版 2—3）

（6）YWW.1.6.骨栓。一端尖锐；其剖面系圆形，近尖端处则变为菱形。长 32，直径 7mm。（图 3；图版 2—3）

（7）YWW.1.7.陶瓶柄部残片。棕红色，表面有砖红色外衣。柄宽 32mm。两边近缘处各有刻线三道。柄部中央刻有一小圆点。（图版 2—3）

第二号墓出土者：

（1）YWW.2.1.双耳瓶。砖红色。腹部似两个锥体拼合。颈部高 55，全器高 135，腹宽 92，口径 91，底径 49，厚 3，柄宽 27mm。颈部有显著的刮磨痕。柄部外表面有席印纹。（图版 2—4）

（2）YWW.2.2.粗陶罐。红棕色。外表面全部及内面底部沾染黑烟。器高119，腹宽103，口径89，底径87，厚8mm。外表面全部满布垂直绳纹，仅近口处抹磨平滑。底部由外面加上。（图7；图版2—4）

（3）YWW.2.3.粗陶罐。棕灰色。外表面沾染黑烟。器高118，腹宽96，口径80，底径60，厚8mm。器身外表满布垂直绳纹，仅近口部及底部处抹磨平滑。口缘部外加一泥条。底部系由外面加上。（图7；图版2—4）

（4）YWW.2.4.双耳瓶。淡棕黄色。腹部作圆形。颈部不高，仅36，全器高128，腹宽105，口径88，底径56，厚5，柄宽24mm。颈部有显明的刮磨痕。柄部外表面有席印纹。（图7；图版2—4）

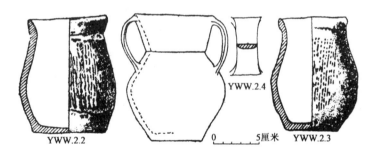

YWW.2.4

YWW.2.2

0　　　　　5厘米　　YWW.2.3

图7　第二号墓出土陶器

（5）YWW.2.5.骨锥。系由鹿或羊类的蹠骨制成。较大的一端保存原来的状态。由它"骨化"的程度看来，这动物是幼稚未成熟的。长83，较大的一端宽26，厚1.6mm。（图3；图版2—4）

（6）YWW.2.6.彩陶碎片。棕黄色。外表面磨光，并绘画紫黑色花纹。厚7，碎片大小为48×41mm。（图5；图版2—4）

（7）YWW.2.7.彩陶碎片。灰棕色。外表面磨光，并绘画黑

色花纹。厚5，碎片大小为63×40mm。（图5；图版2—4）

补记：中华人民共和国成立以后，在甘肃天水西山坪、陇西寺坪、临洮马家窑和青海民和山城等地都发现了明确的地层，证实了齐家文化晚于仰韶文化（见《考古学报》1960年第2期，第20页和第26页）。1957年、1959年在甘肃武威皇娘娘台的齐家文化居住址和墓葬中发现了好几件小件铜器，经过分析，含铜量达99％以上（《考古学报》1960年第2期，第59—60页）。1959年在甘肃临夏大何庄的居住址中和秦魏家的窑穴和墓葬中，也发现几件小铜器（《考古》1960年第3期，第10—11页）。这些新发现都证实了本篇所提出的齐家文化时代较晚的意见。

1960年9月17日

再补记：中华人民共和国成立以后，在甘肃省天水县西山坪、陇西县寺坪、临洮县马家窑、青海省民和县山城等地发现了明确的地层，证明齐家文化晚于仰韶文化（参见《考古学报》1960年第2期，第20、26页）。

1957年和1959年，在甘肃省武威县皇娘娘台的齐家文化居住址和墓葬中发现了数片小铜器。分析的结果表明，其铜的含量达到了99％以上（《考古学报》1960年第2期，第59—60页）。

1959年，在甘肃省临夏县大何庄的居住址、秦魏家的窑穴和墓葬中又发现了数件小铜器（《考古》1960年第3期，第10—11页）。

这里，根据文物编辑委员会编的《文物考古工作三十年（1949—1979）》（1979年发行），就有关齐家文化最近的研究成果作一归纳。

在甘肃省，黄河沿岸和黄河以东地区分布有大量齐家文化的遗址。根据 1956 年以来层位关系的调查，齐家文化层叠压在相当于甘肃彩陶文化早期的马家窑类型文化层之上的地层关系，除上述各遗址之外，在清水县永清堡、武山县观儿下等地点也得到了确认。进而，齐家文化层叠压在辛店文化层之下的地层关系，在甘肃省永靖县张家嘴、吴家、姬家川等遗址得到确认。

根据放射性碳素年代的测定（《考古》1977 年第 4 期，夏鼐论文），齐家文化的年代，从 1950 年起算为 3645 年±95 年前至 4130 年±105 年前，由此可知，它与马厂类型 3680 年±90 年至 4135 年±100 年前的年代几乎是同时代。

此外，由于齐家文化的陶器与陕西省渭水、泾水流域的陕西龙山文化的陶器为同一种类，因此，齐家文化又被称之为甘肃龙山文化。

进而言之，齐家文化的遗址中出土有相当数量的斧、刀、匕首、镰、锥、镜、指环等青铜器，因此也应认为，齐家文化已经进入青铜器时代。特别是铜镜的出现引人注目。

另外，齐家文化还分布于宁夏回族自治区的南部和青海省的东部。

这些新发现，均证明了本篇所提出的齐家文化时代较晚的观点。

1980 年 9 月 17 日

碳-14 测定年代和
中国史前考古学 [*]

　　早在 1955 年，我们便在《考古通讯》上介绍过放射性碳素测定年代的方法，指出它的重要性，并建议在国内建立实验室进行测定工作[①]。这距离 1950 年 W. F. 利比（Libby）发明这方法的时间只有五年，距离介绍测定方法的著作的出版只有三年。后来中国科学院考古研究所（今属中国社会科学院）采取自力更生的办法，建立了碳-14 实验室。1972 年《考古》复刊后的第一期，公布了第一批测定年代，后来又陆续分批公布，迄今已发表了四批数据。[②] 第一批测定年代公布后，立即引起国内外考古研究工作者的重视。他们纷纷发表文章，介绍我们这项工作，或根据这些测定年代进行对我国考古学年代问题（尤其是新石器时代编年方面）

　　* 本文原载《考古》1977 年第 4 期。

　　① 《放射性同位素在考古上的应用》，《考古通讯》1955 年第 4 期，第 73—78 页。

　　② 考古研究所实验室：《放射性碳素测定年代报告》，（一）、（二）、（三）、（四）分别发表于《考古》1972 年第 1 期、第 5 期，1974 年第 5 期，1977 年第 3 期。

的讨论①。后来，中国科学院地球化学研究所、地质研究所，北京大学历史系考古专业等单位，也都建立了碳-14 实验室，发表了一些测定数据，取得了可喜的成绩②。

由于利用了碳-14 测定年代法，全世界的史前考古学可以说进

---

①　我们所见到的有：1. 安志敏：《关于我国若干原始文化年代的讨论》，《考古》1972 年第 1 期，第 57—59 页；2. 安志敏：《略论我国新石器时代文化的年代问题》，《考古》1972 年第 6 期，第 35—44 页；3. N. 巴纳德：《中国公布的第一批放射性碳素年代》（英文专著），堪培拉，1972 年，第 1—33 页（1975 年增订再版）；4. 町田章译：《放射性碳素测定年代报告（一）》，《考古学ジャーナル》（日文）第 69 号（1972 年 5 月），第 16—17 页，即《考古》1972 年第 1 期的报告（一）的日文译本，后附安志敏文 1 的日译；5. 冈村道雄译：《放射性碳素测定年代报告（二）》，同上，第 79 期（1973 年第 3 期），第 6—9 页，即《考古》1972 年第 5 期的报告（二）的日文译本加上“译者后记”；6. R. C. 鲁德福：《中国第一批碳-14 测定年代》，《埃西斯 Lsis》（英文），第 64 卷（1973 年 3 月），第 101—102 页；7. R. 皮尔孙：《从中国来的放射性碳素年代》，《古代（Antiquity）》（英文），第 47 卷，第 186 号（1973 年 6 月）第 141—143 页；8. 张光直：《从中国来的放射性碳素年代：几点初步的诠释》，《现代人类学（Current Anthrop.）》，第 14 卷第 5 期（1973 年 12 月），第 525—528 页；9. 町田章：《C¹⁴ 年代测定的中国新石器时代的编年》，《考古学研究》（日文），第 20 卷第 3 期（1974 年第 2 期），第 59—66 页；10. D. 巴雅与张光直关于中国放射性碳素年代的讨论，《现代人类学》（英文），第 16 卷第 1 期（1975 年），第 167—170 页；11. 张光直：《中国考古学上的放射性碳素年代及其意义》，《考古人类学刊》，第 37/38 期（1975 年），第 29—43 页；12. W. 密阿查姆：《中国新发表的一批碳-14 年代》，《亚洲展望》（英文），第 17 期（1976 年），第 204—213 页；13. 田和祯昭：《依据放射性碳素测定年代的中国先史文化的编年》，《史学研究》（日文），第 133 号（1976 年 9 月），第 72—88 页；14. 持井康孝译：《甲骨学》（日文）第十一号（1976 年），第 153—175 页，即上面第 1 种的日文译本，加上译者附识。

②　地球化学所实验室：《几个考古样品的放射性碳素年代测定》，《地球化学》1973 年第 2 期，第 135—136 页；地质研究所实验室：《天然放射性碳年代测定》，《地质科学》1974 年第 4 期，第 383—384 页；北京大学考古专业碳-14 实验室：《液体闪烁法碳-14 年代测定工作初步报告》，《文物》1976 年第 12 期，第 80—84 页。

入了一个新的时代。从前对于有文字记载以前各种文化的绝对年代是没有办法作正确的断定。史前的年代学几乎是完全建立在主观臆测和推论上面的。例如史前欧洲的编年，是先假定欧洲史前文化受到了近东影响而后发展的，因之以为可以依据近东历史文献的编年而相应推定的。现在有了这个新方法，便可以独立地得出绝对年代。所以世界各国竞相建立实验室，进行测定。在 1976 年 6 月召开的第九届碳-14 断代国际会议的时候，全世界已建立了百多个碳-14 实验室，发表过四万多个年代数据，其中所谓考古资料的将近半数①。世界上好些地区的史前年代学由于有了碳-14 测定年代法而起了很大的变革。尤其是在欧洲史前考古学方面，其结果是推翻了旧的年代学，另行建立一个新的。所以有人称之为"放射性碳素的革命"②。早在 1959 年便有人认为放射性碳素断代法是 20 世纪史前考古学中的大革命③。

　　碳-14 测定年代的结果在我国虽然没有引起这样的大震动，但是在史前年代学及其相关的问题上，也使我们在许多方面不得不重新考虑，展开讨论。

　　在没有讨论以前，先要指明碳-14 断代法的局限性。关于这方法的原理和操作技术，1962 年的《考古》上曾有详细的介绍④。

---

① 　会议简讯，见《古代》（英文），第 51 卷第 201 期（1977 年），第 46—48 页。

② 　例如 C. 伦弗罗（Renfrew）：《文明时代以前：放射性碳素的革命和史前欧洲》（英文版，1973 年）．R. T. C. 阿特金森（Atkinson）：《英国史前考古学和放射性碳素的革命》，《古代》（英文），第 49 卷第 195 期（1975 年 9 月）。二者的标题中都使用了这个名称。

③ 　G. 但尼尔（Daniel），在《古代》（英文），第 33 卷（1959 年）130 期的"编者的话"，第 79 页。

④ 　仇士华、蔡莲珍：《放射性碳素断代介绍》．《考古》1962 年第 8 期，第 441—446 页。

对于它的误差问题，《考古》上也有专文加以讨论①。我在这里只想特别指出下列三点：第一，发明者利比原先提出的"处于交换状态的碳中碳-14含量自古以来是恒定的"这一假定，后来经过树木年轮的碳-14测定，被证明是不确实的。不同年代的碳-14浓度是有变化的。碳-14年代的数据需要作"树轮校正"，才能得到"真实"的年代。这种"树轮校正"现下已可上溯到约距今7350年（即公元前5400年，达曼对照表中最早年份为距今7355年）。但各家的校正数值不同，现下还没有一个公认的校正值曲线或对照表，并且它们原来是根据美国高山上的树木年轮，是否全世界各地都能适用，还有疑问。不过，各家的校正值互相间相差一般不到一百年。本文中采用达曼等的对照表，与实际的年代应该是比较相近的。至于半衰期值，新值5730年虽然比较利比等人最初使用的旧值5570年要精确一些，但是由于碳-14浓度依时代不同而有变化，二者都要加"树轮校正"，所以采用哪一种数值是无关紧要的，任采哪种都可以，但要说明是用哪一种（1962年第五届碳-14国际会议上规定仍继续使用旧值）。当然，不同标本的互相比较，要使用同一标准的数值。如果没有现成的，便要加以换算。第二，碳-14年代后面的加减号和数字（例如±90），是统计学上的标准偏差（也称"标准误差"）。不要误以为数据的误差不会超过这数。误以为确实的年代一定便在这范围以内。标准偏差是说确实的年代有68.27％可能在这范围以内，仍有31.73％可能在这范围以外，便是二个标准偏差（例如将上例的±90乘二，成为±180），也只表示有95.45％可能在这较大一倍的偏差的范围以内。第三，统计学偏差以外，测定的年代作为考古学年代之用还

① 考古研究所实验室：《碳-14年代的误差问题》，《考古》1974年第5期，第328—332页。

有其他误差的可能，例如实验过程中所产生的误差，文化层或古建筑物中年代较早的木质标本，特殊环境中生长的标本（在活火山地带，现代的树木曾得出碳-14 年代距今 1000 至距今 2300 年的异常值。古代遗迹中二个火山灰层间的文化层，也产生碳-14 年代的异常值[①]），受到污染的标本，同位素分提效应所引起的误差等等。还有要特别提出需要注意的，是考古工作者在采取标本时没有认真注意地层关系所引起的误差。总之，发生误差的机会是很多的。所以，只有一系列的基本一致的碳-14 年代才是有价值的，而一两个孤零的数据，就其本身而论，是没有多大意义的。后者很可能是受到某种误差的影响的产物，因之很可能是错误的，不可靠的。

本文中所引用的碳-14 测定年代，其中有些便是显然有误，应该剔除不用。这里我先将我所收集到的现已发表的中国考古资料碳-14 年代（台湾省方面的，暂不列入），编成一个一览表作为附录一，附于本文的后面。现在依照这一个附表，提出几个问题，试作初步的讨论（本文中采用某些专业论文中的使用法，以 bp 和 bc 指未作年轮校正的，BP 和 BC 指已校正的年数或年份）。

一　旧石器晚期文化问题

附录一中属于旧石器晚期的，共有 4 个地点，5 个数据，即朔县峙峪（1）周口店山顶洞（2）安阳小南海（3）和资阳黄鳝溪（116、117）（地名后括弧中没有冠以拉丁字母的数字，是表中顺序号；数字上面有字母的，为各实验室标本号，下同）。这五个年

---

① 中村嘉男：《半坡类型的影响》，《考古学杂志》（日文），第 57 卷第 4 期（1972 年），第 20 页。

代都是距今 7485bp 年（半衰期值：5730 年，下同）以上，因之，没有树轮校正数值可供校正。其中山顶洞人是距今 18865bp ±420（ZK136-0）即约距今 18445—19285 年之间。从前对于山顶洞人的年代，只能大致定为旧石器晚期，绝对年代估计为"距今约有十万年左右"[①]。对于这样古远的时代，当然不能要求十分精确的数字，但是从十万年左右缩短到一万九千年左右，差距不能不算是很大。峙峪是距今 28945bp ± 1370 （ZK109-0），小南海是距今 13075bp±220（ZK170-0）。在峙峪的发掘报告中，发掘者认为小南海遗存晚于峙峪。这论断现在得到了碳-14 年代的支持。这三个标本都是兽骨化石。骨质标本从前是认为可靠性很差的。近来经过操作技术的改进，所测得的年代一般认为可靠，虽然有时也发生误差[②]。这三处虽然每处都只有一个数据，但估计与真实的年代可能相差不会太远。欧洲的旧石器晚期的年代，从前也作过估计，以为开始于十万年以前。现据碳-14 年代，可以确定为约距今 3500—10000 年，其中马格德林文化，开始于距今不到二万年的时候[③]。这表示全世界的（包括我国的）旧石器晚期文化的变化和进展的速度，是比从前所想的远为快速。我国这三处的旧石器晚期文化，其打制石器的技术，相当进步。当时已有类似细石器的石器。

至于资阳黄鳝溪小砾石层出土的两件乌木的碳-14 年代是距今 7485BP±130（ZK19）和 6740bp±120（ZK256）。将来如果能得到树轮校正数值，估计相差不会超过数百年。这与原来估计的

---

① 贾兰坡：《山顶洞人》，1951 年版，第 2 页。

② 考古所实验室：《骨质标本的碳-14 年代测定方法》，《考古》1976 年第 1 期，第 28—30 页。

③ G. 克拉克（Clark）：《世界史前史》，1969 年增订版，第 66—69 页。

"数万年至十余万年之间"①，相差很大；便是和旧石器晚期的下限（距今万年左右）相比较，也相差两千余年。这两个碳-14 年代的中值，相差不过 750 年。测定方法方面似无问题，标本也不像曾受过这样严重的污染。不过标本的时代，即乌木所属的"小砾石层"的时代，是仍有争论的。有人认为这地层是全新世早期的②，换言之，测定的距今 6000 至 7000 年是可能的。并且资阳人化石是否与乌木标本同一地层，也是不能确定的。如果资阳人化石不产于小砾石层而产于其上的深灰色腐泥层（其下的大砾石层无任何化石），则它的年代比较乌木标本还要稍晚了。

二　最早的新石器文化问题

下面这幅分布图（表 1）是根据本文的附表制成的。这是将现已发表的中国考古资料碳-14 年代中关于新石器时代及青铜时代早期凡属于公元前 1000 年以前的数据，一共 89 个，分别依地区、依时代编制而成。年代顺序是由左侧开始，右行直至公元前 1000 年为止。因为在这年份以后，我国不仅早已进入历史时期，并且年代明确。关于历史时代的遗存，由考古学证据结合文献所推定的年代，较之其标准偏差相当大的碳-14 断代，要精确得多了。

由于我国各地区现已占有的考古材料的丰富程度不同，而经过碳-14 断代的遗存更只占其中极少的一部分。许多新石器文化只有一个数据，有的连一个都没有。但是，由这个分布图中，我们

---

① 贾兰坡：《人类学的新发现》，《中国建设》（英文版），第 3 卷第 4 期（1954年），第 36 页。

② 《考古》1972 年第 1 期，第 58 页；《考古学报》1974 年第 2 期，第 111—124页。

已经可以在某些方面看出它们的意义来。

分布图中左侧用箭头表示距今年数超过 8450bp（即历年超过公元前 6500bc）的，共有两个地点、三个数据。这些都是现下还没有树轮校正数据可供校正的，估计将来校正后可能还要添加 700 或更多年数。两个地点中的江西万年仙人洞有两个数据（69、70）。这洞中文化堆积有上、下两层，但是"属于一种性质的原始文化的遗存"。上层的年代后来研究结果，以为较商代中期的吴越遗址为早，但已有少量的方格印纹陶，还有黑皮磨光陶；但上、下层都是以夹砂红陶为主，二者之间"有其一脉相承的联系"。1963 年的第一次发掘简报中，将上层文化定为新石器晚期。下层较早一些。1976 年第二次发掘简报毫无保留地接受了碳-14 年代，说这遗址是"我国已发掘的新石器早期遗址中最早的一处，它的下层距今至少在八千年以上"。我以为这个新石器遗址虽不能说它一定属于晚期，但似乎也不能说是距今至少八千年以前的新石器早期文化。从这里的上层文化层中出土的一个贝壳，其碳-14 年代（69）是距今 10870bp±240（ZK39）。这数据实嫌过早。仙人洞是石灰岩山洞，附近的流水中含有大量由石灰岩溶化而来的几乎不含放射性碳素的古老碳酸盐。贝壳中的碳酸盐主要来源当是这种古老的碳酸盐，所以碳-14 年代测定一般要偏高。这是上述的所谓"特殊环境中产生的标本可能发生的误差"。另一个数据 8825bp±240（ZK92-0）是使用下文化层出土的兽骨化石测定的。根据常理，下层的年代应较上层的为早。这里反而比上层的数据要晚二千多年（二者的半衰期值都用 5730）。便是这个数值，也嫌过早。上层文化虽较早于商代中期，但似不能太早，似和本文第（六）节所说的碳-14 年代为公元前 2810BC±145 的修水跑马岭遗址（83），相距不会太远。我们很难相信这一种原始文化能开始这样早，而且延续这样长久而变化不大。骨质标本从前是认为不可靠的，现在经过操作技术改进后虽一般认为可靠，但是可靠性仍不及木质或木炭标本，而且也仍不能避免一般碳-14 断代中可能发生的误差。总之，从考古学角度来看，仙人洞的两个标本数据，都嫌过早，似乎是难以接受的。至于桂林甑皮岩（115）的遗存，原报告认为是"新石器时代晚期中较早的类型"，基本上是正确的。这里的第三层（即主要的文化层）中出土的一件蚌壳，经测定是距今 11310bp±180（ZK279-I），这实嫌太早。我们考虑到这里也是石灰岩山洞，标本种类也是贝壳，像仙人洞的数据 ZK39 一样，都应剔除不用。原报告将这里的遗物与仙人洞的相比较，以为文化类型大致相同。我以为二者的年代都不会太早。

剔除了这两处的数据以外，分布图中在中原地区和长江中下游这两个地区各有一处，其年代经年轮校正后超过公元前5000BC。并且在这两个地区内，可以看出从这个突出处开始，连续下去有一系列的碳-14 年代，一直延续到历史时期。这两处应该是现在能确定的我国最早的新石器时代的文化了。同时，这也使我们重新考虑我国新石器文化的起源是否一元的这个考古学上重要问题。从前一般的看法，多倾向于我国新石器文化起源于黄河中游的中原地区，然后向四周传播。但是我在 1962年的一篇文章中曾指出："在长江流域和东南沿海一带，也发现了经济生活和它（指黄河流域的新石器文化）相同的农业部落遗址，但是文化类型不同"[1]。这是说：经济生活的发展程度是相同的，都是以比较原始的农业为主，也兼从事渔猎和采集工作，还饲养家畜。但是文化类型不同，表明它们有不同的来源和发展过程，是与当地的地理环境适应而产生和发展的一种或一些文化。当然这并不排除与黄河流域的新石器文化可能有互

---

[1] 《新中国的考古学》，《考古》1962 年第 9 期，第 453 页。

相影响，交光互影。这种看法似乎比那种将一切都归之于黄河流域新石器文化的影响的片面性的传播论，更切合于当时的真实情况，更能说明问题。这十几年的考古发现和碳-14测定年代的结果，似乎是支持我的这种看法。

中原地区的河南登封双庙的三件标本（4、5、9），都是木炭，测定年代是公元前5070BC±170（BK76019）、公元前5040BC±210（BK75054）和公元前4560BC±135（76020）前二者的平均值是公元前5055BC±135。最后一个数据（9）与之相差约500年，可能是它的晚期的标本，与半坡遗址的年代大致同时。标本的说明都是"仰韶早期"。但是这里的文化能否归入"仰韶文化"这范畴，和它本身是否可区分早晚阶段，这只能等待考古材料发表后再说。另一个可能早到半坡遗址时代或稍晚一点的遗址，为河北阳原蒋家梁（7），标本说明上写的是"新石器时代"，据闻有细石器和烧后绘彩的彩陶。碳-14年代为公元前4670BC±140（ZK295-0）。这也只能等考古材料发表后再加讨论。至于原来一般认为比半坡的仰韶文化更早的李家村文化，只有一个数据，校正后为公元前2690BC±145（ZK169）。这比半坡标本最晚的数据（ZK127），还要晚约1400年。我们所知道的好几处李家村文化的遗存都压在半坡文化层的下面①。这里测定年代前后颠倒。由考古学角度来看，是难以接受的。数据测定后，我曾间接询问过这标本的出土情况。据闻标本的出土地层不明，并不是在发掘地层"第三层底部出土"。这个数据应摒弃不用。

长江中下游的早期新石器文化，直到最近还有人以为都是"青莲岗文化"②。过去对于"青莲岗文化"的年代，一般估计偏

---

① 《我国最近五年来的考古新收获》，《考古》1964年第10期，第486页。
② 吴山菁：《略论青莲岗文化》，《文物》1977年第3期，第189—192页。

晚。1972 年发表了崧泽下层出土的木头标本（77）的碳-14 年代，知道它早到公元前 4035BC±140（ZK55）。最近发现的余姚河姆渡遗址，其上层（即 1—2 层）与崧泽下层文化相当，测定年代为 3710BC±125（BK75058）。而河姆渡下层（即 3—4 层）更早，文化面貌也与上层的有所不同。它的两个年代数据（710、72）为公元前 5005BC±130（BK75057）和公元前 4770BC±140（ZK263）。这两个数据，现下我们无法断定哪一个较接近于真实的年代。二者的平均值是公元前 4887BC±96。这河姆渡下层文化是前所未见的，可依原简报称之为"河姆渡文化"。这个文化既是年代古老，其文化内容又是丰富多彩。它的农作物主要是水稻。农具是骨耜。家畜有猪、狗，可能还有水牛。有使用榫卯技术的木构建筑。陶器是夹炭末的黑陶，造型简单，主要是釜、钵、罐、盆、盘五种，有类似鼎足的活动支座，但是没有鼎、豆等。这种文化面貌，是和黄河中游的仰韶文化，完全不同。后者的农作物主要是小米（小粟），农具是石铲，家畜虽亦有猪、狗，但未见水牛，住房是半穴居，后来为木骨泥墙的地面建筑，陶器以红陶为主，彩陶普遍，器形常见小口尖底瓶、长颈壶，后来有鼎。河姆渡的上层文化，留待下面讨论长江中下游新石器文化时再谈。

三 中原地区的新石器文化的
排列顺序和绝对年代

中原地区的新石器文化，主要的是前后相承接的仰韶文化和龙山文化。仰韶文化可分为几个不同的类型。河南登封双庙的遗存，年代较早。但上节中已指出，它是否可归入"仰韶文化"，要等材料发表后再说。关于半坡和庙底沟这两种类型的仰韶文化的先后关系，从前有三种说法：或以为半坡较早，或以为庙底沟较早，或以为两者同时平行发展。陕西彬县下孟村的发掘，用层位关系证明了半坡类型早于庙底沟类型①。现在经过碳-14年代的测定，半坡四个标本（6、8、9、12）的年代是约自公元前4770年至公元前1290年，如果没有严重的误差，而最早或最晚的数据如果接近上、下限，则这类型的文化延续达五百来年，即约公元前4800至公元前4300年。而庙底沟类型的仰韶文化的标本是公元前3910±125（ZK110），比半坡类型的最晚一个数据，还要晚四百来年。这对于二者的前后关系的确定，又提供了一个坚实的证据。至于像山西永济西王庄那样叠压在庙底沟类型文化层之上的近似半坡晚期的遗存，或许像安志敏所说的"应该另行命名以资区别"，而不归入半坡类型中。半坡类型可以半坡早期遗存为限②。

接近半坡类型的后冈类型仰韶文化，其测定年代为公元前4390BC±200（ZK134）和公元前4185BC±140（ZK76）。假定它们代表这个类型的上、下限，则它延续的时间约二百来年，相当于半坡类型的后期，而早于庙底沟类型。郑州大河村的文化遗存，接近于庙底沟类型。它的四个标本（15—18）的测定年代为公元前3685BC±125（ZK185）、公元前3070BC±210（BK76004）等，包括早、中、晚各期，延续约六百来年。整个中原的仰韶文化，包括不同时代的各种类型，可能是约公元前5000至公元前3000年。

至于河南的龙山文化，可分为早期的（或庙底沟二期的）和典型的（或后冈二期的）二种类型。前者的标准地点庙底沟二期所出土的标本，测定年代为公元前2780BC±145（ZK111）；后者则有磁县下潘王、洛阳王湾三期和后冈二期的标本，其年代分别

---

① 《考古》1962年第6期，第295页（下孟村简报）。

② 《考古》1972年第6期，第37页；西王村原报告，见《考古学报》1973年第1期，第31—58、62页；原简报见《考古》1962年第9期，第464页。

为公元前 2515BC±145（ZK200），公元前 2390BC±145（ZK126）和公元前 2340BC±140（ZK133），换言之，约在公元前 2500 至公元前 2300 年之间。整个河南龙山文化，包括早、晚两种类型，其年代约为公元前 2800—公元前 2300 年。

继河南龙山文化之后的为铜石并用时代至青铜时代初期的二里头文化。这里已测定了四个标本（24、25、26、30），其中三个数据成一系列，包括二里头文化的一期至四期，年代约自公元前 1900 至公元前 1600 年。另一个标本（30）虽来自中层（三期），但测定年代反较上层（四期）的为晚，为公元前 1450BC±155 年。这数据和本组其他数据不相符合，可能是有误差。关于二里头文化与历史上夏、商文化的关系，留待另文讨论。郑州的商代中期（二里岗期）文化层中出土两件标本（27、28），测定年代约为公元前 1600 年 BC 左右（ZK177、ZK178）。河北藁城的"商代中期"遗存的测定年代为公元前 1520BC±160（BK75007），与二里岗标本所测定的年代差不多同时。安阳的二件标本（32、33）属于殷代晚期，测定年代为公元前 1290BC±155（ZK86）和公元前 1255BC±160（ZK5）。至于昌平白浮龙山鹿场的西周初年铜器墓的木椁的木标本（31），测定年代为公元前 1300BC±155（BK75052），较安阳殷墟的商代晚期的标本为早；较之历史文献上的周初年代，也嫌过早。这里当有误差。

四　黄河上游甘青地区新石器文化的排列顺序和绝对年代

这里的测定标本，来自甘肃、青海二省的东部。在这一地区内，主要的新石器文化遗存是所谓"甘肃仰韶文化"。其中又可分为三个类型：马家窑、半山和马厂。我以为后二者是一个文化的

前后紧接相承的两期遗存，可以称为"半山—马厂文化"。马家窑
类型的陶器的形式和纹饰方面另具一种面貌，或可称为马家窑文
化，时代相当于半山期或更早。

较马家窑文化为早的遗存，在这地区有"石岭下类型的仰韶
文化"或"石岭下类型的马家窑文化"。这类型的文化内容，既有
中原地区的仰韶文化成分，又含有马家窑文化的成分。它分布于
甘肃东部的天水、武山一带，东部的以中原仰韶文化为主，从这
里向西的遗存，则马家窑文化的成分逐渐增加，到洮河流域则多
为单纯的马家窑文化。在临洮马家窑—瓦家坪遗址，发现有马家
窑文化遗存压在中原仰韶文化遗存的上面的地层叠积情况①。测定
过的一件"石岭下类型"文化遗址出土的标本（44），出自武山灰
地儿，年代为公元前3813BC±175（ZK186），相当于中原仰韶文
化的中期（例如庙底沟一期，大河村早期）。这遗址离甘谷火车站
只有3公里半，属武山县五甲庄②。出土遗物，以马家窑文化的成
分为主，但陶器的器形和纹饰也具有中原仰韶文化的因素，如尖
底瓶、白彩绘等。

马家窑文化的相对年代，已由地层证据确定为在中原仰韶文
化之后；至于它与半山—马厂文化的先后关系，一般认为马家窑
文化较早，也有人认为它与半山期相当，甚至于认为二者的差别
只是半山为葬地，马家窑为住地。碳-14的年代是：马家窑文化的
两个数据（45、46）是公元前3100BC±190（ZK108）和公元前
3070BC±190（BK75020），换言之，约在公元前3000年左右，相

---

①　《考古学报》1960年第2期，第13、17、26、41—42页；《考古》1958年第7
期，第8页。

②　灰地儿，也有作为属于甘谷县，如《考古》1958年第7期第8页。这里依照
《考古学报》1960年第2期第42页遗址登记表和《考古》1971年第7期的调查报告。
这可能由于行政区划有变动。

当于中原仰韶文化的晚期（例如大河村晚期）。半山期的两件标本、三个数据（48、49、50）是公元前 2505BC±150（BK75033）、公元前 2475BC±150（ZK25）和公元前 2380BC±150（BK75029）。后二者是同一件标本的两个取样，应取其平均值公元前 2427BC±106。如果根据这三个数据，半山类型的年代可能跨着公元前 2500 至公元前 2300 年的。马厂类型的标本中，可确定为早期的（51），其测定年代为公元前 2280BC±140（BK75009），晚期的（56）为公元前 2055BC±110（BK75017）。仅知为马厂类型未注早、晚期的有三个数据，其中二个为公元前 2180BC±110（BK75028）和公元前 2145BC±120（BK75012），都在前面所举的早、晚二者之间，可能为中期的；整个马厂期可能约为公元前 2300 至公元前 2000 年。但是另一个数据为公元前 2623BC±145（ZK21），不但比较上述马厂类型早期的年代早 300 多年，并且比上述半山类型的大约年代公元前 2500 至公元前 2300 年也还要早。这里当有误差。从考古学角度来看，这个数据应摒弃不用。我们不可用它来证明马厂较早于半山，也不能说要对过去的认识重新研讨。甘肃仰韶文化（包括三个类型），总的年代约占 1000 年，即约自公元前 3000 至公元前 2000 年，要比中原仰韶文化的大约年代公元前 5000 至公元前 3000 年为晚，总年数也较短。石岭下类型的则在时代上或地域上，都占过渡的位置。再一次证明了安特生和他的追随者们所主张的中原仰韶文化"西来说"是站不住的谬论。就年代学而论，不能说有一种彩陶文化由西亚、中亚，经过甘青地区而表现为甘肃仰韶文化，更向东传播而表现为中原地区的仰韶文化。恰巧相反，中原的较早于甘肃的；如果是一种传播过程，应该解释为由中原西传到甘青地区。有人以为石岭下类型是中原仰韶文化和马家窑文化的混合。但是现有的材料却证明马家窑文化比石岭下的为晚。是否有这种可能：中原仰韶文化传到甘肃东部，发生了新的因素；这种新的因素后来发展为马家窑文化，最后发展到马厂文化；而甘肃东部则由于中原龙山文化的传来，彩陶方面没有发展变化，而整个文化面貌成为主要是中原龙山文化成分的齐家文化，而后者也向西传播。

至于齐家文化，现有三个数据。其中早期齐家文化的（52），测定年代为公元前 2255BC±140 （BK75010），时代和马厂中、晚期相当。其他二个标本出土于典型齐家文化的永靖大何庄遗址（57、58），年代是公元前 2050BC±115 （ZK15）和公元前 2015BC±115 （ZK23）。这两件标本都出于该遗址同一柱洞，数据可采用平均值公元前 2034BC±81，是在马厂文化最晚的碳-14 年代之后，但相差不远。永靖另一个齐家文化遗址秦魏家，相对年代要比大何庄为晚①，绝对年代当稍后于公元前 2000 年。从前安特生误以为齐家早于仰韶。他还臆定齐家文化为公元前 3500 至公元前 3200 年，后又改为公元前 2500 至公元前 2300 年，都嫌过早。我国考古工作者从前根据地层证据，指出他的前后颠倒的错误，并且认为齐家文化的年代不会比公元前 2000 年早过许多②。这次又得到碳-14 年代的支持和证实。秦魏家、大何庄等处的出土物和甘肃东部的齐家文化遗迹或遗物的比较研究，证明"齐家文化在东边的要比西边的为早"。更东的陕西境内的客省庄二期文化（"陕西龙山文化"）是与齐家文化相近而时代却早于齐家文化。典型的河南龙山文化是与陕西的很接近，它的碳-14 年代约在公元前 2500 至公元前 2300 年，我认为齐家文化不是从半山—马厂文化独立发展而成的。它和东边的以客省庄为代表的陕西龙山文化，非常相近。如果齐家文化的发现在客省庄的发现之后，可能便会

---

① 《考古》1976 年第 6 期，第 353、354 页。

② 《考古学论文集》，1961 年版，第 8—9 页。

被称为"甘肃龙山文化"。它和半山—马厂文化的相同点,大都是一般性的,是华北黄土地带新石器文化所共有的,例如陶器多红陶,常有绳纹,农作物以小米为主。但是它和客省庄二期文化的共同点,例如双大耳红陶罐(杯),绳纹侈口褐陶罐等,却是有显明的特殊性,表示一定的文化关系。至于齐家文化早期的少量彩陶,其中一部分,其器形是齐家文化式的,彩绘花纹也自具风格,只是施彩这一点可能受到同时存在的半山—马厂文化的影响。另一部分是马厂型彩陶;它和同出的马厂型和齐家型的素陶,只表明二种文化曾同时并存,互相影响。齐家文化是受东边的陕西龙山文化的影响而形成的。可能在西传的传播过程中,发生了一些变化,部分是受到当地原有文化的影响,因之形成了齐家文化。

至于青海的诺木洪遗址,这里曾发掘到铜制的斧、刀、钺、镞,木制的车毂等,都是比较进步的。原报告认为它的下限"可能到战国或汉代以前",这估计还是合理的。无论如何,它不会早到殷周以前。但是这里的一件标本(53)所测定的数据是公元前2177BC±110(ZK61),实嫌过早。由考古学的角度来看,这数据似有误差,是难以接受的。

五　黄河下游地区的新石器文化

这地区以山东半岛为主,也包括江苏北部(徐州地区)和辽东半岛(旅大地区)。以黑陶为特征的典型龙山文化,最初发现于山东,当时有人以为仰韶和龙山是两个不同民族的文化,分别在东、西方平行发展。1931年后冈的发掘证明在河南北部,仰韶早于龙山。1956—1957年在河南陕县庙底沟的发掘,证明这里的第二期文化是属于龙山早期,并且可以看出由仰韶发展到龙山的过渡的过程。但是这是指河南龙山文化而言。而山东的龙山文化,除了与典型河南龙山文化有互相影响之外，似乎还应有一个本地的来源。最近几年的新发现，证明这个本地的来源便是大汶口文化（本文中所说的大汶口文化是广义的，大汶口墓地只代表它的晚期）。山东潍县鲁家口遗址中大汶口文化和龙山文化的标本各一件（65、66），它们的碳-14年代分别为公元前2340BC±145（ZK317）和公元前2035BC±115（ZK321）。前者相当于典型河南龙山文化的年代。而后者（山东龙山文化）则比河南的为晚。旅大地区双砣子下层也是山东龙山文化类型，碳-14年代较早，为公元前2465BC±145（ZK78）。如果用两个数据为根据，则山东龙山文化跨着公元前2400至公元前2000年，即相当于典型的河南龙山文化，而延续到更晚的时期。

至于大汶口文化的年代，鲁家口的标本似乎接近它的下限，它比双砣子的龙山文化数据还要晚125年。但是考虑到这两个数据的标准偏差都达到±145年，因之，即使没有其他误差，专就统计偏差而言，并不排除鲁家口的标本仍有早于双砣子的可能。大汶口文化早于山东龙山文化，这是有层位学的证据，例如曲阜西夏侯的大汶口文化的墓葬（第3、4层），便压在包含有山东龙山文化遗物的第二层的下面[1]。江苏邳县大墩子遗存，也是属于大汶口文化（或归之于"青莲岗文化"。这名词问题，下面再加讨论）。它的一件标本（63），其碳-14年代为公元前4494BC±200（ZK90）。如果依据这两个已测出的数据，则大汶口文化至少跨着公元前4500至公元前2300年，延续了两千多年，似嫌时间过长。但是这并非不可能。大汶口文化（或称之为"江北类型的青莲岗文化"）的年代的确定，还需要更多的碳-14测定数据。

至于旅大地区双砣子上层的遗存（67），已发现有青铜器，其

---

[1] 《考古学报》1964年第2期，第104页。

陶器的形制，虽还保留一些龙山文化的因素（例如黑陶），但已自
具特征。这遗存当属于铜石并用时期或青铜文化早期。它的碳-14
年代是公元前 1360BC±155（ZK79），相当于中原的殷商
晚期。

六　长江中、下游地区的新石器文化的
排列顺序和绝对年代

　　关于江西仙人洞和浙江河姆渡二处的碳-14 年代，已在上面
（二）"早期新石器文化"中讨论过。河姆渡上层文化遗存（79），
其文化性质是和吴兴邱城（下层）、吴县草鞋山（下层）、青浦崧
泽（下层）和常州圩墩四处，都很相似。可以归属于同一文化。
这五处的七个测定年代，由邱城（下层）的公元前 4746BC±125
（ZK46）到河姆渡（上层）的公元前 3710BC±125（BK75058），
延续约一千年。其中四个数据（75、76、77、78）集中于公元前
4000 年左右，互相间相差不到一百年。邱城的数据较早，在公元
前 4800 年至公元前 4700 年之间，相当于中原的半坡类型仰韶文
化的时代。从前多将这种文化和大汶口文化合称为"青莲岗文
化"，或分称为"江南类型"和"江北类型"的青莲岗文化。实则
二者虽也有相同点，但就整个文化面貌而论，是两种不同的文化。
我以为还是以分别定名较为妥当。为了避免混淆，"青莲岗文化"
这一名词，似可避免不用。我建议把二者分别叫做"大汶口文化"
（包括刘林、花厅村、大汶口、青莲岗等）和"马家浜文化"（包
括马家浜和崧泽，但南京北阴阳营下层墓葬，似乎代表另一种文
化）。这个马家浜文化[①]，来源于较早的"河姆渡（下层）文化"。

---

① 马家浜的"浜"字从兵，读如邦；有误写作"濱"或它的简化字"滨"，应改正。

其年代约为公元前 4750 至公元前 3700 年，相当于中原的仰韶文化。它虽和大汶口文化在年代上同时，并且由于相毗邻而互相影响，但根据现有的碳-14 年代，似乎它开始较早，而结束也较早。并且它们之间的区别很大，比山东龙山文化与良渚文化之间的差别还要大得多。

长江下游承继马家浜文化的是良渚文化。关于良渚文化，我们已测了四个地点的七个标本，其中吴兴钱山漾的四个（80、81、84、88），余杭安溪（82）、嘉兴雀幕桥（89）、金山亭林（90）的各一个。碳-14 年代由钱山漾的公元前 3310BC±135（ZK49）到金山亭林的公元前 2250BC±145（ZK254）。如果这些数据都可靠，并且上引两个数据接近于它的上、下限，则良渚文化的延续时间也达一千年左右，即公元前 3300 至公元前 2250 年，相当于黄河流域的河南龙山文化和山东龙山文化，而开始的时代则要较早。

另一个新石器文化是长江中游的屈家岭文化。它的三个碳-14年代是公元前 2730BC±145（91）、公元前 2695BC±195（ZK125）和公元前 2635BC±150（ZK124），是约在公元前2750—公元前 2650 年。相当于大汶口的晚期，河南龙山的早期，和良渚的中、晚期。这是它的晚期的年代，早期的当要更早一些。

至于良渚文化以后的湖熟文化，有南京北阴阳营上层出土的两个标本（91、92）。它们的碳-14 年代为公元前 1820BC±135（ZK142）和公元前 1387BC±165（ZK28），已是中原的殷商时代，其下限可能到西周初期。至于金山的遗存（93），属于印纹陶早期，碳-14 年代为公元前 1164BC±120（204），时代当是西周。至于武进淹城护城河中出土的独木舟，发现时根据同层出土遗物（包括软、硬印纹陶罐和铜编钟等）和文献记载，认为是春秋晚期至战国时代。这个推论的年代还是合理的。但是测定结果是公元前 1055BC±120（ZK27），实嫌过早，不能采用。这又一次证明了有明确编年的历史时期，碳-14 的测定年代的误差，是容易被发觉的。

江西北部修水跑马岭遗址（83），出土物以夹砂粗红陶为主，也有少量的印纹陶，也有石器。它的碳-14 年代是公元前 2810BC（ZK51）。时代是相当于良渚文化的中期，但是文化面貌不同。根据所发表的材料，它和同处于江西北部的万年仙人洞堆积中的上层遗物，有些相似。这里的测定年代，似较近于真实的年代，而仙人洞的测定年代距今八千到一万多年，实嫌过早。本文第（二）节已加讨论。这里跑马岭的测定年代，可为旁证。

七　其他地区的新石器和早期青铜文化

这里包括闽粤沿海地区、西南川滇桂地区和东北地区。它们已测定的公元前 1000 年以前的数据都不多，所以合并在一节讨论。

闽粤沿海地区，其中广东的两处早期遗址是增城金兰寺后山岗和曲江马坝石峡。前者是位于海边的贝丘遗址。这里的下层，打制和磨制石器共存，陶器以夹砂粗黑陶或粗红陶为主，并有少量几何纹软陶。原简报认为这类文化的年代"约早于殷商"。碳-14 年代是公元前 2495BC±145（ZK103）基本符合。马坝石峡墓地的发掘，只有新闻报告发表。据说这是新石器晚期的墓地。这类墓中出夹砂陶器和软陶，估计年代为属于距今约四千多年至五千多年。这第 26 号墓的碳-14 年代也与增城金兰寺遗存的年代相近，即公元前 2480BC±150（BK75050）。这两处的数据都是约在公元前 2500 年左右，相当于江浙地区的良渚文化晚期，比江汉地区的屈家岭文化为稍晚。广东海丰地区的两处印纹陶遗址出土的标本（112、113），碳-14 年代是公元前 1480BC±195 和公元前 1260BC±420，和上述长江下游的金山查山的印纹陶早期遗址（93）的数据也相接近。至于福建闽侯昙石山（中层）标本（112）的测定年代虽然相近，是公元前 1323BC±155（ZK98）[①]，但是文化面貌不同。这里（中层）的陶片以夹砂陶及泥质陶为主，但也有少量的印纹硬陶，还有彩陶。昙石山中层文化和台湾省高雄凤鼻头的第三、四期贝丘文化，有相当的相似处，碳-14 年代也大致相当。这表示当时福建、台湾两省的居民，已有紧密的联系和往来[②]。

　　西南地区的四川资阳黄鳝溪和广西桂林甑皮岩的数据，已在前面（一）、（二）两节中讨论过。此外还测定过两个云南出土的标本。剑川海门口是一个铜石并用时代的遗址（119），小铜件占出土遗物百分之一。碳-14 测定是使用遗址中建筑物的木柱，结果是公元前 1335BC±155（ZK10），相当于中原的殷商晚期。这木柱是否与文化层同时呢？这里除了这文化层之外，没有发现其他文化层；而这里的文化层由螺壳、碎陶片及炭末所组成，显示是居住遗址的垃圾。但这居住地除了这些桩柱所代表的建筑之外，没有其他住房的遗迹。二者当属于同一时代，虽然木材砍伐的时代也许比居住时代稍早。云南元谋大墩子新石器遗址（118）的碳-14年代为公元前 1470BC±155（ZK229）。它比铜石并用时代的

---

　　①　昙石山标本已测定的只有一个，即 ZK98。《考古学报》1976 年第 1 期的发掘报告中，误认为是"两个贝壳标本"，其中"一个距今 3090±90 年"（第 115 页）。这两个数字是一个标本经测定后使用两个半衰期值（旧值和新值）来表示，并不是两个标本的两个测定数据（做试验用的贝壳可能不止一个，但是作为一个标本测定的），应改正。

　　②　张光直等：《凤鼻头、大岔坑和台湾史前史》（英文），1966 年耶鲁大学版，第 230—231 页。

海门口为早。生产工具以磨制石器为主，未见铜器。陶器以夹砂
陶为主。

东北地区包括北方草原的东部。这里已测定的最早数据是昭
乌达盟富河沟门的标本（123）为公元前 3350BC±145（ZK188）。
这是一种细石器文化，陶器有压印 Z 字形篦点纹，还有早期仅有
灼痕的卜骨。赤峰蜘蛛山（124）和北票丰下（125）两处遗存，
都是属于夏家店下层文化（或称丰下文化）。这种文化的分布，以
旧热河省的南部（今辽宁朝阳、内蒙古赤峰、河北承德地区）为
中心，南到唐山、京津地区，北边达到并越过西喇木伦河。他们
已掌握冶炼和翻铸青铜器的技术，已知用快轮制陶。陶器的风格，
接近于二里头类型的商文化，但仍保留有浓厚的龙山文化的因素。
已测定的两个数据，蜘蛛山的为公元前 2410BC±140（ZK176）[①]，
丰下的为公元前 1890BC±130（ZK153），二者相差约 520 年。前
者似稍嫌过早，后者则和前面第（三）节所引用的二里头早期的
两个数据（ZK285、ZK212）同一时期，可能较接近于真实的年
代。黑龙江宁安莺歌岭的两个标本（126、127）所测定的年代为
公元前 1240BC±155（ZK89）和公元前 1190BC±145（ZK88），
二者相差只 175 年，而它们的标准误差达 145—155 年，可以说两
个标本可能是同时的。这遗址在镜泊湖畔，出土有黑耀石打制的
石镞和刮削器、素面或带彩的红陶和划纹的黄褐陶。原报告认为
是"原始社会晚期文化"。现在根据碳-14 年代，可以说它们约相
当于殷商之际。

---

①　《考古》1976 年第 3 期发表的丰下发掘简报中说："蜘蛛山遗址 C[14] 测定的绝对
年代为 3965±90 年代，也大体吻合"（第 210 页）。这里列举两个数据，实际上只是一
个标本所测得的距今年数，不过采用两种不同的半衰期值来表示而已。这测定数据如
用树轮校正，则蜘蛛山的年代将稍嫌过早，不如丰下遗址的标本的年代，较为吻合。

上面对于已发表的碳-14年代中公元前1000年以前的，共94个（包括旧石器的5个），作了初步的讨论。总之，这里可以看出，除了个别的例子出现了统计偏差以外的误差，绝大部分是可用的。尤其经过树轮校正后，可能更接近真实的年代。不过，每个测定数据都有统计偏差，所以这些绝对年代都可能有一两百年的误差，有的误差还要大。这些绝对年代，可能随着碳-14断代法的今后的改进而还要加以修改。但是根据每一地区的各数据所排列出来的各个重要文化和大多数遗址的相对年代，基本上是符合实际情况的，可能将来并不需要再加修改。

作为考古工作者，我们应该感谢各个碳-14实验室工作的同志们，向我们提供了有价值的测定数据；并且还提醒我们注意误差问题，清楚地指出测定数据的局限性。实际上，有些误差是由于我们考古工作者采集标本时注意不够。我想再度向我们考古学界的同行们提出一点建议：标本出土的层位一定要搞清楚。如果地层确定，还要注意这标本与同层的其他出土物的关系，例如是否使用砍下已久的木材，或流传已久的木质器物，标本是否取样于树皮附近的年轮层等等。否则可能会有数十年或数百年的误差混进去而没有被发觉。

本文中所提出的一些看法，只是我个人的看法。因为限于理论水平，可能有错误或未妥的地方，希望读者提出宝贵的意见，加以批评指正。

附录二 碳-14 测定年代和大汶口文化 *

关于黄河下游的新石器时代文化，我曾收集过 1977 年上半年以前所发表的中国考古资料碳-14 年代（台湾省方面，暂不列入），并将所有数据，编成一表，就其中几个问题，提出加以讨论。现在将目前有的，加以增订，再次发表，以供讨论之用。这个地区以山东半岛为主，也包括江苏北部（徐州地区）和辽东半岛（旅大地区）。以黑陶为特征的典型龙山文化，最初在 1928 年发现于山东省历城县龙山镇的城子崖。当时有人以为仰韶和龙山是两个不同民族的文化，分别在东西方平行发展。1931 年后冈的发掘证明，在河南北部，仰韶早于龙山。但是仍有可能是：二者最初是平行发展，后来向不同方向伸展，仰韶文化自西而东，龙山文化由东向西，只是二者抵达后冈的时代早晚不同。1956—1957 年的陕县庙底沟的发掘，证明这里的第二期文化是属于龙山早期，并且可以看出由仰韶发展到龙山的过渡的过程。但是这是指河南龙山文化而言。而山东的龙山文化，除了与典型河南龙山文化有互相影响之外，似乎还应有一个本地的来源。最近几年的新发现，证明这个本地的来源便是大汶口文化（本文中所说的大汶口文化是广义的，大汶口墓地只代表它的晚期）。

大汶口文化早于山东龙山文化，这是已有层位学证据的。例如，曲阜西夏侯的大汶口文化的墓葬（第 3、4 层）便压在包含在龙山文化遗物的第二层的下面；山东日照东海峪遗址的地

---

* 本文原载《大汶口文化论文集》（齐鲁书社，1981 年）。内容与《碳-14 测定年代和中国史前考古学》一文有相当程度的重复，现删去重复部分附录于此。

层是由大汶口文化晚期过渡到龙山文化的三叠层[①]。现在，我们更有了碳-14测定年代数据，足以证明大汶口文化确实早于山东龙山文化，而这种文化的延续时间相当长久，它的各种遗存又有早晚的不同。

现将有关的 17 个数据，列表如下（见表2）：

在这个表中，年代最早的是江苏邳县大墩子遗存。原报告以为是属于"青莲岗文化系统"的，但是也承认它和大汶口遗址与墓葬中出土的遗物，有很多相同或相似的地方[②]。换言之，两者实属于同一文化系统。这一种主要分布于苏北和鲁南的新石器时代文化，本来也可以叫做青莲岗文化。但是由于"青莲岗文化"这一名称有时可以兼称江南的马家浜文化，意义混淆不清；所以我在这篇文章中暂时都用"大汶口文化"一名称，不用"青莲岗文化"[③]。

根据碳-14测定年代（ZK_{90}），大墩子第三层下层出土的一件标本是距今 6445±200 年（公元前 4494±200 年，经树轮校正，下同）。如果没有其他误差混进去，那么，这数据表示它的年代有68%的可能性在公元前 4700 至公元前 4300 年之间。考虑到其他的大汶口文化遗存的碳-14年代，这标本的确实年代当接近于公元前 4300 年。

山东泰安大汶口的居住址内出土的两件木炭标本（$ZK_{468,469}$），测定的碳-14年代分别为公元前 4260±135 年和公元前 4205±140 年，两者相差仅五十多年，而二者的统计误差达到 135 至 140 年，所以可以说这两件标本是同时的。它们与大墩子标本的测定年代，

---

① 《考古学报》1978 年第 4 期。

② 《考古学报》1964 年第 2 期。

③ 参阅《考古》1977 年第 4 期。

相差不过 200 多年，如果把统计误差考虑进去，它们与大墩子标本可能晚不了许多，也有可能是同时的，即公元前 4300 年左右。大汶口居住址是较墓地中的早期墓还可能要早一些。

表 2　　　　　　　大汶口文化碳-14 年代一览表

实验室标本号	地点	地层或墓号	材料	文化	距今年数(5730)(1950)年算起, b. p.	历年(公元前)		备注
						(5730年)b. c	树轮校正(D. L. W.)B. C	
ZK90	江苏邳县大墩子	第3层下层	木炭渣	"青莲岗"	5785±105	3835±105	4494±200	(三)334；学，64，2
ZK468	山东泰安大汶口	T122(B)H3	木炭	大汶口	5555±95	3605±95	4260±135	(六)91
ZK469	山东泰安大汶口	T10 H24	木炭	大汶口	5505±105	3555±105	4205±140	(六)91
ZK461	山东兖州王因	T2105 H37	木炭	大汶口早期	5310±100	3360±100	4000±125	(六)91；考，79，1
ZK461	山东兖州王因	T265 H1	木炭	大汶口早期	5270±90	3320±90	3955±115	(六)91；考，79，1
ZK460	山东诸城程子	M7	木炭	大汶口	4905±105	2955±105	3550±165	(六)91
ZK463	山东兖州王因	T249(2)	木炭	大汶口早期	4670±90	2720±90	3275±130	(六)91；考，79，1
ZK470	山东日照东海峪	T443(5)	木炭	大汶口晚期	4330±100	2380±110	2865±195	(六)91；考，76，6
ZK479	山东日照东海峪	T1412(3)	木炭	大汶口晚期	4190±150	2240±150	2690±185	(六)91；考，76，6
ZK78	辽宁旅大双砣子	F16	烧过木头	龙山	4010±95	2060±95	2465±145	(二)58
ZK390-0	山东胶县三里河	M214	人骨	龙山	3960±140	2010±140	2405±170	(六)91；考，77，4
ZK317	山东潍县鲁家口	T1(5)	木炭	大汶口晚期	3910±95	1960±95	2340±145	(四)201
ZK391-0	山东胶县三里河	M267	人骨	大汶口晚期	3665±140	1715±140	2040±155	(五)283；考，77，4
ZK321	山东潍县鲁家口	T5(4)	木炭	龙山	3655±95	1705±95	2035±115	(四)201
ZK361-0	山东胶县三里河	M2110	人骨	大汶口	3560±105	1610±105	1905±120	(五)283；考，77，4
ZK361-0	山东胶县三里河	M134	人骨	龙山	3480±100	1530±100	1810±145	(五)283；考，77，4
ZK79	辽宁旅大双砣子	F4	烧过木头	双砣子二期	3120±90	1170±90	1360±145	(二)158

说明：备注栏中（一）至（六）指《考古》中刊登的《放射性碳素测定年代报告》的第一篇至第六篇，后面的数字指页码。"学"指《考古学报》，"考"指《考古》。

其次为兖州王因的三件木炭标本（ZK461,464,463），其中较早的两件分别为公元前 4000±125 年和公元前 3955±115 年，所测定的年代比大汶口居址的，又晚了 200 多年。但是另一件标本（ZK₄₆₃）为公元前 3275±130 年，比前两件更晚了 700 年左右。这件出土于第二层，比前两件出土于第三层的，自然年代要晚一些。但是这两层都被定为大汶口文化中较早的遗存[①]。现在根据碳-14 测定的结果，它们之间的年代相差竟达 700 年左右，这是预料不到的。

山东诸城程子遗址的发掘简报还未发表。根据碳-14 测定的结果（ZK₄₆₀），它的年代是公元前 3550±165 年。这比上述王因大汶口文化早期标本（ZK₄₆₁,₄₆₄），要晚 400 多年。但较之下面所述的东海峪遗址的大汶口晚期文化的较早的一个标本（ZK₄₇₀）要早 780 多年。它可能是属于大汶口文化中期的。

山东日照东海峪的两件木炭标本（ZK₄₇₀,₄₇₉）是属于大汶口文化晚期的[②]。它们测定的年代分别为公元前 2865±195 和公元前 2690±185 年，换言之，有 68% 的可能性，它们是在公元前 3000 至公元前 2500 年之间。山东潍县鲁家口的大汶口文化层出土的一件木炭标本（ZK₃₁₇）的测定年代是公元前 2340±145 年，就是说，有 68% 的可能性是公元前 2485 年和公元前 2195 年之间，比较东海峪的两件标本为晚，当是属于大汶口文化晚期中较晚的阶级，接近于它的尾声。

根据前面所述，如果没有很大的错误，那么，我们只能说：大汶口文化的延续时间较为长久，达 2000 年左右，即公元前 4300 至公元前 2300 年左右。整个文化可分为早、中、晚三期，估计每期约各占六七百年。高广仁认为"早期向中期的过渡大约在公元

---

① 《考古》1979 年第 1 期。

② 《考古》1976 年第 6 期。

前 3500 年之际，而中期向晚期过渡当不晚于公元前 2800 年"[1]。这和我们前述的估计大致相符。

山东胶县三里河的两座大汶口文化晚期墓葬的人骨标本（$ZK_{391,361}$）的碳-14 年代，分别为公元前 2040±155 和公元前 1905±120 年。如果这两个数据可靠，那么，大汶口文化还要延续三四百年，一直到公元前 2000 至公元前 1900 年左右。但是用动物骨头（包括人骨）来测定的碳-14 年代，常常有较大的误差。同一墓地的一座龙山文化期墓的人骨标本（ZK_{390}）的年代测定为公元前 2405±170 年。这较前面提到的两件大汶口文化期的人骨标本，反而早了 365 至 500 年。这里必定有错误。我以为在讨论大汶口文化的年代时，这两个数据似乎可以存疑，暂时可以搁置起来，不算进去[2]。

至于典型龙山文化（即山东龙山文化）的年代，最早的标本是辽宁旅大双砣子出土的一件被烧过的木头的标本（ZK_{78}），测定年代为公元前 2465±145 年。其次为前面所说的胶县三里河龙山文化期墓葬中出土的人骨标本（ZK_{390}），测定年代为公元前 2405±170 年。后者由于标本材料的关系，其测定年代的可靠性不及前者。但是将二者一起来加以考虑，山东龙山文化可能开始于公元前 2400 年。鲁家口的大汶口文化晚期标本（ZK_{317}）的测定年代要比双砣子的龙山文化期的标本（ZK_{78}）还晚 125 年。不过，如果考虑到这两个数据的标准偏差达到 145 年，即使没有其他误差，专就统计误差而言，也并不排除鲁家口这一大汶口文化的标本仍有早于双砣子那件龙山文化的标本的可能。

另外两件山东龙山文化的标本是潍县鲁家口的木炭（ZK_{321}）

---

① 《考古学报》1978 年第 4 期。

② 同上。

和胶县三里河墓葬中的人骨（ZK$_{364}$）。它们的测定年代分别为公元前 2035±115 和公元前 1810±145 年。如果以后者为山东龙山文化的结尾，那么，这文化延续时间共达 600 年左右，即公元前 2400 年至公元前 1800 年。

至于旅大双砣子上层的遗存，它已具有青铜器。它的陶器形制虽还保留一些龙山文化的因素（例如黑陶），但已自具特征。这些遗存当属于青铜文化（可能为早期青铜文化）。它的碳-14 测定年代是公元前 1360±145 年，相当于中原地区的殷商时代的中、晚期。它比较前面估计的山东龙山文化的结尾约晚 440 年；龙山文化的结束可能实际上要较公元前 1800 年还要稍晚。

现在再拿大汶口文化的碳-14 年代来和毗邻地区其他文化的年代相比较[①]。长江下游的马家浜文化的碳-14 年代约为公元前 4750 至公元前 3700 年。这文化来源于较早的河姆渡（下层）文化，它的后继者是良渚文化。它和大汶口文化的大部分时间是同时并存的。所以二者虽文化面貌不同，但由于地区毗连，时代相同，免不了有个别器物在两种文化中都有出现。大汶口文化开始较晚，延续时间又较长，所以它的中期后半和后期，是和良渚文化并存的。

至于大汶口文化和河南地区各种文化的年代关系，大体是这样：它的早期的碳-14 年代与仰韶文化庙底沟类型相近而晚于半坡类型；它的中期与郑州大河村仰韶文化遗址的年代相当；它的晚期大约是和庙底沟二期文化（河南龙山文化早期）同时并存。它们之间虽有某些相似的因素，但仍属于不同的文化体系。

上面对于已发表的有关碳-14 年代中的 17 个测定数据作了初步讨论。总之，这里可以看出，除了个别的例子出现了统计偏差

---

① 这些碳-14 年代数据，见《考古》1977 年第 4 期。

以外的误差，绝大部分数据基本上是可用的。尤其是经过树轮校正后，可能更接近真实的年代。不过，每个测定数据都有统计偏差，所以这些绝对年代都可能有一两百年的误差，有的误差还要大。这些绝对年代，可能随着碳-14 断代法的今后的改进而还要加以修改。但根据每一个地区的各数据所排列出来的各个重要文化和大多数遗址的相对年代，基本上是符合实际情况的，可能将来并不需要再加多大修改。

历史时期考古

商代玉器的分类、定名和用途*

在某种意义来说，玉器是一种中国特有的艺术品。从新石器时代一直到今天，它经过了四千多年的发展。早在商代的安阳期，它已达到了成熟期，在技术和艺术方面都达到高度水平。安阳殷墟曾出土过大量的精美玉器，尤其是 1976 年发掘的妇好墓，出土了各种玉器达 755 件之多，引起了国内国外的中国古玉研究者的重视[①]。

我在这篇论文中，主要是利用这批资料，并参考从前殷墟出土的玉器，试图从考古学的角度来研究商代玉器的分类、定名和用途。这种考古学的方法，基本上以考古发掘品为基础，然后再去结合文献，一反过去那种以不可靠的文献资料或博物馆和私人藏品作为出发点的旧作法。

根据商代玉器的类型和用途，我想把它们分作"礼玉"、武器

---

* 本文是 1982 年 9 月 7 日作者在美国檀香山举行的商文化国际讨论会上宣读论文《殷代玉器》的中文稿。《考古》1983 年第 5 期发表时由作者稍作修改，并将题目作了变动。

① 《殷墟妇好墓》（以下简称《妇好墓》），1980。

和工具（包括日用品）、装饰品三大类来谈。

一 "礼玉"

本文的"礼玉"，并非泛指在礼仪中所用的一切玉器，而是专指璧、琮、圭、璋、璜、琥这六种玉器，也可称为"六瑞"，便是六种"瑞玉"的意思（图1）。

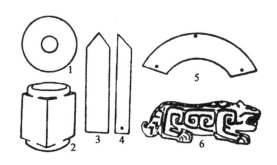

图 1 "六瑞玉"

1. 璧 2. 琮 3. 圭 4. 璋 5. 璜 6. 琥

有人以为瑞玉中如瑞圭、瑞璧之类，在商朝便已产生，并且起了与后世瑞玉相类似的作用。到了"三礼"编写的时代，六瑞已成为实行已久的制度[1]。实际上，我们所见到的"瑞玉"的图形，最早的是东汉石碑中的《六玉图》[2]（图2）。这些图是汉人依据"三礼"经书和汉儒的注释而加以想象绘成的。商代也有相类或近似的实物，但是商代叫什么名称，已不可知。至于它们在商

---

[1] 凌纯声：《中国古代瑞圭的研究》，见《民族研究所集刊》第 2 册，第 203 页，台北，1965。

[2] 洪适：《隶续》卷五，第 3—6 页，洪氏晦木斋丛书本，1872。

代的用途，根据考古发掘的证据，似乎并不是像"三礼"所说的那样；也没有发现它们成为一组出现。

　　我同意我国古史研究者的一般意见，认为《周礼》是战国晚年的一部托古著作。我以为这书中关于六瑞中各种玉器的定名和用途，是编撰者将先秦古籍记载和口头流传的玉器名称及它们的用途收集在一起；再在有些器名前加上形容词使成为专名；然后把它们分配到礼仪中的各种用途去。这些用途，有的可能有根据，有的是依据字义和儒家理想，硬派用途。这样他们便把器名和用途，增减排比，使之系统化了。先秦古书中提到玉器时，一般是仅有名称，很少有形状的描述。《周礼》中常常说明瑞玉的尺寸大小，排列有序，显然是系

图2　汉碑上的
"六玉图"

统化和理想化的结果。汉代经学家在经注中对于每种玉器的形状几乎都加以说明，但是这些说明有许多是望文生义，有的完全出于臆测。后来的聂崇义《三礼图》等书中所描绘的周代礼器（包括瑞玉）的图形，大都是根据汉、唐诸儒的注释，加以自己的想象而复原出来的，并不是周代真有这种实物[1]。

　　吴大澂利用他那时新出土的古玉实物来对照《周礼》等古书，这样便有实物为证，不是全凭幻想。这种方法是一个大进步。但是他的研究古玉的目的，是"以资诂经之用"[2]。他要把一些"佚

　　[1]　夏鼐：《汉代的玉器》，《考古学报》1983年第2期，第128页。

　　[2]　吴大澂：《古玉图考》序，1889。

名"的古玉，尽量在经书中找出它们的古名和用途，因之，有时便未免牵强附会（图3）。他的方法可称为吴大澂式经学家方法。

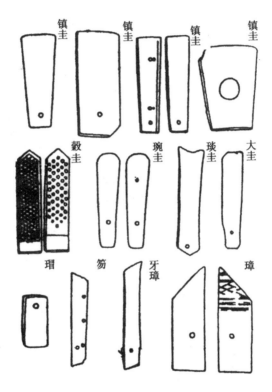

图3 吴大澂《古玉图考》中的各种瑞玉

作为一个考古工作者，我以为现在我们应改而采用考古学的方法，充分利用现已由考古发掘所累积的大量资料。我们的出发点是发掘工作中出土的玉器，然后再参考传世品和文献。可以定名的，即用古名，如果古名找不到，可以取一个简明易懂的新名。用途不能确定的，可以暂且存疑，不作决定。用这种方法研究古玉，虽然已做的工作还不多，但是方向是正确的，前途很有希望。

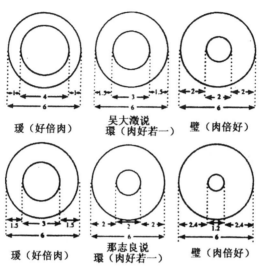

图4　对《尔雅》所说的璧、環、瑗的两种不同解释

六瑞中第一种是玉璧，商代墓中常有出土。妇好墓出璧16件，如果连同環和瑗一起计算，共达57件。我以为環和瑗，实际上也便是璧。《尔雅》中说"肉倍好谓之璧，好倍肉谓之瑗，肉好若一谓之環"。这是汉初经学家故弄玄虚，强加区分。"好"是指当中的孔，"肉"是指周围的边。这样便可有两种不同的量法。吴大澂和那志良的解释便不同（图4）。无论用哪一种来解释《尔雅》都和实物情况不符。发掘所得的实物，肉好的比例，很不规则。它们既不限于这三种比例，并且绝大部分不符合这三种比例。我建议把三者总称为璧環类，或简称为璧。其中器身作细条圆圈而孔径大于全器二分之一者，或可特称为環。瑗字原义指哪种玉器，我们不清楚；但肯定不会是像吴大澂、罗振玉等所说的人君援引大臣上阶用的玉器①。他们这种说法虽然可以上溯到东汉的许慎《说文》，但是古代根本没有这种援引上阶用的玉器。这是一种望文生义，故意把"瑗"和"援"联系起来作解释。"瑗"字在古玉名称中今后似可放弃不用。

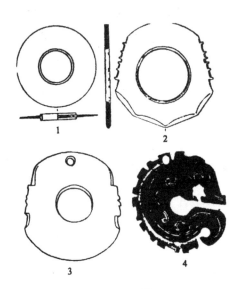

图 5　玉器

1. 特形璧（456）　2. 璧戚（二里头）　3. 璧戚（591）　4. 玦（988）

（标本出处只注器号的都出自《殷墟妇好墓》，下同）

大孔的璧环类玉石器在新石器时代墓中便已出现，有的套在死者的臂上，当是作为手镯之用②；有的放在胸部或腰侧，可能是

---

① 吴大澂，前引书，第 43 页；罗振玉：《释瑗》，见《永丰乡人甲稿（雪窗漫稿）》，1920 年贻安堂刊本，第 2 页。

② 江苏邳县大墩子，见《考古学报》1964 年第 2 期，第 21 页。

悬挂在身上①。商代墓中的璧环类多出于死者的胸前或腰侧，其用途可能也是如此。但有一种璧的孔周突起一圈凸缘，便于穿带，有人以为可能作为手镯用的（图5，1）②。至于车马坑中出土的小型玉石璧环，可能作为联系各物的链环。

一种异形的璧，古器物家称为"戚璧"，或"璧戚"。它的两侧各有一段弧线切削平直，并有牙齿形突起各一排，刃部磨薄锋利。妇好墓报告中称为1式戚，归入武器类（图5，3；图10，1）。这是对的。它不能算是瑞玉。二里头遗址中也有两件出土，刃部分四段，简报中称为"钺"③（图5，2）。这应改称为"璧戚"。

另一异形的璧，吴大澂称为"璇玑"，据说是浑天仪一类天文仪器的构件。这种璧的外周边缘有三组齿形突出，实为边缘有饰的璧，和天文仪器无关。这样以凹槽分离开作三组齿形突起，各齿高低阔狭又不一致，是不能作为仪器中齿轮以起转动之用，何况有些所谓"璇玑"，例如妇好墓出土的一件，只有三处凹槽（所谓"机牙"），没有细齿，更不能起齿轮作用。小屯一座幼童墓中也发现一件，放在死者胸部右侧，当和普通璧环一样作为装饰品之用④。它的渊源，我以为：一是商代玉匠喜于玉器边缘刻出有齿牙的扉棱，如戚、矛、戈、刀和佩饰的璜、玦等，不限于璧；二是璧的三分法或四分法（所谓"璇玑"也有四组齿牙的）。两个来源汇合一起，便成为边缘有几组齿、牙的璧（图6）。我建议今后"璇玑"这名称在古玉实物的命名中可以删除不用，更不应该认为

①　山东安邱景芝镇2号墓（龙山文化），《考古学报》1959年第4期，第21页。

②　《妇好墓》，第119页，图版七八、八八。

③　《考古》1976年第4期，第262页。

④　《妇好墓》，第119页，图版八六：4。

它是天文仪器而在这方面大做文章。那志良也认为它当是璧的一种，是与天文仪器无关的[1]。

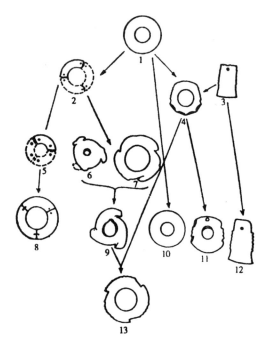

图6 所谓"璇玑"渊源（说明附于本文篇末）

有人把略作椭圆形的璧叫做羡璧，这是由于误解了《周礼》的原文。《周礼》中说"璧羡以起度"，又说"璧羡度尺，好三寸，以为度"。郑众注"羡，长也"。原文是说璧径长度一尺，作为长度制度的基数。这好像英国半便士的铜币径长一英寸一样。郑玄才曲解为"羡，不圜之貌"。我们应该放弃"羡璧"这个命名。

---

① 那志良：《古玉鉴裁》，第225—226页，台北，1980。

《周礼》和其他先秦古籍中都没有"羡璧"这个璧名。

　　另一种玉器叫做玦，是有缺口的璧。妇好墓出土 18 件，或为素面抛光，或刻有龙纹或虺纹①。前者或为耳玦；后者都有一个细孔，当为佩饰（图 5，4）。

　　第二种瑞玉是圭，作扁平长条形。下端平直，上端作等边三角形。《说文》说："剡上为圭，半圭为璋。"郑玄也说："圭锐象春物初生，半圭曰璋。"汉碑《六玉图》中也是这样（见图 1）。《说文》又说："圭，上圜下方。"如果圜字不是误字，当指把尖端削去，形成弧形，并非正圜。妇好墓有玉"圭"8 件，都不能算是圭（图 7）②。其中一件过于残损，形式不详。另一件（950 号）实际上是武器类的戈，仅柄部不显明区分。其他六件，是吴大澂所谓"琬圭"、"镇圭"和"琰圭"，都有锋刃，都没有"圭角"，不能称为圭，将在下面武器和工具类中讨论。但是殷墟西区墓群九百余座小墓中出石制圭 14 件，石璋更多③，而妇好墓没有璋。可见商代的圭、璋不是贵族们所用的礼器。这些石圭有的将上端二斜边磨薄似刃，但不锋利，有的根本没有刃，似乎不是武器。它们大都没孔眼，也不像佩饰。用途不详。战国时玉石制的圭、璋才盛行，文献上"圭、璋"作为贵重玉器的代称。

　　《周礼》中有许多不同的圭，是在圭字前加一形容词，例如依照大小、颜色、刻纹等而叫做"大圭"、"青圭"、"谷圭"和"琬圭"之类。有的意义不清楚，不知是否指玉质、形状或纹饰，有的可能连《周礼》编写者自己也没有明确的概念。汉儒注释，多是望文生义。吴大澂在他自己藏品中居然找出古圭可以定名的达

---

①　《妇好墓》，第128—130页，图版一〇四～一〇六。

②　《妇好墓》，第116页，图版八四。

③　《考古学报》1979年第1期，第105页，图七九：1。

六种之多（见图3，上二列），实则除"谷圭"为后世物之外，其余都是有锋刃的武器类，没有圭角，不能算是圭。

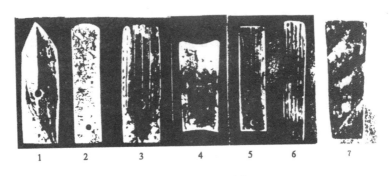

图 7 所谓"玉圭"

1. 戈（950） 2、3. 铲、斧（15、583） 4. 刀形端刃器（579）

5、6. 斧（552、553） 7. 铲（462）

古书如《周礼》、《诗经》中往往"圭璧"连称，当为二物。郑玄误释为"圭，其邸（柢）为璧"，把它们视作一物，即外缘带有圭形突起的璧。《周礼》中有"四圭有邸"和"两圭有邸"（《典瑞》、《玉人》）。这二者的意思，我同意那志良的说法①。"四圭有邸"，当为四圭平放，底部相向。郑司农（众）误释为"于中央为璧，圭著其四面，一玉俱成"。"两圭有邸"一语，有人以为两圭有邸亦以璧，与"四圭有邸"相同。聂崇义《三礼图》中依照这说法绘成图形，后来玉匠便依这些图形仿制，或以应朝廷中举行古礼时的需要，或以满足收藏古玉者的要求。但是，先秦古玉中没有这种"圭璧"、"两圭有邸"和"四圭有邸"的玉器。至于日

① 《大陆杂志》第6卷第12期，第393页，1953；又那志良《古玉鉴裁》，第89—91页。

本学者林巳奈夫以为殷代柄形玉饰是"大圭"。这种柄形器都是小型的，上端也不尖锐如圭，古人不会称它为"大圭"的。这留待讨论玉制装饰品时再谈。

第三种瑞玉的璋，和圭相似，不过上端是一道斜边，所以说"半圭为璋"。妇好墓中虽然没有璋，但是殷墟西区九百余座小墓中有41座出土石璋183件，最多的两座分别出13件和12件①。小屯第10号房基底部，也发现残石璋很多②。它们有的较短的一侧磨薄似刃，不锋利。有的根本没有刃部，大概不是武器，但也不像是瑞玉。郑州二里岗出土一件璋形玉器和偃师二里头的两件，简报中称"玉璋"，实是我们下面所说的大型的刀形端刃器。有的长达66厘米，当属于武器类，但不会是实用的武器③。《古玉图考》中的牙璋，长27.7厘米，也是刀形端刃器（图8，1、2）④。它们都不是《三礼》中的璋。《古玉图考》中还有一件所谓"边璋"，实际上是大型的多孔石刀的残片，和偃师二里头出土的一件完整的七孔玉刀相似（图8，3、4）⑤，都属于武器中的刀类边刃器。黄濬《古玉图录初编》收入的二件，郭宝钧以为即吴氏之璋⑥，也是这类玉刀的残片，但仍保留梯形刀一端的斜边和靠近斜边的平行直线纹和网纹。

---

① 《考古学报》1979年第1期，第105页，图七九：1左。

② 《考古》1976年第4期，第266、271页。

③ 《文物》1966年第1期，第58页及附图；《考古》1983年第3期，第219页，图版一：4。

④ 吴大澂：《古玉图考》，第21页。

⑤ 同上书，第19—20页；《考古》1978年第4期，第270页，图一：3。

⑥ 黄濬：《古玉图录初编》卷一，第11页，1935；郭宝钧：《古玉新诠》，见《历史语言研究所集刊》第20本下册，第9—10页，上海，1949。

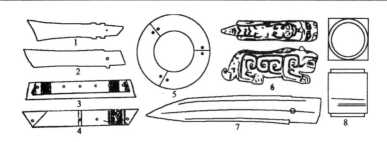

图 8　玉器

1、2. 误称"牙璋"的刀形端刃器（二里岗、《古玉图考》）　3、4. 误称"边璋"的刀类边刃器（二里头出土七孔刀、《古玉图考》）　5. 璜（901、879、1070）　6. "琥"（409）　7. 戈（483）　8. 琮（594）

第四种瑞玉为琮。《说文》："琮：瑞玉，大八寸，似车轵。"汉儒注释或以为钝角八方，或以为直角正四方。汉碑《六玉图》中有八角、五角或十角的（八角琮，见图2）。今天我们看到的有一种中央圆孔、外周四方的玉器，《古玉图谱》（伪托宋龙大渊撰）称为"古玉辂轵头"，吴大澂考定为"琮"。又将一种扁矮而刻有纹饰的称为"组琮"。这种玉器可能是琮。妇好墓中出土这类型的玉器 14 件，一般都是比较扁矮的[①]。其中 5 件的高宽比大致相等，表面平素无刻纹。7 件更为扁矮，但都刻有花纹，有的是琮类中最常见的四个角的凸棱上刻平行阴纹和圆点纹，有的是蝉纹，或突起半圆形（图 8，8）。另三件"琮形器"是退化的琮。从前在殷墟和别处的商代墓中也发现过玉琮，也都是扁矮型的。至于较早的二里头遗址中曾发现过据云是"琮"的玉器。其一是残件，转角处两侧刻花纹，另一件作圆筒状，内外都圆，当是筒形的玉镯[②]。

---

① 《妇好墓》，第 115—116 页，图版八一～八二。

② 《考古》1975 年第 5 期，第 306 页，图版九：3，图 4：8。

传世的玉琮，有一种高大型的，《古玉图考》中称为"大琮"，刻纹是典型的"琮"纹，也有平素无纹的，或没有圆点和细线平行纹的简化"琮"纹。从前一般认为这种高大型的琮，其时代要晚于商朝，近年在江苏南部的良渚文化（约公元前 2000 年上下）的墓中发现好几件这种高大型的玉琮。广东曲江石峡墓地也出土 6 件，包括高大型的和扁矮型的，时代相当于良渚文化或龙山文化晚期。山西襄汾陶寺的龙山文化晚期的墓中，也出土过扁矮型的玉琮①。可见它起源较早。商代仍流行，到了周代便较少了。西汉初年的墓中虽有发现，但是已是旧物经过改造后加以利用的。汉以后则只有仿古制造的了。

琮的用途，据《三礼》和汉儒注释，它在祭祀时用以祭地，敛尸时放在死者的腹部，朝聘时诸侯以献君夫人。这些可能都是儒家的设想，先秦没有实行过这制度。新石器时代和商朝的琮，就它们在墓中位置和件数而言，似乎并不像是帝王祭祀天地的礼器。

第五种瑞玉是璜，是一种弧形的玉器，汉儒都以为半璧曰璜。殷代的璜，一般是璧的三分之一。汉儒的说法是一种理想化和系统化的解释。妇好墓出土 73 件玉璜。报告中说：这次发现的璜，绝大多数为璧环类的三分之一，只有少数接近二分之一，"'半璧曰璜'之说与殷代的璜制不符"②。实际上，汉儒想象的古代璜制，不但与殷制不符，与周制也不符。

---

① 江苏南部，见《文物资料丛刊》第 3 期，1980，第 10—12 页；曲江石峡，见《文物》1978 年第 7 期，第 7—8 页，图 31—34：襄汾陶寺，见《考古》1980 年第 1 期，第 29 页，图版六：7—8。

② 《妇好墓》，第 122—128 页，图版九五～一〇三。

佩璜始于新石器时代，一般是两端各有一小孔[①]。商代的璜，大多数由璧环类改制而成。妇好墓出土的素璜，有的是两件或三件可拼合成璧；有的是圆周的四分之一（图8，5）。这些素璜，可以作为复合的璧环的一节，也可单独作为佩饰。后者一般称为佩璜。它们成型后，大都再加雕琢，制成龙形或鱼形，然后有的在表面再刻鳞纹、三角纹等。一般都有细孔可佩（图9）。吴大澂以为中、小型的璜为佩璜，而较大型的是祭祀北方的礼玉，但这种大璜也有细孔，当仍是佩饰。

图9　龙形玉璜（917）

第六种瑞玉是琥，这是最后加入瑞玉类，使"五瑞"成为"六瑞"，以白虎的身份，用以礼西方，以虎符的身份，用以发兵。汉儒都以为琥是虎纹或伏虎形的玉器。但是这样便和其他五瑞玉作几何形的不调和，所以汉碑的《六玉图》多以珥代替琥，《单排六玉碑》则以两璜以凑成六件。吴大澂以虎形或虎纹的玉器为琥，甚至将一件汉末至六朝的玉豚误认为伏虎，也称之为琥[②]。我以为表面刻虎纹的玉器应依器形命名，前加"虎纹"二字。至于虎形

---

①　林巳奈夫：《中国古代の祭玉・瑞玉》，见《东方学报》第40册，第224、225页，京都，1969。

②　吴大澂：《古玉图考》，第73页"琥二"。

玉器，有孔的可称虎形玉佩，无孔的当为玩器或陈列品，可称玉虎。妇好墓出土圆雕和浮雕的玉虎各四件，都有细孔，应称为虎形玉佩（图8，6）。它们属于装饰品类，并不作为发兵或祈雨之用，也不是仪礼中使用的瑞玉。

《周礼》的"六器"中，璧、琮、圭、璋四者似乎是核心，是主干，或特称为"四器"。《周礼》中有时只提这四器，不提璜、琥①。这四者中，璧、琮出现较早，已出现于新石器时代。玉璧似源于石镯或环状石斧。琮的渊源和用途，还不清楚。圭、璋的出现稍晚，但商代已有，多为石刻的，一般没有锋刃，不能当武器用，但是它们可能和尖头直身的戈和边刃的刀或上端斜刃的刀有关。至于璜和琥，在商代都是装饰品，主要作佩饰之用。

二　武器和工具

锋刃锐利的工具在形状方面是和武器相同或相类的，有时同一物可兼作武器和工具之用。武器有许多是只作仪仗之用，不是实用物，但是仍要算作武器。

我们依照商代锋刃器的形状、位置和功能，可以把它们分做五类：（一）尖头端刃器，如矛、镞，用以刺杀。戈是兼用端刃和两侧边刃，也可附入这一类中；（二）平头（或凸弧状）端刃器，如斧、锛、凿、铲等，用以砍击；（三）斜直端刃小型器，如刻刀，用以雕刻；（四）长条边刃器，如刀类；（五）刀形端刃器，常有大型的。

妇好墓出土玉戈共47件（报告原作39件，应加上实际是戈

---

① 《周礼·典瑞》："琢圭璋璧琮……以颇聘。"《周礼·玉人》："琢圭璋八寸，璧琮琮八寸，以颇聘。"

的所谓"Ⅳ式圭"1件,所谓"镰"5件,铜器类中玉援铜柲的戈
2件)。戈形如早期的铜戈,援部上下侧的刃部大致平直对称,尖
端作三角形。通长一般在21至40厘米之间,近内部处常有一穿。
它们中宽短而内(柲)援不分者,颇类似圭。有的下侧刃部稍内
凹,报告中称为"镰",实际也是戈。商代后期的铜戈,也多是这
样下侧内凹的。又有一件戈,全器狭长如刀,通长达44.2厘米
(图8,7;图10,3)。殷墟的中、大型墓中常出玉戈,但小型墓
中罕见①。二里头的墓中曾出土一件,援和穿之间有若干平行细刻
线,这是较早的玉戈②。妇好墓又出玉矛头三件,其中两件作树叶
形,一件为矛形器(器形两侧有对称的锯齿,后端有两对向外伸
的阑)(图10,4)。树叶形矛头有一件下端留有铜锈痕,原来当
是安装上铜柄的(图10,5)③。玉镞在妇好墓没有发现,但在别
的大型墓中曾出过,是倒鬐式的④。

　　商代的平头端刃玉器有斧、锛、凿、铲等。斧是有广狭二义。
广义的斧是指一切长方形的平直(或稍凸作弧形)端刃器。其中
刃部单面磨成的为锛,窄而长的锛或斧为凿。狭义的斧是指较厚
重的一种,厚宽比约1：2或更厚。扁平而宽的称为铲,铲作为武
器的称为扁平斧或钺,近柄端处常有圆孔;商代的一般厚度只有
3至5厘米,厚宽比一般为1：5至1：10。扁平斧两侧射出齿牙
的或称为戚,由璧改成的戚,或称璧戚。

　　① 《妇好墓》,第130—139页,图版一〇七～一一四。

　　② 《考古》1976年第4期,第261—262页,图6：6,图版六。

　　③ 《妇好墓》,彩版一九:2,图版一一七:2(矛),一一四:1(矛形器)。

　　④ 《考古学报》第5册(1951),第33页,图版十:1;高去寻:《侯家庄》第2
本至第8本(台北,1962—1976),1001号墓出土的一件(R1578)见第2本第118页,
图版一一五:1。

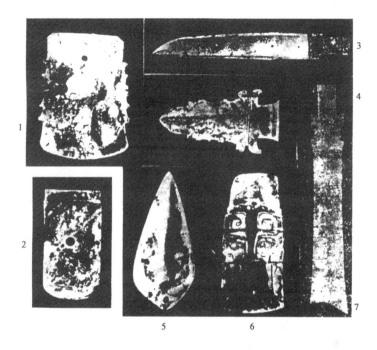

图 10　玉器

1. 戚（1070）　2. 钺（463）　3. 戈（23）　4. 矛形器（481）

5. 叶形矛头（829）　6. 斧（920）　7. 刀形端刃器（二里头）

　　上述各类斧类的玉器，妇好墓都有出土。报告中所说的"斧"及"斧料"各一件[①]，是指狭义的斧（图 10，6）。所谓Ⅰ式和Ⅱ式的"圭"，共 5 件，也是斧类。它们一端有刃，另一端有孔可安柄[②]。其中三件表面刻花纹，当非实用物。所谓"锛"，仅一件单

① 《妇好墓》，第 141 页，图版一一七：3—4。

② 《妇好墓》，第 116—118 页，图版六九：1—3. 图版八四：1—2。

面刃的可称锛，其余4件是两面刃，其中三件应是扁平斧，一件为凿。凿二件，加上"锛"中的一件（919号），共三件，都较为窄长。"铲"和"铲形器"共5件，也都是扁平斧。扁平斧又有称为"钺"的二件，"戚"9件（包括璧戚一件）。所以妇好墓中共出各种扁平斧达24件之多。《尚书·顾命》有"琬、琰"。《周礼》的编写者便编"琬圭"、"琰圭"。郑玄以为"琬，犹圜也"，吴大澂便将扁平玉斧中有凸弧的刃部者称为"琬圭"，大型的"琬圭"称为"大圭"或"镇圭"。实则它们都不是圭，这留待下文讨论刀形端刃器时，和"琰圭"一起详论。先秦古书中又有钺（戉）和戚，二者都是斧类，但不知二者的特点是什么。《说文》："戉，大斧也。"如果这是古义，钺应该像妇好墓出土的两件长宽约为40和38厘米的大铜斧①。小型的扁平玉斧（钺，图10，2），是否也可称钺，似仍是一个问题。两侧射出齿牙状扉棱的钺，吴大澂称它为戚②，实际上这并没有根据。当然，我们也可改用通俗易懂的新名，如扁平斧和两侧有齿的扁平斧，但也可保留钺、戚二名，因为二者根据先秦古书肯定原来是属于斧类，不像"璇玑"这类古名完全与实物无关。有孔扁平斧（钺），在我们新石器时代便已出现③；但是两侧有齿的扁平斧（戚）始于商代，最早见于偃师二里头的墓中④，璧戚也始见于二里头的墓中，两件同式，刃部分四段⑤。妇好墓有戚7件，璧戚1件（图10，1）⑥。

---

① 《妇好墓》，第105页，图版六六：1，彩版一三：1。

② 吴大澂：《古玉图考》，第59页。

③ 例如龙山文化，见《考古学报》第2册（1947），第105页，图八：6—7。

④ 《考古》1978年第4期，第270页，图版一二：2。原报告称为"钺"。

⑤ 《考古》1976年第4期，第262页，图六：3—4。原报告称为"钺"。

⑥ 《妇好墓》，第140页，图版一一五、一一六。

第三类的玉刻刀，妇好墓中共出 23 件[1]。其中 2 件，柄部作锥形，其余 21 件的柄部都雕成各种动物形象，以鱼形为最多（11件），鸟类次之（7 件），还有壁虎 2 件，夔 1 件。刀刃由动物的尾端突出一刀，磨成斜刃。它们的柄端大都有小孔，可以佩悬（图11，5—10）。雕刻的动物形象富于艺术性，所以它们也可算是佩饰。

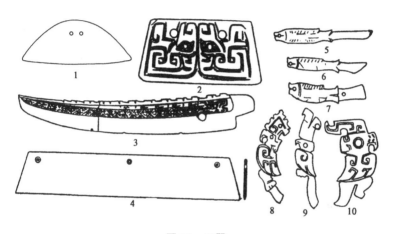

图 11　玉器

1. 半月形刀（559）　2. 梯形刀（918）　3. 弯刀（501）　4. 三孔刀（二里头）

5—7. 鱼形刻刀（421、954、420）　8～10. 鸟形刻刀（956、955、599）

第四类是刀类的边刃器，可分为二种：一种为尖端长条形，直背凸刃，另一端常有方形（或长方形）的柄部，可以安把。另一种作长方形（包括梯形）或半月形，近背部有一孔或多孔。前一种主要是模仿铜弯刀的玉弯刀。商代才开始出现。妇好墓共出

①　《妇好墓》，第 143—146 页，图版一二〇、一二一。

7件（图11，3）①。其中精致的标本，刀面雕刻有花纹，沿背部有锯齿形的扉棱。后一种在妇好墓中出土梯形的和半月形的刮刀各1件（图11，1、2）②，近背部都有并列的两孔，与今日华北的爪镰相似。这种刀在中国新石器时代已盛行石制的，但商代玉制的不多。商代早期另有一种大型多孔梯形玉刀，妇好墓没有出土，但二里头出过两件，有3孔或7孔。通长52和65厘米，刃部在较长的一边（图11，4；图8，3）③。陕西榆林地区神木县石峁曾出土过黑玉制的2件，有3孔或5孔。通长为49和55厘米④。吴大澂把这种玉器叫做"笏"⑤。但是这实是刀类，源于新石器时代的多孔石刀。它仍保留边刃，绝不会是朝会时大臣们握在手里的笏。吴大澂所谓"边璋"，便是这种玉刀的残片，前面讨论璋时已说过。

第五类为刀形端刃器。形似扁平长条形的刀，但锋刃不在长边而在较宽广的尾端，是斜刃或平刃而常稍内凹成弧形。柄部方形，常有一小孔。柄与器身之间有一段两侧边有突出的阑或齿形扉棱；扉棱之间常有平行直线刻纹。妇好墓出土一件"Ⅲ式圭"，墨绿色，残长12.5厘米，据云"形近'琰圭'"（图12，5）⑥。实际上，它是这种刀形端刃器的断片，不过缺失柄部，仅留器身和

　　①　《妇好墓》，第141页，又第142—143页，图版七四：2，七六：6—7，彩版一九：3，二〇：3。

　　②　《妇好墓》，第143页，图版一一八：3（梯形），一二六：1（下，半月形）。

　　③　《考古》1975年第5期，第305页，图四：10，图版八：9；又1978年第4期，第270页，图一：3。

　　④　《考古》1977年第3期，第155页，图二：5—6，三：1—2。简报中称为"芟刀"。

　　⑤　吴大澂：《古玉图考》，第17—18页。

　　⑥　《妇好墓》，第118页，图版八四：1。

刃部。陕西榆林地区"商代"墓中最近出土这种玉器 5 件以上，都是墨玉制的。其中已发表的 2 件，柄部都有一孔，一长 30 厘米，两边平滑；另一件长 35 厘米，近柄部处两边有齿形扉棱[①]。二里头的墓中也出过 1 件，通长 48 厘米（图 10，7）[②]。这类玉器从前曾出土过，现今公私收藏的也不少。吴大澂把端刃作凹弧状而两角上伸的叫做"琬圭"，末端斜刃而近柄部处有阑的叫做"牙璋"[③]。凌纯声把二者都叫做"琰圭"[④]。《周礼》中的"琬圭"和"琰圭"，渊源于《尚书·顾命》中的"弘璧琬琰"，后者二字连写，不一定是二物，也不能确定是否圭类。《周礼》对于二者区别何在，也没有明文交代。汉儒郑众以有无锋芒作为二者的区分标准，当由于琬有婉顺的意思，琰有剡上（削尖上端）的意思，这是汉儒望文生义作注释的又一例。这种玉器端部有刃而柄部可安柄，不会是朝会时执在手中的圭。它在殷墟中便已罕见，当为战国时《周礼》的编者所未见。它们不会被收入作为礼玉或瑞玉的。我们还是暂称之为刀形端刃器为妥。它的古名和用途，我们最好承认我们还不清楚。

三　装饰品

商代玉制装饰品，可分二大类：第一大类是实用品，但是曾加文饰雕刻或磨研光亮，以增美观；第二大类是艺术品。商代还没有大型的玉制艺术品（有几件稍大的圆雕，都是大理石制的）。

---

① 《考古》1977 年第 3 期，第 155 页，图二：2，图版四：5。简报称为"铲"。

② 《考古》1978 年第 4 期，第 270 页，图二：1。简报称为"玉立刀"。

③ 吴大澂：《古玉图考》，第 14 页，又第 21、22 页。

④ 凌纯声：《中国古代瑞圭的研究》，见《民族研究所集刊》第 20 册（台北，1965），第 200 页。

它们都是小型的，其中有孔的，当为佩饰；无孔的或为陈列品。后者有的有榫或者有圆形卯眼或凹槽，当是插到另一件东西上去。它们是装饰品，但是我们不排斥它们含有辟邪等巫术意义的可能性。

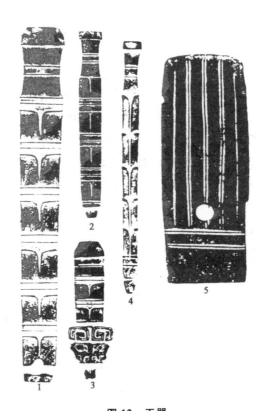

图 12　玉器

1—4. 柄形器（565、567、1089、555）　5. 斧（583）

前面提到的柄部作动物形象的刻刀，便是属于前一类。这一类带有装饰的实用品，殷墟出土较多的是一种柄形器，妇好墓出土的便达 33 件之多。它们作扁平长条形或方柱形，长短厚薄不一，但都是小型的。器身常刻有几组花瓣纹，下端收缩为短榫，榫上常有小孔（图 12，1—4）[①]。有人称之为"琴拨"，另有人称之为"大圭"，都是错误的。它的古名还未考出，可暂名为柄形器。二里头的墓中曾发现二件[②]。商代墓中它是和其他佩饰和随身武器放在一起的，位置在人的胸侧或腰部[③]，所以似乎是佩饰。由于榫小而短，下端可能有套上或绑上的东西。这东西没有发现过大型的。我们还不知道它的古名和用途。

妇好墓出土的这类雕有花纹的实用玉器，还有 1 件调色盘（图 13，1）、2 件梳子、2 件玉匕、1 件残断器柄。它们的柄部或背部，刻有花纹[④]。另外一些实用品，如挽弓用的扳指（韘）1件，刻有兽纹（图 13，4、5）；角形佩饰 2 件，可能是古代解结用的所谓"觿"。又有"纺轮"22 件，作圆饼形，中央有孔，大小厚薄不一。它们似乎是利用璧环类的钻心制成的。又有圆箍形饰28 件，形似圆筒式镯，但器壁常有一个或两个钉孔，可能是套在木柄上的附饰，钉孔当为固定用[⑤]。

玉制的随身装饰品，除佩饰外，妇好墓出土的还有手镯（18 件）、发笄（28 件）、耳玦（4 件）、坠饰（38 件）和串珠

① 《妇好墓》，第 178—180 页，图版一五六～一五九。

② 《考古》1976 年第 4 期，第 262 页，图六：1，六：5，图版六：2（右二件）。

③ 《考古学报》1981 年第 4 期，第 494—506 页；1979 年第 1 期，第 47 页。

④ 调色盘等器，见《妇好墓》第 149—150 页，图版一二七：1—2，一二八：1—2。

⑤ 《妇好墓》，第 194 页，图版一六四：3—4（韘），第 191 页，图版一六三：2（觿），第 146—147 页，图版一二二～一二四（纺轮），第 185—188 页，图版一五四（圆箍形饰）。

（33 件）等①。玉镯是高壁的圆圈，类似后来的金、银制手镯。笄便是后世的簪子，用以插住挽起的头发。它的形式变化在顶部：或平顶，或有圆榫或卯眼，或雕有夔形笄头。耳玦在璧環类中讨论过。坠饰多作管形，一端较直，另一端作喇叭口，外壁常有简单雕刻花纹。串珠有管形珠和圆珠。

图 13　玉器

1. 调色盘（351）　　2、3. 簋（321、322）　　4. 扳指用法示意图　　5. 扳指（973）

第二大类小型艺术品，有佩饰、插嵌饰物和陈列品。这一大类的玉器，妇好墓中出土的达 188 件之多②。它们造型写实而生

---

① 《妇好墓》，第 176—178 页，图版一四九（镯），第 174—176 页，图版一四八（笄），第 181—183 页，图版一五一（坠饰），第 204 页，彩版三六：1（串珠）。

② 《妇好墓》，第 150—174 页，彩版二二～三四。

动，是优美的艺术品，其中有的还是前所未见的精品。它们是这次发掘的最大收获之一。它们雕成各种动物形象。这些动物，有的是实有的生物，有的是幻想出来的神话动物，包括龙、凤。前面提到过的璜（43 件）、玦（14 件）和刻刀（21 件），其中大多数有浮雕的各种动物形象。如果合并计算，共达 266 件，占妇好墓出土 755 件玉器的 35.5％。

现在专就这 188 件小型艺术品而言：佩饰有可穿线以佩悬的小孔。插嵌饰物无小孔而有榫头或卯眼。这两种饰物的雕刻法，圆雕和浮雕二者都有。艺术陈列品都是小型的圆雕，数量很少，当是陈列在案头供玩赏之用。它们没有小孔，也没有榫头或卯眼。

就主题而论，动物品种达 25 种之多，还要外加人形、神话动物和蚕形。其中以鱼类最多（75 件），鸟类次之（49 件，以鹦鹉和鸮为多），而以人形（13 件）最能引起兴趣。玉人不仅富于艺术性，并且对于商代人的发式、衣冠、坐姿和人种特征，以及它们所反映的当时社会中各阶级人物的形象等，都提供了资料。但是玉人的面部表情有点呆板，身体姿态也嫌过于持重，因之反不若有些动物形象生动活泼，给人以兽奔、鸟飞、鱼跃的感觉。关于它们艺术风格的分析，以及各种花纹的形式分析和象征意义的探讨，是另一课题，这里暂且不谈了。

最后，谈一谈玉制容器。妇好墓出土造型优美、花纹精致的青、白玉簋各一件（图 13，2、3）①，此外，还有一件平素无纹的玉盘。先秦古籍中曾提到玉容器，传世品也有几件。但是我们考古发掘中很少遇到，所以有人以为先秦玉匠可能还不会琢治玉容器；我们所见到的玉敦等，可能是汉代玉匠"因战国人之著作而

---

① 《妇好墓》，第 130 页，图版七一、七二，彩版一四：1—2。

仿制之者"①。由于这次妇好墓的发现,我们知道除了后世仿制品之外,商代玉匠便已能琢治玉容器了。这2件可能是祭祀时用的礼器,但不是"瑞玉"。

在这篇论文中,我并不企图把商代玉器纤芥无遗地都收罗进去,做一个全面的叙述。我只是想从考古学的角度,对于商代玉器的分类、命名和功用的研究,指出一条新途径。如有错误或不妥当的地方,还请批评和指正。

附　录

本文图6的说明:当年吴大澂将他所收藏的一件玉器,定名为"璇玑"(即"玉璇机")。这是因为先秦古书《尚书·舜典》中有"在璇玑玉衡,以齐七政"一语。汉儒有解释"玑、衡"为"天文仪器"。他们认为玑为璇玑,便是天文仪器中可运转者,它和衡(横箫状的窥管)相配合使用,便是汉代以来的所谓"浑天仪"。吴大澂说:"是玉外郭有机牙三节,每节有小机括六,若可钤物使之运转者,疑是浑天仪中所用之机轮。今失其传,不知何所设施。"(《古玉图考》,第51页)本文这个示意图是作者根据近年考古发掘所得的资料来探讨这种玉器的渊源和用途。这样便可以对于"天文仪器的璇玑"这一命名,完全加以否定。现在将示意图中各件标本的出土地点和发表的出处,注明如下:1. 大汶口石璧镯(《大汶口》,第98—99页);2. 半坡石璜(《西安半坡》,第194页,图版一六四:2);3. 偃师二里头"玉钺"(《考古》1978年第4期第270页,图一:2);4. 二里头"玉钺"(《考古》1976年第4期第262页,图六:3—4);5. 郑州二里岗玉璜(《考

---

① 郭宝钧:《古玉新诠》,见《历史语言研究所集刊》第20本下册,第38页。

古》1957 年第 1 期第 72 页，图版四：3）；6. 河北藁城台西村
"玉璇玑"（《考古》1973 年第 5 期第 267 页，图一：8）；7. 陕西
神木石峁 "玉璇玑"（龙山文化末期或商代早期，《考古》1977 年
第 3 期第 155 页，图版四：9）；8. 妇好墓 "玉璜"（901 号，见图
版九六：2）；9. 妇好墓 "玉璇玑"（1029 号，见图版八六：4）；
10. 妇好墓 "玉璧"（457 号，见图版八五：1）；11. 妇好墓 "玉
戚"（591 号，见图版一一五：2）；12. 妇好墓 "玉戚"（459 号，
见图版一一五：1）；13.《古玉图考》（第 50 页）中所谓 "璇玑"
（或作 "璿玑"，《尚书大传》作 "旋机"）。

参考文献

中文、日文部分：

1.《十三经注疏》，中华书局重印本，1980。

2. 中国社会科学院考古研究所，《殷墟妇好墓》，北京，1980。

3. 中国社会科学院考古研究所，《殷墟玉器》，北京，1982。

4.《文物》（期刊），北京。

5.《考古》（期刊），北京。

6.《考古学报》（期刊），北京。

7.《大陆杂志》（期刊），台北。

8. 吴大澂，《古玉图考》，1889。

9. 林巳奈夫，《中国古代の祭玉・瑞玉》，《东方学报》第 40 册，京
都，1969。

10. 林巳奈夫，《中国古代庖丁形玉器と骨铲形玉器》，《东方学报》第
54 册，京都，1982。

11. 洪适，《隶续》，洪氏晦木斋丛书本，1872。

12. 凌纯声，《中国古代瑞圭的研究》，《民族研究所集刊》第 20 册，台
北，1965。

13. 聂崇义，《三礼图》，《四部丛刊三编》本，上海，1935。

14. 夏鼐，《汉代的玉器》，见《考古学报》1983 年第 2 期。

15. 高去寻，《侯家庄》第 2 本至第 8 本，台北，1962—1976。

16. 梅原末治，《支那古玉图录》，京都，1955。

17. 黄濬，《古玉图录初编》，北平，1935。

18. 郭宝钧，《古玉新诠》，《历史语言研究所集刊》第 20 本下册，上海，1949。

19. 杨建芳，《中国古玉书目》，香港，1982。

20. 滨田耕作，《有竹斋藏古玉谱》，京都，1925。

21. 那志良，《古玉鉴裁》，台北，1980。

英文部分：

1. Dohrenwend, D. , 1971, *Chinese Jades in the ROM*, Toronto.

2. Laufer, B. 1912, Jade, *A Study in Chinese Archaeology and Religion*, Chicago.

3. Loehr, Max, 1975, *Ancient Chinese Jades*, Cambridge, Ma.

4. Hansford, S. H. , 1950, *Chinese Jade Carving*, London.

5. ——, 1968, *Chinese Carved Jades*, London.

6. Na, Chih-liang, 1977, *Chinese Jades*, *Archaic and Modern*, London.

7. Salmony, A. , 1952, *Archaic Chinese Jades*, Chicago.

8. ——, 1963, *Chinese Jade Through the Wei Dynasty*, N. Y.

9. Rawson, J. and Ayers, J. , 1975, *Chinese Jades Throughout the Ages*, London.

10. Willetts, W. , 1958, Chinese Art, Vol. I, Harmondsworth.

新获之敦煌汉简*

古代简策之出土，前代已数见于记载；然异世间出，渐灭随之。近数十年来，东西学者考古西陲，所获汉晋简牍不少；尤以敦煌简（1907，1914）及居延简（1930）之发现，数量最多；于古代舆地史事制度名物各方面，皆有所阐明。1944 年春，余参加中央研究院、中央博物院及北京大学文科研究所合组之西北科学考察团，赴敦煌考古。是年冬，余与阎文儒冒雪冲寒，入漠探险，访两关遗址及烽燧遗迹，掘得汉简数十片，关于考察经过情形及出土各物的详表，将另述于正式调查报告中。兹将汉简释文先行发表，间附考证，以求教于海内博闻君子。

敦十四新获第一简（木简，削衣，长 46，广 19，厚 0.5 毫米）。

（上缺）**如发和元**（下缺）

按敦十四系依照斯坦因之编号，其地即小方盘城，在敦煌县

———————————

* 本文原载《中央研究院历史语言研究所集刊》第 19 本，1948；又见作者《考古学论文集》，1961。

城西北约百六十里。简之出土地在小方盘城北郭小丘上。斯坦因标明"敦十四出土"者，亦皆系在此小丘上所获（A. Stein，Serindia，pp. 683—688）。

此简其薄如纸，乃削牍后遗弃之木衣，类今之刨花，古谓之柿。《后汉书·杨由传》云："风吹削哺"，章怀注曰："哺当作柿。"《说文》："柿，削木札朴也。"《颜氏家训》谓削柿乃削札牍之柿，古者书误则削之（《书证篇》十七）。此类由简牍削下之刨花，烽燧遗址中发现颇多。边塞物资欠缺，已用过之木简，常削去一薄层以便再用，不仅"书误则削之"也。贺昌群云："汉简常削而再用，此殆汉世之常例，不仅书误则削之，亦不仅边塞物资欠缺也。《汉书》卷八十三《朱博传》：'攻曹惶怖，具自疏奸臧大小不敢隐。博知其对以实，酒令就席受教自改而已，投刀使削所记，遣出就职。'又《三国志·魏志》一《武帝纪》：汉献帝建安十三年刘表大将文聘为江夏太守条，裴注引卫恒《四体书势序》曰：'上谷王次仲善隶书，始为楷法。至灵帝好书，世多能者，而师宜官为最，甚矜其能。每书，辄削焚其札。梁鹄乃益为版而饮之酒，候其醉而窃其札。'又《魏志》十三《王肃传》：'汉武帝闻其（司马迁）述《史记》，取孝景及己本纪览之，于是大怒，削而投之。'是汉世削简之事，乃常例也。"贺说是也。又其物皆为小片，观其削痕，似由刀削，并不用刨。贺昌群云："削札之刀。谓之书刀。《后汉书》一○四《袁绍传》上：'韩馥如厕自杀'，章怀注引《九州春秋》曰：'至厕，因以书刀自杀'，故刀笔连文；《后汉书》六九《周磐传》：'编二尺四寸简，写《尧典》一篇，并刀笔各一，以置棺前，示不忘圣道。'司马迁《报任少卿书》：'使刀笔之吏，弄其文墨耶？'即其例也。"

"歨"疑即歨（征）字。金文中"丁未伐商角中""征"字所从之正，即省笔作止（《说文古籀补》）。若然，则"元"下所阙者，当为"年"字。征和为汉武帝年号，其元年即公元前 92 年。"征和"之"征"，居延汉简中皆作"发"或"延"，无作"征"者。傅振伦谓马叔平释为"延"字，并申其说曰：武帝年号本为延和（与居延延寿之延字相同），后人传写，误以"延"作"征"，沿至今而不改（《汉武帝年号延和说》，见《考古社刊》第六期）。按其说非是。汉武帝年号原作"征和"，"发"或"延"者，即"征"字之别体。居延简中"征和"年号凡十见（傅谓凡十有二。然第 534 简之 2 及 15，乃一简而裂为二者，"征和"二字仅出现一次。第 308·16 并未见此年号）。其字皆从正从辵；唯辵字上半，或在"正"字之下（图 3—37，甲式，凡六见），或在其右（乙式，凡四见）。至于居延、元延、延寿、延年之类，居延简中皆有之，尤以"居延"二字出现次数最多，凡三百余次。余曾穷数日之力，将劳榦《释文》中有"延"字之 362 条，一一对照原物之照片（此数目字或少有出入，但无关宏旨），其中百分之九十三以上，乃从延从丿（图 3—37 中延字常例）；辵字书于止字下者，偶亦有之，但甚罕见，不过 20 简，仅占百分之六，且其首笔为斜笔（图 3—37，延字变例）。盖辵彳辵三字，古文中实为一字之不同写法（参阅罗振玉《释行》篇，见《贞松老人遗稿甲集》内《后丁戊稿》）。汉代虽已加分化，延字多从辵，征字多从彳或辵，然尚不十分严格。征、延二字之重要区别，为丿字之笔画倾斜，与正字之首笔平正者不同。最可注意者为居延简 557·8："征和四年……付居延农亭之长延寿"（《释文》卷二，页七十），原简虽稍漫患，然征延各字尚清晰：关于此点之区别，甚为显著（图 3—38）。今按《说文》辵部云：延，正行也，从辵，正声；或从彳作征（卷二）。知二者实为一字。罗振玉曰：从彳之字，古文或彳下增止为辵；从辵之字，亦或省从彳。罗振玉历引契文、金文及《说文》为证，以明二者之为一字。许慎《说文》细别之，训彳为

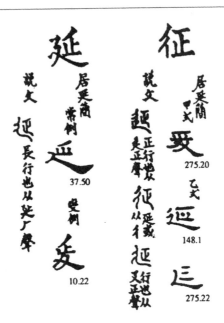

图3—37　征、延二字古代写法

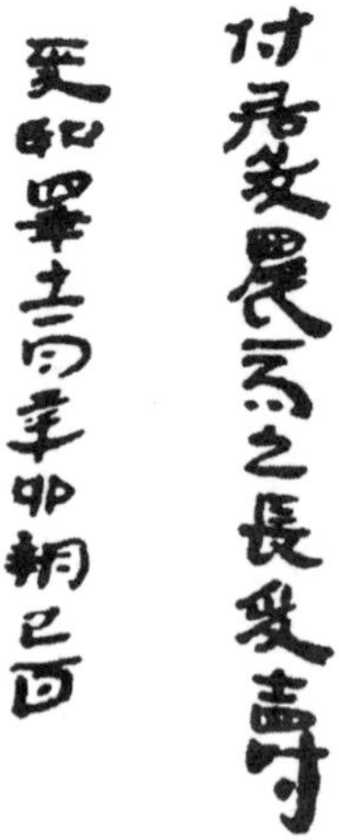

小步，象人胫三属相连，训辵为乍行乍止；然试观辵部诸字，固无合乍行乍止之义者；咸因字形未明，义遂因之而舛也。（罗振玉《释行》，见《后丁戊稿》）又按《说文》廴部云：延，行也；从廴，正声（卷二）。字虽别出，然细察之，与征、延实为一字。篆文字体，廴彳相似（图3—37）。罗振玉曰：廴部之廴，篆文作ㄅ，古文所无；惟古文彳字或书作ㄔ，或书作ㄑ，乃一字而写法稍异，并非两字。罗振玉又引金文《鄂侯驭方鼎》及《无㠱敦》中诸"征"字为证，以明《说文》中廴部之延与辵部之延征，实为一字（罗振玉《释行》，见《后丁戊稿》）。

图3—38

居延简557.8

按罗说甚是。汉碑"延"字常写作延，如《华山庙碑》，《史晨后碑》及《吴谷郎碑》，亦可为当时辵廴二者互通之证。居延之延，《说文》在延部，从延丿声，长行也（卷二）。与征字及其别体，音既不同，义亦有异。后人以征字之别体易与延字相混淆，故逐渐专用从彳之征，于是不仅从辵之延被废，即从廴之延亦不用矣。《汉书》中"征和"年号，据王绍兰云："考《汉书·诸侯王表》作征和者五，《王子侯表》作征和者九，《高惠高后文功臣表》作征和者二，作延和者一，《景武昭宣元成功臣表》作延和者四（即古曰延亦征字也），作延和者八，作征和者一，《外戚恩泽侯表》作征和者一，《百官公卿表》作征和者二，志传亦皆作征和字。"（《说文解字订补》卷二）王国维所据之《汉书》不知系何刊本。今商务影印之北宋景祐本《汉书》（百衲本廿四史中），其中王国维所云作延者已悉作延字矣。清殿本仅《景武功臣表》中平曲侯条作从廴之延。以其下有"师古曰延亦征字也"一语也。其余皆作延或征。此当由于后人转录时延字已废不用，故皆改为征字以求一致。此条以有颜师古之注语，不能改为"征亦征字也"，故得保留原形。嘉业堂影印之南宋鹭洲书院本《汉书·年表》，几皆全数改成征字，仅平曲侯条及紧接其后之亚谷侯条，仍作延字，当亦由于此故。《年表》易为人所忽视，且有此颜师古曰"延亦征字也"之注语，故尚残留此痕迹。就此可以考见古本《汉书》中"征和"之"征"，或从彳，或从廴，或从辵，并不一致，足以证三者古时互通。颜师古所见之本，平曲侯条"征和"之"征"从廴，故注语云亦征字也，以为二者互通，并非误字。及后来讹作延字，王先谦《补注》曰延乃延之误，仍以征、延二字互通。今傅振伦乃欲改"征和"为"延和"，毋乃震于新发现而误入迷途欤？劳榦云："征和简文作爰和，马叔平先生谓是延字。今但从一般习惯用法，仍书作征和。盖古人已往，原不必究其命名原意。

书作征和，一望而知为汉武纪年，反较书作延和为便也。"（《史语所集刊》十本二分，《汉武后元不立年号》注一）然此不仅为方便问题，乃事实真相问题，故不惮辞费，详加剖析。

（此段写成后，曾求正于陈援庵。陈言：《汉书·武帝纪》征和年号下引应劭注曰言征伐四夷而天下和平。应劭熟于前汉掌故，且其时又距征和不过二百余年，不应将延字误读为征字。故初闻延和年号新说，即蓄疑而不敢信；今获见此文，涣然冰释矣。）

海鸟爰居，见于《国语》、《尔雅》、《山海经》、《庄子》、《论衡》等书，其字皆作爰居。《玉篇》、《广韵》添加鸟旁作鶢鶋；惟《广雅·释鸟》独作延爰。朱起凤《辞通》谓延爰古读同声（页二九〇）。按爰延二字之古音，若严格言之，实有差别，韵母虽同属元部，而合口开口不同，声母亦舌根舌尖有异（见高本汉《汉语分析字典》页95、379及董同龢《上古音韵表稿》页160、162）。汉简隶体，延字或作爰，与爰极相似。《居延汉简考释》中即有将"延年"误释作"爰辛"者（《释文》卷一页四十八第12·1简）。乃知实由形近致误。此为书讹，不能谓其古通也。劳榦云："此种字形相混，与修循相类，非由音也。"惟字音亦相近者，则更易致误耳。

敦十四新获第二简（木简，长67，宽14，厚2毫米）。

（上缺）**子奉谒不**（下缺）

此简字体工整，每字之下，空一格书写，与敦煌、居延两处出土之字书简及信札简相似（例如《流沙坠简·小学类》中《苍颉简》第一、第三两简，及《急就篇》第一章、第十二章、第十八章诸简；又如《居延简》9·1，59·38，125·39，260·18，282·1，307·3，336·14及336·34诸简；信札类如492·1，329·1诸简）。余颇疑此简亦为字书或信札之残片。贺昌群言：

"奉谒二字乃汉人晋见之常语，此简恐非即字书。其间隔疏远处，似为绳札之用，居延汉简，多见此例。"

敦十四新获第三简（木简，长 135，宽 26，厚 3.5 毫米）。

（上缺）**长　酒泉玉门都尉护众侯畸兼行丞事**
　　　　谓天（?）忌以次（?）马驾当舍传舍诣行在所
　　　　夜（?）口传（?）行（?）从事如律令

此简后半文字磨灭，不可尽识。就全文观之，乃玉门都尉告下之文。其出于都尉治所者，盖具书之草藁也。此简殊为重要，或为现存汉简中可确定年代者最早之一简。玉门（关）都尉见《汉书·地理志》，属敦煌郡。汉武帝设河西四郡之先后，《汉书·地理志》与《武帝纪》歧异。后人多从《武纪》，以其直采官家记注，对于纪年先后，误错自当较少。近日学者中如张维华、劳榦，皆以武威郡之设置，不当如《武纪》所载之早，应移后于昭宣之间。但于敦煌郡之设置，多以《武纪》为近是，大约在元鼎六年（公元前 111 年）左右，酒泉郡之设置，更在其前，以敦煌系由酒泉分出者也（张文见三大学《中国文化研究汇刊》第二卷；劳说见《居延汉简考释·考证篇》卷一，页二至七）。此简首称酒泉玉门都尉，则在敦煌建郡以前，自无疑问。斯坦因所发见之"敦煌简"，最早者为天汉三年（公元前 98 年）。"居延简"则以居延开辟在太初三年（公元前 102 年），亦不能过早。其中元朔元年（公元前 128 年）诏令简，则恐为已定著为令之诏（《居延汉简考证》卷一，页十八）。似为辗转抄写之副本，并非当时所颁之原简。论其先后，或不及此简之早也。

此简之发现，又牵涉及玉门关初设置时之地点问题。自小方盘发现玉门都尉诸版籍后，其地即为汉之玉门关，已成定论。惟太初二年以前之玉门关，是否亦在小方盘，尚成问题。《史记·大宛传》云:"(太初二年贰师还至敦煌)天子闻之,大怒,而使使遮玉门,曰:军有敢入者辄斩之。贰师恐,因留敦煌。"沙畹据此以为太初二年前之玉门关,应在敦煌以东。敦煌西北之玉门关,乃后来所改置者。王国维赞成其说,并确定其地点,谓太初以前之玉门关,当即自汉迄今之酒泉玉门县(《流沙坠简·序》)。劳榦继承其说而加以修订,谓当在今玉门县东二百里之赤金峡,并非今日之玉门县(劳榦:《两关遗址考》,见《史语所集刊》第十一本)。余曩读诸说,未以为然。太初二年以前,汉代势力已及敦煌,则边境极西要隘之设置,必在敦煌之西,不应在其东。当时颇疑《大宛传》汉武使使所遮之玉门,或指酒泉之玉门县。《汉书》于玉门下添一关字,当为班氏臆测增入。曾以此意质疑于向达。向达颇赞成鄙意,于其所撰之《玉门关阳关杂考》中,更申成其说(见《真理杂志》一卷四期)(补注:其后收入1957年出版之《唐代长安与西域文明》中,改题为《两关杂考》)。向达以《史记·大宛传》记载酒泉列亭障至玉门,其事约在元封三四年。《汉书·地理志》注云济南崔不意元封六年为鱼泽障尉(敦煌汉简中亦曾提及鱼泽尉,见《流沙坠简·簿书类》第六十一)。鱼泽障在敦煌之北,则列亭障所至之玉门更在敦煌之西,不应太初间尚在敦煌之东。故以为敦煌于元鼎六年开郡,其年即置玉门关。今得此简,乃知在敦煌尚未由酒泉分出时,即已设玉门关。敦煌建郡乃置关以后之事;惟其相隔,亦不必甚久,或为同一年之事,仅略有先后而已。

王国维《流沙坠简·序》中关于玉门位置一节,颇多错误。首段论太初以前之玉门关在酒泉玉门县,误以现在之玉门县即汉魏时之玉门县,已经劳榦指出。次论敦煌玉门关遗址云:

> 近日秀水陶氏《辛卯侍行记》记汉玉门阳关道路,谓自敦煌西北行百六十里之大方盘城为汉玉门关故地,又谓其西

七十里有地名西湖，有边墙遗址及烽墩数十所。斯氏于此发现关城遗址二所，一在东经九十四度以西之小盐湖，一在东经九十三度三十分，相距二十余分，与大方盘城及西湖相去七十里之说相近。然则当九十四度稍西者，殆即陶记之大方盘城；当九十三度三十分者，殆即陶氏所谓西湖耶？沙畹疑九十四度稍西之废址为太初以前之玉门关，而在其西者，为后日之玉门关。余则谓太初以前之玉门关，当即酒泉之玉门县……当九十四度之废址，疑为汉太初后之玉门关，而当九十三度三十分者，当为玉门以西之他障塞。

按陶保廉《辛卯侍行记》原文云，自敦煌百六十里为大方盘城（原注：汉玉门关故地也），四十里小方盘城，三十里西湖（原注：一名后坑，有边墙遗址及烽墩数十）。今王国维不仅未能釐正陶保廉以大方盘城为汉玉门关之误，且似误将大小方盘两城混为一谈，其误一也。斯坦因所发现二城，一为小方盘城，在94度稍西（93度54分左右），即汉玉门关；一为大方盘城，适当东经94度。至于东经93度30分处，其地今仍名西湖，斯坦因发现敦十、敦十一、敦十二等烽墩，及边墙残迹，但并未发现故城，其误二也。沙畹以为太初以前之玉门关，当在今日敦煌之东，虽未确定其地点，但并不以敦煌西北之小方盘城（即94度稍西之废址）为太初以前之玉门关，其误三也。沙畹以94度稍西之小方盘城为太初二年以后之玉门关，与王氏之说正同，并未言93度30分处有故城，更未言太初二年以后西迁之玉门关即在93度30分处，其误四也（沙畹以93度30分之敦四，曾出永光五年简，简中有玉门都尉字样，故疑元帝时或曾一度由小方盘城移至此处，王国维当由此致误）。据斯坦因原书，此永光五年简出土地为敦五，编号时误书作敦四丁。敦五在东经93度19分左右，为一废墩，并非故城，且不当孔道，不能设关。原简玉门二字下残缺漫漶，"都尉"二字系沙畹臆测，不足为据。王国维《考释》（《禀给类》第二十四简）阙疑不释，是也。盖由于王国维仅据斯坦因《行纪》（Ruins of Desert Cathay）及其所附略图，未见其后来所刊之正式调查报告及详图，且又不谙法文，致有此失（王国维丁卯致藤田书二，自谓未能通读法、俄文字，见《集林》卷十六）。

《史记·大宛传》谓：贰师废大宛之后"汉发使十余辈至宛西诸外国，求奇物，因风览以伐宛之威德。而敦煌置酒泉都尉，西至盐水，往往有亭"。方诗铭《玉门位置辨》（见《西北通讯》创刊号）以为此当为天汉二三年间事；其时敦煌尚未建郡，隶属酒泉，故其地所建之都尉得称酒泉都尉；玉关西迁，当即在其时也。今按敦煌建郡，乃在设立玉门关之后，此由新获之简可证。但敦煌建郡确在太初伐大宛以前。《史记·匈奴传》谓儿单于于元封六年即位后，单于益西北，"左方兵直云中，右方直酒泉敦煌郡"可为证明。《汉书·匈奴传》省去郡字，此或由于班氏以云中、酒泉皆为郡名，读者可由上下文推测敦煌亦必为郡名，故郡字可省。史迁所根据之史料，以离敦煌建郡之时尚近，或有误解为酒泉郡属之敦煌县或敦煌地方之可能，故于敦煌之下特加一郡字。或以为敦煌郡之郡字，即兼涉及云中、酒泉二郡，说亦可通。《大宛传》"敦煌置酒泉都尉"一语，似不能如方诗铭之所诠释。酒泉都尉若指郡都尉，则酒泉郡尉应在郡治，不能在敦煌，且亦不始置于此时。若谓指属国都尉或关都尉，则属国都尉或关都尉皆有其专名。今既书明郡名，则专名更不应省略。张掖居延都尉，或用全名（如居延简188·21，163·19，506·17）或省称居延都尉（其例甚多）。但另有张掖都尉，乃指张掖郡都尉，并非张掖居延都尉之省称。以其中一简云"印曰张掖都尉印"（居延简54·25），官印不能用省称。一简云"北书，张掖都（尉）"（103·17），张掖居延都尉所发之书简皆为入南书，张掖太守所发者皆为入北书，知此必指张掖郡都尉也。若谓指所在地而言，应言敦煌置都尉或酒泉置都尉。都尉之前或可加其专名，如"玉门都尉"之类。但不能谓"敦煌置酒泉都尉"。徐广云"敦煌有渊泉县，或者酒字当为渊字也"，盖由于原文语意之不可通，故臆测其如此。梁玉绳《史记志疑》云："徐广引别本，置字在都尉上是也。至于酒字为渊则非。《汉志》敦煌渊泉无都尉。"（卷三十五）今按梁说是也。"敦煌酒泉置都尉"者，言敦煌酒泉两郡置都尉。据《汉书·地理志》，酒泉郡有北部、东部、西部三都尉；敦煌郡有中部、宜禾、玉门、阳关诸都尉。其中除玉门关已设于敦煌建郡以前，其余各都尉，大半当即设于伐大宛之后，即天汉二三年间也。《史记》不言"添置"，仅言"置"者，疑酒泉三都尉皆当时所创置，敦煌各都尉则仅一部分为当时所置，泛言置设，因彼以及此也。

玉门关之设置于敦煌之西，并不在贰师破宛岁余之后，尚有一事可证。《史记·大宛传》叙贰师初次伐宛，无功暂归，"还至敦煌，士不过什一二"。又述其二次伐宛，出敦煌者六万人，马三万余匹。及克大宛后旋师，"军入玉门者万余人，军马千余匹"。此明示玉门关为入塞后最西之第一站。玉门关属敦煌，故入玉门关，即可云至敦煌，义可互通。若玉门关远在敦煌县治东六百四十五里（据《辛卯侍行记》）之赤金峡，则其义不能互通。盖敦煌若已建郡，则赤金峡属酒泉郡，与敦煌无涉。若敦煌尚未建郡，则其地离酒泉郡治仅二百余里，当为酒泉郡下玉门县或他县辖境，亦与敦煌无涉。入玉门与抵敦煌，其义既不能互通，则计算人马之损失，似当依初次失利及二次出发时之法，于其涉大漠抵敦煌时即可稽其数，何必更须东行六百余里至今日赤金峡附近，乃始稽核人马损失。且二次出发时明言出敦煌，何以归来时不言敦煌，若谓玉门关之西迁，即在太初三年二次伐大宛之时，则向达已驳之云："光禄诸亭障及居延塞之筑，班氏以及史公尚为之大书特书，而谓玉门关之迁徙，其重要倍蓰于张掖、酒泉北部诸障塞者，反不著一字。马、班虽疎，恐亦不至是之甚也。"（前文，页三九四）同时发生同一类之事，连类相及，似不应举其细而遗其大者也。

以常理推测，汉代既将敦煌地收入版图（《史》、《汉》太初二年以前之记事中亦屡提及敦煌），则纵使暂不建郡，隶属于酒泉，然其所立之最要关隘，当在敦煌之西，否则无以尽"隔离内外稽查出入"之责。今又发现此简，知其地于敦煌未建郡以前，即有酒泉玉门都尉，换言之，敦煌未建郡以前，玉门关即已在敦煌西之小方盘城。前文已论敦煌建郡当在太初二年以前，则玉门关在太初二年以前亦必已在敦煌之西。

惟余细读《大宛传》原文，以为"使使遮玉门"一语，并不必须作玉门县解，即作玉门关解亦可通，或反较为惬意。《大宛传》原文云：

> 是岁太初元年也……引兵而还，往来二岁，还至敦煌，士不过什一二。使使上书言"道远，多乏食。且士卒不患战，患饥，人少不足以拔宛。愿且罢兵，益发而复往"，天子闻之大怒，而使使遮玉门曰："军有敢入者辄斩之"。贰师恐，因留敦煌。

王、劳节引此段作"太初二年贰师将军李广利伐大宛。还至敦煌，请罢兵，益发而复往，天子闻之大怒，而使使遮玉门（劳榦初稿此处误衍一'关'字）曰，军有敢入者辄斩之。贰师恐，因留敦煌"。但原文似并未确言还至敦煌以后，始请罢兵。若天子闻知贰师已还至敦煌，而仍使使遮玉门，则此玉门不论为关名抑为县名，其位置必在敦煌之东。然观原文之意义，似亦可解释为贰师由西域引兵东还，同时奏请罢兵益发而复往。至于"还至敦煌士不过什一二"两语之所以插入此间，言其损失之重大及归途之狼狈，以明其不得不回师也。奏疏虽在西域时即发，但与答诏关系密切，故连下文叙述。贰师之意，原在借此收场，当时朝臣中即多主张罢大宛之役。奏请益发而复往，不过陪衬之笔。若然则汉武闻奏后大怒而使使遮玉门者，以为军队或尚未还入玉门（贰师请还师之奏文中，或如班超之上书求代，有"入玉门关"之语）。及汉武使者抵敦煌时，则贰师不待答诏，已罢兵入玉门关，遂不得不变通办法，既往不咎，虽不允罢兵，但不能不采取贰师所奏"益发而复往"之政策。此新解释若属可取，则《汉书·李广利传》于"遮玉门"下增一关字，亦事出有因，可谓"臆测而幸中"。此一新解释与《大宛传》下文接述贰师旋师时，"军入玉门者万余人，军马千余匹"之语，较为切合。故余以为较之旧说以"玉门"为玉门县，或以为关而在敦煌之东者，似为较胜。史迁写此段时，此二"玉门"在相似之场合出现，显指一处，其位置及性质，似皆未有变更也（参考拙作《太初二年以前的玉门关位置考》，见 1947 年 12 月 1 日南京《中央日报·文史周刊》七十期。又向达跋语，见《文史周刊》七十一期）。

玉门都尉护众之名，亦见《流沙坠简·簿书类》第十二简。彼简亦十四敦出土，有汉武太始三年之年号，其职衔为敦煌玉门都尉。论者或谓，汉法边吏三岁一易（见《汉书·段会宗传》"三岁更尽"下如淳注），若护众于元鼎六年敦煌建郡以前即为玉门都尉，下距太始三年，其间盖十七年，已尽五更，毋乃太久。按汉例虽有此规定，然边疆守御，有资熟手，恐亦未能严格实施三岁一易之制。孟舒守云中十余年（《史记·田叔传》），又祭彤在辽东几三十年（《后汉书》本传），皆可为明证。

候畸当即玉门都尉下之玉门候。沙畹、斯氏所获流沙遗简考释第三百十五简之"玉门候卿"（此简未曾照相制版，故王国维未加考释），疑即一人。都尉之重要公文，多须其丞副署，汉简中其例颇多，兹略举如下：

> 玉门都尉子光，丞万年，谓大煎都侯……（《敦煌简·簿书类》第六简，"万"字原书未释，细察原简，疑是万字）。

> 玉门都尉阳，丞□，敢言之（同上，第十三简）。

> 居延延（原文衍）都尉万岁，丞熹（《居延简》276·6）。

> 〔肩〕水都尉政千人宗兼行丞事（同上 503·7，劳榦《释文》初刊本，1943 年李庄石印，卷一页十三脱"政"字。本篇中引居延简间有与劳榦《释文》不同者，皆系根据原物照片，不复一一声明。劳榦现正从事校订，不久将有修正本释文出版［补注］修订本释文已于 1949 年 11 月由商务印书馆出版）。

> 居延都尉德丞延寿敢言之（同上 68·48）。

候即候官，王国维云：其秩当校尉下之军候，比六百石（《流沙坠简》卷二，页十四），至于都尉之丞，据《汉书·百官表》其秩为六百石，较候官稍高，遇缺时有以候官或他官暂摄。兼行者谓以本官兼领他官。唐代贞观令规定以散位兼职事官者，有各种不同之专称。以职事高者为守，职事卑者为行（即称"行某官事"），其欠一阶者为兼。汉时似尚无此种分别。惟品秩相差过远者，则特称之曰"以近次兼行某官事"。例如居延简 19·8、102·6 及 303·12，皆言"酒泉库令安国以近次行太守事"，以库令之秩，与县令相当，仅千石至六百石而已，与二千石之太守，品秩相差过远，惟以近次，故得兼摄。居延简 505·3 有库令行丞事，则以丞亦为六百石，故不必加入"近次"一词（关于"近次"一词之诠释参考劳榦《居延汉简考释考证》卷一，页三及页三十八）。

"当舍传舍"一语，亦见居延简 170·3，其辞曰："遣亭长王丰以诏书买马酒泉敦煌张掖郡中，当舍传舍，从者如律令"（《释文》卷一，页八十二，当舍误释作当言）。汉代当大道诸亭，率有余屋，以供行旅，凡有符传，则亭长延入，故谓传舍（见劳榦《考证》卷一，页三五。又《论汉代之陆运与水运》，《史语所集刊》十六本）。

"诣行在所"一语，数见于前后《汉书》。《武帝本纪》云：元狩六年，诏举独行之君子，征诣行在所。如淳注曰："蔡雍云，天子以天下为家，自谓所居为行在所。今虽在京师，行所在至耳。"师古曰："此说非也。天子或在京师，或出巡狩，不可豫定，故书行在所耳，不得亦谓京师为行在也。"按蔡雍即蔡邕。《后汉书·光武本纪》注引蔡邕《独断》曰"天子以四海为家，故谓所居为行在所"。今本《独断》（《四部丛刊》影明弘治刊本）作"天子自谓曰行在所，犹言今虽在京师，行所至耳"。与此稍不同，或由于援引者加以更改，或由于今本传写有脱误。

"如律令"为汉代公文通用语。王国维曰："汉时行下诏书，或曰如诏书，或曰如律令。……苟为律令所已定，而但以诏书督促之者，则曰如律令。……如律令一语，不独诏书，凡上告下之文，皆得用之。……其后民间契约，道家符咒，亦习用之。唐李匡乂《资暇录》遂以律令为雷边捷鬼，不经其矣。"（《流沙坠简》卷二，页三）贺昌群言：如律令一语，汉晋间葬礼亦尝取为压胜之意。其后道家符咒相袭用。《资暇录》以为雷边捷鬼，盖有所本，未可斥为虚构也。因引晚近洛阳、长安出土汉、晋朱书陶瓮数事以为证（《流沙坠简补正》，见《图书季刊》二卷一期），此次余等在敦煌所掘得魏晋（？）墓中镇墓朱书陶罐，亦有"如律令"一语（1961 年《考古学论文集》出版时补注：此罐之朱书压胜语全文，见拙文《甘肃考古漫记》，《考古通讯》1955 年第 1 期第 6页）。

敦十四新获第四简（木简，其木系松柏科植物，简长 75，宽

14，厚 2.5 毫米）。

（上缺）上郡（？）

此简过于残阙，不知言何事。此外同地出土尚有数简，无字可辨，不知系原来空白未曾书写，抑系原来有字，摩灭无痕（以上 T. XIV. N. 1—4，皆见图版 3—1）。

敦十七新获第一简（木简，长 155，宽 11，厚 4 毫米）。

（上缺）候官谨以□书众候长等

此简被发现时，上端半露于地面，遭风沙之磨刮，上半节之文字已完全消灭。候官为都尉之属，王国维云，其秩略当校尉下之军候，比六百石。候长则为候官之下属，乃百石以下之官（《流沙坠简》卷二，页十四）。"书"上之字，劳榦疑为"韻"字。

敦十七新获第二简（木简，削衣，其木系松柏科植物，简长 29，宽 10，厚 1 毫米）。

脾一所（下缺）

敦十七新获第三简（木简，削衣，其木系松柏科植物，简长 43，宽 10，厚 1 毫米）。

（上缺）爵某所隧酒（下缺）

此二简宽度相同，木理亦相似，或为同一简牍之断片。惟文义不相属，中间有否残阙，不能断言。

敦十七新获第四简（竹简，长 210，宽 5，厚 1.5 毫米）。

戍卒〔上〕党泫氏市东里贾名

此简系戍卒之名籍。卒字下原脱一"上"字。《汉书·地理志》上党郡有涅氏及泫氏两县，简文中"泫"字虽稍残缺，仍可认辨。案汉制天下人皆直成边三日，谓之繇成。又行者当自成三日，不可往便还，因便往，一岁一更。诸不行者出钱三百入官，官以给成者，是为过更。《流沙坠简》所著录之敦煌成卒，有河东、上党、颖川、广汉诸郡人（卷二，页二十三）。居延简中之居延成卒，有河东、颖川、淮阳、汝南、钜鹿、南阳等郡（劳榦《释文》卷三，名籍类），知汉时内郡人士成边者颇多。

此简竹制。西北苦寒无竹，故简牍以木制者为多，此次所得有字竹简，仅此简与同地出土之第十五及第十八简，共三简而已。《流沙坠简》所收之简牍三百余片，其中竹制者仅十二片，即《苍颉篇》一简及《医方类》十一简（原书误以《医方类》各简为木简，此据斯坦因及沙畹之记载，加以更正）。

敦十七新获第五简（木简，长232，宽9，厚2毫米）。

西书一封　　□月辛丑黄昏时受东亭卒尊付西亭卒万时 ∨日入

此简为登记邮书之簿籍。西书者，即入西书。《流沙坠简·簿书类》第五九至六二简，所谓"入西簿书"或"入西书"，即其类也。入字有时可省，例如居延简506·17之"南书一封"，下注"居延都尉诣张掖太守府"，按居延在张掖之北，知其为入南书。又如居延简505·22有"北书七封"为张掖太守及河东太守等诣居延都尉府者，知其即入北书。此简由东亭卒付与西亭卒，其为入西书而非西来书，更属无疑。

汉时一日分为十二时，劳榦曾详加考证（见《居延汉简考证》卷二，页九至十五）。一日中最后之三时，曰日入，曰黄昏，曰人定。此简所记者为受付邮书之时日，盖其时邮书皆由亭卒或燧卒以次传递至他亭燧。王国维云："汉时邮递之制，即寓于亭燧中，

而书到日时与吏卒姓名，均有记录，可见当时邮书制度之精密
矣。"（《流沙坠简》卷二，页十三）日字之上一字漫漶不清楚，劳
榦以为即施句读之符号，《流沙坠简·烽燧类》第四十五简，隧长
四人，前三人名下皆书Ⅴ以乙之，即此类也。

此简之长度为 232 毫米。此次所获之完整者尚有二简：一长
231 毫米（第六简），一长 233 毫米（第十二简）。其长度与王莽铜
斛尺，货布尺及建武铜尺（见罗福颐《传世古尺录》）之为 231 毫米
者，实甚相近。敦煌汉简之完整者，其长度平均为 9 至 9.5 英寸，
即约 230 至 240 毫米（斯坦因，Serindia，第 660 页）。汉代普通简
牍，皆长约一尺。是以书札（《汉书·陈遵传》"与人尺牍"）、军令
（《冯唐传》"尺籍伍符"）及简册（王充《论衡》"诸子尺书，文篇具
在"），皆以尺名。"尺牍"一词，今尚通行。至于诏书，则较之稍
长，所谓"尺一之诏"是也（见《后汉书·陈蕃传》，又见《史》、
《汉》《匈奴传》）。劳榦谓居延汉简中诏文有长 243 毫米者，有长
240 毫米者，但亦有稍短者，非必全合度也（《考证》卷一，页二
十）。王国维云："汉时诏牍，仅有一尺、尺一两种，此外别无所
闻。"（《简牍检署考》页八，《王忠悫公遗书》本）

敦十七新获第六简（木简，长 231，宽 8，厚 2 毫米）。

叩二

此简系记器物之簿籍。《流沙坠简》卷二《器物类》，及《居
延汉简考释》卷三《器物簿籍类》，其例甚多，皆首列器物之名，
次记其数量。简之器物名，未能认辨。

敦十七新获第七简（木简，长 125，宽 11，厚 4 毫米）。

字为范子系、名为毕众、年廿七

此简为名籍，敦煌及居延汉简中其例颇多。《汉书·百官公卿

表》，成帝建始元年，河南太守毕众为左冯翊。然此简之毕众当另为一人，其姓为范氏。居延简458·1中亦有一人"姓孙氏字子孙"（见《释文》卷一，页七十七）。

"七"字此简作十，按殷墟卜辞及周代吉金皆如此作，故汉隶仍之。其字与十字相似，惟以笔画之长短别之。贺昌群先生云：汉简中七字作十，横画长，直画短，十则横直相若（《流沙坠简校补》页七）。按贺说是也。铜器中如汉《汾阴鼎》有"十十枚"之文，《大官铜壶铭》之纪年为"建武十十年"，《薛氏钟鼎款识》及《啸堂集古录》皆误释为二十，且摹写时不注意笔画之长短，故不复能辨认孰为十字，孰为七字。沈括《梦溪笔谈》谓《史记·律书》所言律之长短，凡七字皆当作十字，误屈中画耳（卷八）。实则西汉时之七字多不屈其中画，仅恃直画之长短以为别，故甚易与十字互淆。《金文续编》卷十四，收入汉代"七"共三十条（页十六）仅十条屈其中画，此十条中标明年号显属东汉者凡七，其余三条，亦似为东汉时物也。汉人为避免七字之被误读为十，常以桼字代七，居延简61·24"建武桼年"，154·33"少二百桼十"，146·34"桼斗八升"（劳榦《释文》卷二，页二十二，页五十三及七十三），《金文续编》卷六亦有以"桼"代"七"凡五条（页七）皆其例也（参考劳榦《考证》卷一，页五十四及《说文解字诂林》卷六下，页二七〇七至二七〇八）。

敦十七新获第八简（木简，长115，宽10，厚3.5毫米）。

十七斤

此简之十七两字，亦仅以笔画长短为别；七字并不屈其中画，惟其直画较短而已。然两字之分别，仍甚显明。余见前条考证。

敦十七新获第九简（木简，长67，宽9，厚2毫米）。

十一千八百四（下缺）

敦十七新获第十简（木简，长49，宽9，厚1.5毫米）。

甘露元年某（下缺）

按甘露为汉宣帝年号，其元年为公元前53年。

敦十七新获第十一简（木简，长235，宽9毫米）。

十二石

此简系将沙漠中常见之柽柳残枝一段，上半节削一平面，以便书写文字，下端仍保留原来树皮，未加人工，与普通木简之削成薄片者不同。疑此同于后世唱筹量粮所用之筹，故下半段仍留原形，以便插置于粮堆上也。

敦十七新获第十二简（木简，长333，宽8，厚2.5毫米）。

独（？）得以迻事者吏卒也有都尉府椴（？）丞及以行事施刑吏土死知（？）故（？）者持药（？）人有遣

简中"迻"字，共义普通为"邀巡"。《敦煌简·簿书类》第四十二简，《烽燧类》第四十二及四十三两简，《杂事类》第二十简皆有此字。王国维释之曰："徼迹之迹，他简或作起字解。此处之义，似当为走，不敢擅断，然其意则谓徼巡也。"（《流沙坠简》卷二，页二十一）居延简中此字亦甚常见，例如《居延汉简考释释文》卷三《资绩类》及《簿检类》中数简，其义亦皆为徼巡。但亦有作"起"字解者，如《敦煌简·戍役类》第二十四简"六人，迻八月丁亥，尽□□，廿九日"，第二十五简"八人，迻八月丁未，尽乙卯，廿九日"。在此简中，与事字连文，似亦可作"起"解。

"吏卒"二字连文，汉简中数见之。例如《敦煌简·烽燧类》

第一简"以掌领事卒为职",第三十三简"逐召亡吏卒",居延简有"吏卒赋名薄"(见劳榦《释文》卷三《簿检类》)。乃泛指佐吏及士卒,并非专职之名。"椵"疑为假字之讹。《史记·项羽本纪》"为假上将军",注曰"假、摄也"。《汉书·苏武传》有假吏常惠,其义亦同。

"施荆"即弛刑,汉简中多从方,亦有作"施"者,例如居延简337·8"施刑士",308·19"施刑□士"。施弛二字古通用。就字义言之,原应作弛。《汉书·赵充国传》:"发三辅太常徒弛刑",颜注:"弛刑谓不加钳钛者也,弛之言解也"(又见《宣纪》神爵元年条颜注引李奇释义)。《后汉书·光武本纪》建武十二年:"将众部施刑屯北边",注曰:"施读曰弛。弛解也。《前汉音义》谓有赦令去其钳钛赭衣,谓之弛刑",盖其字又作弛,除《后汉书》此注之外,如《和帝纪》及《马援传》,并写作弛,乃弛之变体也。经典中驰施二字通用之例甚多,见邵璞《说文解字群经正字》及朱起凤《辞通》。贺昌群云:刑,汉简有作荆者。汉高彪碑:荆不妄滥。《隶释》云:以"彬"为"刑"。案《一切经音义》引《春秋元命苞》云:荆字从刀从井,井以饮人,人入井争水陷于泉,以刀守之。割其情欲,人有畏慎以全身命也。故字从刀从井。弛刑之义,指当缓刑者而言,《后汉书》光武建武二十二年《纪》云:徒皆弛解钳衣丝絮,注引《仓颉篇》曰:钳,钛也。《前书音义》云:"钛,足钳也,旧法在徒役者,不得衣丝絮,今赦许之。故亦称弛刑徒,《后汉书·陈蕃传》称'弛刑徒李膺',又《朱穆传》称'施刑徒朱穆',时膺遭党锢,而穆则以事触帝怒,征诣延尉输作左校也。"管绕黪云:"弛刑之义,当从颜注。亦即免刑,《汉书·昭帝纪》元凤元年武都氏反,发三辅太常徒,皆免刑,击之。是其证也。"

"吏土"之"土"即"士"之或作。汉简中多如此写法,见王国维《流沙坠简考释》（卷二，页三）。管绕黩云："吏士吏卒，随文而异。《后汉书·赵充国传》谓北边自敦煌至辽东，乘塞列隧，有吏卒数千人，即指此也。"惟汉简中另有一通用语"士卒"，王国维举《王莽传》为证，以为乃主兵之官。然与此简之吏士似无涉。

敦十七新获第十三简（木简，长46，宽11，厚2毫米）。

（上缺）太守君长（下缺）

按君长或为人名。居延简286·10有钟君长（见《释文》卷二，页五十二）。

敦十七新获第十四简（木简，长201，宽11，厚4毫米）。

□□□□□　　□□直五十

粱米五升直百　杯六直百廿　凡来所用直二千以入二百廿□多

　　　　　　　　一千□百□

蕋（?）一石直百　瞀（?）一直五十（正面）

幸　幸　幸　　幸（背面）

此简为器物计值之簿录。粱米五升直百，则石米二千文。按，西汉自文景以后，据《汉书》及居延简，米价每石仅百余，贱时石米仅数钱，惟王莽时天下大乱，米石二千（参阅劳榦著《居延汉简考释考证篇》卷一，页二十至二十三）。今此简所记较通常米价远昂，颇疑升字为斗字之伪。五斗直百，则石米二百，与西汉通常米价相差不远矣。汉隶斗字作什，形与升似，故二者常混伪。朱起凤曾引数例：如《战国策》王斗，《汉书人表》作王升……《三国志·华佗传》漆叶屑一升，《后汉书》作一斗，《左传》昭公元年四升为豆，《后汉书·朗颛传》注作四斗（《辞通》卷十，页十七，卷十五，页十三至十四）。向达言："升、斗二字，唐人书犹同汉代。寅恪先生《读秦妇吟》曾及此"（萧按：《读秦妇吟》见《清华学报》十一卷四期，页九六六文中云"承贺昌群告以古人所书升、斗二字差别甚微，故易于误认，并举其近日读汉简之经验为例"）。

杯六直百廿，则杯一直二十文。居延简 326·6 有"□柘一直卅?"（劳榦《释文》卷三，页二十六），细察原简照片，似为"大杯"二字。大杯直卅，以其体积既大，其价自当稍昂也。

汉时葱以石计，如居延简 229·52 即有"得葱四石"一语（劳榦《释文》卷三，页三十七）。督即兜鍪，王国维曾加详释，见《流沙坠简》卷二，页四十至四十一。惟此简中"葱"及"督"二字，残缺漫漶，未能确定，姑释之如此。

简背诸字，乃随意涂写者也。初疑为"夆"字，然细察之，似当释为幸字，其字形与《流沙坠简》卷三《简牍遗文》第二简及第八简中之"幸"字相似。王国维释"幸"字曰："诸简中幸字多从犬，上犬下羊，……汉印中有大利长幸等语，其幸字皆从犬，与篆书从夭作不合，前人不敢确定为幸字。然汉石刻中幸字皆从犬无从夭者。今证以诸简，知汉人隶书幸字无一与篆文合者，是可异也"（《流沙坠简》卷三，页四）。

此简曾经火灼，盖戍卒利用废简以作引火之用。《晋书·束皙传》记汲冢古简云："发冢者烧策照取宝物，及官收之，多烬简断札。"证之此简，在汉代当时即有烧策以引火之事。

敦十七新获第十五简（竹简，长 86，广 13，厚 3 毫米）。

（上缺）**再拜**（正面）

（上缺）□**再拜**□□（下缺）　　（背面）

此为书札残简。《流沙坠简考释》云："伏地再拜，当是汉时书式如此"（卷三页一）。此札当由东方来，故用竹子。西塞不产竹，故利用此旧简削治之，狭首歧尾（首部尖端有折断痕，已非完器），不知作何用途。

敦十七新获第十六简（木简，长 58，广 10，厚 4 毫米）。

（上缺）**临寿（？）**（下缺）

敦十七新获第十七简（木简，长 119，广 19，厚 3 毫米）。

（上缺）**从事敢言之**

此简为下稟上之文书。王国维云：敢言之者，下白上之辞。引《汉书·王莽传》、《论衡·谢短篇》及《孔庙置百石卒史碑》为证（《流沙坠简》卷二，页五）。"从事"此处似用作官名。《后汉书·百官志》，诸州皆有从事史（卷三十八）。从事或曰"行事"，居延简 97·10"书牒署从事，如律令，敢言之"。271·20 则云"书牒署行事，敢言之"（劳榦《释文》卷三，页三及页三十四）。但此二处亦可作"做事"解，不必即为官名也。

敦十七新获第十八简（竹简，长 172，广 8，厚 1 毫米）。

□人月（？）阳（？）冬日扃（？）者其名及既（？）知其名故□叩以来□□□之

此系竹简，惜文字漫漶，多不可识。冬字上若确为阳字，则"阳冬"一辞或出于《尔雅·释天》所谓"十月为阳"歟？及字下一字，劳榦疑为号字，故字下疑为平明二字，之字上疑为后门二字。

敦十七新获第十九简（木简，长 52，广 11，厚 1.5 毫米）。

（上缺）□二百直□（下缺）

敦十七新获第二十简（木简，其木系松柏科植物，简长 40，广 12，厚 1 毫米）。

（上缺）**某年某月**（下缺）

敦十七新获第二十一简（木简，削衣，其木系松柏科植物，简长 43，广 11，厚 0.4 毫米）。

（上缺）**某郡某县**（下缺）

以上二片似为一简之断片。二片皆字体工整；年月郡县之上，皆用不定称之"某"字，疑为供初学者练习写字及草撰文稿之范本。

敦十七新获第二十二简（木简，长 79，广 11，厚 3 毫米）。

（上缺）□**生育不得**（？）**谒**（？）□（下缺）

敦十七新获第二十三简（木简，其木系松柏科植物，长 92，广 13，厚 1 毫米）。

（上缺）□**斗以剑刃刺伤乙在**（下缺）

敦十七新获第二十四简（木简，其木系松柏科植物，长 36，广 13，厚 1 毫米）。

（上缺）**某所狱**（下缺）

以上二残片，似为一简裂为二者，乃《汉律》之残简。按《汉律》久佚。程树德曾搜集各书所称引之《汉律》，作《汉代律令杂考》二卷，收入其所著之《九朝律考》中，但其中亦无"斗以剑刃刺伤人"一项。查《唐律疏议》卷二十一之斗讼律，有

"兵刃斫伤人"一条，其律云："诸斗以兵刃斫射人不着者杖一百，若刃伤及折人肋眇其两目堕人胎，徒二年。"《疏议》曰："相争为斗，相击为殴。"又曰："刃谓金铁，无大小之限，堪以杀人者。"《汉律》九章，斗讼不列专章，或包括于杂律章中。《急就篇》第二十七有"斗变杀伤捕伍邻"一语；《唐律》此条疑即由《汉律》而来。《唐律疏议》常设言甲乙丙。按《太平御览》引董仲舒《决狱》云："甲父乙与丙争言相斗，丙以佩刀刺乙，甲即以杖击丙，误伤乙。"此简亦谓"以剑刃刺伤乙"，知此点《唐律》亦系沿袭《汉律》。"在某所"者，指其被刺伤之身体上部位。居延简13·6及118·18记载二人互殴，一坐斗以剑击伤右指二所，一坐击伤右眼一所，致遭械系（劳榦《释文》卷一，页八十三至八十四）。盖即依此简所书之律令以行法也。

敦十七新获第二十五简（木简，其木系松柏科植物，长38，广15，厚1毫米）。

（上缺）**东郡闻喜**（下缺）

此简东字上所缺者当为"河"字。《汉书·地理志》河东郡有闻喜县，注曰："武帝于此闻南越破，改曰闻喜。"

敦十七新获第二十六简（木简，削衣，其木系松柏科植物，长32，广11，厚0.2毫米）。

（上缺）**□五五斗斗**（下缺）

此简为学书者随意传写者也。

敦十七新获第二十七简（木简，长56，广11，厚0.5毫米）。

（上缺）**官谒言当受者**（下缺）

敦十七新获第二十八简（木简，长21，广11，厚0.5毫米）。

（上缺）**敢言〔之〕**（下缺）

此二残片，其木皆为松柏科植物，字体亦相类，似亦为一简之断片，惟其间尚有所缺，二者并不相连属。由"敢言之"一语，知为下白上之书。"谒言"二字连文，汉简中常见之。例如居延简430·4"会日谒言解"，139·36"会月十五日谒言府，如律令"（劳榦《释文》卷一，页十七及页二十五）。其义为"谒见"。但"谒"字亦有作"谒刺"解者。《史记·高祖本纪》，"高祖乃绐为谒曰贺钱万"，司马贞《索隐》曰："谒谓以札书姓名，若今之通刺而兼载钱谷也"。《郦生传》："使者惧而失谒。"《说文》"谒，白也"，段玉裁注曰："按谒者若后人书刺，自言爵里姓名，并列所白事。"今按居延简28·15"如牒谒以令赐奉"，285·2"如牒谒以令赐偃劳十五日"（劳榦《释文》卷一，页二十六及页三十三）。疑此处牒谒二字或连文，谒字似可作刺帖解。又居延简313·44"当以令取传谒移过所县道□□"，15·19"当得取传移官□"。劳榦《考证》以"谒移"连读属下句。但同类之简中，15·18"禄福仓丞敝，移肩水金关"。218·2"居延丞奉光，移过所津关"。170·3"居延令尚丞忠，移过所县道河津关"（以上均见劳榦《考证》卷一，页三十至三十一），则"移"字似连下句，而"传谒"犹"牒谒"，二字或属连文，以指书牒或书传之简札欤？

敦十七新获第二十九简（木简，长16，广10，厚1毫米）。

大黄（下缺）

按大黄虽亦可作药名，如《流沙坠简》卷一《医方类》第四简即有大黄。然此简大黄二字在简端，当系器物簿，指大黄弩而言。《流沙坠简·器物类》第十七简，有"大黄承弦一"。王国维

曰："大黄弩名。《史记·李广传》：广身自以大黄射其裨将。孟康
曰：太公《六韬》，陷坚败强敌用大黄连弩是也"（卷二，页三十
七）。居延简 433·2 "入大黄弩十四"。82·15 "大黄力十石弩"，
亦皆为弩名也（参阅劳榦《考证》卷二，页四十一）。

敦十七新获第三十简（木简，长 31，广 9，厚 1 毫米）。

（上缺）囚**律令纵**[事]（下缺）

按"以律令从事"亦汉简中常用语。居延简 231·107 及
275·13皆有此语（劳榦《释文》卷一，页三十一及页五十）。

敦十七新获第三十一简（木简，削衣，其木为松柏科植物，
长 39，广 19，厚 0.2 毫米）。

（上缺）□**受降**（下缺）

（上缺）**界一里**（下缺）

（上缺）**贵燧四**（下缺）

按敦煌有受降燧及富贵燧，见《流沙坠简·禀给类》第十一、
第十四及第十五简。此简"贵"字上所缺者，当即"富"字。此
简之受降及富贵，当亦皆为燧名。该三简系敦十五及敦十六出土，
与本简之出土地敦十七相邻。王国维考证各敦古名，此三敦皆从
阙。余疑其中二者即名受降及富贵也。

敦十七新获第三十二简（木简，削衣，其木系松柏科植物，
简长 40，广 11，厚 0.2 毫米）。

（上缺）**五月二日**（下缺）

（上缺）**壹骑**（下缺）

按汉简记马言几匹，记人言几人，其例甚多（参阅劳榦《释

文》卷三车马类诸简）。至于言几骑者，多指瞭望时获见骑马之敌
虏或盗匪而言。例如居延简271·9"本始二年闰月乙亥虏可卒六
骑入卅井"，又一简"□候□盗□九骑至"（劳榦《释文》卷二，
页六及页七）。疑此简亦系侦候燧卒发现形迹可疑之骑者时所书之
报告也。

敦十七新获第三十三简（木简，削衣，其木系松柏科植物，
长45，广10，厚0.2毫米）。

（上缺）**遣每**（下缺）

（上缺）**遇（？）毋已前**（下缺）

此简察其木理，似与前简或同属一简之残片。

敦十七新获第三十四简（木简，削衣，其木系松柏科植物，
长24，广14，厚0.3毫米）。

（上缺）**□弩一完**

（上缺）**服（？）一完**

（上缺）**百完**

此简乃记兵器完坚折伤者。服字漫漶，仅隐约可辨。百字之
上当为镞或矢，但亦可能间以数字。兼记弓矢二者完坚折伤之汉
简，其例颇多。居延简418·2"三石具弩一完；稾矢铜镞五十
完"，283·12"六石具弩二系弦纬完，稾矢铜镞三百，其八十六
庰呼，二百一十四完"（《释文》卷三，页二十及页二十七）。《流
沙坠简·器物类》第21、23及24诸简，亦此类也。服兰之制，
王、劳皆有考证。王国维又根据《汉书·李陵传》及《荀子》，谓
古人赋矢，每增以五十；又云："汉简中凡言兰者矢皆五十，言服
者矢至六百，则兰与服或有大小之别欤？（《流沙坠简》卷二，页
三十九至四十）。劳榦以六百矢是否俱纳于服中尚无坚证，故以为

服未必能容六百矢也（《考证》卷二，页四十一）。此简记矢以百计，亦为五十之倍数，知汉人赋矢确以五十为一单位。惟每一服能容多少矢则仍未能确定也。

　　敦十七新获第三十五简（木简，削衣，长 32，广 18，厚 0.2 毫米）。

（上缺）□书□

　　敦十七新获第三十六简（木简，削衣，长 35，广 20，厚 0.2 毫米）。

（上缺）**移**

（上缺）**拜**

　　以上二残简，其木皆为松柏科植物，木理相同，字迹亦相似，疑亦为一简之碎片。后简之末描画一动物形，不知何义。

　　敦十七新获第三十七简（木简，削衣，长 50，广 17，厚 0.1 毫米）。

（上缺）**伏地地**□（下缺）

　　敦十七新获第三十八简（木简，削衣，长 22，广 8，厚 0.1 毫米）。

（上缺）**再再**（下缺）

　　以上二残简，其木皆为松柏科植物，似亦为同一简之碎片。"伏地再拜"乃汉代书札格式，惟此简似为随意传写者，并非原来之主札也。

　　除上列三十八简外，此墩出土之无字简牍尚颇多，其中三简尚有字画痕迹，惟以过于漫漶，无法认识。又有细小之碎片二十余片，仅存一字，或半字，甚或仅存点画，无法缀合，兹暂从略（以上各简 T. XVII. N. 1—38，见图版 3—1，3—2，3—3）。

敦二十三戊第一简（木杙，长 144，广厚各 11 毫米）。

第一（?）（正面因剥落一片，已无字残存，疑为此二字。左侧面有四横画）

敦二十三戊第二简（木杙，长 125，广 11，厚 10 毫米）。

第二

敦二十三戊第三简（木杙，长 179，广 14，厚 12 毫米）。

第三（正面）（右侧面有四横画）

敦二十三戊第四简（木杙，长 179，广 15，厚 11 毫米）。

第四（正面）（右侧面有四横画）

敦二十三戊第五简（木杙，长 141，广 15，厚 9 毫米）。

第五

敦二十三戊第六简（木杙，长 144，广 10，厚 8 毫米）。

第六

以上六简，皆上端粗坚，剖面略成方形，下端削尖，以便椓杙，乃小木桩也（图版 3—3，2）。古人或称之为楬。《周礼·秋官·蜡氏》："若有死于道路者，则令埋而置楬焉"，郑众注云：

"楬欲令其识取之，今时楬櫫是也"。《汉书·尹赏传》："瘗寺门桓东，楬著其姓名"，颜师古注云："楬，杙也。椓杙于瘗处而书死者名也"。亦谓之杙。《尔雅·释宫》："枳谓之杙"，敦璞注："橛也"。《周礼·地官·牛人》郑注："枳谓之杙，可以系牛"。凡此皆指小木橛而言。《封氏闻见录》谓楬碣相通，其字本从木，后人以石为墓碣，因变为碣（卷六，碑碣条）。然楬字亦可泛指一切作标榜用之小木物。《周礼·秋官·职金》云："辨其物之媺恶，与其数量，楬而玺之"。郑玄注："楬而玺之者，楬书其数量以著其物也。玺者印也。既楬书揣其数量，又以印封之。今时之书，有所表识，谓之楬櫫"，贾公彦疏："楬即今之板书，揟即今录记文书。谓以版记录量数多少并善恶，为后易分别故也"。《地官·泉府》："物楬而书之"，郑众注："楬著其物也"。皆似指籤牌形之木楬而言。汉简中有一种小木牌，短而广，又圜杀其上，常有一穿，所书多为器物之名及数量（图1，甲），王国维以为即古之楬，即系于器物之上者（《流沙坠简·器物类》第6、13、15—19、22、23、33、43，共十一件）。兹为避免混淆起见，暂名此次所发现小木椿式之木楬曰木杙，以别于狭义之木楬，后者或可改称籤牌。二者皆楬著其物以作表识之用，惟前者椓杙于墙上或地上，后者则系于器物之上；使用之方法不同，因之形制亦大异。另有一种封检式之木楬，例如《流沙坠简·杂事类》第四十五简（图1，乙）。简作长方形，长106，广39，上端厚15，下端厚仅9毫米（厚度据沙畹原书）。上端有绳道三，乃用以封缄者。上书"降归义乌孙女子复冓献驴一匹驿（？）牡两拔齿四岁封颈以敦煌王都尉章"。王国维以为"乃著于驴颈上之木楬"。然其形制与施于囊橐之封检相似，虽亦作楬著之用，实与狭义之木楬不同也。

又《流沙坠简·器物类》第五简亦为一籤牌式之木楬，其上一面写"兵完折伤簿"。简广而短，又圜杀其上，且有一穿

（图 1，丙），王国维疑为簿之本制也（卷二，页三十六）。傅振伦更推演其说，谓木楬似簿而小，其上有穿，即以系于器物之上（《简策说》页十五，见《考古社刊》第六期）。似以簿与楬同形，惟有大不之殊。傅又谓近世发见简牍，有圜杀其上，或有穿以便穿连者，皆名物簿也（同上，页二十六），则又将籤牌式之木楬亦包括于名物簿中。今证之实物，则王傅之说，尚可商榷。《流沙坠简》中标明器物簿者凡五简，其中三简皆狭而长，与其他简牍无异。王国维以为"兵器簿录之第一简而标其目者"，其说是也。居延所出之永元兵器簿，编绳犹存，共七十七简编成一册，其简与常简相同（劳榦《释文》卷三，页二七至三十及所附插图）。盖"簿录"一称，乃指其作用而言，犹今日之清册或目录，并非另具一种形式也。其他标明器物簿之二简，则短而广，其一又圜杀其上（图 1，丙），王国维疑为簿之本制。然余颇疑此乃楬著名物簿之籤牌，犹今日清册之书签。簿录之本身仍书于常简之上，编成册后，以此木楬表识之。仅标明一物之籤牌，并不列举数物者，似不能称为簿录。王国维名之曰"木楬"比之傅泛称之为簿者，较为恰当。其作标识簿录用者，或可如劳名之为"簿检"（《释文》卷三簿检类）。惟簿检包括常简式及籤牌式两种形制，后者或可名之曰簿楬。居延所出之簿楬，亦有无穿而两侧有齿以便施绳者，如 5·1、36·4等是也（图 1，丁）。

　　敦二十三戊所出之木杙六件，仅标明次第，不知作何用。出土时凌乱横卧于土中，似由墙上坠下者。按居延简 240·2"第二十七"，260·9"第三"（《释文》卷一，页四十五）其措辞与此相似。然二简之形制，皆为普通简牍，其反面皆另有文书，与此木杙不同也。

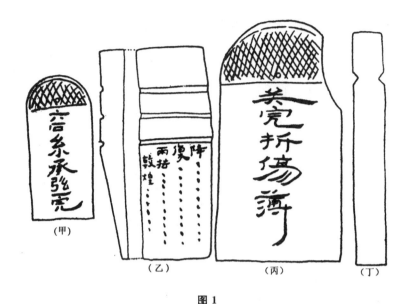

图 1

（甲）籖牌式之木楬；（乙）封检式之木楬；（丙）籖牌式之木楬，簿楬；

（丁）两侧有齿之木楬

附录一

敦十四出土刻字木枇（木梳，长 54，广 44，厚 6—11 毫米）（拓本见图版 3—3，2）。

百病如

灭常乐

毋复

此木梳两面皆以尖物刻字三行，惜背面之字已不可识。《说文》："枇，梳枇总名也。"《释名》："梳言其齿疏也，枇言其细相比也。"此梳之齿甚疏，而敦十八亦出一枇，其齿甚细。或一为梳而一为枇欤？"常乐"为汉人常用之吉祥语，焦氏《易林》云："常乐允康"（卷五）。汉镜铭文有"常乐未央"及"常乐，富而大贵"之语（罗振玉《汉两京以来镜铭集录》，页二至四）。又按《太平御览》卷七百十四引曹魏时周宣《梦书》云："梦梳枇，为尤解也。蝨尽去，百病愈。"此梳上刻"百病如灭，常乐毋复"，其用意当亦相同也。

1947 年 11 月 19 日写毕

附录二

汉简所用之木材，曾以无字者数片请中央研究院植物研究所何天相以切片显微镜方法代为鉴定，并经王伏雄校订，兹转录其鉴定书如下，并申谢意。

除竹片外，汉简木片计有下列数种：

（一）第三号标本：中名青杆（山西），别名杆儿松（河南），学名为 Picea Neoveitchii Mast。云杉一属，国产约十二种。本种自鄂省东北部至陕晋甘等地之高山有之。木材淡白，质轻而疏，可供建筑器具棺椁等用。

（二）B 字第一号标本：中名毛白杨，学名为 Populus Tomentosa Carr。本种在甘肃及华北等地均有分布。

（三）第四号标本：中名水柳，［另名垂柳或垂枝柳（江浙）］，学名为 Salix Babylonica Linn。附注：柳属在我国约有五十余种。本种乃长江以南各地习见之树；然亦可栽植于北方。水柳为一优雅之庭园树。

（四）第五号标本：中名柽柳，别名红柳。学名为 Tamarix Chinensis Lour。附注：柽柳为沙漠中植物。本种乃青海甘肃新疆沙漠中习见之植物。

鼐按：斯坦因云：敦煌汉简所用木材，以白杨木（Populus alba）所制者为最多。此外为松柏科植物，其生长地离敦煌最近者为祁连山西部及中部。竹简之取材来源更远。红柳木枝制成者亦有之（Serindia，p. 598）。此次新获汉简中，竹制者三件（T. XVII. N. 4 等），红柳制者一件（N. 11.）。杆儿松为松柏科之一种，各简木料纹理清晰，显示树脂道者，皆可断定为松柏科，本篇中已于各简后一一注明，惟不知是否亦为杆儿松。削衣之简，多为此类木材，盖以其不产于本地，取材困难，故遂将废牍削去一薄层，以便再作书写之用。至于斯坦因所举之白杨，属于杨柳科（Salicaceae），性宜寒冷地，分布甚广，自北欧经西伯利亚直至朝鲜北部（陈嵘：《中国树木分类学》）。白杨与水柳为同科之植物，其木材亦相近似。本篇中未注明木材种属之各简，恐大都属于杨柳科。然未经切片个别检视，殊不易审定也。

1948 年 7 月补记

武威唐代吐谷浑慕容氏墓志[*]

一　绪言

吐谷浑发迹东北，徙居西陲。永嘉之乱，乘机兴起。当其盛时，东抵洮水，西兼鄯善、且末，辖境广袤数千里。及贞观中，唐太宗遣李靖、侯君集等大举兵戎，战败之，其势始衰。割据凡350年。龙朔三年，吐蕃遂取其地。然其后徙居凉州、灵州，犹袭可汗号，为唐蕃屏，百有余年。至贞元后，其封嗣始绝。历时虽久，惜史传记述，殊嫌疏略。1944年考古西北，于武威文庙获观近年出土之吐谷浑慕容氏志石四方，颇有足以补订两《唐书·吐谷浑传》之阙失者。翌年秋，与友人阎文儒赴武威南山，从事发掘，得金城县主及慕容曦光二志，如获璀宝；并得殉葬珍品多种，洵为考古发掘之奇遇。归来后，乃将二志写影精拓，以飨当

* 本文原载《中央研究院历史语言研究所集刊》第20本上册，1948。1961年作者《考古学论文集》出版时，对内容稍作修改，并加"补记"。1981年《中国考古学研究》（日文版）出版时，又加"再补记"。

世；并参稽史传，略加考证。又综合前后六志，作为年表，俾言吐谷浑失国前后之史事者考焉。异日志石更有续出者，当再理而董之。

二　新获二志考释

金城县主墓志（唐玄宗开元六年）。（图 1）

图 1　武威出土大唐金城县主墓志铭二石拓片影本（一盖一铭）

此石出武威县南 60 华里喇嘛湾第二号墓中。石高 37、广 35 厘米。志文 16 行，行 16 字，正书。石面于写刻前，先以朱画方罫，有如棋枰，朱痕尚宛然可辨。志盖篆文。中央为"大唐金城县主墓志铭"九字，分三行书；周围篆书十二地支，惟"午"字作"马"；四隅有花卉图案各一。石质系灰黑色细质砂岩。

> 大唐金城县主墓志铭
> 县主讳季英陇西人也七代祖瀛州刺史
> 宣简公六代祖唐宣皇帝高祖唐先皇帝
> 曾祖定州刺史乞豆祖开化郡王文父交
> 州大都督会稽郡王道恩县主即王之第
> 三女也幼闻令淑早敦诗礼永徽中有
> 敕简宗女用适吐谷浑天子见县主体德
> 敦谨仁孝有闻　　诏曰会稽郡王道恩
> 第三女可封金城县主食邑四千户出降
> 吐谷浑国王慕容诺曷钵男成王忠为妻
> 永徽三年四月出降春秋廿有二抚临浑
> 国五十余年上副所寄下安戎落年七十
> 有六开元六年岁次壬午正月十七日薨
> 于部落至七年八月十七日合葬于凉州
> 南阳晖谷北岗礼也恐山移海变故勒芳
> 铭

按金城县主"和番"事，见《新唐书》卷二二一《吐谷浑传》。《志》称"县主陇西人也"，按唐代汝南兰陵诸公主碑（见王昶《金石萃编》卷四四及卷五二），皆书陇西狄道人也。王芑孙《碑版文广例》云："唐代重门阀，碑版所书某地人，或其族望所出，不必皆实隶郡贯。相沿习惯，遂有施之亲懿者耳。"（卷九）其说是也。史传仅谓金城县主为唐宗室女，据《志》知其裔出懿祖光皇帝，为唐太宗之再从堂妹，可以备史之阙。

《志》中详叙世系，可补《新唐书·宗室世系表》，但《志》亦有误。考史须参稽各种史料，加以抉择，不能专以碑志为正也。懿祖光皇帝志作先皇帝，当由于书写或传刻之伪。瀛州刺史宣简公即宣皇帝，今乃误分为二人，殊不可解。《新唐书·高宗本纪》："上元元年……八月壬辰……追尊六代祖宣简公为宣皇帝。五代祖懿王为光皇帝。"（《旧唐书》卷五及《唐会要》卷一亦同）《新唐书·宗室世系表》云：李重耳为后魏恒农太守，安南将军、豫州刺史；生献祖宣皇帝熙，后魏金门镇将；生懿祖光皇帝讳天赐，字德真；三子，长曰起头，次曰太祖，次乞豆，定州刺史房（卷七〇）。宣皇帝之父为弘农太守李重耳，即《新唐书·礼乐志》所谓弘农府君者也。《宗室世系表》称恒农者，以后魏时避显祖献文帝讳，曾改弘农为恒农（见《魏书·地形志》）。弘农府君以世远未得追封爵位。《册府元龟》云："武德元年六月追尊皇高祖瀛州府君曰宣简公，皇曾祖司空曰懿王。"（卷三〇）又云："重耳归魏，拜弘农太守，赠豫州刺史；天锡仕魏为幢主，大统时追赠司空。"（卷一）颇疑李熙之瀛州刺史，亦为追赠之官号，故两《唐书》皆不载（后读陈寅恪《李唐氏族之推测后记》，文中亦疑《光业寺碑》所载李熙瀛州刺史之号为后来所追赠者也。见《史语所集刊》三本四分，页五十五）。叙世系者或以弘农府君未有爵位，不足以夸耀外族，故遂分宣简公与宣皇帝为二人欤？唐人通例称高祖之父为五代祖（参阅岑仲勉《贞石证史》，见《史语所集刊》八本四分，页五四二）。此《志》高祖之上称六代祖七代祖，如非笔误，则当由于误依唐高宗自述之世系，以高宗较金城县主为低一辈也。《志》称祖开化郡王文为定州刺史乞豆之子。按《宗室世系表》定州刺史乞豆长子贞封开化郡公，当即其人。《志》与《表》封爵相同而人名互异；查唐人常有改名之事，宗室尤数见不鲜，岂一为初名一为改名耶？《新唐书》卷二《太宗本纪》云：
"武德九年十一月降宗室郡王非有功者爵为县公。"（《旧唐书》卷
二亦同）吴缜谓县公乃郡公之误，引《旧唐书·道彦传》"于是宗
室率以属疏降爵为郡公"一语为证（《新唐书纠谬》卷三）。其说
是也。《宗室表》称乞豆之子为开化郡公，乃降爵后之封号。《志》
从旧爵称郡王，其用意当亦为夸耀于外族。《志》中之交州大都督
会稽郡王道恩，《宗室世系表》失载，此可补其脱漏。按唐宗室中
广宁郡王道兴，贞观九年为交州都督，卒于官（见《新唐书》卷
七八），又贞观十二年"明州山獠反，交州大都督李道彦败之"
（《新唐书》卷二）。李道彦亦为唐宗室，曾封胶东郡王，后降封郡
公（《新唐书》卷七八）。唐太宗数以宗室任交州大都督，道恩之
受任交州都督，当亦在太宗时，但不知较之道兴、道彦，先后如
何？金城县主为道恩第三女，取名季英，或为其最幼之女欤？兹
将上述之世系，综合之，作表如下：

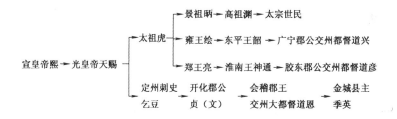

《志》中所引永徽中"金城县主出降"之诏，似即节录原文。
宋敏求《唐大诏令集》卷四三收录唐代郡县主"册封"及"出降"
之制诏颇多，可以知当时此类册之格式。《唐会要》卷六，引显
庆三年九月十九日诏曰："古称釐降，惟属王姬，此闻县主适人，
皆云出降。……深乖礼轻。其县主出嫁宜称适。"（《唐大诏令集》
卷四三亦录此诏，惟年月作显庆二年九月）志称出降，盖永徽中

出嫁尚在显庆诏之前也。杜佑《通典》云："皇姑为大长公主（原注：后亦谓之长公主），姊为长公主，女为公主，皆封国，视正一品；太子女为郡主，封郡，视从一品；亲王女为县主，视正二品。"（卷三一）按公主之封，不仅限于"国"名（如郇国、代国、霍国），亦有以郡名者，平阳、宜阳、东阳是也，亦有以美名者，太平、安乐、长宁是也（见《唐会要》卷六）。惟县主之封，似限于当时之县名，如《唐大诏令集》所提及之华亭、安吉、东光、寿昌、仙源、永年诸县主皆（卷四三）。虽其中有郡县同名。然"县主"所封者，当指县名而言。唐中宗时出嫁吐蕃者为金城公主，其取此郡名之故，似由于吐蕃所夺取吐谷浑故地之东部（即今青海省境内西宁以东之地），在汉时原隶属于金城郡也。刘宋泰始五年，吐谷浑拾寅奉表献方物，以弟拾皮为平西将军金城公（《宋书》卷九六《吐谷浑传》），亦取义于此。故余初以为金城县主之封邑，当即金城郡属之金城县。后查《新唐书·地理志》（卷四〇），兰州金城郡领县二：五泉县（原注：咸亨二年更名金城，天宝元年，复故名）、金城县（原注：本广武县，乾元二年更名）。（按《旧唐书·地理志》亦同，但未言及广武改名金城事，《元和郡县志》则于二县更名金城，皆未提及）。唐代县主之封邑，如上文所述，似限于当时县名。永徽中兰州金城郡所属之二县既皆未更名金城县，则其取名之来源，或另有所在。考《新唐书·地理志》（卷三七）延州延安郡有敷政县，本名因城，武德二年更名金城，天宝元年改曰敷政（《旧唐书》卷三八及《元和郡县志》卷三皆同）。《新唐书·吐谷浑传》云：高宗以金城县主妻诺曷钵之长子，后又以金明县主妻其次子（卷二二一）。金明县亦属延州延安郡，见两《唐书·地理志》。公主及郡县主所封之地，并不一定与其和亲之国有关。如出嫁诺曷钵者为弘化公主，弘化郡治在今甘肃东北之庆阳县，与吐谷浑并无关系。故疑金城县主之封邑，实指延州之金城县，以当时兰州金城郡属下并无金城县也。惟唐室封县主以此邑名，或受金城郡一名之影响，亦未可知。唐代皇女封邑户数，初制公主三百户，长公主加三百户有至六百户，高宗及武后时，食封逾常制，有至千余户者。开元以后，皇女为公主者五百户，又诸皇女（萧按：疑当作皇妹）为公主者例加一千户（见《唐会要》卷五）。金城县主为宗室女，爵仅县主，较诸皇女为公主者为远逊，乃食邑达四千户；当由于远适异域，并非实封；仅假借虚名以夸耀耳。

《志》称县主出嫁与诺曷钵男成王忠为妻。《新唐书·吐谷浑传》则谓以县主妻诺曷钵长子苏度摸末，拜左领军卫大将军；久之，摸末死（卷二二一）。二者当即一人，苏度摸末为吐谷浑名，忠为汉名。此汉名当由于赐名，以嘉其忠顺；犹之突厥右贤王阿史那泥孰之赐名为忠也（《新唐书》卷二一五《突厥传》），杜光简《慕容忠墓志考释》以为弘化公主有子三人，长苏度摸末，次闼卢摸末，次即忠也（见《责善》半月刊第 2 卷第 13 期），今得《县主志》，知杜说实误也。慕容忠之墓，即在金城县主墓之侧，其墓志于 1927 年出土，现存武威文庙（见本篇附录二）。忠《志》谓"年十八授左威卫将军，戚承银牓，弱岁求郎；宠溢金貂，童年入侍，后加镇军大将军，行左豹韬卫大将军，袭青海国王乌地也拔勤豆可汗"（张维《陇右金石录》卷二，页七）。可与史传互相补阙。忠初封为成王，乃本蕃嫡子之封号。吐谷浑王子多童年封王（见本篇第三节年表）。据《新唐书·百官志》，诸卫将军为从三品，诸卫大将军为正三品，镇国大将军为武散阶，从二品。慕容忠初入侍时，其官职当依忠《志》为左威卫将军。《旧唐书·职官志》及杜佑《通典》皆云：左右屯卫，唐初仍隋之旧名，龙朔二年（662）始改为左右威卫（《新唐书·百官志》谓武德五年改左右屯卫为左右威卫，龙朔二年又改为左右武威卫。其说实误，观其后改左右威卫为左右豹韬卫一语，可证其中间并未有改为左右武威卫一事也），慕容忠授左威卫将军，依《志》文"年十八"推算，当在麟德二年（665），适在龙朔二年更改官名之后。其晋级为左领军卫大将军，则更在其后。两《唐书》及《通典》皆谓龙朔二年改左右领军卫曰左右戎卫，咸亨元年（670）改左右戎卫曰左右领军卫，光宅元年（684）改左右领军卫曰左右玉钤卫。然则忠之拜左领军卫大将军当在咸亨、光宅之间（670—684）。至于行左豹韬卫大将军，则当在光宅元年之后，以是年始改左右威卫为左右豹韬卫也。凡此皆可用官名以考定其所历各职之先后者也。突厥右贤王阿史那忠，亦以十八岁入侍，以功擢左屯卫将军，娶宗室女定襄公主，后擢右骁卫大将军，宿卫48年，卒赠镇国大将军（见《金石萃编·阿史那忠碑跋》及《新唐书》卷百十本传）。其事迹殊与慕容忠相类似。唐室常令各蕃国遣子弟童年入侍，此与和亲政策，同为对待蕃国之重要策略。开元十年五月有"诸番充质宿卫子弟并放还国"之敕令，见《旧唐书》本纪及《唐大诏令集》卷一二八。

《志》称永徽三年（652）四月县主出嫁吐谷浑，按《册府元龟》云："永徽三年八月，吐谷浑弘化长公主表请入朝，遣左骁卫将军鲜于济往迎之。十一月，弘化长公主来朝。"（卷九七九）《新唐书·吐谷浑传》云："〔弘化〕长公主表请入朝，遣右骁卫将军鲜于匡济迎之。十一月，及诸曷钵至京都。帝又以宗室女金城县主妻其长子苏度摸末，拜左领军卫大将军。"（卷二二一）《旧唐书》亦谓弘化长公主来朝在永徽三年十一月（卷四）。《志》作永徽三年四月，如字句无误，则四月乃下诏许婚之月份，成婚应在其后。十一月弘化长公主来朝，或带有迎婚或定婚之使命。苏度摸末即慕容忠，上文已加考定。据忠《墓志》，永徽三年忠仅五岁，金城县主亦仅十岁。如非童婚，则是年订婚之后，或更经十余载后始行成婚。《志》称金城县主之出嫁时年二十有二，"抚临浑国五十余年"，开元六年卒，年七十六。若然，则出嫁应在麟德元年（664）。又据忠《志》，年十八授左威卫将军，由其卒年推算，乃麟德二年（665）之事，与金城县主二十二龄出嫁之岁前后相差仅一年。颇疑慕容忠以麟德元年入京成婚，即封卫官，宿卫京师。忠《志》所谓"戚承银榜，弱岁求郎；宠溢金貂，童年人侍"是也。吴曾《能改斋漫录》"阙门银榜"条云："杜诗：曲江翠幕排银榜。按《神异经》，东方有宫，青石为墙，高三仞左右，阙高百丈，画以五色，门有银榜。"（卷六）然此处之"戚承银榜"一语，乃指娶皇女而言。《唐大诏令集》内《乐安郡主适杨守文制》云："乐安郡主承规银榜，毓彩铜楼。"（卷四三）《弘化公主志铭》云："帝女爰降，王姬下姻，燕筐含玉，门榜题银。"（张维《陇右金石录》卷二页六）皆其证也。唐室以皇女和亲，许嫁后并不立即遣嫁，故屡有悔婚之事，如中宗、玄宗之于默啜（《新唐书·突厥传》），即其例也。又如《旧唐书·中宗本纪》云："神龙三年夏四月辛巳，出嗣雍王守礼女为金城公主，出降吐蕃赞普"。粗心读之，似为是年出嫁。实则事后二年（景龙三年）吐蕃始遣人来逆女；又次年（景龙四年）正月中宗"幸始平送金城公主归吐蕃"（《新唐书》本纪亦同）。此吐蕃赞普为弃隶蹜赞，即位时仅七岁；其父卒年，据《册府元龟》为神龙元年（卷九六六），据《旧唐书·吐蕃传》为长安三年（卷一九六）。神龙三年许婚之时，吐蕃赞普仅九岁或十一岁。故知此《志》所云永徽三年四月，乃许嫁制诏之颁发年月，其时金城县主仅十岁，慕容忠仅五岁。及出嫁时金城县主年已二十有二，当在麟德元年。《志》误合为一事，谓永徽三年出嫁，年二十有二，以致前后自相牴牾。

《志》称开元六年岁次壬午正月十七日卒于部落，至七年八月十七日合葬于凉州南阳晖谷。按开元六年岁次戊午，此作壬午，误也。其时吐谷浑已北徙，《志》称卒于部落，当指灵州之本衙。《志》称合葬，据实地踏查，慕容忠墓在金城县主墓东数武，并非同穴。二墓平行排列，墓门皆南向。其地今名喇嘛湾，一小河发源山中，经此村向东流。南北两岸数百武外即冈峦起伏。墓在山冈上，高出水面约百余米，《志》中所谓"阳晖谷北岗"是也。弘化公主之墓在其东数里以外之另一山冈上，《公主志》称为"阳晖谷冶城之山岗"。僻乡荒丘，乃得考定其千余年前之古地名，亦一快事也。

《志》末称"恐山移海变，故勒芳铭"。然《志》至此即戛然而止，并无有韵铭文，但《汉闻熹长韩仁铭》，乃令牒无韵语，而谓之铭。唐宋诸家所撰墓志铭，别无铭辞而称铭者亦甚多（见梁玉绳《志铭广例》卷一《志铭解》）。知古时志文即可称铭也。

慕容曦光墓志（唐玄宗开元二十六年）。（图2）

此石出武威城南 60 华里喇嘛湾第一号墓中。石高广各 61 厘米。志文共 23 行，行 25 字。志石四侧各刻石像三人，乃十二辰像，兽首人身，披长袍，首向右，执笏端坐。志盖中央为方围，篆书"大唐慕容府君墓志铭"九字，分三行书。方围之外，花纹密布，四神之像（青龙，白虎，朱雀，玄武）各占一方，杂厕于花纹图案中。盖石四侧，为云气纹。此志雕镂花纹，颇为精致，有如组绣。至于石质，亦系灰黑色之细质砂岩，与《金城县主志》石相同。

大唐故朔方军节度副使兼知部落使金紫光禄大夫行光禄卿员外置同正员五原郡开国公燕王上柱国慕容曦光墓志铭

王讳曦光字晟昌黎鲜卑人也粤以周载初元年岁次戊寅七月八日生于灵州之南衙年甫三岁以本蕃嫡孙号观乐王年十岁

图 2　武威出土大唐慕容曦光墓志铭
二石拓片影本（一盖一铭）

以本蕃嫡子号燕王年十四去长安四年十月廿九日授游击将
军守左豹韬卫翊府左郎将至唐神龙二年七月廿六日转明威
将军行左屯卫翊府左郎将至景云元年九月廿五日转忠武将
军行右卫翊二府左郎将开元二年三月十六日封五原郡开国
公其年八月十一日加云麾将军去开九年六州叛复领所部兵
马摧破凶胡至其年二月十四日加授左威卫翊府中郎将至开

十年胡贼再叛立功授左威卫将军以功高赏轻寻加冠军大将
军行左金吾卫将军至开元十一年五月廿八日加金紫光禄大
夫行光禄卿至开元十八年　　敕差充朔方军节度副使以
大唐开元廿六年七月廿三日薨于本衙其年闰八月五日赠持
节凉州都督归葬于凉州　　先茔春秋卅有九性惟谨慎触事
平均部落叹惜如丧考妣呜呼哀哉以为铭记

大唐开元廿六年十二月九日记

叔银青光禄大夫将作大匠上柱国承福伤犹子之盛时述悲
词於志后词日　　我之犹子降德自天气含星宿量包山
川列位于卿分茅于燕为人之杰为国之贤纯和禀性孝道自然
何工不习何艺不专射御称善博弈推先其生始贵其没何谩名
山玉折大海珠捐呜呼昊穹悲哉近水辅仁不祐丧吾千里抚膺
下泣骨惊心死铭石记之传乎万祀

《志》盖称慕容府君。按王芑孙《碑版文广例》云："汉惟守
相称府君，降及六朝魏晋，犹沿其例，故称府君者至少。此例自
唐而变……唐一代碑版在今传世者至多，不论其人文武大小贤愚
贵贱，通谓之府君。今世俗所称，皆唐人之遗风也。"（卷七）慕
容氏为鲜卑族。《晋书》载记，谓其始祖莫护跋好冠步摇冠，诸部
因呼之为步摇，后音讹为慕容，或云慕二仪之德，继三光之容，
遂以慕容为氏（卷一零八）。胡三省《通鉴注》驳之云："余谓步
摇之说诞，或云之说，慕容氏既得中国，其臣子从而为之辞。"
（卷八一晋太康二年条）白鸟库吉赞成胡氏之说，以为慕容二字原
系鲜卑语，欲以汉语解释之，势不得不陷于附会也。因推测慕容
二字原读当为 ba—yu，其义为富，以今日蒙古语及通古斯语为
证。盖本为一酋长所用之美称，后乃变为部落名也（《慕容氏考》，
见方壮猷译《东胡民族考》页 60—64）。吐谷浑为莫护跋之曾孙，
其弟若洛廆别以慕容为氏，吐谷浑后嗣叶延以王父字为氏，南北

朝史传记载浑主，姓名连举时，其姓皆为吐谷浑。《梁书》云"天监元年河南王吐谷浑休留代进号征西将军"（卷二），即其一例也。《梁书》又云："河南王者，其先出自鲜卑慕容氏。……吐谷浑孙叶延……以王父字为国氏，因姓吐谷浑，亦为国号。"（卷五四）隋唐时又复以慕容为姓。《新唐书·吐谷浑传》云："隋时其王慕容伏允号步萨钵。"《旧唐书》本纪："贞观九年李靖平吐谷浑于西海之上，获其王慕容伏允，以其子慕容顺光降封为西平郡王。"（卷三）唐时史传及墓志所载浑部王族，皆以慕容为姓，不复姓吐谷浑矣。

曦光之名，不见于史传。两《唐书·吐谷浑传》仅有慕容曦皓，《册府元龟》卷九六七作希皓，乃慕容忠及金城县主之嫡长孙，宣超（一作宣赵）之嫡长子，继袭"青海国王"位者也。或疑曦光即曦皓，然《志》不应漏载袭封"青海国王"事，当为二人。《志》称曦光以本蕃孙号观乐王，年十岁以本蕃嫡子号燕王，以其生卒年岁推算，曦光十岁时乃武后圣历二年，适当慕容忠卒后一年（忠之卒年见忠《志》）。知《志》主曦光当即袭封"青海国王"慕容曦皓之昆仲也。《志》云：曦光字晟。同地出土之曦光族人代乐王慕容明墓志，谓明字坦，似为其同辈。唐人多有复名单字者，如柳公绰字宽（《新唐书》卷一六三），杨元琰字温，子仲昌字蔓（卷一二〇），李叔明字晋，兄仲通字向（卷一四七），房玄龄字乔（卷九六）（《旧唐书》作名乔字玄龄，但褚遂良书房玄龄碑与《新唐书》相同，今从之），皆其例也。《志》称昌黎鲜卑人也。昌黎指其族望，鲜卑言其种族。吐谷浑之先居昌黎郡棘城之北，其父徒河涉归，晋时封昌黎公（《册府元龟》卷九六七）。其弟为慕容廆，《晋书》载记亦谓廆"昌黎棘城鲜卑人也"（卷一〇八）。晋及后魏之昌黎，在榆关以东，即今辽宁省锦、义二县地；至于今河北省之昌黎，乃金世宗时所设置，金毓黻氏曾详考之（见《东北史纲》上篇，页170—178）。

《志》称曦光生于载初元年。按是年九月改元天授，岁次庚寅，《志》作戊寅，误也。是时吐谷浑部落已移徙于灵州，唐室为之设安乐州以处之。浑部子弟，所封王号，多有"乐"字，如慕容明号代乐王，慕容宣彻号安乐王，曦义号观乐王，或即由安乐州之名而来。《志》称年十岁以本蕃嫡子号燕王。按是年为圣历二年，前一年慕容忠死，子宣超嗣，曦光由本蕃嫡孙一跃而为嫡子，其爵位亦由观乐王升为燕王。观乐王及燕王，当为本蕃之封号；二者似与唐室之郡王及亲王相埒。杜佑《通典》云：唐初定制，皇兄弟皇子，皆封国之亲王，太子男封郡王，其庶姓卿士功业特盛者亦封郡王（卷三一）。观乐王似为郡王之流，爵位较国之亲王为低。辽及元代有所谓一字王者，袁枚《随园随笔》云："《辽史》有一字王之称，盖如赵王、魏王类，皆国王也；若郡王则必二字，如混同郡王、兰陵郡王之类较一字王为卑。"（卷八）乾隆敕撰《续文献通考》云：元制，封一字者最贵，皆金印兽纽；其次二字封号，皆金印螭纽（卷二〇七）。唐时虽无"一字王"之名，然其实际则相同，较两字王者为高贵也。慕容氏初居昌黎，古属燕国，故五胡十六国时，慕容氏所建之四国，皆号称为燕。诺曷钵未继袭为吐谷浑王以前，亦号燕王（见《新唐书·吐谷浑传》）。《志》又云："年十四，去长安四年十月二十九日授游击将军。"按武后长安四年时，依据曦光之生卒年岁推算，其年龄应为十五岁，《志》作年十四，疑为字讹，但长安四年或为三年之误，亦属可能，否则或为年十四赴京，次年授官，"去"字用于年号之前者，唐及五代墓志中常有之。例如《范彦志》云"去显庆年任集州符阳县主簿"（《芒洛冢墓遗文》三编）；《李实及夫人王氏墓志》云："府君去开运三年正月内归于私地，享年七十有四。……夫人去长兴四年十月内归于大夜，享年七十有一。"（《山右冢墓遗文》卷下）此《志》下段亦有"去开（元）九年"之语。其字当作"往昔"解。游击将军、明威将军及忠武将军，皆系武散阶，其品级为从五品下阶、从四品下阶及正四品上阶。诸卫左郎将为实职，其品级为正五品上（皆见《新唐书·百官志》）。杜佑《通典》云：龙朔二年制，诸王子嫡者封郡王，任职从四品下叙；其众子封郡公，从五品上叙（卷三一）。慕容曦光虽为王子嫡者，其任职仍为五品而非四品，当由于蕃篱之王，与唐室皇族亲王不同，封爵虽高而职事较卑。《旧唐书·职官志》云：贞观令，以职事较散阶高者为守，职事卑者为行，仍各带散位，其欠一阶依旧为兼（卷四二，又见杜佑《通典》卷一九）。曦光授游击将军时，其官衔为"守"诸卫左郎将，及转明威将军后，改称"行"诸卫左郎将，即由此故也。《旧唐书·职官志》及杜佑《通典》，皆谓隋代之左右屯卫，龙朔间改为左右威卫；光宅元年改为左右豹韬卫，神龙元年复旧（《旧唐书》云复为威卫），则曦光初任职之左豹韬卫与其后之左屯卫，实为同一卫府；若据《旧唐书·职官志》则此时屯卫似应称威卫，不当称屯卫。然查《旧唐书·中宗本纪》云：神龙元年二月甲寅，复国号依旧为唐……台阁官名，并依永淳已前故事，又云睿宗景云二年八月庚午，改左右屯卫为左右威卫（卷七）。知神龙元年至景云二年八月之间，其名称为屯卫而非威卫，以其为时仅七年，故《旧唐书·职官志》略之，以为神龙中由左右豹韬卫即径复名为威卫，其说实误。《旧唐书》（卷七）《中宗本纪》，景龙二年七月癸巳条，张仁亶之官衔为左屯卫大将军，慕容明墓志中神龙二年授左屯卫朔府左郎将，景云二年三月授左屯卫将军，亦皆作屯卫，足以订正《旧唐书·职官志》等之阙误。至于景云二年以后，直至唐末则皆作威卫（如《旧唐书·哀帝本纪》天祐三年二月壬子以卢彦威为左威卫上将军，时距唐亡仅二年）；屯卫之名，不复见矣。《志》又云：开元二年封五原郡开国公。按唐制，封爵凡九等：一曰王，食邑万户，正一品；二曰嗣王郡王，食邑五千户，从一品；三曰国公，食邑三千户，从一品；四曰开国郡公，食邑二千户，正二品（见《新唐书》卷四六）。曦光童年时已号观乐王及燕王，此时反封等级较卑之开国郡公，当由于此郡公乃唐室所赐之爵，而童年时之封王，乃本蕃所号也。云麾将军亦为武散阶，品级为从三品上阶，此时上溯长安四年（704）曦光入侍宿卫，已逾十年，故得转阶封爵，以酬其劳也。

《志》称"去开九年，六州叛，复领所部兵马，摧破凶胡"，按"去开九年"即"去开元九年"之省文。"去"字之解释，已见上文。"六州胡叛"，两《唐书》及《通鉴》皆有记载。先是，高宗调露元年，于灵夏南境，以降突厥置鲁州、丽州、含州、依州、契州、塞州，以唐人为刺史，谓之六胡州。长安四年，并为匡郭长二州；神龙三年，置兰池都督府，分六州为县（见新旧《唐书·地理志》宥州条）。至是"胡叛"攻陷六州。《册府元龟》卷九八六及九九二，两《唐书》本纪及王晙、郭知运、张说各传，《通鉴》卷二一二，皆有记载。兹录《旧唐书》卷八原文于下（依《百衲廿四史》本），并加校注于括弧中。

开元九年四月庚寅［按陈垣《二十史朔闰表》，是月十四日为庚寅。《册府元龟》云：九年四月兰池州叛胡康待宾等据长泉县，攻陷六胡州。又云："五月壬申兰池州叛胡显首伪称叶护康待宾伪称叶护安慕容以叛，勅曰"云云（卷九八六）。此盖出自《唐实录》。司马光《通鉴考异》云："《实录》曰：四月庚寅康待宾叛，命王晙讨平之，斩于都市。五月丁巳既诛康待宾，下诏云云。壬寅叛胡康待宾伪称叶护安慕容以叛。"是年五月无壬寅日，当为壬申之误；又安慕容为人名，与康待宾皆伪称叶护，《通鉴》所引《实录》原文使人易误认安慕容为康待宾所伪称之官号。五月壬申为下诏悬赏擒斩康待宾之日，并非始事之日期，原文字句殊欠明晰，易引误会。
《通鉴考异》亦以为当从《旧唐书》本纪作四月庚寅为是]，
兰池州逆胡显首伪称叶护康待宾安慕容，为（疑为"伪"字
之讹）**多览杀大将军何黑奴，伪将军石神奴康铁头得蒙贡泉
县**［按《册府元龟》卷九八六作"康铁头等据长泉县"，当依
之校改。唐时无贡泉县。据两《唐书·地理志》宥州条，开
元二十六年以故兰池州之长泉县置归仁县，即其地也。《旧唐
书·张说传》、《新唐书·王晙传》亦皆云"康待宾据长泉县
叛"。多览杀将军为回纥官名，《旧唐书·武宗纪》，会昌二年
五月，回纥大将嗢没斯与多览将军将吏二千六百人请降（卷
一八上），仅称多览，无杀字，岑仲勉云：杀一作设，为突厥
官名，乃别部领兵者，见两《唐书·突厥传》，多览即多览
葛，九姓之一部］。**攻陷六胡州**［六胡州之名，已见前。《旧
唐书·王晙传》述其起因云："兰池胡苦于赋役，诱降虏余
烬，攻夏州反叛"］。**王晙发陇右诸军及河东九姓讨之**［据
《新唐书·王晙传》，及《郭知运传》，晙是时适以兵部尚书为
朔方军大总管；郭知运时为陇右节度使羽林将军，诏令二人
相知讨之。又据《新唐书·张说传》，张说是时检校并州长史
兼天兵军大使，亦相闻经略。按王晙所统率者多为番兵，以
河东九姓为主；郭知运所统率者为陇右兵。《张说之集·都督
郭君碑》谓郭知运"统陇右之骑，济河曲之师"（卷一七），
《册府元龟》引五月壬申诏书云："朕今发陇右诸军马骑掩其
南，征河东九姓马骑袭其北，三城士卒截其后，六郡骁骑击
其前。"（卷九八六）今据《曦光墓志》，知吐谷浑慕容氏之
众，亦隶属王之部下。此外可考者，尚有朔方道防御讨击大
使王毛仲，见《通鉴》及两《唐书·王毛仲传》；朔方节度副
大使论弓仁，见《张说之集·论弓仁碑》；左威卫将军兼胜州

都督东受降城大使臧怀亮，见《文苑英华》李邕撰《臧公神道碑》（臧后亦拜朔方军副大使）；灵州康植，见《新唐书·康日知传》；皆参预征讨康待宾之役者也。所谓"河东九姓"者，即居于河曲之铁勒九姓（包括九姓回鹘）部落（参考羽田亨论九姓回鹘之文，见《东洋学报》第九本）。贞观间突厥颉利可汗败亡，回纥等内附，置羁縻府州（新旧《唐书·回纥传》）。此铁勒九姓部落，即寄居灵州界内（《新唐书·地理志》分列各部落之名，《旧唐书·地理志》则总称之曰九姓）。开元四年正月命朔方军大总管薛讷等伐突厥默啜可汗，即令其与九姓部落计会共伐之（制诏见《唐大诏令集》卷一三〇），是年默啜即为铁勒九姓中拔曳固所杀（见两《唐书·突厥传》及《旧唐书》本纪）。盖开元盛时，即已感觉有借兵之必要。此次平康待宾之役，不过承袭开元四年伐突厥之策略而已]。

七月己酉，王晙破兰池州叛胡，杀三万五千骑〔按《旧唐书·张说传》云："时叛胡与党项连结攻银城连谷，以据仓粮，说统马步万人出合河关，……追至骆驼堰，胡乃西遁入铁建山，余党溃散。"（参阅《新唐书·张说传》）至于康待宾本人，则为王晙部下所执，故《新唐书》本纪云：王晙执康待宾（卷五）。生擒待宾者疑即灵州康植。《册府元龟》引五月壬申诏书有"其番汉军将以下，战士以上，若生擒及斩获康待宾等一人，自身授五品；先是五品以上，授三品"之语。《新唐书·康日知传》云："日知，灵州人，祖植，当开元时缚康待宾，平六胡州，玄宗召见，擢武卫大将军，封天山县男。"（卷一四八）按武卫大将军为正三品武职官，开国县男为从五品封爵；康植盖以生擒康待宾而受赏；《本纪》归功于王晙，以其为主帅也。至于就缚之月日，己酉为七月初四日。

但《册府元龟》云："九年五月，既诛康待宾，下诏云云"（卷九八六），与此歧异。盖系根据《唐实录》。司马光《通鉴考异》云："实录曰：'五月丁巳，既诛康待宾，下诏云云，……七月己酉（岑仲勉谓，《四部丛刊》影印宋刊本《考异》作己酉；元刊本胡注《通鉴》引《考异》误刊作癸酉），王晙擒康待宾至京师，腰斩之。'前后重复，交错相违，今从旧纪。"今按丁巳为五月十一日，然《册府元龟》所载五月二十六日壬申之诏书，尚悬赏以擒斩康待宾等（卷九八六）。六月二十三日己亥下诏招抚北州，虽述及"官军才及，一鼓而溃"，尚未提及康待宾被诛事。两《唐书》本纪皆作七月己酉，《通鉴》从之是也。岑仲勉谓"五月丁巳乃七月丁巳之误，即将诛康待宾前所下之诏书，史官误七月为五月，故错编于此也"。又按唐崔令钦《教坊记》云："两院人……貌稍胡者，即云康太宾阿妹。"（《古今说海》本）"太"和"待"二字音近，当即指康待宾，以其为当时极著名之"胡人"也]。

辛酉，讨诸酋长，斩康待宾[按辛酉为七月十六日，《通鉴》从之。又《通鉴考异》引《实录》作七月癸酉，较《旧唐书》所载者晚十二日，不知孰误。《旧唐书》"讨"字疑误。《通鉴》云："集四夷酋长，腰斩康待宾于西市。"岑仲勉告以罗士琳等所著《旧唐书校勘记》卷四已校出此处之"讨"字当为"集"字之误]。

以上为开元九年"六州胡叛"之经过。《志》述此事后，又云："至其年二月十四日加授左威卫翊府中郎将"。若年月不误，则在此役以前；若年月有误，则当由于此役立功酬赏。然由正五品上阶晋级为正四品下阶，所赏亦轻，故下文有"功高赏轻"之语。此当由于"群胡再叛"，王晙贬官，遂受影响也。

"六州胡再叛"事，起事于开元九年八月，平定于十年九月。
今钩稽群书，略为排比，述其事于下：

> 先是玄宗诏陇右节度使郭知运与王晙相知讨康待宾，"晙奏朔方军自有余力，其郭知运请还本军。未报，而知运兵至，与晙颇不相协。晙所招抚者，知运纵兵击之。贼以为晙所卖，相率叛走"（《旧唐书》及《新唐书》《王晙传》）。"康待宾余党庆州方渠降胡康愿子自立为可汗，谋掠牧马，西涉河出塞"（《旧唐书》及《新唐书》《张说传》）。"九年八月，兰池州胡康愿子寇边"（《新唐书·玄宗本纪》）。"上以晙不能遂定群胡，丙午（按长历为初二日）贬晙为梓州刺史"（《通鉴》卷二一二。胡三省注云："王晙贬官，未必离任也；如娄师德以素罗汗山之败贬，亦此类也"）。开元十年"四月己亥，张说持节朔方军节度大使。闰五月壬申，张说巡边"（《新唐书·玄宗本纪》）。"九月，张说擒康愿子于木盘山，诏移河曲六州残胡五万余口于许、汝、唐、邓、仙、豫等州，始空河南朔方千里之地"（《旧唐书·玄宗本纪》）。同书《张说传》云："进兵讨擒之，并获其家属于木盘山，送都斩之，其党悉平。获男女三千余人。"又参阅《新唐书·玄宗本纪》及《张说传》。）

据《志》则曦光亦参预是役，"立功授左威卫将军；以功高赏轻，寻加冠军大将军，行左金吾卫将军"。按诸卫将军为从三品武职官，冠军大将军为正三品上阶武散阶（《新唐书·百官志》），其职事较散阶为卑，故称"行"，上文谓曦光以明威将军行左屯卫翊府左郎将，亦此类也。《志》称十一年五月二十八日，加金紫光禄大夫行光禄卿。按金紫光禄大夫为文散阶正三品，光禄寺卿为文职官从三品，其散阶较职事为高，故亦称"行"。此《志》开端署衔，有"光禄卿员外置同正员"一语。按唐制内外官有定员，光禄寺卿员额仅一员，然各官可有员外。杜佑《通典》云："员外官其初但云员外。至永徽六年，以蒋孝璋为尚药奉御员外特置仍同正员。自是员外官复有同正员者。其加'同正员'者，唯不给职田耳，其禄俸赐与正官同。单言员外者，则俸禄减正官之半。"（卷一九）曦光其时当仍统兵于朔方，惟身带京职而已。《旧唐书·王晙传》又云："开元十一年追录破胡之功，加金紫光禄大夫，仍充朔方节度大使。"（卷九三）曦光隶属于王晙部下，其加冠军大将军及金紫光禄大夫，当亦由于追录"破胡之功"；其为时当与晙事相去不远也。"六州胡叛"乃当时一大事。慕容曦光躬预其役，曾立战功。惟以位在偏裨，史书失载，其名字遂湮没无闻。今此《志》出土，足以补史之阙，殊可贵也。

《志》又云：开元十八年勅充朔方军节度副使，薨后赠持节凉州都督。按《唐会要》朔方节度使条云："开元元年十月六日勅，朔方行军大总管，宜准诸道例，改为朔方节度使。十五年除王晙，带关内支度屯田等使。"（卷七八）但《新唐书·方镇表》及《通鉴》，皆以为开元九年置。查《册府元龟》、《旧唐书》及《通鉴》三书中关于朔方诸条，其系年于开元元年至九年者，皆称朔方军大总管，无称朔方军节度使者（见《二十五史补编》本吴延燮《唐方镇年表》卷一朔方条）。《册府元龟》所录之开元九年征讨康待宾诸诏，亦称王晙为朔方军大总管，郭知运则称陇右节度使（卷九八六及卷九九二）。自当以开元九年设置之说为是，盖即平定康待宾乱后之一新设施也。开元中凡八节度使（见《通典》卷三二），朔方为当时重镇之一，其节度使多为钜藩将相。开元十五年唐宗室信安王晙为朔方节度使。二十四年牛仙客"代信安王祎为朔方行军大总管"（《新唐书·牛仙客传》。又《本纪》称牛仙客为朔方军节度副大使）。"冬十月仙客为工部尚书同中书门下三品，领朔方节度如故"（见《通鉴》）。至二十八年一月"牛仙客停遥兼朔方河东节度使"（《旧唐书》本纪。《通鉴》作二十九年）。节度使之制，据《通典》云："分天下州县，制为诸道，每道置使，理于所部。其边方有寇戎之地，则加以旄节，谓之节度使。自景云二年四月，始以贺拔廷嗣为凉州都督充河西节度使。其后诸道，因同此号，得以军事专杀。行则建节府，树六纛。外任之重莫比焉。……有副使一人（副贰使），行军司马一人（申习法令）……"（卷三二）（关于节度使之沿革，可参阅岑仲勉《续贞石证史》越州参军李堂造像龛专条，见《史语所集刊》第十五本）。牛仙客以宰执遥领节度使；曦光为副贰居灵州本衙（灵州为朔方节度使理所，见《新唐书·地理志》及《元和郡县志》卷四灵州条），与长史等躬理诸务，以总其事。惜其以英年早逝，否则天宝之时，必有以自见也。凉州为中都督府，其都督为正三品（《新唐书·地理志》及《百官志》）。《通典》云：都督多遥领其任，亦多为赠官，长史居府，以总其事（卷三二）。如郭知运立功西陲，卒后赠凉州都督，薛仁贵卒后赠幽州都督（见《新唐书》列传），其例甚多，盖为当时武将之饰终荣典也。

《志》末标明作记年月，另行书写，上空十格，半截而起。铭文更在其后，亦提行起，上空一格。先举撰铭人名，后接铭辞，以"词曰"二字发端。铭辞首行，蝉联直下，惟上空三格；其后四行，皆顶格书写，此种格式，乃属变例。铭辞四言，共二十六句。前十八句用先韵，自"呜呼昊穹"句以后，改用纸韵。王芑孙云："唐碑一人为叙一人为铭者甚多"（《碑版文广例》卷七，参阅叶昌炽《语石》卷六，"两人合撰一碑"条），此《志》前半之记事，不知与铭文是否同出于一人之手。慕容承福之名，不见于史传。将作大匠为从三品文职官，银青光禄大夫为从三品文散阶（见《通典》及两《唐书》）。职阶相埒，故不须另加"行"、"守"等字。将作大匠员额仅一人（殿本《新唐书》误刊作二人，然宋本末误，见商务影印百衲本），开元二十五年诏毁东都明堂时将作大匠尚为康訔素（见《新唐书》卷一三《礼乐志》，《旧唐书》卷二二《礼仪志》），此志铭撰于二十六年，承福之就任此职，当即在开元二十五六年间，盖即代康为将作大匠者也。铭辞典雅，或非有人捉刀，则慕容承福当为一受汉化极深的吐谷浑人。

《志》盖正面及《志》石四边，其图像花纹皆极佳。叶昌炽《语石》论志盖花纹云："梁开平四年《穆君弘志》盖，真书九字，方围居中，四面各列石像三人，共十二人。峨冠方袍，执笏拱立，如今墓上翁仲象。四角各有云气。"所谓十二象，疑即代表十二辰。又云："《唐雷询志》盖，四围刻十二辰，自北面正中起，夜半子，鸡鸣丑……每三字之前，各画十二辰象，如子鼠、丑牛之类，直格以界之。四隅又分刻花纹，极为工致。"又论《志》石四边纹云："志石正面四边，亦间有雕镂花纹，略与盖同。……中和二年《王府君志》每面三象，只露半体，皆峨冠执笏，间以水浪纹花纹。"（皆见卷四）其所述图像，皆与此志相类似。惜乎历来著录墓志之书，多仅采志文，罕及图纹。故比较研究之材料，甚为缺乏。近年国内对于三代青铜器之研究，已渐放弃专重铭文之成见，逐渐注意各器之花纹。今后碑版之学，亦应扩充范围，兼及花纹。传世碑碣之四周及碑额，墓志志盖及志石四边，其雕镂花纹，常极精致。若能勤加搜罗，不仅可以窥见艺术之风尚及其造诣，且亦可以作为断代之标准，实为此学之一新途径也。

三　年表

新获之金城县主及慕容曦光二志，既已详加考释矣。先是，武威慕容氏唐代茔墓曾陆续出土四石，皆移存武威文庙。其中弘化公主及慕容明二志，闻村人云系民国初年出土。陈万里于1925

年途经武威时曾抄录其文，发表于《西行日记》中（页169—171）。其后杜光简（《跋慕少堂先生所赠唐人墓志二种》，见1940年12月《责善半月刊》第1卷第19期）、罗振玉（《石交录》页17—19，1941年刊）、张维（《陇右金石录》卷二页5及页22，1943年印行），亦皆曾根据拓片，著录全文。慕容忠及慕容宣彻二志则系1927年武威大地震后出土，知者较少；忠《志》曾著录于《责善半月刊》（杜光简《乌地也拔勤豆可汗墓志考释》，见《责善半月刊》第2卷第13期）及《陇右金石录》（卷二页7），《宣彻志》则仅一见于《陇右金石录》（卷二及页14）。兹综合六志，并参证史籍，作成年表如下（此四志之全文，见本篇附录）。（补注：1949年后又有《慕容宣昌志》出土，见本篇篇末补记。有关之史料，已分别补入各年份下。）

贞观十三年（638）　十二月己丑，吐谷浑河源郡王诺曷钵来逆女（《旧唐书》卷三《本纪》，参阅《通鉴》卷一九五）。［按诺曷钵，《公主志》作诺贺钵，《忠志》作诺遏钵，《宣彻志》作诺褐拔，（补：《宣昌志》作那何拔）与《册府元龟》及两《唐书》不同，盖由于音释歧异也。此事年月明刻补片善堂清刊本《册府元龟》卷九九九误作十二年，明崇祯初印本及史语所藏明钞本未误。］

贞观十四年（639）　二月庚辰，淮阳王道明送弘化公主归于吐谷浑（《旧唐书》本纪，参两唐书《吐谷浑传》）。此事《册府元龟》记载较详："十四年吐谷浑乌也拔勤豆可汗诺曷钵，入朝请婚。先是帝即位初，吐谷浑王伏允为子尊王求婚。帝责其亲迎以羁縻之，尊王称疾不朝，有诏停婚。至是遂以弘化公主妻诺曷钵，资送甚厚。"（卷九七八）［按，勤豆可汗，两《唐书·吐谷浑传》皆作勒豆，《公主志》及《忠志》则俱作勤豆，与《册府元龟》此卷相合（但《册府》卷九六四亦作勒豆）。今按两唐书《突厥传》之特勒，清末和林出土唐碑作特勤，且有回鹘文碑阴作 Tegin（义为首领）为证，故《唐书》作特勒实误（张星烺《中西交通史料汇编》第五册，页229。岑仲勉云，特勤之义为可汗子弟，见两唐书《突厥传》，张说非也）。此处疑亦当依《志》作勤豆。公主许婚在十三年，出嫁在十四年，新旧《唐书》、《册府元龟》、《唐会要》及《通鉴》，皆无异辞，惟《公主志》独云："贞观十七降吐谷浑"，罗振玉疑志文或有误，而杜光简偏信贞石，以为其他诸说皆不可信也。慕寿祺亦以墓志作十七年，足证史册作十四年之非也（《唐弘化公主墓志跋》，见《责善半月刊》第2卷第14期）。今按上述各史书，皆系根据当时实录，年月不应有误。志文出于后人，追记五六十年前之事，未暇深考，自易致误。前节考释《金城县主志》时，已论及轻信碑志之非，杜、慕二氏之误，即由此也。《公主志》称其为唐太宗之女。《新唐书·宗室列传》云：淮阳王道明送弘化公主于吐谷浑，坐漏言主非帝女，夺爵（卷七八）。唐室和蕃，常取宗室女为公主，伪言帝女。诸蕃亦知之，如突厥默棘连为请婚事谓唐使者曰："且公主亦非帝女，我不敢有所择；但屡请不得，为诸国笑。"（《新唐书》卷二一五下）《新唐书·吐谷浑传》及《唐会要》卷六皆云弘化公主为宗室女。《志》文盖尚沿袭遣嫁时之伪言而未改也。弘化，《宣彻志》作光化；其志作于景龙三年。考中宗时曾以太子弘祔太庙，号义宗，故避讳而改。张维《陇右金石录》以为避章怀太子讳。按章怀太子名贤，乃弘之弟；张氏之说，当由于一时失考。]

贞观十五年（641）　诺曷钵所部丞相王专权，阴谋作难。将征兵诈言祭山神，因欲袭击公主，劫诺曷钵，奔于吐蕃，期有日矣。诺曷钵知而大惧，率轻骑走鄯善城。其威信王以兵迎之，鄯州刺史杜凤举与威信王合军击丞相王，破之，杀其兄弟三人。遣使言状。太宗命民部尚书唐俭持节抚慰之（《旧唐书·吐谷浑传》）。〔按《新唐书·吐谷浑传》及《通鉴》丞相王作其相宣王，鄯州刺史杜凤举作果毅校尉席君买。《通鉴》系斩宣王事于四月丁巳，《考异》云"从《唐实录》"。又按弘化公主第五子万，后亦封宣王，见《公主志》。〕

贞观十六年至二十一年（642—647）　吐谷浑每年皆曾遣使朝贡一次（《册府元龟》卷九七〇）。

贞观二十二年（648）　正月及十二月，吐谷浑皆曾朝贡一次（《册府元龟》卷九七〇）。

是年，慕容忠生（《忠志》）。张维云："考忠即诺曷钵之子；以铭文证之，盖即西平（弘化）公主所生"（《陇右金石录》卷二页8）。

贞观二十三年（649）　六月，高宗嗣位。以诺曷钵娶公主，拜驸马都尉，赐物四十段（《旧唐书·吐谷浑传》。）

八月，慕容诺曷钵献马牛（《册府元龟》卷九七〇）。

高宗永徽三年（652）　正月，遣使朝贡（《册府元龟》卷九七〇，又《唐会要》卷九四）。

八月，遣使献名马（《册府元龟》卷九七〇。《新唐书·吐谷浑传》云："高宗立……又献名马。帝问马种性。使者曰：国之最良者。帝曰：良马人所爱。诏还其马。"《传》系此事于弘化公主表请入朝之前，疑即此次事）。

八月，吐谷浑弘化长公主表请入朝，遣左骁卫将军鲜于济往迎之。十一月（《旧唐书》本纪、《通鉴》皆作十一月庚寅，是月无庚寅，疑误）弘化长公主来朝（《册府元龟》卷九七九，参《新唐书·吐谷浑传》）。

帝以宗室女金城县主妻其长子苏度摸末，拜左领军卫大将军

（《新唐书·吐谷浑传》）。〔按《县主志》谓是年四月出嫁，疑误，当依《新唐书》作十一月来朝以后事。是年似仅许婚，并未出嫁；此四月或指麟德元年四月出嫁，说见下。苏度摸末即慕容忠，又拜左领军卫大将军一事，当在是年之后，皆见上节考释。〕

永徽四年（653）　七月，吐谷浑献名马（《册府元龟》卷九七〇）。

永徽五年（654）　九月，吐谷浑遣使贡献（《册府元龟》卷九七〇）。

龙朔三年（663）　六月，吐蕃攻吐谷浑。诏凉州都督郑仁泰为青海道行军大总管，率将军独孤卿云等屯凉、鄯；左武侯（应依《苏传》及《册府》作左武卫）大将军苏定方为安集大使为诸将节度，以定其事（《新唐书·吐蕃传》及《本纪》，又参《册府元龟》卷九七〇及《通鉴》）。先是，吐谷浑与吐蕃相攻，上书相屈直，并来请师。天子两不许。既而吐谷浑大臣素知贵奔吐蕃，言其情。吐蕃出兵捣虚，破其众黄河上。诺曷钵不支，与公主引数千帐走凉州。吐蕃遂有其地。诺曷钵请内徙。……吐谷浑自晋永嘉时有国，至龙朔三年吐蕃取其地，凡三百五十年（《新唐书·吐谷浑传》）。〔《旧唐书·吐谷浑传》误置苏定方为安集大使事于咸亨元年败绩之后。沈炳震云："按《苏定方传》，定方卒于乾封二年，不当在咸亨后，当从《新书》在前。"（《新旧唐书合钞》卷二五八）今按《册府元龟》卷一〇〇亦同《旧唐书》之误，但卷九七〇，则系苏定方受命事于龙朔三年六月戊申，其说是也。〕

麟德元年（664）　是年金城县主年二十二〔据《县主志》中卒年推算。《志》又云："永徽三年四月出降，春秋二十有二"，疑为麟德元年四月之误。《志》作永徽三年，乃误将许嫁之年作为出嫁之年。永徽三年县主年仅十岁，不得云春秋二十有二。详见前节考释。]

麟德二年（665）　正月丁卯，吐蕃遣使来朝，请与吐谷浑复修和好，并请赤水地以为牧野。帝不许（《册府元龟》卷九九九，《通鉴》卷二〇一，又参《新唐书·吐蕃传》）。

是年，慕容忠年十八，授左威卫将军（《忠志》）。[按改左右屯卫为左右威卫系龙朔二年事，见杜佑《通典》及《旧唐书·职官志》。]

乾封元年（666）　五月，更封河源王诺曷钵为青海国王（《册府元龟》卷九六四，参《新唐书·吐谷浑传》）。

总章二年（669）九月丁丑朔，诏徙吐谷浑就凉州南山。群臣议难之。议久不决，竟不果徙（《通鉴》及《册府元龟》卷九九一，又参《新唐书·吐蕃传》及《吐谷浑传》）。元王慕容若妻李氏生（《李氏志》）。

咸亨元年（670）　四月辛亥，高宗遣右威卫大将军薛仁贵等总兵五万讨吐蕃[按两唐书《吐蕃传》皆作"师凡十余万"]，且纳诺曷钵于故庭。六月戊子王师败于大非川，举吐谷浑地皆陷。诺曷钵与亲信数十帐才免（《新唐书·吐谷浑传》，参《旧唐书·吐谷浑传》，两唐书本纪及《吐蕃传》，《通鉴》，及《册府元龟》卷六七〇、卷九八六）。

是年改左右戎卫为左右领军卫（《新唐书·百官志》）。[按苏度摸末（即慕容忠）拜左领军卫大将军（见《新唐书·吐谷浑传》），当系是年或以后事。]

咸亨三年（672）　二月庚午，吐谷浑徙治鄯水南。诺曷钵以吐蕃威势不抗，而鄯州地狭，又徙灵州。帝为置安乐州，即拜刺史，欲其安且乐云（《新唐书·吐谷浑传》，参《通鉴》及《旧唐书·吐谷浑传》）。[按《新唐书》卷三七《地理志》"威

州"条云，以灵州之故鸣沙县地置安乐州。］

上元二年（675）　正月辛未，吐蕃遣大臣论吐谷浑弥来请和，且求与吐谷浑修好。帝不听（《通鉴》及《新唐书·吐蕃传》，参《旧唐书》本纪）。

仪凤二年（677）　十二月，下勅讨吐蕃。勅略曰："蕞尔吐蕃，僻居僻裔。吐浑是其邻国，是乃夺其土宇。往者暂遣偏裨，欲复浑王故地。义存拯救，事匪称兵。辄肆昏迷，僭相掩袭。既无备预，颇丧师徒。"（《册府元龟》卷九九一）［按此指咸亨元年败绩事。］

永隆元年（680）　七月廿七日，慕容明生于灵州之南衙（《明志》）。

［补］**开耀元年**（681）　慕容宣昌生。宣昌名煞鬼，乃慕容忠之子（《宣昌志》）。

武后光宅元年（684）　改左右威卫曰左右豹韬卫（《新唐书·百官志》）。［按《慕容忠志》所云加镇国大将军左豹韬卫大将军一事，当系是年或以后之事。］

是年慕容明五岁，以本蕃号代乐王（《明志》）。［补］宣昌封政乐王，疑亦是年事。《志》仅称"年未一纪，封为政乐王"（《宣昌志》）。

［补］**垂拱二年**（686）　唐宗室女李氏嫁于元王慕容若，时年二十二岁（《李氏志》）。

垂拱四年（688）　诺曷钵卒（［补］《宣昌志》谓其卒后赠洮国王），子忠嗣（《旧唐书·吐谷浑传》，参《新唐书·吐谷浑传》）。忠袭青海国王乌地也拔勤豆可汗（《忠志》）。

载初元年（690）　七月八日，慕容曦光生于灵州之南衙（《光志》）。

约是岁前后，弘化公主赐姓曰武，改封西平大长公主（《公主志》)。〔按《志》于此事未系年月。考《通鉴》云：是年八月，武后大杀唐宗室及亲党，惟千金长公主以巧媚得全，自请为太后女，仍改姓武氏。太后爱之，更号延安大长公主。疑弘化公主改号赐姓，亦为是年左右之事。又按是年九月始废皇帝为皇嗣，太后自加尊号曰圣神皇帝。九月以前太后仅称制，睿宗尚在位，弘化公主为帝姑，故依朝制，自应称大长公主。杜光简云：弘化公主与高宗为同辈，不应称大长公主，而当称长公主（《责善半月刊》第 1 卷第 19 期），其说实误。〕

长寿元年（692）　　曦光三岁，以本蕃嫡孙号观乐王（《光志》）。

长寿三年（694）　　二月，西平大长公主（按即弘化公主）还蕃。公主者太宗族妹，贞观中吐谷浑〔按《册府元龟》原文作吐蕃盖涉上文还蕃一语致误〕遣使请婚，至是来朝，设归宁之礼焉（《册府元龟》卷九七九）。〔按武后改封弘化为西平，史传失载。《唐实录》此条又误以吐谷浑为吐蕃。故宋初王钦若等依《实录》收入此条于《册府元龟》时，即曾加校语云："按《唐书》太宗贞观十五年文成公主出降吐蕃弄赞，至高宗永隆元年（按明刊本《册府元龟》永隆误作来降，史语所藏《明钞本》未误），公主卒。《实录》所载西平大长公主，检和亲事迹未获。"今幸此志出土，知西平即弘化公主，遂得以解决此千年未破之谜。又按《旧唐书·德宗本纪》，兴元元年八月己酉西平长公主薨（卷一二），其时上距贞观末年已百三十五年。乃代宗之女，系另一人。〕〔又按本篇写就后，曾求正于岑仲勉先生。岑先生以其大作《唐史余瀋》稿本见示。其中有西平大长公主一条，于未见《公主志》之前，即疑《册府元龟》之西平大长公主即弘化公主。补注：岑书已于 1960 年由中华书局出版，此条见卷一，页 49。〕

圣历元年（698） 五月二日，弘化公主薨于灵州东衙之私第，春秋七十六（《公主志》）。同日，慕容忠薨于灵州城南浑牙之私第，年五十一（《忠志》）。[按张维《陇右金石录》卷二（页8）云："母子同日而死，此事之未必有，殊可疑也。"杜光简《慕容忠墓志考释》亦云："忠与其母同年同月同日死，又同年同月同日而葬。后者固不足怪，前者殊云巧矣。"然亦不能谓其事之必不能有也。]

忠卒，子宣赵嗣。[《旧唐书·吐谷浑传》，但《新唐书·吐谷浑传》作宣超。弘化公主之次子为左武卫大将军梁汉王闼卢摸末，高宗时曾与公主同来京请婚，帝以宗室女金明县主妻之（《新唐书·吐谷浑传》），此时当已先死。据《公主志》，公主薨时，第五子右鹰扬卫大将军宣王万等仍在世。《公主志》系成均进士吴兴姚晷所撰。]

圣历二年（699） 三月十八日，弘化公主葬于凉州南阳晖谷冶城之山岗（《公主志》）。同日，其子忠归葬于凉州城南之山岗（《忠志》）。

是岁，曦光十岁，以本蕃嫡子号燕王（《光志》）。曦光盖宣赵之嫡子也。

圣历三年（700） 三月，以吐谷浑青海国王慕容宣超（一作宣赵）为右豹韬卫员外大将军，仍袭父乌地也拔勒豆可汗（《册府元龟》卷九六四）。[按是年五月始改元久视，此诏颁于三月，故仍称圣历。《新唐书·吐谷浑传》作宣超，《旧唐书》作宣赵；赵、超二字，形音皆近似，用以译胡名，或可互通，惟勒豆可汗似当依志石及《册府元龟》卷九七八作勤豆；说已见前贞观十四年条。]

是年或翌年，吐谷浑余部诣凉、甘、肃、瓜、沙等州降。宰相张锡与右武卫大将军唐休璟议徙其人于秦、陇、丰、灵间，令不得叛去。凉州都督郭元振以为当甘、肃、瓜、沙降者，即其所置之。岁遣镇遏使者与宣超兄弟抚护之，无令相侵夺。诏可（《新唐书·吐谷浑传》）。[按此事《新唐书》系之于圣历三年宣超拜命之后，未明叙年月。张锡系是年闰七月拜相，次年三月即罢。虽景云时曾再相，但郭元振于神龙中即由凉州都督迁安西大都护（见《新唐书·郭传》）。知当为是年或翌年春之事也。]

长安四年（704）　十月廿九日，曦光年十四，授游击将军，守左豹韬卫翊府左郎将（《光志》）。[按是年曦光十五岁；志文疑有误字。见前节考释。]

中宗神龙二年（706）　春正月，吐谷浑遣使来朝（《册府元龟》卷九七〇）。[补] 宣昌亦随使来朝，染病卒于京师。权殡三辅，迁奉凉州，于是年九月十五日葬于凉州神鸟县天梯山野城里阳晖谷之原（《宣昌志》）。

四月五日，慕容明授左屯卫翊府左郎将，员外置同正员（《明志》）。[按《旧唐书·中宗本纪》云：神龙二年四月，大置员外官，自京诸司及诸州佐，凡二千余人（卷七）。慕容明盖亦在其列也。]

七月廿六日，慕容曦光转明威将军行左屯卫翊府左郎将（《光志》）。

景龙三年（709）　四月十一日，慕容宣彻迁葬于凉州神鸟县（《宣彻志》）。[按此志之盖题"大唐故辅国王慕容志"，志文前题"河东阴山郡安乐王慕容神威"；志称其为慕容忠之子，讳宣彻，拜左领军大将军。张维《陇右金石录》以为宣彻即宣赵，两《唐书·吐谷浑传》所载宣赵官衔，与志文不同，或系后有封移而史文省略；其以宣彻为宣赵，当为史误（卷二页15）。按宣赵或作宣超，见上文圣历三年条。若宣彻即为其人，则志中历举诸官，不应漏去其所袭封之青海国王一衔。《新唐书·吐谷浑传》述郭元振之议，有"与宣超兄弟抚护之"一语（见上文圣历三年条），则宣超原有昆弟，且掌兵权；宣彻当即其兄弟辈也。]

约是岁左右，慕容宣赵（一作宣超）死，子曦皓（一作希皓）嗣（见新旧《唐书·吐谷浑传》及《册府元龟》卷九六七）。

睿宗景云元年（710） 九月廿五日，曦光转忠武将军行右卫翊二府左郎将（《光志》）。[补]五月五日，元王慕容若妻李氏卒，年四十二（《李氏志》）。

景云二年（711） 三月三十日，慕容明摄左屯卫将军借紫金鱼袋，仍充押浑副使（《明志》）。[杜光简跋语云：据《新唐书·地理志》，关内道有吐谷浑羁縻州二：曰宁朔州，曰浑州，志中所谓押浑副使，即押吐谷浑或浑州之副使也（《责善半月刊》第1卷第19期）。今按《新唐书·方镇表》，开元二十年朔方节度使增押诸蕃部落使，大中六年陇右秦成两州经略领押蕃落副使，贞元十一年剑南西川节度增领统押近界诸蕃及西山八国云南安抚使。所押者皆为诸蕃部落而非州名，则押浑副使自当指吐谷浑部落，并非浑州。]

玄宗开元元年（713） 十二月廿一日，慕容明转上柱国（《明志》）。

开元二年（714） 三月十六日，曦光封五原郡开国公（《光志》）。八月十一日，曦光加云麾将军（《光志》）。

开元三年（715） 八月，吐谷浑大首领刺史慕容道奴降，诏授左威卫将军，员外置，兼刺史，封云中郡开国公（《册府元龟》卷九六四，又卷九七四）。[按此当为其别部。]

开元六年（718） 正月十七日，金城县主薨于部落，年七十六（《县主志》）。[补]十二月廿六日，元王慕容若妻李氏葬于武威喇嘛湾（《李氏志》）。

开元七年（719）　八月十七日，金城县主葬于凉州南阳晖谷北岗（《县主志》）。

开元九年（721）　二月十四日，曦光加授左威卫翊府中郎将（《光志》）。〔按志文置此事于平"六州胡叛"之后，若非序次颠倒。则必月日有误。〕

四月，六州叛，曦光领所部兵马，"摧破凶胡"（《光志》）。〔按此即康待宾之乱，已详上节考释中。〕

开元十年（722）　正月十一日，慕容明授右监门卫中郎将，员外置同正员（《明志》）。

是年"胡贼再叛"，曦光立功，授左威卫将军；以功高赏轻，寻加冠军大将军，行右金吾卫将军（《光志》）。〔按此即康愿子之乱，是年九月平定。详见上节考释中。〕

开元十一年（723）　五月廿五日，王晙持节朔方军节度大使（《新唐书》本纪）。廿八日，曦光加金紫光禄大夫行光禄卿，员外置同正员（《光志》）。

九月壬申，吐谷浑别部师众诣沙州降，河西节度使张敬忠抚纳之。先是，吐谷浑别部畏吐蕃之疆，附之者数年，至是来降（《通鉴》，参《册府元龟》卷九七七）。

开元十八年（730）　曦光充朔方军节度副使（《光志》）。是时朔方节度使为唐宗室信安郡王祎（吴廷燮《唐方镇年表》）。

开元廿四年（736）　牛仙客代信安郡王祎为朔方节度使。冬入相，遥领节度如故（《新唐书·牛仙客传》及《通鉴》）。

开元廿六年（738）　七月廿三日，曦光薨于本衙，年四十九。闰八月五日赠持节凉州都督，归葬凉州先茔（《光志》）。

十一月十三日，慕容明薨于本衙，年五十九。归葬于凉州先茔（《明志》）。〔按志文题衔，除上文已述及者外，尚有忠武将军，检校阇甄府都督。杜光简跋语云：志中之阇甄府，当是羁縻州府之类。惟两唐书《地理志》中皆无此府名。盖羁縻州经制不一，《地理志》所录者本不完全也（《责善半月刊》第1卷第19期）。

十二月七日，慕容明之墓功就（《明志》）。

十二月九日，曦光之叔将作大匠承福作曦光之志铭（《光志》）。

约是年左右，曦皓卒，子兆嗣（新旧唐书《吐谷浑传》）。〔若曦光与曦皓为一人之异名，则慕容兆之袭封，即在是年。惟上节考释中已论及二人恐为兄弟，并非一人。〕

肃宗至德（756—757）**后**　安乐州没吐蕃（《新唐书·地理志》威州条）。吐蕃复取安乐州，吐谷浑残部徙朔方河东，语谬为退浑（《新唐书·吐谷浑传》，参阅《旧唐书·吐谷浑传》）。

德宗贞元十四年（798）　十一月（《旧唐书》作十二月），以朔方灵州同节度副使左金吾衛大将军同正，兼详太常（明崇祯刻本避明光宗讳，改刊作尝）卿慕容复袭长乐府都督、青海国王、乌地野拔勤豆可汗。未几卒，其封嗣遂绝（《册府元龟》卷九六五、卷九六七。参两唐书《吐谷浑传》）。

贞观十三年以后吐谷浑慕容氏之事迹，略如上表。贞元中封嗣既绝，年表即以此为断限。其后吐谷浑残部之各小首领，史籍中尚可考见数人，如唐末吐谷浑有首领赫连铎、拓跋思恭；五代后唐有白承福、念公山、薛粪堆，各有部落（《册府元龟》卷九六七）。白承福曾赐姓名李绍鲁（《续通志》卷六三七），庄宗同光三年（925）敕吐谷浑、宁朔奉化两府都知兵马使检校司徒李绍鲁，可授光禄大夫检校太保竭忠建策兴复功臣；其麾下宁朔府都督赫连公德，敕授光禄大夫检校右仆射赐忠义正卫功臣（《册府元龟》卷九七六）。然《册府元龟》云：后唐庄宗时，吐谷浑微弱，聚居蔚州界，皆授中国官爵。又云：后汉高祖初，屡诛吐浑酋长，其种遂衰（卷九五六）。以其势力衰微，又不能确定其为慕容诺曷钵之后裔，故不赘述。

1948 年 1 月 25 日初稿

附录　武威文庙所藏之慕容氏先茔出土墓志（据拓本抄录）

（一）大周故西平公主墓志（志盖）（志文 25 行，行 24 字）

大周故弘化大长公主李氏赐姓曰武改封西平大长公主墓
志铭并序　　成均进士云骑尉吴兴姚晷撰
公主陇西成纪茔也即大唐太宗文武赶皇帝之女也家声祖
德造而坒而运阴阳履翼握衰礼神祇而悬⊘匦　　　　大长
公主诞灵帝女秀奇质于莲波託体王姬湛清仪于桂魄公官
裹训沐胎教之宸猷姒幄承规挺玵闱之睿敏以贞观十七爭
出降于青海图王勤豆可汗慕容诺贺钵其茔也帝文命之灵
苗斟寻氏之洪胤同⊘碑之入侍献款归诚类去病之辞家怀
忠奋节　　　我大周以曽沙绅坒练石张而万物于是惟新
三光以之再朗　　　主乃赐同赶族改号西平光宠盛于釐
妫徽猷高于乙妹岂谓巽风清急驰隙驷之晨光闵水分流伖
藏舟之夜壑以赶历元爭五里匦三⊘寝疾薨于灵州东衙之私
第春秋七十有六既而延平水竭惜龙剑之孤飞秦氏楼倾随
凤箫而长往以赶历二爭三匦十八⊘葬于凉州南阳晖谷冶
城之山岗礼也吾王亦先时启殡主乃别建陵垣异周公合葬
之仪非诗茔同穴之咏嗣第五子右鹰扬卫大将军宣王万等
痛深栾棘頣宅址而斯安情切蓼莪憝陟屺而无逮抚幽堁而

掩泗更益充穷奉遗泽而增哀弥深眷恋以为德音无沫思索

笔而垂荣兰桂有芬资纪言而方远庶乎千秋万岁无憝节女

之陵九原三壤不谢贞姬之墓其铭曰

瑶水诞德岳山挺神帝女爰降王姬下姻燕筐含玉门恮题银

珈珩棨鼍轩佩庄鳞其一　　与善乖验竟欺遐寿返魄无征神

香徒有婺彩潜翳电光非久脸碎芙蓉茄悽杨柳其二

牛岗阘壤马鑱开坟槥柏含雾苍松起云立言索笔纪德垂熏

顺承荣于不朽庶传芳于未闻其三

（二）大周故青海王墓志铭（志盖）（志文 23 行，行 24 字）

周故镇军大将军左豹韬卫大将军青海圀王乌㟤也拔勤

豆可汗墓志铭并序

王讳忠阴山㟤也自云雷降霮开大圀之王基☑㽵成文握中

原之帝业㣃启阘马率众西迁㟤据伏龙称孤南面祖特丽度

许符别可汗父诺遏钵青海圀王驸马都尉乌㟤也拔勤豆可

汗并军圀爪牙乾坤柱石忠勤克著异姓封王宠渥弥隆和亲

尚主王亍承显烈特禀英奇至若兰台芸阁之微言丘山泉海

豹略龙韬之秘策长短从横莫不披卷而究五车运筹而决千

里逸才㣃假休德☑新接物尽君子之心事亲备文王之道㽵

十八稽左威卫将军威承银恮弱岁求郎宠溢金貂童㽵入侍

后加镇军大将军行左豹韬卫大将军袭青海圀王乌㟤也拔

勤豆可汗象贤开圀策固誓河拜将登坛任隆分闑坐金方而

作镇出玉塞而临军朝廷无西顾之忧獥犹罢南郊之祭将军

有勇期胜气于千㽵壮士云亡惜寒风之一去粤腥历元㽵五

圉三☑薨于灵州城南浑牙之私第春秋五十有一栋梁折矣

远近凄然以赵历二㽵三圉十八☑归葬于凉州城南之山岗

礼也孤子等痛昊而之莫诉恐高岸之行迁冀披文而颂德刊
翠石于黄泉其铭曰　寿丘茂绪黎邑雄藩龙兴北盛马斸西
奔代传龟纽邵降鱼轩积庆隆矣生贤在焉其一自家形圂资孝
为忠爱辞柳塞入卫兰宫青海纂业西隅毕通玄郊坐镇北漠
恒空其二夷夏以安搢绅之望树善无忒辅仁何旷菅罢真军○
亡上将义深悼往　恩隆治葬其三青乌刬址靖驾言迥墳
崇马骦坐据龙堆云愁垄树匦钓泉台式刊翠琬永播清埃其四

（三）慕容宣彻墓志（志盖篆书"大唐故辅国王慕容志"，志文 19
行，行 20 字，正书）

河东阴山郡安乐王慕容神威迁奉墓志并序
若夫劳喜休悲孰免归天之魄浮形幻影谁蠲瘗地
之魂真金玉之可销况英奇之能久降年不永遽逝
东流寂寂山丘慌慌垅路祖驸马都尉青海国王乌
地可汗讳诺褐拔武苞七德业冠三冬开颖不羁神
谋独断溘从风烛早迁奉毕祖婆唐姑光化公主陇
西李氏孕彩椒房含辉兰闺人洛川而迥雪邈巫岭
以行云不为修短悬天芳姿淹彩早定安厝又迁奉
毕父忠德比贞岷诞伻惟岳落落耸长与之斡汪汪
澄叔度之陂迫远慎终早迁奉毕左领军大将军慕
容讳宣彻擢秀清流风尘不杂光五侯之封传万石
之荣凤奉忠贞承芳　帝戚朝参鸾驾夕卫丹
墀不为蕈起两楹梁摧淹及以景龙三年四月十一
日奉于凉州神鸟县界吉辰择兆丧礼具仪呜呼哀
哉式为铭曰

朝露旋晞夜台何酷九泉幽壤埋兹盛德不朽飞声

昭章望族讵勒燕岑流芳圣牍古之遗爱方斯令则

何以铭勋树兹镌勒

　　景龙三年岁次己酉四月丁亥朔十一日丁酉

（四）大唐故代乐王上柱国慕容明墓志之铭（志盖）（志文 19 行，

行 23 字）

押浑副使忠武将军右监门卫中郎将员外置同正员检

校阆甄府都督摄左威卫将军借紫金鱼袋代乐王上

柱国慕容明墓志铭

王讳明字坦昌黎鲜卑人也粤以唐永隆元年岁次庚辰⑺

月廿七日生于灵州之南衙年五岁以本蕃号代乐王至⒁

祚再兴神龙二年四月五日

制云沙朔雄姿穹庐贵种远暨声教式被恩荣可左屯⑪⒅

府左郎将员外置同正员至景云二年三月卅日

勅摄左屯卫将军借紫金鱼袋仍充押浑副使至开元元⒆

十二月廿一日

制云凤柱驰声兽贡标袟赤墀近侍紫极分晖既覃⒃⒀⒄

峻戎章可上柱国至开元十年正月十一日

制云夙申诚款久职戎旃勤效既深授兹戎宠可右监门⑫

中郎将员外置同正员餘如故以

大唐开元廿六年十一月十三日薨于本衙春秋五十⑺⑼

归⒀於凉州　　先茔志性敦质淳和孝友能简能⑬⒂□

勿⒀宗族推噓是称名行呜呼哀哉以铭记

　　　　　　大唐开元廿六年岁次戊寅十二⒁

　　　　甲子朔七日庚午功就

补记 慕容宣昌墓志铭

此石于解放后出土于武威城南天梯山，承甘肃文管会惠寄拓片。原石高约 58 厘米，广约 57 厘米半。志文 25 行，行 25 字，正书。志盖中央为"大唐故政乐王墓志铭"九字，分三行书，篆文；周围作团花及云纹。志文如下：

大唐故政乐王慕容君墓志铭并序

王讳煞鬼字宣昌阴山人也曾祖融吐浑可汗随尚东化公主拜
驸马都尉祖配何拔　制封河源郡王尚大长公主薨赠洮国王
父成王忠尚金城县主青海国王可汗并简在　帝心袭嗣王位
钦明异域藻镜殊方谅藩屏之任隆寔边维之寄重庶谐捌表光
赞万邦忠贞沐奉国　之恩孝悌烈家声之誉爱婚　帝子媛以
王孙金柯奕叶于宗盟琼萼舒花於戚里王子维城作固盘石开
基五潢分派于尧年九族流芳于舜日等山河自作镇同嵩峤而
铭祈寔谓冠盖明时领岫当代顾年未一纪封为政乐王属
圣道昌期　明王驭历　皇图启箓表　唐化而中兴　紫极君
临廓乾坤而重洽　恩制司袟泽及万方　九重怀抃跃之欢百
姓喜讴谣之颂惟王凤承　帝戚朝贺申诚表谢　阙庭恩加赏
锡内崇奉配外授君储企望保录余季不意俄婴疢瘵忽焉倾逝
奄弃所天权殡于京三辅春秋廿有六别　勅雍州迁奉凉府粤
以神龙二季九月十五日葬于凉州神鸟县天梯山野城里阳晖
谷之原礼也王禀质温恭素怀贞操绥强以礼抚弱以仁敬谓清
慎覃流风神肃物岂期英声未振盛德长捐令誉灭闻奄归泉壤
慌慌孤垅同逝水而无追冥冥夜台与丘山而永固乃为铭曰
派流青海族茂　皇亲婚连　帝戚媛结王孙凤承　圣造垂裕
后昆　其二仪交泰两曜齐明君候养德王子挺生沐兹　圣泽镜

彼提衡怀青拖紫而人莫争^{其一}爱濯草缨素籍家声簪裾代袭轩

冕烈名维城靡固梦疾两楹魂归蒿燧质瘗松局^{其二}盛德无衣雄

风靡扇琼蕈霜凋金柯露法代有谢兮千秋人无由兮百战^{其四}地

久川长自古何常天高路远人而何方生涯未极死独奚伤空游

魂而无托终名灭而靡彰^{其五}

再补记　慕容若妻李氏志与慕容威志

（一）慕容若妻李氏墓志铭

该志石 1958 年出土于武威喇嘛湾，同时出土有木雕武士俑 2 件，1962 年运至武威县文化馆收藏。志石高、宽各为 30 厘米，志文 12 行，每行 12 字。志盖中央篆书"大唐故夫人李氏墓志"九字。志文如下（参见《文物》1965 年第 9 期第 62—63 页）：

大唐陇西郡夫人李氏墓志铭
夫人讳深陇西成纪人也祖正
明任灵原两州都督永康郡开
国公父志贞朝议大夫延州司
马夫人幼称女范兼修妇仪年
廿二出适元王慕容若乃居贵
能降处尊劳谦忽及崦嵫既夜
蒹葭凤秋以景云元年五月五
日奄从风烛春秋卅有三今乃
吉晨迁措坟茔故勒斯铭呜呼
哀矣

开元六年岁次戊午十二月庚申朔廿六日乙酉

（二）慕容威墓志铭

该志石 1974 年出土于宁夏回族自治区同心县韦州公社，同时出土有白瓷盒 2 件。志石现收藏在宁夏博物馆。志石高 81 厘米、宽 87 厘米。志文 33 行，每行 31 字至 33 字，也有的为 30 字或 34 字。承蒙宁夏博物馆惠赠拓本，谨此感谢（编者按：此志见《考古与文物》1983 年第 2 期第 32—33 页）。志文如下：

大唐故左领军卫大将军慕容□□府君志铭并序

原州都督府功曹参军赵恒撰

君讳威字神感其先昌黎人也即前燕高祖武宣皇帝廆　之后君以瓌才德生

奕世济美盛德不坠荣勳惟贤曾祖钵尚太宗文武圣皇帝女弘化公主拜驸马都尉

封河源郡王食邑二千户寻进封青海国王食邑一万户特赐实封三百户赠洮国

王食邑一万户姻连戚里宠赐桐珪燕翼贻于子孙衣冠盛於门阀祖忠特袭封青海

国王拜右武卫大将军封成王降金城县主即陇西郡王之长女也承家赫奕继

业高曾时秀有闻国华诞宝父宣彻封辅国王圣历初拜左领军卫大将军匡搞□□

社稷翌载圣明著定业之功当建侯之会夫人博陵崔氏特承
恩制封博陵郡

太夫人家传典则天赐荣号庆流胤嗣义阐闺庭君学该人伦性禀岐嶷孝友内行□

忠外节文可以纬俗武足以经邦以材略闻　天特承　恩奖解褐

拜左武卫郎将

勇高制胜气逸清边举必合权智无遗策迁左领军卫大将军仍充长乐州游奕副使

将统戎旅辑宁沙塞弋人务於东作虏马嚣于南向由是息奸□□静以怀仁委书

输琛霭其从化虞衡得顺时之利网罟无□令之采君以艺超卫霍识拟孙吴矛

戟森然俎豆斯在风姿耿介有难犯之色礼乐闲和□好贤誉弱冠慕奇术壮年

益书剑虽友于间奇卓立杰心不外物学常　师器宇苞借筹之能功名得寨旗之

捷顷岁天子嘉之朝廷闻之士林仰之兄弟爱之君子以为得贤继繫君克似其

光□方将侍丹禁趋　紫宸出青琐乘朱轮是同萧曹之位岂居绛灌之列於戏

昊天不借哲人其萎以至德元年正月五日婴疾春秋六十有二终于长乐州私馆夫

人封氏封平阳郡夫人武周魏王承嗣之孙太仆寺卿燕国公延寿之女学冠曹室文

推谢庭孺幼成居水雪其操勤念斋洁自捐形生专心真如不息昼夜俄而遭疾

享年乾元元年七月十日终于私第长子全袭左领军卫大将军次子亿拜信王

友季子造种幼未仕唯而不□识礼知节哀集蓼莪恸深龟兆瑜曹参之绝浆类

高柴之血存没永隔悲缥帐虚悬孤弱相依尽为鸰原所育佥谓孝感　天地义

通神明爰征古礼是托茔域即以乾元元年十月庚子朔十日己酉同空于州南之原礼

也灵车告行晓挽将发天惨陇雾风悲松月邑人之之罢市过客由其膊骖仆素钦仁

贤作掾邻昵仰遗爱直书斯文用传不朽以志贞石词曰　　赐姓命氏茂德其

昌以封以袭为侯为王庆承宝系姻美银潢朝列旧德邦家宠光间出仁贤才兼

文武艰危著节　　社稷匡　　主凛凛冠军英英幕府　　轩堰入卫戎马宣

抚夙承荣奖初拜虎贲赫奕人望声名后昆时称壮勇　　天降殊恩茅土□□

光华一门火岂传薪人从逝水送终袝葬奠酌禋祀扰扰行彻哀哀胤子埋志石于泉途颂德音之不己

乾元元年十月　　十日记

跋语： 李氏墓志铭称，李氏卒于景云元年（710），时年四十三岁。如是，李氏则生于总章元年（668）。如果其夫妇的年龄相差不大，那么，元王慕容若则是袭封青海国王的成王忠之弟，与宣王万为兄弟辈分。

慕容威墓志铭非常重要，不仅志文是长达900余字的长文，而且提供了迄今鲜为人知的重要史料。遗憾的是，有个别地方残缺，可以看到刻写时的错字和漏字。慕容威是慕容宣彻之子，宣彻的墓志早已在武威出土（见本文附录三）。慕容威墓志出土于宁夏的同心县，大体可以认为其地当吐谷浑部族迁居灵州以后新设置的安乐州的州南。但是，安乐州之名在墓志中写作长乐州，何对何错尚未可知。宣彻墓志称"迁奉墓志",因此,最初葬于灵州,后来迁葬到武威南山的祖茔。慕容威之母是博陵的崔氏,其妻为魏王武承嗣的孙女。李氏墓志中自称为陇西李氏,可知吐谷浑的王族曾连绵不断地娶汉族的显贵家族之女。夫人封氏的"封"字,一定是由于后文中有"封平阳郡夫人"而弄错,应当改为"武"字。武承嗣在《旧唐书》卷一八三中有传。武氏之父燕国公延寿的名字在武承嗣传中不见。该传中能够见到的诸子的名字有延基、延义、延秀、延祚,唯独没有延寿,其原因不明。墓志中,"享年"后面的年数漏写,并且空格中也没有。墓志中所见除此之外的空格,或者是在开头,或者是留下空格没有填写,但从前后文可以推知。

1979 年 8 月 26 日跋

漫谈敦煌千佛洞和考古学[*]

敦煌千佛洞是我国中古时代艺术的宝藏，是我国先代人民的辉煌的文化成就。1944年春间，我到敦煌去做考古工作，夏季停工时，承常书鸿所长的招待，我曾在千佛洞住了一个多月。每天跟着向觉明、阎文儒二先生钻洞子。洞中的壁画和塑像，在我的脑中留下了不能磨灭的印象。这次敦煌文物研究所在北京筹备展览，我看过一遍，如晤故人，如温旧梦。一切都仿佛犹昨，谁知韶光已轻易地流过七年多了。郑西谛先生要我写一篇文章。我想从考古学的观点，拉杂地谈一谈敦煌千佛洞。

新的考古学不是玩古董，新的考古发掘不是刨墓挖宝。例如苏联考古学家的发掘乌克兰的黎波里文化遗址，并不是为了挖取几片彩陶或几把石刀；他们是将整个废墟开掘开来，研究当时的物质文化的全貌。这次展览会利用描摹及仿塑的方法，将我国先民的这一副伟大的艺术遗产，搬到会场里来。我们欣赏时，不要限于片段的认识，将每一幅画面孤立起来。千佛洞的各洞子，常是直接地反映设计造洞的艺术家的创作的匠心，间接地反映当时

* 本文原载《文物参考资料》第2卷第5期，1951。

的社会意识。我们除了欣赏这些艺术品的细节或单一的画面以外，还要进一步认识整个洞子中各幅画面的配合，以及塑像与壁画间的配合。这次展览会中的洞窟模型，对于这方面的缺陷，多少已加以补救。

我们研究这些艺术品时，不要将它们和环境完全分离开来；不要将他们看成富家客厅或书斋中的字画作为有闲阶级的消遣品而摆设着的，这些艺术品是当时广大人民的宗教意识状态的反映。他们的宗教生活便是以这些艺术的环境作背景。我记得初次赴千佛洞时，几个人骑马出敦煌城，经过附郭村庄后，跑过了将近15公里的荒凉的戈壁滩，到这佛教圣迹所在地来。悬崖陡壁上一排蜂窝似的佛洞，从绿荫中透露出来，荒漠中的绿洲，已令人生"别有天地非人间"之感。门墙完整的大洞，多是光线黑暗的。我们进了洞后，细心观察。微弱的光线，从洞口进来，映射在释迦佛及胁侍菩萨的塑像上。四壁多是大幅的经变图。褪了色的画面，富于一种神秘性，我们可以想像当年香火盛时，这些塑像和壁画，必定都是笼罩在氤氲如云的烟雾中。这些洞中必定更富于宗教的气氛，使人一进去便产生了虔诚的崇敬。这种心情，只有身历其境的人才能体会得到。仅只看到一幅幅孤立的画面，或者玩具似的小模型，很容易忘记了这一点。将这些艺术与现实世界分开，便不能深刻了解他们的伟大。

除了要掌握客观的现实，注意现实中的联系性以外，我们自然还要用分析的方法去研究。好几个洞子有修洞年代的题记。我们可以根据这些年代确定的洞子作为标准，将每一时代的特点提出来。千佛洞一共有400多洞窟，从西魏到元朝一千多年，代有兴筑。我们要用比较法，将没有纪年题记的洞子，也都归入一定的时代中去，然后分析每一时代的特征。譬如洞窟的构造，神龛的形制（即龛外傍柱及拱额的形式），藻井的装饰，塑像的题材、姿态、服饰及作风，宝座及背光，壁画的题材、布置、作风及所用的颜料……等等，都可以作分析的研究。然后再综合起来，由历史的观点，看他们嬗变的痕迹。例如：他们礼拜的对象，是否依时代而变迁？这些变迁和我国佛教的发展史有什么关系？如何反映当时的社会？又如根据供养人画像和题记，知道除了统治阶级的封建主张义潮、曹议金等以外，还可以代表什么阶级？他们的阶级成分如何反映当时的社会组织？

除了宗教史和艺术史以外，千佛洞壁上还保存着大批的政治史和社会史的材料。向觉明先生曾利用题记的材料，写过一篇《瓜沙谈往》，叙述张、曹二氏统治下的政治史。壁画中佛本生故事等中，又有许多社会史的材料。例如当时农耕的情形，舟车的形制，僧尼的剃度等；当时建筑物构造及男女服饰等的材料，也是到处皆是。这些材料，自然要与藏经洞发现的写本卷子，合并起来做研究，因为写本卷子中关于唐及五代的政治经济及社会各方面的史料，很是丰富。壁画中的建筑，又可和千佛洞现存的唐末至宋初的木构廊檐，互相比较研究。

做这些分析研究工作时，我们要对于研究对象，有深切的理解，才不至于误入歧途，发生错误。对于一般性的文献及实物的材料，既要熟悉；对于佛教经典，尤其是要熟悉。否则，仅就主观的见解，妄行推测，便不能获得客观的认识。譬如斯坦因，他不知道牢度义斗法的故事，看见壁画上这幅故事图中的狂风撼，便以为或许与敦煌春季多风有关。又如某君，谈到已刊行的敦煌写本的书，竟将乾隆时常钧的敦煌杂钞也收进去。这些便是由于客观认识不充分的缘故。

为了要达到深刻的客观这一目标，我们要尽量设法利用自然科学的方法。例如千佛洞壁画所用的颜料，据哈佛大学福格博物馆盖特斯（R. J. Gettens）的研究，共有下列 11 种原料：烟炱，高岭土，赭石，石青，石绿，朱砂，铅粉，铅丹，靛青，栀黄，红花（胭脂）。前六种的制法较简单，只要碾成粉末便可利用。后五种要经过比较复杂的制造过程。这表示当时我国人民已能利用优良的技术制造颜料。并且这 11 种原料，大多不是敦煌的土产。即在今日的敦煌，也不容易全部弄到。现在敦煌的文物研究所临摹壁画所用的颜料，有几种便是以价廉货次的化学颜料来替代。我们不能不钦服当时的能力，能够将远处所出产的原料或制造品，运到敦煌来应用。盖特斯氏又作试验证明壁画中人物颜面手足等处的茶褐色，是由铅丹长期受热和光的影响而变成的。在天然的环境中要经过千来年之久，但在实验室中可设法促进其变化过程，于两个月内达到同样的状态。在显微镜下可以看出来在表面一层茶褐色的底下仍是未变色的粉红的铅丹。这样使我们对于壁画的原来色调，可有更深的理解。现代考古学多利用化学方法来做分析工作，以求明了古物的实质。敦煌壁画的研究也可以利用这一方法。

我们研究敦煌千佛洞，自然不能将材料限于千佛洞一处。客观的感性认识越丰富，我们的理解也越正确。关于我国的佛教艺术遗迹，不但敦煌附近的西千佛洞和安西的万佛峡要加以研究，便是新疆的库车、吐鲁番等处佛教的壁画和雕刻，及东部的龙门、云冈等处的石刻，也可以拿来做比较。他们所代表的时代是相同的或相近的，所受的影响也相似。为了探本穷源，我们也可以去研究中亚及印度的佛教艺术。我们做这些比较研究时，要顾到它们地理环境及文化背景的不同，因为千佛洞的壁画有许多地方是采取民族形式的，我们要研究我国本土汉唐的艺术。这些也是敦煌艺术的来源，又要注意到立体的雕刻与平面的壁画所利用的技术是不同的，他们的表现法也有若干差异的。

我们拿来做比较的资料，也不能仅只限于佛教艺术。地下发掘出来的古墓中物，也可以做比较之用；尤其是敦煌本土的出土品，有些也许出于同一艺术家之手。我那年在敦煌所发掘的墓葬，时代是由汉末至唐。殉葬的美术品有好些可以和千佛洞中的东西作比较。其中唐代墓门内两侧的天王像，两足踏住鬼怪，墓中所陈列的又有些人俑和马俑。这些都是塑造手法优美，色泽也很鲜明。这些陶俑现归南京博物院收藏。曾参观过南京博物院或在北京举行的"中国艺展"的人，如果拿这些陶俑和千佛洞中唐塑做比较，便可以看出它们的相同点，有些或许出于同一人之手。唐墓中的正方形花砖，和千佛洞中唐洞地上所铺的砖，有些花纹及大小都相同，似出于同一个模子。敦煌的考古发掘工作是值得继续再做的，但这须要一个有训练的人来干。

敦煌千佛洞是曾受过帝国主义的侵略的。藏经洞宝藏中的精品，都已被斯坦因、伯希和拿到英、法两国去了。壁画和塑像也受他们的注意，略有损失，尤其是美帝的华尔纳曾用胶布粘去几幅壁画，壁上犹存劫痕。但是这些艺术品大部分却能保存下来。对于这份极为宝贵的文化遗产，我们应该设法来保护，将它介绍给广大的人民，并且将它加以发扬光大。

《永乐大典》引《元河南志》
古代洛阳图跋*

　　自从解放以来，我们在洛阳地区做了不少的考古工作。不仅发掘了大量的古墓，还对于古代城址做了调查和发掘。工作的结果，有些已陆续在《考古学报》、《考古通讯》和《考古学专刊》中加以发表。本期又发表陈公柔同志的一篇报告①。我们为了将考古资料和文献互相印证，很希望能看到一些古代洛阳图。赵万里先生藏有一册由《永乐大典》卷九五六一《元河南志》中抄摹的古代洛阳图，共计14幅。现在征得赵先生同意，将它们制版印出来，附在这里，以供大家参考。

　　这个抄本的图仅14幅，《永乐大典》卷九五六一的《元河南志》的图，据说除了这14幅之外还有《河南府总图》、《大祀殿图》、《河南府路廨宇图》、《河南郡邑山川图》、《嵩岳之图》和河南府管辖的各县图。这抄本中14幅图的标题和次序，和《永乐大

---

　　* 本文原载《考古学报》1959年第2期，署名"作铭"。
　　① 考古研究所洛阳发掘队（陈公柔执笔），赵万里藏《永乐大典》卷9561引《元河南志》的古代洛阳图14幅。后附《洛阳涧滨东周城址发掘报告》。

典》原书并不完全符合。原书现藏日本的东洋文库。但是图的内容，我们曾取平冈武夫《唐代の长安と洛阳》所影印的四幅和这抄本的第 10、11、12 和 14 图相勘对，除了这抄本于第 10、11、12 图添上宫、殿、门等的名称之外，可以说是完全相同的。阮元于道光二十年摹刻的由《永乐大典》中钞出的古代洛阳图 5 幅（缪荃孙转摹于《藕香零拾》本《元河南志》中），便是这抄本的第 2、3、5、6、13 图，取以对勘，除了阮元将《曹魏都城图》误标为"《西晋京城》"以及摹钞时有误字和缺漏之外，也是完全相同的。可见这抄本的 14 图，确是出于《永乐大典》卷九五六一的《元河南志》。

这抄本每幅图的后面，都另有一页图说。这些图说是《永乐大典》原书所没有的。第 7 图的图说，有"顾祖禹《方舆纪要》直以为魏文韧造"一句，可见是清人所写，大概是临摹这些图的人所撰写的。因为这些图说可供阅图时参考，所以仍将它们排印出来附在后面。图说和图中文字有误夺处，便加注编者按语作为订误，都放在图说中。

这抄本相传是徐松（星伯）的抄本。抄本的末尾有"道光甲申庄璟绘并校"一行。道光甲申是道光四年（1824）。据缪荃孙的《徐星伯先生事辑》（《艺风堂文集》卷一），徐松（1781—1848）于嘉庆十五年（1810）成《唐两京城坊考》五卷，是时他正在北京文颖馆纂辑《全唐文》。后来遣戍新疆。放回北京后为内阁中书，道光四年刻《新疆赋》成。徐松于嘉庆十五年所撰的《唐两京城坊考·序》中也说自己于《永乐大典》中得《河南志图》，亟为摹钞。阮元于《汉晋洛阳宫城图》的跋语中也说："余于嘉庆十五六年间在京师文颖馆总阅《全唐文》时，《永乐大典》多移在馆。有馆中供事钞得《东汉东都城图》一纸……《金墉城图》一纸，余阅而喜之，亦不能究其从何处钞出，遂令照钞数纸。"所谓

"馆中供事"，也许便是指徐松。缪荃孙所看到的徐松抄本《元河南志》，便是用《全唐文》格子，但是仅有志文而缺图。说这册庄璟绘本是徐松的，自然是可能的，虽然就钞本的本身而言，这点并没有确证。不过，这一点是肯定的：徐松在嘉庆十五年时，已摹钞有《永乐大典》的《河南志图》。这道光四年的绘本，不知道是从徐松的嘉庆年间钞本重摹的呢？还是直接从《永乐大典》原书中摹出呢？如果这绘本是徐松的，那么，各篇图说可能便是徐松写撰的。

《唐两京城坊考》附有 4 幅古代洛阳图：《外郭城图》、《东都苑图》、《宫城皇城图》和《上阳宫图》。据徐松的序文，这 4 幅图似乎便是他所摹钞的《永乐大典》本《河南志图》。但是以平冈武夫影印的《永乐大典》原书的图相对勘，差异很大。原书这 4 幅图中仅有图形，并无只字；《城坊考》的图不但添注上城门、宫殿、街坊等的名称，并且《外郭城图》的街坊布局（尤其是洛水北和洛水南的西南角的各坊）大部分几乎完全不同，又添上好几条河渠，改变东城、宫城和皇城的形状，删去城门和宫殿的符号（我们这抄本第 14 图和平冈所印的却是完全相同）。《城坊考》的《东都苑图》，不但删去城门和宫殿的符号，增添上城门全部和几座宫名，并且整个城垣的形状由扁阔改变成狭长，还改变东北角的城形，补进"周王城"〔我们这抄本中第 11 图以及以下的两图（12、13 图）和平冈的图相同，仅增添城门和宫殿的名称〕。《宫城皇城图》和《上阳宫图》二者，也都删去宫殿和城门的符号，增添门名和宫名，改变了图中各城的形状。显然的，《城坊考》中这四幅图都不是《永乐大典》本《河南志图》的临摹本，而是参考原图大加改动后另行绘制的图。改动图形和添进名称的工作，几乎可以肯定是徐松做的。他的根据是《永乐大典》本《元河南志》的志文；但是也包括徐松在《城坊考》中所作的补正，例如《宫城皇城图》的官署名，于右卫率府的西面补上右监门卫，左监门卫改为左监门率卫。至于删去宫殿和城门等象形的符号，当由于刻画时为了省工而删去的，也许是收入《连筠宧丛书》时所做的。徐松对于这四幅图虽做了这样大的改动，但是在序文中只字未提。前人没有取《永乐大典》本原图加以对勘，所以有人误认为《城坊考》的这四幅便是《永乐大典》本原图的摹本。

此外，还有一个问题，便是这抄本的第 10、11 和 12 图中较平冈武夫所影印的原图，增多了城门、宫殿等建筑物的名称。这些名称大致是完全根据《永乐大典》本《元河南志》的志文，并没有像《城坊考》那样加以补正。前段所举的二个例子，在这抄本的第 10 图中，都仍袭志文的阙误而未改。这些名称和《城坊考》各图中所填的名称，大部分相同，当由于都是根据《元河南志》的志文。但也有小部分不同，例如这抄本第 10 图的乾元殿，《城坊考》的图作含元殿，多了阊阖门、登春阁等，而缺少观象台、东宫等；第 11 图多了射堂、连璧殿、望春宫而缺少周王城、郑鄏陌、上阳宫、西上阳宫、谷水、孝水和雒水；第 12 图缺少雒水。这大概由于同出一源而取舍有所不同。如果这抄本是徐松的，那么，这抄本的这 3 幅（10—12 图）可能是初稿，而《城坊考》中所印的图是后来加以修订另行绘制的。至于这抄本是否是徐松的，现下仍难完全确定。

最后，我们感谢赵万里先生惠允我们将他所藏的这抄本印出来。又郑振铎先生于生前对于这抄本的刊印，很是热心赞助，曾特地由赵先生处取来这抄本交给《考古学报》编辑部，以便制版刊印。现在这抄本印出来时，郑先生的墓将有宿草了，搁笔不禁泫然。

附记：本刊 1958 年第 3 期第 92 页的《唐大安宫图》系邵友

诚同志所藏的抄本，承蒙邵同志交本刊发表。原图尾末有跋语二行："予购得江阴缪氏所藏《连筠宧丛书》。此纸夹在《唐两京城坊考》内，度是缪氏从《大典》景绘者。灵缣断简，亦足珍也。壬戌瑞彭记。"瑞彭即淳安邵次公（1888—1937），壬戌即1922年。这图从前未曾发表过。查《唐两京城坊考》卷一，"三苑"的《西内苑》一节内大安宫下，原注有"穆案：《永乐大典》载《大安宫图》，与《唐书》、《长安志》皆不合。其图南面三门，中曰应天门……应天门之内，左右各有井一……大安殿之后曰宜明门，又北曰政和门，门内为仁政殿。……殿左右、门内外，各写大木一章，岂即所谓山村景胜耶？穆于道光二十三年八月从《大典》摹出，附识于此"。这里所指的便是这图。穆即为杨尚文编刊《连筠宧丛书》的张穆。他是徐松的友人，《唐两京城坊考》便是经过他的校补后收入《连筠宧丛书》的。缪氏的图不知是由《永乐大典》直接摹出，或者由别人的摹本摹出来？摹写时将仁政殿误写作仁政门，当依张穆案语加以改正。我们印刊这图时未加说明，现在加以补充。

考古学与科技史

新疆新发现的古代丝织品

——绮、锦和刺绣*

　　最近（1959—1960）在新疆维吾尔自治区的和阗东面的尼雅遗址和吐鲁番附近的阿斯塔那墓地，发现了东汉（公元25—220）和北朝至唐初（公元6—7世纪）的丝织品遗物①。古代的织物，通常很难保存下来。这次的出土物是由于当地干燥的气候才得以保持完整。它们质料良好，颜色鲜明，是很可宝贵的文物。

　　这两处都位于新疆境内古代"丝路"的沿线。汉代的"丝路"从关中的长安开始，穿过河西走廊和新疆的塔里木盆地，越过帕米尔高原，然后经过今日苏联的中亚各加盟共和国、阿富汗、伊朗、伊拉克和叙利亚，直达地中海东岸的港口安都奥克（Antioch，当即《魏略》之安谷城），全长七千来公里。古代希腊、罗马人称我国为"丝国"。罗马地理学家斯脱拉波（公元前64—公

---

　　* 本文原载《考古学报》1963年第1期，后加补注收入1979年科学出版社出版的《考古学和科技史》一书中。

　　① 发掘简报见《文物》1960年第6期、1962年第7、8期和《考古》1961年第3期。

元 21 年）引希腊史家亚波罗多刺斯的记载，公元前 3 世纪大夏国王拓土至塞里斯（丝国）[1]，可能当时已有丝绸商队往来于这条路上，所以西方也知道丝国之名。大约一个多世纪以后，在汉武帝时，张骞通西域，元朔三年（公元前 126 年）回来汇报西域各国情况[2]。此后，武帝对西域采取了积极的政策，于是这条"丝路"才全线畅通。不仅商人沿着这条"丝路"做丝绸的贸易，并且汉朝的朝廷，也常以锦、绣、绮、縠、杂缯，赠予外国的君王或使节[3]。这些丝织品是为人们所喜爱的。他们不仅生时穿着，连死亡后还用以随葬。我们在这"丝路"的沿线以及附近好些地点（图1），都曾发现过我国古代的丝织品，有许多便是墓葬中出土的[4]。这次发现的两个地点，也不是例外。

公年前 64 年，罗马人侵占叙利亚之后，中国丝绸也大受罗马人欢迎。公元后几世纪，罗马城内多斯克斯区（Vicus Tuscus）还有专售中国丝绸的市场[5]。罗马时博物学家普林尼（公元 23—79）不仅提到赛里斯（丝国），还说到该国以丝织成绮、锦，贩运至罗马。史家马赛里奴斯（公元 4 世纪）谈到中国的丝绸时，说"昔时吾国仅贵族始得衣之，而今则各级人民，无有等差，虽贱至

---

① 张星烺：《中西交通史料汇编》第一册，1930，第 27—28 页；赫贞（G. F. Hudson）：《欧洲与中国》（Europe and China），第 58—59 页，1931。

② 元朔三年，据《资治通鉴》卷一八；参阅桑原骘藏《张骞西征考》。

③ 例如《汉书》卷九四《匈奴传》和卷九六《西域传》，《后汉书》卷七八《西域传》和卷七九《南匈奴传》，都有这种记载。

④ 有关考古发现各地点的文献，可参阅西蒙斯（P. Simmons）《关于中国织物研究的新发展》，《远东博物馆馆刊》第 28 期，第 20 页注一，1956；鲁博—雷斯尼钦科（E. Лубо-Лесничехко）：《古代中国丝织品和刺绣》（俄文版），第 59 页注 1—8，列宁格勒，1961；梅原末治：《支那古代绢织物》，《东亚考古学概观》，第 96—101 页，1947。

⑤ 赫贞，前引书，第 75 页。

走夫皂卒，莫不衣之矣"①。意大利境内气候潮湿，古代织物不易保存下来。但在当时罗马属下的埃及境内的卡乌和幼发拉底河中游的罗马边城杜拉—欧罗波，都曾发现公元 4 世纪左右时候由中国丝制成的织物。第五世纪以后，在罗马属下的埃及和叙利亚各地出土的利用中国丝在本地织制的丝织品更多②。这样更显得尼雅出土汉代丝织物的重要。

一

尼雅古城位于今民丰县城的北面，当为汉代的精绝国③。这里的出土物多属于公元 2 到 3 世纪，可确定年代的最晚的一件是晋泰始五年（269）的汉文木简④，可见是在公元 3 世纪时废弃的。1959 年 10 月，新疆博物馆派了一个考古队到这古城遗址，发掘出汉五铢钱、汉镜、"佉卢文"木简、木制和铁制的工具，以及一些毛织品。更重要的发现是在这个古城的居住遗址西北约 3 公里的一座墓葬。我们这里所描述的丝织品，便是在这座墓葬中发现的。

这座墓葬中有一对夫妇，合葬在一具木棺中。从他们所穿的

---

①　张星烺：《中西交通史料汇编》第一册，第 31、33、70 页。

②　福贝斯（R. J. Forbes）：《古代技术研究》（英文版）第 4 卷，第 54 页，1956；发尔克（O. von Falke）：《丝织艺术史》（德文版）第一章《古典时代晚期丝织品》，1921 年修订版。

③　据《汉书》卷九六上《西域传》，精绝国东距且末国二千里，西通扜弥国四百六十里，扜弥国西通于阗国三百九十里。尼雅遗址在今且末与和阗之间，里数与之相近。《后汉书》卷七八《西域传》，谓精绝国曾一度为鄯善所并。斯坦因曾在尼雅发现汉代"鄯善都尉"的封泥，也可作为佐证。

④　斯坦因：《西域考古记》第 66 页，向达译，1946。

昂贵的丝绸服装看来，他们是属于上层统治阶级的。男的有长袍、裤、袜和手套；女的有内上衣、外上衣、衬衣、裙子、袜子和袜带。另外还发现绸衣一件，用"延年益寿大宜子孙"锦制成的枕头两个，刺绣的镜套和粉袋各一个，单色的盖尸绸二件，和一些白地蓝印花的织物残片。

图1　发现中国古代丝织品的地点和"丝路"简图

我只看到三片织锦的小块残片的原物，此外，还有一些实物的照片。在本文的修改过程中①。我看到武敏同志对于这批丝织品的研究②。她在新疆可以接触到全部的标本，就实物做观察，所以

①　本文的初稿，发表于《中国建设》（英文版）第11卷第1期（1962年1月），第40—42页。

②　武敏：《新疆出土汉—唐丝织品初探》，《文物》1962年第7、8期。

她的研究结果，对于我的修改工作，帮助很大。我这里只提出几件特别可注意的标本，加以描述，并探索它们的织造技术。

尼雅出土的裙子残件，是用原色（现已变黄）汉绮①裁制而成的（图版4—1）。汉绮的地纹的织法，都是平纹组织。经线的枚数常是纬线的二倍或三倍左右（我们这件标本根据原大照片，每平方厘米有经六六枚、纬一八至一九枚）②。因为经线较细密，纬

① 这是一种暗花绸。有人根据元人戴侗《六书故》的解释，以为"织采为纹曰锦，织素为纹曰绮"，称这种暗花绸为"绮"。这是一个合理的假设。但这所根据的仍只是后人推测的话。许慎《说文解字》谓"绮，文缯也"。就是说，绮是有花纹的丝织品，并没有指明它是织素为纹。古书中有"七綵绮"（见《太平御览》卷八一六引《晋令》）及"七綵杯文绮"（见《太平御览》卷一四九、六九五、七〇七引《晋东宫旧事》）。汉刘熙《释名》卷四，释綵帛，说："绮，欹也。其文欹邪，不顺经纬之纵横也。有杯文，形似杯也。……其綵色相间，皆横终幅。"似乎汉时以为绮的特征，并不在单色或多色，而在于纹织的结构。日本人现仍称彩色花纹的斜纹织物为"绮"（如《世界美术全集》第13卷，图七一"双鱼纹绮"，1962，角川书店版）。《释名》中所说的"其文欹邪"及"杯文"二语中的"文"字，都指花纹。前者指花纹的组织，即斜纹显花，后者指花纹的形状，其形似杯。汉绮的地纹，一般都是平纹组织（包括畦纹）或罗纹组织，没有作斜纹组织的。汉人常以"绮、縠"连称。后者似指绉纱或"方目纱"，即"素罗"，"绮"，可能指起花的"纹罗"。隋唐时代，以斜纹为地纹的花绫，逐渐盛行，取平纹为地纹的花绮的地位而代之。这时"绮"、"绫"二字有时混淆使用。初唐颜师古注《汉书》，谓"绮，文缯也，即今之细绫也"（卷一《高祖纪》八年条和卷二八下《地理志》齐国条）。没有花纹的素白的斜纹织物，便称为"白绫"。两《唐书》的《地理志》中，各地土贡，有绫、花绫、文绫，也有绮，但绫多绮少。这文中虽沿用汉绮一名，但是这种暗花绸是否即汉代的"绮"，我以为还须要更多的证据，才能完全确定。

② 这件即武敏文中织绮标本第二号菱纹绮，但她的文中以为经六六枚纬三六枚（第75页），纬线枚数和照片上所看到的相差一倍，不知是否由于使用双纬，即每一梭口穿过两枚纬线。在照片上不容易识别出它们是双纬或单纬，我是暂定它为单纬来计算的。

线较稀松，所以织物地纹表面便显呈由经线所组成的水平横行的凸纹，纺织学上称为畦纹①。至于图案花纹的组织法，都是以经线起花（Warp Patterned）。它们和地纹的组织却不相同。汉代用素地起花的组织法，主要的是下列二种：

（一）类似经斜纹组织（warp twill），便是将地纹平织的经线和纬线的交织，由一上一下，改成为三上一下（即 3/1 斜纹组织）。相邻的二枚经线，它们和纬线的交织点，像阶梯一样斜出，呈现了连续倾斜的对角线状态。而这一整片的斜纹组织，由于经线的浮长线关系，便由平织的地纹上突出来，构成了织物的花纹。织物的背面，便由纬线构成了同样的图案花纹（图2，甲1和甲2）。这种织物如果它的横幅面不宽，经线不多，或者花纹不复繁，是可以不用综框的，而用一根细杆以挑起经线形成梭口；否则，那便须要二片以上的综框了。以图中的织物为例，地纹是用第1、2两片，花纹是用第3—6等四片（图2，丙1或丙2的各横行）。后者是可以有两种不同的穿法和提法，丙（1）的穿法是把地纹的和花纹的区分开来。起花纹时可以仅只提起第3—6等有关花纹的综框中的一片；丙（2）的穿法，

---

① "畦纹"，俄文 penc，英文 rep 或 rib，日文畦纹、亩纹。现今多译为"重平组织"或"凸纹"。就织物的外观效应而言，表面显呈一道道平行的凸纹，形似菜畦。就组织结构而言，它可能是简单的平织组织，也可能是平织变化组织中的重平组织。前者由于经纬线密度不相等，有时又加以经纬的粗细不同，使表面显现凸纹；后者由于将平织组织加以变化，将经线或纬线的单独组织点（浮点）延长到二点或二点以上（浮长线），这样也形成了凸纹。二者的外观效应是一样的。也有人将"畦纹"一名应用限于后者。依照凸纹的方向，又分为"经畦纹"和"纬畦纹"。前者纺织学上一般指依经线方向凸起的"经向"（纵向）畦纹；但是西尔凡（V. Sylwan）故意违背惯例，用以指由"经线"组成的横向畦纹。这一般是称为"纬畦纹"的（西尔凡：《额济纳河和罗布淖尔出土的丝织物研究》（英文版），1949，第92—93、112页）。这样在名词使用上造成一定的混乱。

起花纹时便须要除了第 3—6 等的综框中的一片之外，还要同时提起有关地纹的第 1、2 两片中的一片。为了构成所需要的花纹，这二者的提起综框的顺序，却仍是一样的。以我们的图中花纹为例，十五个梭口在提综图上提起的顺序应该是 1、2、3、4、5、6、3、4、5、6、3、4、5、2、1（参阅图2，丙，提综图说明）。在织法上，这实际上仍是平纹组织，不过将一部分经线的浮点变成浮线，是一种平纹的变化组织，并不是真正的斜纹组织。据现在我们所知道的，殷商时代的丝织品中便已有了平纹组织的地纹上织出这第（一）类的经斜纹的菱形图案的花纹（图3）[①]。汉代盛行下面所说的第（二）类的"汉式组织"，但是第（一）类的斜纹组织花纹的丝织品，在罗布淖尔（楼兰遗址）和额济纳河（居延塞的烽燧）的汉代遗址中都仍有出土。唐时也还盛行[②]。蒙古人民共和国的诺音乌拉汉代匈奴墓中和苏联克里米亚半岛上的公元 1 世纪刻赤遗址中也都有发现（图4）[③]。后者是在 1942 年出土的，可算是近世最早发现的汉代丝织品了。无论就花纹图案方面或者织造技术方面而言，都可看出它们是从殷代到汉代一脉相承的。有人以为这种用经斜纹起花是北朝至唐初的织纹组织的特点，汉绮都是用下面所说的第（二）类组织（"经畦纹"或"汉式组织"）起花，没有用这种第（一）

---

①　西尔凡：《额济纳河和罗布淖尔出土的丝织物研究》（英文版），1949，第107—108 页，图五五；又论文《殷代丝织物》，《远东博物馆馆刊》第 9 卷，1937。

②　西尔凡，上引书，第 108 页（Lop. 35：2；A. 41：3, 18）；卫礼泽（W. Willetts）：《中国艺术》（英文版），第 244 页，图版二○（b），1958。

③　鲁博—雷斯尼钦科：《中国古代丝织品和刺绣》，图版 I, 1 等（MP2111、MP1068、MP1403、MP1804、JI, 1842—1883）；星刻（主编）：《技术史》（C. Singer, ed, A. History of Technology），第 3 卷，第 8 章（J. F. 法拉内干撰），第 201—202 页，图 136。

类经斜纹起花的^①。这种说法是不正确的。

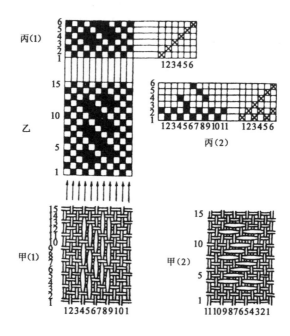

图 2　汉绮第一种显花组织法（类似斜纹组织）的织造图

说明：甲结构图（纵者为经，横者为纬），（1）正面，（2）背面；乙组织图（每一黑格表示浮于纬线之上的经线）；丙（1）一种可能的穿综图和提综图；丙（2）另一种可能的穿综图和提综图。穿综图上每一横行代表一片综框，每一纵行代表与组织图（即乙）中相应的一根经线。为了表示穿入某一片综框的各根丝线，便将代表这综框的那一横行中的相应的经线格子填黑。提综图中每一横行也代表一片综框，而与穿综图上相适应的那片综框相对应；每一纵行中有×为记的格子，表示每投入一根纬线而形成梭口时所须提起的某一片或某几片综框。提综图相当于近代织机的"纹板图"。

---

①　武敏：《新疆出土汉—唐丝织品初探》，《文物》1962 年第 7、8 期，第 68 页，图五。

　　（二）另一种组织可称之为"汉式组织"①。每一根组成斜纹组织上浮线的经线，它的相毗邻的另一根经线，都是一上一下的平纹组织，所以相邻的二根经线在织物表面显呈一系列的卜字形的单元。这可以说斜纹和平纹的混合，但实质上是一种平纹组织，不过提起一部分经线使成花纹而已，应该认为它是平纹的变化组织的一种。这似乎是由前一种改进而来的。这样增添一组平纹组织的经线，可以增加织物的坚牢度，但又不影响花纹的外观。在织物的正面，斜纹组织的经线因为浮线比平纹的约长三倍；这些较长的浮线有松散的余地，加之我们这些丝经线是弱拈的，所以便松散开来遮住两旁相邻的平织的经线（图5，甲1）。粗看时，它们好像和上述的第（一）种的斜纹组织相同。但细加观察便可看出二者之间的区别。再就织物背面来看（图5，甲2），因为隔三根纬线的各对相邻的平纹组织的经线向中间靠拢（即向斜纹组织的经线的浮线后面靠拢），所以背面的纬线的浮线较短，不像第

---

　　①　这种组织，现代织物中很少使用。20年代英人安德鲁斯（F. H. Andrews）研究斯坦因的新疆出土汉代丝织物，没有注意到这种组织的特点，只称之为"经畦纹组织"（warp rib weave），说它地纹用短浮线，花纹用长浮线。显然楼兰出土的标本如L. C. vii 09等便是属于这一类（《Burlington Magazine》第37卷，1920，第210期，第147页）。30年代法国人普菲斯忒（R. Pfister）研究帕尔米拉（Palmyra）出土的汉代丝织物，才注意到它的特点，并定名为"汉式组织"（armure Han 或 Han weave），见查理斯顿（R. J. Charleston）《汉代暗花绸》，《东方美术》（Oriental Art）第1卷（1948）第1期，第63页又脚注一。后来瑞典人西尔凡也注意它的特点，因为这组织的外观效应有点和她所谓"经畦纹"的相近似，所以她称它为"经畦纹"（warp rep），《额济纳河和罗布淖尔出土的丝织物研究》（英文版），1949，第14、第93、第103—104页，图五〇。武敏文中也采用这名辞（《新疆出土汉—唐丝织品初探》，《文物》1962年第7、8期，第68页）。这种组织和纺织学上一般所谓"经畦纹"的（见前页关于"畦纹"的注），显然不是一回事。我以为似以暂用"汉式组织"一名为妥。如果为了把它与汉锦的组织相区分，我以为也许可以改称为"汉式绮组织"。

（一）种组织那样地在背面显呈和正面相同的但由纬线的浮长线组成的清楚的花纹。这样的织法也可以增加织物的坚牢度。如果使用综框，这种织法的穿综法应如图5，丙。地纹部分相间地使用第1、2两片，花纹部分相间地或使用第1片，或同时使用第2片和第n片（图5，丙2）。n代表一片以上的不同的综框。每一织物所需要的片数，各片的穿综法，以及每次所须要提起的是第几片，这些都要依据织物的花纹图案来确定。以我们的图为例（图5，丙1），除平纹组织的第1、2两片以外，还须要两片综框，即第3—4片。十四个梭口的提综的顺序是第1、2、1、2加3、1、2加4、1、2加3、1、2加4、1、2加3、1、2。如果全部是花纹，那么提综的顺序如图5，丙2，即第1、2加n片，循环不已（n代表不同的综框）。

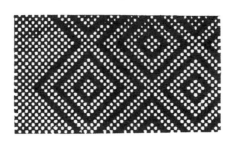

图3　殷商时代的绮的组织图（依西尔凡）

我们这一标本（图版4—1），便是属于这第（二）类的组织。它的花纹可以部分地复原如附图（图6）。它主要的是大型的菱形，菱形内部又包含有树叶纹；而菱形之间的空隙处，又点缀以心形的树叶纹。花纹组织循环的每一单元（Pattern repeat），计高3.9厘米，宽度现存可复原的部分约8.2厘米。这样，每一花纹组织的循环单元72根，经线残留部分有500根左右（图中绘出

247 根×2＝494 根）。一般汉代素绢幅宽为汉尺 2.2 尺，即 50.38
厘米；实物资料证明为 45—50 厘米。有花纹的丝织物（包括汉绮
和彩锦）是 35—48 厘米[1]。如果我们这一标本原来幅宽为 40 厘
米，那么经线数当达 2500 根左右。这样的幅宽和经数，再加以花
纹的繁复，织时是须要综框的，不能依靠手执一根细杆来挑起所
需要提升的经线。经线的密度达每厘米 66 根，为了避免经线的纠
缠，可能已使用筘子[2]。像我们这件标本，可能是每一筘齿穿过两
根经线。在照片和复原图中，我们可以看出组成花纹的一系列经
线中有时缺少了一根，只剩它的毗邻的一长列的平纹组织点。我
们这一件标本有两处出现这种毛病。

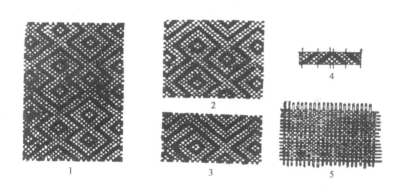

图 4　克里米亚半岛刻赤出土的汉绮

1. 主要花纹　2、3. 碎片上的花纹　4. 花纹的循环单元

5. 织物的结构图（依据法拉内干）

---

[1]　西尔凡：《额济纳河和罗布淖尔出土的丝织物研究》（英文版），1949，第 94—
96 页。

[2]　汉代文献中似乎已有用筘穿经打纬的痕迹，见孙毓棠《战国秦汉时纺织业技
术的进步》，《历史研究》1963 年第 3 期，第 157 页。

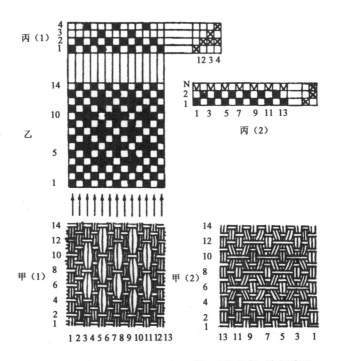

图 5　汉绮第二种显花组织法（"汉式组织"）的织造图

说明（参阅图 2 的说明）：甲、结构图，（1）正面，（2）背面；乙、组织图；
丙（1）、一种可能的穿综图和提综图；丙（2）、花纹部分一种可能的穿综图和
提综图（N 代表不同的综框；v 代表有关的各经线，依照织物花纹图案的需要，
决定提升与否；x 代表所须提起的综）。

　　这件标本的花纹循环单元包括有 72 根纬线。依照上面所分
析过的组织图和穿综图，奇数的纬线都要穿过提起第 1 片综的
梭口，偶数的纬线却是穿过那些提起不同穿法的各片综框的梭
口。这样，这件标本除了第 1、2 两片之外，还须要 36 片，一
共是 38 综。《三国志·杜夔传》注说，当时绫机有五十综或六

十综的①。这么多的综框，是无法全数使用脚踏的"蹑"。除了地纹的第1、2两片（即"前综"）仍可由坐织者使用踏蹑来管理之外，其余的数十片提花综恐须要另一人站在旁边或花楼上，依着顺序提起所须要的综。虽不会已有像近代那样结构复杂的提花机，但当时一定已有简单的提花设备。后汉时王逸（2世纪）所撰的《机妇赋》中所描述的织机便是一种提花机②。

这种"汉式组织"的汉绮，曾在下列各处发现：罗布淖尔③、诺音乌拉④和叙利亚的帕尔米拉⑤。最后一处的发现，意义更大，因为它是在离地中海不远的地方，正是当时的"丝路"上靠近西端的一个贸易都市。1933年和1937年在这里所发掘的古墓中，出土了好几件"汉式组织"的暗花绮。这些墓葬的年代是公元83—273年。虽然曾有些人不同意这些是当时中国制成输出的，但是就制作技术和花纹图案而言，可以肯定是东汉或稍晚在我国制成后输出的。普非斯忒便是由于研究这批标本，发现了它们织法的特点而取名为"汉式组织"的。至于花纹方面，由附图

① 《三国志·魏志》卷二九（百衲本，总第4505页）。

② 《机妇赋》，见《艺文类聚》卷六五。《太平御览》卷八二五也曾收入，但赋名脱落"妇"字。这段描写提花机的文字的诠释，可参阅前引孙毓棠文，第158—159页。

③ 西尔凡：《额济纳河和罗布淖尔出土的丝织物研究》（英文版），1949，第104—105页（34：40a.40b；34：47）；斯坦因：《亚洲腹地》（英文版），第238、257页，图版 XL（L.C.Ⅶ.09）。

④ 鲁博—雷斯尼钦科：　《中国古代丝织品和刺绣》（俄文版），第9页（MP1013）。

⑤ 普非斯忒（R. Pfister）：《帕尔米拉出土的汉代丝织物》，《亚洲美术评论》（法文）第13卷（1939—1942）第2期，第67—77页，图三、五和图版 X（S9，S39）；查理斯顿：《汉代暗花绸》，《东方美术》（英文版）第1卷（1948）第1期，第65、70页，图八至一〇（S39）。

图 6 尼雅出土汉绮的花纹复原图（每一长方形格子代表浮于
三根纬线以上的经线。花纹部分两道经线之间原有一道平纹
组织的经线，图中略去，以便使花纹显得更为清楚）

图 7　叙利亚帕尔米拉出土的中国
汉绮花纹（标本号：S9）

（图7、图8）中便可以看得出它们和我们这次尼雅东汉墓出土的，实属风格相同、题材也类似（尼雅出土也有鸟兽纹的）[①]。这些图案中一个重要的组成元素是菱形纹。因为花纹部分的"汉式组织"是和斜纹组织相似，交织点成一斜线，所以这种组织适合于利用不同方向的斜线所组成的菱形纹。汉代菱形纹有各种不同的变体，比较常见的是一个菱形的两侧附加不完整的较小菱形各一个。这有些像汉代附有两耳的漆杯。古代文献中所谓"七綵杯文绮"[②] 的"杯文"，或便是指此。这种复合的菱形纹，在信阳和长沙楚墓中

　　①　武敏：《新疆出土汉—唐丝织品初探》，《文物》1962 年第 7、8 期，第 67、68页，图四"鸟兽葡萄纹"。
　　②　《太平御览》（1960 年中华书局影印本）卷一四九、六九五，引《东宫旧事》。又刘熙《释名》卷四，释綵帛，"有杯文，形似杯也"（《万有文库》本《释名疏证补》第 223 页）。

出土的东周时代丝织物中便已有了①；同时，在战国和汉初的铜镜花纹中也是常见的。至于树叶纹或柿蒂纹也是汉镜花纹经常采用的②。

图8　叙利亚帕尔米拉出土的中国

汉绮花纹（标本号：S39）

二

汉代的丝织物中更为令人喜爱的是五色缤纷的彩锦。这次尼

①　中国科学院考古研究所：《长沙发掘报告》（1957），第64页，图版三一，3；三三甲，2；复原图见沈从文、王家树《中国丝绸图案》，第一幅；河南省文化局文物工作队：《河南信阳楚墓出土文物图录》，图版一七〇、一七一，1959。

②　中国科学院考古研究所：《长沙发掘报告》（1957），图版二一，4。

雅发现的汉锦，最精美的是一件男人的锦袍。为了更好地了解汉锦的特点，我们先就它的织法作比较详细的说明。汉锦利用不同颜色的经线起花。它的组织技术是所谓"经线起花的平纹重组织"（Warp-Patterned compound cloth weave）[①]，如果拿它和汉代暗花绮相比较，二者的相同点是：它们基本上都是平纹组织和都是采用经线起花（并且都是由卜字形单元组成）。它的主要特异点是：它采用"重组织"（即"复合组织"），由两组或两组以上的经线和一组纬线更迭交织而成。经线依其作用可分为表经和里经，表经的一组有长浮线遮盖住里经的浮点使不露于织物表面。为了配色起见，同一根经线依花纹的需要可以有时作为表经，有时作为里经。其次是：它的纬线虽只有一组，却可依其作用分为交织纬（binding weft 或明纬）和夹纬（interior weft）。另一特点是，不

----

① 这种织法有不同的名称。安德鲁斯研究斯坦因在新疆所得的汉锦，首次注意到汉锦组织的这种特点，称之为"经畦纹"组织（"warp rib" weave），因为它的经线由于经线密于纬线而起着畦纹的效应（《Burlington Magazine》第 37 卷第 210 号，第 150 页，1920）。后来西尔凡在《额济纳河和罗布淖尔出土的丝织物研究》（英文版）（1949）一书中称之为"复合组织的经畦纹"（Compound warp rep），因为它是一种复合组织（即重组织），地线以经线起畦纹效应（第 93、112 页）。武敏的《新疆出土汉—唐丝织品初探》文中也采取"经畦纹"一名。关于"畦纹的注中"说过，纺织学上一般所说的"经畦纹"，和这并不切合。R. G. Shepherd 以为它是两面花纹的平纹组织（Double-faced cloth weave），而不是"重组织"，见《东方艺术》（Arts Orientalis）第 2 卷，第 611 页，1957。但是这种织物在交织纬的上面或下面是有表经和里经两层；所以仍应视为"重组织"。卫礼泽（W. Willetts）以为它是暗花绮一样的两面组织（double type），又以为两面组织便是"重组织"（"compound" type）《中国艺术》，1958，第 251 页。这似乎将两种不同的组织混为一谈。暗花绮并不是"重组织"，和彩锦不同。劳利（J. Lowry）称它为"彩色的汉式组织"（Polychrome Han-weave），或简称为"汉式组织"（见其《汉代织物》一文，第 67 页），也是将二者混而为一。或可称为"汉锦组织"，以别于"汉绮组织"。

像暗花绮采用两种不同的组织分别织制地纹和花纹,汉锦只用一种组织而依靠经线颜色的配合来显呈花纹。纬线一般和织物的地色相同,原则上并不露出表面。所以不论汉锦颜色的多寡,并不将纬色考虑进去。

图9　汉代二色彩锦的织造图

说明(参阅图2的说明):甲、结构图(左下角切除去表经A或B,以揭露夹纬D、里经B或A和交织物C的关系);乙(1)、纵切面(A、黑经,B、白经,C即〇、交织纬,D即×、夹纬);乙(2)、横切面;丙(1)组织图(1—8为黑色经线,黑色方格代表浮于纬线上的黑色经线;I—Ⅷ为白色经线,小圆圈代表浮于纬线上的白色经线);丙(2)、底纹部分的表经的基础组织;丙(3)、底纹部分的里经的基础组织;丁(1)、一种可能的穿综图(左)和提综图(右);丁(2)、另一种可能的穿综图(左上。1—2两横行为"前综",即交织综,n代表不同的提花综,V代表有关的经线,每对经线每次必须提起一根,依织物花纹决定提起哪根)和提综图(右)和穿筘图(左下。横行黑方格数等于一个筘齿内的经线穿入数。相邻的两筘齿用两横格来表示)。

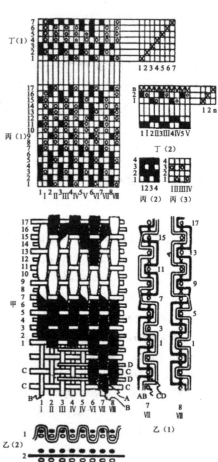

现在先就二色的汉锦来说,它是由两组不同颜色的经线织成的。图9的甲和乙表示这种织物的结构图和切面图。纬线在

图中为了表示它的两种不同作用而分作粗细不同的两种，实则可能是缠在梭子上的同一根线。在织物上，奇数的纬线（包括纬线 C）都是交织纬，在图中左下角可以看得出来，它们和各枚经线交织成平纹组织。偶数的纬线（包括纬线 D）都是夹纬，夹在正面的一组经线和背面的一组经线之间，在组织结构上不起交织的作用，只是便于提花，便是使不同颜色的两组经线互换位置为表经而组成花纹，同时也使花纹中同一颜色的经浮线加长而不失织物的坚固性，所以也称它为"花纹纬"。至于经线有 A、B 两组，在图中 A（1—8）为黑色，B（Ⅰ—Ⅷ）为白色。每组各一根（即 1 和 Ⅰ，2 和 Ⅱ 等）成为一对。这一对除了在交换花纹的颜色处以外都是用一根作为表经，有三浮一沉的长浮线，而另一根作为里经只有一浮点，所以每一对的浮线和浮点成为卜字形的单元（图 9，丙 1），与上面所说的暗花绮的花纹部分的"汉式组织"的卜字形单元，实相类似[①]。由丙 2 和丙 3，可以看出底纹部分的表、里经的基础组织，虽显呈 3/1 和 1/3 的斜纹效应，但是它们的"飞数"（即两邻经线相应浮点间的隔离）是 2 而不是 1，所以在织法上不是斜纹组织，而仍是平纹组织；不过增加了夹纬（横行 2 和 4）使成为平纹的变化组织；如专就交织纬（横行 1 和 3）而言，那么仍是普通平纹。汉锦是"重组织"，里经的浮点被遮盖在表经的浮长线的下面。交织后，表经在织物背面仅有一浮点，而里经在背面却有三上一下的浮长线，遮盖住表经的浮点。所以二色配花的汉锦，它的背面和正面颜色相反，而花纹相同。在变换颜色的地方，有关的经线只浮过两根纬线；这种短的浮线或

---

① 劳利（J. Lowry）：《汉代织物》，《东方美术》（Oriental Art）第 6 卷（1960）第 2 期，第 67—71 页。

在织物正面（如图 9，乙 1，纵切面图第 7—Ⅶ行经线），或在背面（同上，第 8—Ⅷ行经线），依花纹的需要而定。因之，每相邻的两行花纹经线相应组织点间的隔离可以是 2，也可以是 1，不像暗花绮的"汉式组织"全部是 2。织成后的效果是，汉锦的花纹的轮廓线显得较为柔和平整，而汉绮的轮廓线却显得较为生硬并且常显呈细锯齿线。汉锦大量采用流利的流云纹和细部繁复的纹样，也由于这种技术改进的缘故。所以有人认为汉锦的织法是在暗花绮的"汉式组织"的基础上进一步的发展[①]。但是后来它们是同时存在的不同织法所制织的两种织物，而汉锦似较为盛行。

二色汉锦的具体织法，可能是有如下述：两组不同颜色的经线各取一根成为一对或一副（表经和里经）[②]，穿综时以"对"为单位。综有起交织作用的交织综和起显花作用的提花综二种。前者可能用二片综框（即所谓"前综"），将偶数的各对经线（2—Ⅱ、4—Ⅳ等）都穿入第 1 片综框内，奇数的各对经线（1—Ⅰ、3—Ⅲ等）都穿入第 2 片综框内。提花综的数目和各片提花综的穿法，要依各织物的花纹来决定。我们的图中是使用第 3 至 7 等五片提花综。提花综的穿法与交织综的不同处，是每一对表、里经线中只有作为表经的一根穿过提花综，而不论奇数或偶数的各对经数，都须要有一根作为表经穿过它。至于哪一种颜色的经线作为表经，这里视花纹的需要而决

---

① 卫礼泽：《中国艺术》，1958，第 252 页；西尔凡：《额济纳河和罗布淖尔出土的丝织物研究》（英文版），1949，第 114 页。

② 武敏《新疆出土汉—唐丝织品初探》文中称之为"一枚"，实则这是由几个个体组成的一组。"枚"字一般指一个个体，"组"又和依颜色和作用分组的组相混淆，所以这文中称之为"对"或"副"。二根表里为一"对"，二根以上为一"副"。

定（图 9，丁 1）。织制时，交织综框（假定是二片），一般是放在提花综和坐织者之间（所以也称为"前综"），可以由坐织者以脚蹑控制；但提花综一般都是片数很多，便须要另一人提花。提花综一般不用硬综框，而使用提花线（drawcords），将有关的各提花线总为一束，其作用和综框相同，所以我们在这里仍称它为"综"。当织入第一根交织纬时，提起第 1 片综框（交织综）。织入第二根交织纬（这是图中第 3 根；图中是依全部纬线计算，即包括夹纬一起计算），须提起第 2 片综框。每相隔三根纬线便使用同样的综框一次。图中第 1、5、9、13、17 纬线都使用第 1 片综；第 3、7、11、15 纬线都使用第 2 片综，这样便组成了平纹组织。就顺序而言，每一次织入交织纬之后，须要接着织入一根夹纬，这须要放下"交织综"，提升"提花综"。在整片单色的部分，织入夹纬时须要提起所有同色的表经，即提升第 3（黑色）或第 4（白色）综。图中第 2、4、6 纬在全部黑色部分，须要使用第 3 综；第 8、10 纬在全部白色部分，使用第 4 综。至于由不同颜色组成的部分，便须依照需要而提升不同的各提花综（如第 5 至 7 综）。提综图（图 9，丁 1）中提综的顺序，参照组织图（图 9，丙 1），应该是（1、3）、（2、3）（1、3）（2、4）、（1、4）、（2、5）、（1、6）、（2、7）。总括起来，可以用图丁 2 来表示，n 代表不同的提花综。提综顺序是 1、n、2、n。就提综的程序而言，一个"提花综"放下后，便要提升一个"交织综"，这将使前一步已成浮线的经线延长成为浮长线，同时将其余的经线和纬线作成交织。这"交织综"放下后，便提升另一"提花综"，这常常是提起了前一"提花综"所已提过的花纹经线，同时又提起新的一组花纹经线。这样便将前一步成为浮线的经线完成为三上的浮线而结束，同时又开始提升另外一系列新的浮线。如果当

时已有筘，应将每对表、里经在穿综后再穿过同一筘齿，这样
不但可以使经线排列得疏密均匀，并且也使里经易于隐藏于表
经的底下，不会露出（图9，丁2）。

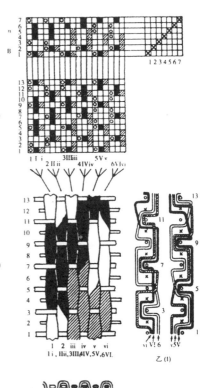

图10　汉代三色彩锦的织造图

说明（参阅图2和图9的说明）：甲、
结构图；乙（1）、纵切面图；乙（2）、横切面
图；丙组织图（1—6为白经，白圆圈代表
浮于纬线之上的白经；I—Ⅵ为黑经，黑方
格代表浮于纬线之上的黑经；i—vi为红
经，斜线方格代表浮于纬线之上的红
经）；丁、一种可能的穿综图（左）和提综
图（右），B（即1—2横行）代表"前综"即
"交织综"，n（3—7等横行）代表不同的提
花综。

三色汉锦的织法，基本上是和二色的完全相同。依照颜色
的差异，可将经线分作三组（图10中的1—6，Ⅰ—Ⅵ，i—iv）。
其中一组作为表经时，其他两组即作为里经。里经虽有两种颜

色的经线，但在组织结构上，它们只是作为一层。换言之，这里仍只有表、里二层经线，并没有表、中、里三层[1]。在这种意义来讲，它们仍然是"经二重组织"。三组经线各取一根作为一副（例如图10中的1—I—i 或 2—II—ii 等），将奇、偶数的各副分别穿入第1、2片交织框中；又依花纹的需要将各副中提出一根穿入各提花综中。如果有筘，再将每副的三根穿入同一筘齿中。提综的顺序是1、n、2、n。这些都是和二色汉锦相同的，观图自明（图10）。它和后者的主要异点是：（1）织物的背面因为露在背后表面的经浮线是由两组不同颜色的经线组成，所以颜色杂乱，轮廓线模糊，不像二色汉锦的背面也是花纹清楚，仅和正面的相反而已。有人以为汉锦都是背面也有清楚的花纹，并认为这是汉锦比汉代暗花绮较进步的优点之一[2]。这种说法只适用于二色汉锦，对于三色或三色以上的汉锦而言，这是不正确的。（2）这里作为表经的经线，因为和"交织纬"隔着两根里经，不像二色锦只隔着一根，故显得松懈一些，不像后者的紧凑，因之有时遮盖不住它下面的里经或纬线。

在理论上言，四色和四色以上的汉锦，可以采用四组和四组以上的不同颜色的经线来织制。但是因为表经只有一组，其余的都作为里经。里经的组数如果过多，便会使表经的浮线过于松懈。这样的织物不但不坚牢，并且因为隐藏不住过多的里经，花纹也变成凌乱和模糊。所以汉锦一般是使用二色或三色的组织法。如

---

① 武敏《新疆出土汉—唐丝织品初探》文中说它们有三层经线；又说一层为地色，一层为图案边缘，一层为图案的花色（第64—65页）；似乎将结构层次和图案配色混为一谈。

② 卫礼泽：《中国艺术》（英文版），1958，第252页。

果需要四色或四色以上，便需要采用分区的方法。在同一区中很少使用四色，迄今未见四色以上的[①]。分区的方法是在整个幅面上将经线分为若干区，每区中一般有三种不同颜色的三组经线。就整个幅面而言，它便可以多达四色甚至于五色以上了。

我们这件标本[②]便是采用这种分区法的三色汉锦织法织制的。虽然一共有五色：绛、白、绛紫、淡蓝、油绿，但是每一区中却不超过三色。就图版中的那一部分为例，由右而左，依经线的垂直线条可分为十二区。每区都有绛和白二色，此外第三色分别为绛紫、淡蓝、油绿等。所以它的织法仍是每区采用三组不同颜色的经线。依原大照片来量，正面显现的经线密度每厘米约 56 根，纬线 25 至 26 根[③]。由于它是三组经线的"重组织"，所以实际上每厘米有经线 168 根。

这件标本的花纹循环（pattern repeat），纬线循环约 3.9 厘米，经线循环似横贯全幅，当在 35 厘米以上。我们知道，斯坦因在罗布淖尔所发现的"韩仁"锦（L. C. 07a），连同幅边共宽 45.7 厘米，经线循环也是横贯全幅的[④]。就织法而言，我们这标本的每一纬线循环中约有 100 根纬，其中半数是提花纬（即夹纬）。所以除去使用二片交织综框以外，还须要提花综 50 综左右（"纬线循环"即每一花纹单元的高，是经方向的）。

---

① 西尔凡：《额济纳河和罗布淖尔出土的丝织物研究》（英文版），1949，第 112、172 页（西尔凡说，文献有"五色锦曰彩"，但实物未见）。

② 又见《文物》1960 年第 6 期，第 5 页，图一；第 6 页，图七；1962 年第 7、8 期合刊封面。

③ 武敏《新疆出土汉—唐丝织品初探》文中以为纬线 26 枚，经线 38 枚。后者颇有出入，不知何故。

④ 斯坦因：《亚洲腹地》，图版 XXXIV。又见沈从文等《中国丝绸图案》，第二图。

　　花纹的图案，如果除去铭文"万世如意"四字，每一单元的经线循环约 15.7 厘米。就现存的部分而言，从右侧开始，有一组流利的云纹，主干作侧卧的 Z 字形，末尾又向上蜗卷。在这主干的两侧，凸出的部分附着以如意头形的卷云纹，而凹进的部分附着以叉刺形的"茱萸纹"。本文中所谓"茱萸纹"，是指轮廓线有点像茱萸叶子的一种花纹①。它是由互相平行的三至四根上粗下细的曲线与一群二至四个螺旋纹所组成，形似叉刺，上端由一根叶柄般的短线和云纹的主体相连接。主体的尾部都有隶书铭文一字。这组云纹的左边，又是一组侧卧的 C 字形的云纹，末尾作箭头形，主干两侧附着一些螺旋纹和三个"茱萸纹"，后者有两个下垂、一个横放。再接着又是一组竖立的 S 形的卷云纹。这一组除了螺旋纹之外，末尾附着一个简化了的"茱萸纹"。图案的单元到这里为止，再向左，便循环重复一遍，不过隶书铭文的位置相同而文字有异。第一循环是"万世"二字，第二循环是"如意"二字，第三循环仅保存开端部分，似乎没有铭文。如果这件织物的横幅包括三个整个的花纹循环，再加上两侧幅边，它的幅阔当在 47 厘米左右。各个循环中彩条的配色，并不相同。

---

　　①　《邺中记》（《说郛》本）所列举的石虎织锦署各种锦名，有"登高"、"明光"、"茱萸"、"交龙"等，前二者当指织纹中的文字，后二者当指花纹。古人以为茱萸可以辟恶，或因此被采用为花纹。其叶形椭圆或蛋形而末尾尖锐，我们这种图案和它形近，可能便是古代茱萸纹。不能十分肯定，所以用引号以示慎重。安德鲁斯称它为"叉刺纹"（pronged element）。西尔凡称它为"叉形纹"（fork motif），并且以很长的篇幅来讨论它的来源和意义，以为由"羽翼纹"（Wing motif）变化而来的（《额济纳河和罗布淖尔出土的丝织物研究》，1949，第 128—138 页）。实则它仍可视为茱萸纹为较妥，因为它有时和别的植物纹在一起，但从来没有作为动物或羽人的羽翼（补注：《长沙马王堆一号汉墓》上集，1973，第 62 页，及图四八，4，以茱萸纹指一种富于写生风格的花叶的图案。本文仍暂时保留"茱萸纹"一称，以名前人所说的"叉刺纹"）。

就配色而言，这件标本以绛紫色为地。《三国志·魏志·东夷传》所说的赐倭女王"绛地交龙锦五匹"[①]，似乎便是指这种地色。这是汉锦中比较常见的地色。花纹由其他四色组成。白色的特别作用是作为隶书铭文和一部分卷云纹的镶边，使文字和花纹突出显明，但它有时也单独作为花纹的线条。绛紫、淡蓝和油绿三色都是作为花纹的线条，有的两侧以白色镶边，有的没有镶边。它们的分布是依上面所说的经线分区，所以花纹的同一线条，到另一区时便突然变为另一颜色。各区的宽狭，约0.9—2.7厘米不等。但就整个幅面而言，五彩缤纷，十分绚丽。

这一种花纹的汉锦，于1959年在内蒙古扎赉诺尔的东汉墓群中也有发现。就所发现的纹样摹本（摹写似乎有点走了样）来看[②]，它和尼雅的这件标本，似乎大同中仍有小异；残存的部分，铭文有"如"、"意"二字，花纹主要是由卷云纹和"茱萸纹"组成。但似乎花纹主体只有两组卷云纹，即Z字形的和C字形的，而省略掉尼雅的第三组S字形卷云纹，花纹循环便重行开始了。并且"意"字铭文的左边便已达织物的幅边。虽然有这样的小差异，但它们的相同处是达到惊人的程度。它们可能是同一织坊的制品，而输出到东西相距三千多公里的两个地方。右贝加尔湖南的伊尔莫瓦巴德的一座汉代墓中出土的汉锦，花纹和新疆罗布淖尔出土的一件，也几乎完全相同[③]。这是这种情况的另一例子。

---

① 《三国志·魏志》卷三○（百衲本，总第4529页）。

② 《文物》1961年第9期，第18页，图八。

③ 前者见鲁博—雷斯尼钦科《中国古代丝织品和刺绣》，第37页，图版XX-IV；后者见斯坦因《亚洲腹地》，图版XXXIX，器物号L.C.03。

另一种花纹的汉锦，即"延年益寿大宜子孙"锦，也在相距遥远的几个地方发现。在尼雅发现的男锦袍下摆的底襟一部分和男子锦袜及手套，都是这一种锦[①]。斯坦因在罗布淖尔也发现了几件（图11）[②]。更有意思的是远在苏联境内叶尼塞河畔的奥格拉赫提的公元2世纪的古墓中也发现了一片同样花纹的汉锦，还残存有"益""寿""大"三字（图12）[③]，可见这些汉锦是被当时各地人民所非常欢迎的。

这些尼雅的标本（图版4—2），我曾就实物的两块残片加以观察，它的右侧的幅边仍保存，幅边宽1.05厘米。现存的幅面共宽约40.75厘米。幅边部分是畦纹平织加夹纬，由蓝、绛、白三色单色竖直条纹组成，各阔约0.35厘米。每厘米经线约60根，越接近边侧越紧密，蓝条处达70根。纬线每厘米26至28双。花纹部分是用分区的三色汉锦织法所织成的，每厘米正面显露的经线约40至44根。因为它是三组经线"重组织"，实际上每厘米有经线120至132根（整幅当在5000根以上），但仍较上面所描述的"万世如意"锦为松疏。它的分区也没有像后者那么整齐，有时某一色的整区中间杂着另一区的颜色的经线一根或几根。各区也都有绛、白二色的经线，而另配以第三种颜色，合为三色一副。

---

① 《文物》1960年第6期，第5页，图二、图四（左）；第12页。

② 斯坦因：《亚洲腹地》，器物号：L. C. i. 06. 7、7a；iii. 04. 17—18. 图版 XLII。此外，另有一种"延年益寿"锦，如 L. C. 031. c，见同书图版 XXXIV、XXXIX（即沈从文等《中国丝绸图案》第四图红地"延年益寿"锦），虽也有一部分细节相同，乃是另外一种花纹，不要混淆为一。

③ 塔尔格伦（A. M. Tallgren）：《南西伯利亚奥格拉赫提的汉代墓地》，《欧亚北部考古学》（ESA），第11卷（1937）。补注：又参阅里布（K. Riboud）和鲁博-雷斯尼钦科《奥格拉赫提的新发现》，《亚洲艺术》（法文），第28卷（1973）第139—164页。

图 11 罗布淖尔发现的"延年益寿大宜子孙"锦（L.C.i.06、7、7a、iii.04.c；iii.17~18）颜色标识：（1）淡棕，（2）棕黄，（3）深棕，（4）墨绿，（5）深蓝（依据斯坦因《亚洲腹地》，图版 XLII）

图 12 苏联奥格拉赫提古墓中出土的"延年益寿"锦（根据塔尔格化）

这第三种颜色为宝蓝、浅驼（灰褐）或香色（浅橙色）。它也是以绛色为地（这件的绛色较"万世如意"锦绛地为深，并且带紫），白色为铭文或花纹线条的镶边。白色也有单独作为花纹线条的，但是绝大部分的这种花纹线条是使用其他三色，或镶白边，或不镶边，纬线黄褐色，是双线的（每一梭口通过两根纬线），基本上并不显露于表面。

至于花纹的循环，它的经线循环是横贯全幅的，当达40厘米以上。纬线循环约5.4厘米，包括约150根纬线，约须要提花综75综左右。整个图案的结构，幅面横贯着断断续续的云纹，间或附着以"茱萸纹"。在这些蜿蜒的曲线之间，满布着7至8个动物和隶书"延年益寿 大宜子孙"八字。具体加以分析，从右侧开始是一个隶书"延"字，靠近幅边。它的左侧下首是个类似狗形的动物（和"韩仁"锦的图案相对照，这应是老虎），头向左侧，伸首张口。它的左首，隔着云纹，是一个鹧鸪形或鸭形的鸟，站立在云纹的向下直转的线条上，所以位置恰和幅面成直角。鸟的左侧的第三个动物（第二个兽）是一个长伸着颈部的豹形动物，身上有些斑点，举步向左行（"韩仁"锦上这兽的头上有双角）。背上有"年"字，前足下有"益"字。"益"字下是一个侧卧着的Z形云纹。这云纹的左侧上方是另一个Z字形云纹。后者末尾的上面是"寿"字，下面悬挂着一个"茱萸纹"。更左侧，隔着另一个云纹是第三个兽。这个兽的尾部向上，后足向右，全身蜷曲，头部又向右。前两足分别显露于肩部的上下。头部和后足之间有"大"字，臀部的上面有"宜"字。"宜"字左侧下边有一朵"云纹"（?），更左又是一个"茱萸纹"。后者的上面似乎是一个图案化了的鸟纹，头部向上，足部向左。足部与站架联合成为十字纹（"韩仁"锦这部分是卷云纹）。"茱萸纹"的左边，隔着一个"子"字，是第四个兽形。这兽的左后足较低，右后足和前足向上爬，踏在有阶级的云纹上。这怪兽的身部有斑点，肩部有勾状物。它的吻部下方有一"茱萸纹"。更左又是一组 Z 字形云纹，左侧上方是第五个兽。这兽有点像山羊，头部似有两角。尾部向上折而向右，左后足向右高伸，右后足和前足向左侧前行，头部转向右方后视，两角向左。两角的左边上方隔着云纹有一"孙"字。更左是一个云纹。它的左侧下方是第六个兽。这兽的肩部有翅膀，可能是辟邪兽。它的头部向左，四足似向左奔跑（"韩仁"锦中这就是带翅的飞龙）。它的左侧下方有云纹，整个图案的现存部分，到这里为止[①]。所缺的似乎并不多。这整幅图案中，奔走活跃的各种怪兽，陪衬着流畅的云纹等，显得非常生动。和斯坦因发现的"韩仁"锦相比较，它们铭文不同，但鸟兽图案多相近似。

汉镜中除了这些有生动的鸟兽纹或卷云纹的花纹的标本之外，也有比较拘谨的几何纹图案。这次尼雅出土的菱纹锦（即斜方格纹锦），便是一例[②]。这是缝成女袜的（图版4—3，1）。我曾就实物的残片加以观察。它的右侧的幅边仍保存，宽约 0.75 厘米，是畦纹平织加夹纬，由绛紫和白色二条纹组成，共有经线 74 至 76 根（即每厘米有经线约 100 根），纬线每厘米 34 至 36 根。纬线是单线的，作黄褐色，并不显露于表面。花纹部分是用三色汉锦织法织制的，它只有三种颜色的经线，所以不必采用分区法。这花纹部分的正面显露的经线密度是每厘米 50 至 60 根，因为它是三组经线的重组织，所以实际上每厘米有经线 150 至 180 根。靠近幅边的部分较为紧密。幅面满布菱纹，但在菱纹和幅边之间有一

---

① 武敏《新疆出土汉—唐丝织品初探》文中说这锦中有老鼠，大概指第四个兽，但老鼠没有体部有斑点花纹的；又说是昂首的雄鸡，大概是第五个兽。男锦袍上这个兽形较为清楚，确为四足兽而非雄鸡。

② 《文物》1960 年第 6 期，第 5 页，图四（右）。

行白色的"阳"字和蓝色的四瓣花纹。花纹循环中，就菱纹部分而言，经线循环 1.5—1.8 厘米（约有经线 90 余根），纬线循环 2.3—2.4 厘米（包括纬线约 84 根）。这是指花纹循环而言，织制时纬线的循环可以减为一半。纬线的下半个循环可由于提综的顺序颠倒过来而织成。所以除了两片交织综框之外，这织物只需要提花综约 21 综。

这些标本的花纹的图案和配色，是以绛紫色为地；与前述两件的绛地比较它带着紫色的色调较多。花纹便由这绛紫色和蓝色及白色（稍带黄色）相间配合而成。白色带黄可能为丝的原色，未经漂白。幅边的白色条纹却是纯白色的。菱纹以白色线条作为界线。菱形依颜色可分为二横列，其中一列都是蓝地绛紫花，另一列是半数白地蓝花，半数全部绛紫色无花。第一菱形中的花纹是七至八行横条线或小三角组成的行列。整个幅面的花纹很是整齐有规则，但未免有点单调。

由于当时纺织技术条件的关系，不仅几何纹图案的图样很是规则严谨，便是鸟兽纹和云纹等的曲线的线条，有时也显得往复曲折如锯齿形一般。尼雅遗物中还包括一些汉代刺绣的标本。这些刺绣图样的线条比起织制的图样来，便看得出运用得更为流利生动，而且显得是一气呵成的[①]。

三

汉代的刺绣是和织锦齐名的，常常是"锦"、"绣"并称。它

---

① 补注：就时代而言，最早的织锦出现于战国时代，长沙左家塘战国墓便有出土（《文物》1975 年第 2 期，第 49—52 页）。中亚巴泽雷克 3 号墓出土的也是属于战国时代，6 号墓出有山字纹铜镜（《考古学报》1957 年第 2 期，第 37 页，图版一：1）。1982 年江陵马博一号战国墓，也出土了织锦（《文物》1982 年第 10 期，第 1—15 页）。

们被视为珍品。汉高祖八年令贾人"毋得衣锦绣"[①]。《后汉书》夸奖邓皇后的节俭，说"御府尚方织室，锦绣……之物皆绝不作"[②]。它们被作为珍贵的赠品，汉廷常遗赠匈奴以锦绣。文帝前六年的一次是"绣十匹、锦二十匹、赤绨绿缯各四十匹"。宣帝甘露三年赐"锦绣绮縠杂帛八千匹"。成帝河平四年"加赐锦绣缯帛二万匹"。元寿二年"加赐锦绣缯帛三万匹"[③]。两汉时，织锦的主要产地是襄邑，而刺绣是齐郡。东汉王充在《论衡》中说："齐郡世刺绣，恒女无不能；襄邑俗织锦，钝妇无不巧。日见之，日为之，手狎也。"[④]《汉书·地理志》说齐郡临淄县和陈留襄邑县都有服官[⑤]，可见西汉时便已如此。

　　刺绣与上面所述的织锦和暗花绮不同。它的花纹不是织成的，而是在已织好的织物上面用绣花针添附了各色丝线，绣出各种绚丽的彩色花纹。在高明的绣师的巧手中，绣针犹如画师的彩笔，可以绣出像绘画一般细致而流利的花纹，表达出绣师的技巧和个性。所以它的艺术性比织锦更高。又因为它不是由机械化的织机所制，而是完全由手绣刺出来的，同样花纹的一幅刺绣要比织锦费工夫多得多。所以绣比锦还要值钱。上引汉文帝赠匈奴的礼物，锦比绣多一倍。贾谊《新书》说："匈奴之来者，家长已上，固必衣绣；家少者必衣锦。"[⑥] 这似乎表示刺绣比文锦更为珍贵，只有

① 《汉书》卷一，《高祖本纪》（百衲本，总第 1236 页）。

② 《后汉书》卷一〇上（百衲本，总第 2683 页）。

③ 《汉书》卷九四，《匈奴传》（百衲本，总第 2322、2338、2342、2345 页）。

④ 王充：《论衡》卷一二，《程材篇》（《四部丛刊》缩本，第 122 页）。

⑤ 《汉书》卷二八上（百衲本，总第 1604、1609 页）；卷七二《贡禹传》中也说："齐三服官作工各数千人，一岁费数巨万"（总第 2086 页）。

⑥ 贾谊：《新书》卷四《匈奴篇》，《四部丛刊》缩本，第 32 页。宋淳祐八年长沙刻本，"少者"上无"家"字。

"家长以上"才穿服，一般"少者"只穿锦衣。就考古发现而言，汉绣虽没有像汉锦那样普遍而远及各处，但也发现得不少。除了这次尼雅的发现之外，在罗布淖尔①、诺音乌拉②、帕尔米拉③和怀安及武威汉墓④五处曾发现过汉绣。比汉代更早的实物，有殷代一个铜觯上所附粘的菱纹绣⑤，东周时巴泽雷克的凤纹绣⑥，以及长沙楚墓和江陵马博一号墓的凤纹绣⑦。

　　尼雅出土的汉绣有好几件，都有非常精美的花纹。它们都是在单色细绢上用锁绣法（chain stitch，或称辫绣法）绣上花纹的。刺绣的针法，现在有几十种之多，但锁绣法仍是基本针法之一⑧。这种绣法在古代希腊也是被采用过的，在苏联境内的克里米亚公元前 4 世纪的希腊遗址中便曾发现过用这种锁绣法的毛料织物。锁绣法的针法如图 13，甲、乙。当绣针由 a 点处刺出织物正面的时候，将绣线在针的前面绕弯成一环折，然后将针由 a 点附近的 b 点处刺回到织物背面去，再由绕成环折的绣线的环内中央偏左的 c

　　①　西尔凡：《额济纳河和罗布淖尔出土的丝织物研究》（英文版），1949，第 142—145 页；斯坦因：《亚洲腹地》，第 235 页。

　　②　鲁博—雷斯尼钦科：《中国古代丝织品和刺绣》，第 13—15 页，图版 XX、XXI 等。

　　③　普菲斯忒：《帕尔米拉出土的汉代丝织物》，图版 XI（S 40）。

　　④　《文物》1958 年第 9 期，第 10 页，《怀安汉墓出土刺绣》（附彩色图）；武威磨嘴子汉墓出土的刺绣和织锦，见《考古》1960 年第 9 期，第 25 页。

　　⑤　西尔凡：《殷代丝织物》，《远东博物馆馆刊》第 9 卷，1937，第 123—124 页，图 4。

　　⑥　鲁博—雷斯尼钦科《中国古代丝织品和刺绣》，第 50 页，图版 XLIX-L。

　　⑦　《文物》1959 年第 10 期，第 68—70 页，图 14—17，补注：《文物》1982 年第 10 期彩色版。

　　⑧　V. 俾累尔（Birrell）：《纺织艺术》（Textile Arts），第 349—357 页，1959；参阅顾公硕《顾绣与苏绣》，《文物》1958 年第 9 期，第 19 页。

点处刺出织物正面。然后每针都由前一环折内中央偏右处刺入背面，在另一新的环折内中央偏左处刺出正面。这种锁绣法，由于a、b两点的密接或分开，使环折的圈子成为闭口或开口。闭口的锁绣多使用于花纹的镶边或较细的线条；开口的锁绣多用于填充花纹中的平面。汉代锁绣的变化针法，有将针刺入一根绣线的中间使它分离为两半，以取得环折的效果。这种变化针法较少见[①]。汉绣也有使用平绣法的（Surface satin-stitch or simple line stitch），例如诺音乌拉出土的一件花卉图案的汉绣[②]，但不多见。或以为到隋唐时才有平针绣，这是不正确的。上文提到的殷绣，似也属于平绣；至于长沙和巴泽雷克的东周时代的标本，是用锁绣法的。

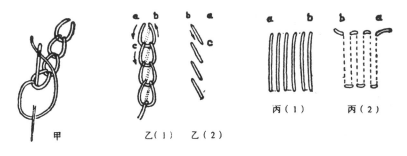

图 13　汉代刺绣法

甲　锁绣法（即辫绣法）用针示意图　乙（1）、乙（2）　锁绣的
正面和背面　丙　平绣法，（1）正面、（2）背面

---

① 西尔凡：《额济纳河和罗布淖尔出土的丝织物研究》（英文版），1949，第142—143页，图八八、八九；鲁博—雷斯尼钦科：《中国古代丝织品和刺绣》、第14页，图版Ⅱ（3）。

② 鲁博—雷斯尼钦科，上引书，第15页，图版Ⅱ（6）、LⅢ（MP1207）。

这几件美丽的汉绣标本，首先要推男裤脚上作为边饰的那件绿地动物花草绣（图版4—4）[①]。它是以草绿色的细绢为地，以锁绣法用绛紫、宝蓝、湖蓝、正黄、藕荷、纯白等各色丝线，绣出成束的卷草、成丛的金钟花、菱形的涡旋纹、豆荚形的对叶，还有藏在叶丛中露出有大耳朵的兔头和带爪的前足。纯白和绛红两色常作为镶边和细线条。花纹既瑰丽奇离，又显得活泼生动。花纹的第一图案单元约纵横11—11.2厘米，循环反复，但每一单位的细节都微有差异，不像织锦的花纹那样整齐划一。

另一件汉绣是女内上衣袖的边饰的刺绣（图版4—3，2）[②]。这是以翠蓝色细绢为地，用各色丝线绣出花草和小鸟。小鸟张口瞪目，头的上部耸立竖羽三根。翅翼向后转弯，尾部下垂内卷。它虽不是完全写实的，却也活泼可爱。在鸟嘴下和花草间还点缀着一些圆点，也许是代表果子。

另一件标本是作为镜套的正面（图版4—5）[③]。这也是用绿色细绢为地，用锁绣法以各色丝线绣出卷草和圆点。它和上述的小鸟花草纹中的花草有点相似。圆点纹也是用锁绣法由中心起作螺旋线向外绕成一个圆点。罗布淖尔的汉绣中也有同样方法所绣成的圆点纹[④]。

[①] 《文物》1960年第6期，第12页，第5页、图三，第6页、图八；即武敏《新疆出土汉—唐丝织品初探》文中刺绣标本一。

[②] 《文物》1960年第6期，第12页，又第6页、图一〇；1962年第7、8期合刊，第5页，图二；武敏《新疆出土汉—唐丝织品初探》文中标本二。

[③] 《文物》1960年第6期，第11页，又第6页图一一（右）；即武敏《新疆出土汉—唐丝织品初探》文中标本四。

[④] 西尔凡：《额济纳河和罗布淖尔出土的丝织物研究》（英文版），1949，图八六，图版I、D。

这些汉绣显示了高度的艺术想像力和熟练的技巧。在诺音乌拉出土的汉绣中，还有"茱萸纹"和写实的鸟兽纹[①]，并且还有在织锦上刺绣的[②]，可算是"锦上添花"了。

就纺织技术而言，汉代暗花绮和彩锦，较刺绣更为重要，因为它们代表当时世界上纺织技术的最高水平。上面已经说过，它们的那种精致繁复的图样，普通的简单织机[③]是不能胜任的。整幅的织锦所用的经线达 5000 余根。花纹的每一循环，繁复的须要 50 至 75 综。文献上也曾提到曹魏时的织机有 50 至 60 片综和 56 至 60 蹑的，更有多到 120 镊的[④]。这里的"蹑"或"镊"，也有写作"篗"的，似乎泛指提花工具，可能是指举起提花综的提线束，并不一定指以脚践踏的。脚踏的蹑不能多到 60，甚至于 120。这种织物就须要有类似后世提花机的一种有提花设备的织机。当汉代丝织物传入罗马时，不仅丝质的光泽柔软为罗马等国人民所赞赏，它的"遍地循环花纹"（all-over repeat-patterned）的繁复美丽，也更引起他们的惊奇赞叹。西方虽想学会如何织制这种循环花纹的织物，但是很久以后才制成了简单的提花机。关于西方什么时候开始有提花机，现在还没有一致的意见。有人以为是 7 世纪以后，或以为

---

① 鲁博—雷斯尼钦科：《中国古代丝织品和刺绣》，图版 XLIV、LI-LII。

② 鲁博—雷斯尼钦科：《中国古代丝织品和刺绣》，图版 XXXVI。

③ 汉代的简单织机，可参阅宋伯胤等《从汉画像石探索汉代织机构造》，《文物》1962 年第 3 期，第 25—30 页。

④ 见《三国志·魏志》卷二九（百衲本，总第 4505 页）。"百二十镊"机，见《西京杂记》卷一（汉魏丛书本），可能是指晋时情况，伪托为西汉。晋博玄《博子》（叶德辉辑，观古堂刊本）卷二《马钧传》，推《太平御览》作"蹑"，据宋本《意林》卷五作"篗"。

6 世纪①，或以为早到 3 世纪在波斯、拜占庭、叙利亚和埃及可能便已开始应用简单的提花机，直到 13 世纪末期才趋于完善②。但是都承认较中国为晚，并且可能是受到中国的影响。另一个可能的影响，是织机上踏蹑的设备。上面提到的汉代画像石上的简单织机已有这种设备，但是欧洲到 12 至 13 世纪织机上才出现踏蹑③。西亚和欧洲古代使用立机，埃及早期使用平机，后来也使用立机。我们知道在立机上是很难采用踏蹑的，所以很早便使用平机的中国可能是最先发明这设备，西方后来发展了平机，可能由中国的影响而采用了这设备。西方对于中国丝织品的需求和仿制是刺激近东纺织技术发展的一个重要因素。

在 6 世纪左右，中国的养蚕业也传入西方。在此以前，叙利亚织工往往由中国输入丝和丝织物。《后汉书》说，安息国（波斯安息王朝）以汉缯绫与大秦国交市。《三国志》裴注引《魏略·西戎传》说：大秦国"常利得中国丝解以为胡绫，故数与安息诸国交市于海中"④。这"大秦国"是指罗马所属的叙利亚等地。可见当时还没有学得中国的养蚕法。《大唐西域记》卷十

----

①　前者见西尔凡等《公元五～六世纪的希腊晚期花纹的一件中国丝织物》，《东亚杂志》（Ostasiatische Zeitschrift），第 21 卷（1935），第 22 页。后者见 J. Lowry《汉代织物》，《东方美术》（Oriental Art），第 6 卷（1960），第 2 期，第 69 页。

②　西蒙斯（P. Simmons）：《中国纺织物研究的新发展》，《远东博物馆馆刊》第 28 期（1956），第 22 页。福贝斯：《古代技术研究》第 4 卷（1956），第 215 页。法拉内干（J. F. Flanagan）因为提花织物的出现在拜占庭是公元 4 至 5 世纪，较波斯为稍早，以为提花机的传播可能是由西而东的（《Burlington Magazine》，第 35 卷，第 167—172 页，1919）。这是因为他当时不知中国的提花的锦绮较拜占庭更早几世纪。

③　福贝斯，上引书，第 214—215 页。

④　《后汉书》卷八八《西域传》（百衲本，总第 3824 页）；《三国志》卷三〇，裴注引文（百衲本，总第 4531 页）。宋代安南还有将中国丝织物购去拆取丝线以自织的，见周去非《岭外代答》卷六《安南绢》条（《丛书集成》本，第 65 页）。

二说，约5世纪中叶，东国一个公主出嫁到瞿萨旦那（今和阗）时，把蚕种藏在她的帽里带去。另一故事说，约550年左右，两个波斯僧把蚕种藏在竹杖中，从中国带去进献给拜占庭帝国查士丁尼皇帝[①]。中国古代未必有禁止蚕种出口的事[②]，但这些传说可以表明约到6世纪，西方才由中国学得养蚕法（传到和阗可能稍早）[③]。

四

西亚古代纺织技术的传统是斜纹组织（当然也有平纹组织），以及以纬线起花。他们由中国学去了养蚕法和提花机，但是不仅花纹图案常保留他们自己的传统，便是织锦的技术方面，也保留了他们的纬线起花和斜纹组织。中国为了满足西方市场的需要，在隋代和初唐，中国丝织品的图样有些便采用波斯的风格。在织锦的技术方面，有时也受到波斯锦的影响。

---

① 张星烺：《中西交通史料汇编》，1930，第一册，第76—77页。他所引的是6世纪的东罗马史学家普洛科匹阿斯（Procopius）和提奥方尼斯（Theophanes）的著作。

② 补注：《汉书·汲黯传》注：应劭引汉律云："胡市吏民不得持兵器及铁出关。"《景帝纪》："禁马高五尺九寸以上，齿未平，不得出关。"（服虔曰：马十岁，齿未平）《昭帝纪》"（始元五年）罢天下亭母马及马弩关。"（益康曰：旧马高五尺六寸，齿未平，弩十石以上，皆不得出关，今不禁也）未闻有禁蚕种出关之事。

③ 再补注：M. Loewe以为，查士丁尼时似未曾学会养蚕，拜占庭将丝绸工业国有化，其目的在压低丝的价格，减少商人的利润，丝织物都在国有工场中生产而已；8世纪时情况有所变化，波斯可能已有养蚕，后西西里（12世纪）、意大利半岛（14世纪），最后法国里昂（16世纪）也先后养蚕织绸（JRAS. 1971. NO. 2, P. 178）。

　　1959—1960 年，新疆博物馆在发掘吐鲁番附近 5 到 8 世纪阿斯塔那墓地[①]时，发现了大批那时期的各种丝织品。这里也有刺绣、暗花绮（图版 4—6，1）和多彩的织锦。刺绣的针法，锁绣和平针绣都有。暗花绮的织法，据武敏同志的研究，都是"素地起二至三枚经斜纹提花"，但据她所绘的组织图，实和汉绮第一种织法相同，是经线起花的平纹组织。花纹和北朝至唐初的织锦，风格相同[②]。织锦最引起我们的兴趣，下面作为重点来讨论（现已发表的丝织品遗存，主要的是属于 6 至 7 世纪的）。

　　北朝和唐初的织锦中，有织法和汉锦相同的重组织平纹的经锦；它们的花纹也近似汉锦，图案单位成行排列，题材多为禽兽纹（图版 4—7，1、2），也有树纹（图版 4—6，2）。花纹多对称，禽兽纹常是相对而立，和汉锦上禽兽纹常用卷舒的花纹作背衬、翔动多变化者风格稍有不同。但它们仍可视为汉锦图案的继续。这一类织制技术和图案风格的彩锦，从第 6 世纪中叶起逐渐消失。这时逐渐兴起以至于盛行的是一种重组织斜纹的经锦，花纹多为错落散布满幅的植物图案。这种花纹也有重组织平纹的，但以重组织斜纹为多。例如小团花锦（图版 4—8）、菱花锦和规矩纹锦（图版 4—9，1、2）。这些都出于 7 世纪的墓中。这时期中也发现了一些带有典型的波斯萨珊朝式纹锦的中国丝织品以及一些可能是波斯或中亚的丝织品。这里

---

　　① 305 号墓中虽出有西秦建元二十年（384）的作为领衬里的纪年文书（《文物》1960 年第 6 期，第 19 页），但这墓可能仍不早于 5 世纪。斯坦因在这墓地曾发现 8 世纪的墓。

　　② 武敏：《新疆出土汉—唐丝织品初探》，第 68—69、73 页，图 5、6、11，又第 3 页彩色图，第 5 页图 1，第 8 页图 7。

发现的各种丝织品很多，现正在研究中[①]。我们这里举一两件加以描述和分析，以为例子。

一件"球路对马"纹的织锦，是该地 302 号墓中出土的。原来同样花纹的有两件（但织法不同），分别作为女尸的覆面和胸饰。墓中有永徽四年（653）墓志，可以确定织物的年代[②]。斯坦因从前在这墓地中 IX·3 号墓内，也曾发现同样花纹的"球路对马"锦，是作为尸首覆面之用。那一墓也有墓志，系延寿五年（625），比我们这 302 号墓早 28 年[③]。我们这件标本，橙黄色地，以深蓝、草绿和白色（微带粉红色）三色作为花纹。织法仍是汉代经线起花的三色织锦法，但是花纹的位置对于经线的方向而言，却作了九十度的倒转；使人容易误认为纬线起花。经线也是分区的，每区中除了橙、白二色之外，或是深蓝，或是浅绿，仍是只有三色。依照我所得的照片（比例约十分之九）来算，每区阔度约 0.9—5.4 厘米不等。花纹循环中，纬线循环 7.5 厘米，经线循环（如果是二个连珠圈的循环）当在 18 厘米左右。经线密度正面每厘米显露约 54 根，三组经线共达 162 根左右。纬线每厘米约 32 至 34 根。一个纬线循环须要约 240（32×7.5）根纬线。因为是两半对称的花纹，所以纬线循环只需要一半纬线（即 120 根左右），另一半可用同样的综，只要颠倒它们提升的顺序，便可织成整个循环。梭口一半是用交织综框二片，另一半是提花综若干片，总

---

① 参阅武敏《新疆出土汉—唐丝织品初探》，第 65—69 页。故宫博物院魏松卿同志也曾赴新疆对实物作研究。

② 《文物》1960 年第 6 期，第 16—17、18 页；这两件花纹虽同，而织法异。其中一件系"二枚经斜纹"，即武敏文中织锦第二二号，图见《文物》1960 年第 6 期，第 2 页图一；另一件是"经畦纹"。

③ 斯坦因：《亚洲腹地》，第 666、677、708 页，图版 LXXX（标本号 Ast. ix. 3.02）。

数只要 60 综左右便够了。

它的花纹图样，主要的是由两横列的圆圈组成。圆圈的边圈色蓝或绿，边宽约 0.8—0.9 厘米，边上布满 16 个白色的圆球。这种以联珠组成边圈的圆饰（Medallion with Pearl-border），是波斯萨珊朝的常见的图案。元人陶宗仪《辍耕录》说，唐宋书画所用锦褾，名目中有"毬路"纹，当即指此①。圆圈中是白身深蓝轮廓线的对马纹，但两组的马纹和陪衬的花纹都不相同、上面一横列各圆圈中的对马，马有翅膀，当为"天马"，昂颈相对，一前足向上腾起，作疾步前行的姿态，马颈上有一对向后飘的绶带，四足也都扎缚有绶带。这种颈和足有绶带的天马，在埃及安丁诺（Antinoe）的 6 至 7 世纪的丝织物上也有发现，一般认为是受波斯的影响②。马头以上的空白处，有一对蝴蝶结状物和两朵六瓣梅花纹。马脚以下是一组蓝色和绿色的花卉图案，由中央一个莲蓬形物，下垂三瓣莲花和两侧蔓生的卷叶组成的。下一横列各圆圈中的对马，俯首作食草的姿态，肩上也有翅膀。但颈部和四足没有绶带。两马中间有一竖直的树干，到马背以上分枝，有七丛绿色树叶，分为二列，上三下四。马脚以下是几朵仰着的莲花纹，白地深蓝色轮廓线。每两个毗连的圆饰之间，都以一朵八瓣的梅花纹相连。四个圆饰之间的空隙处，有四朵绿色或蓝色的忍冬花纹，由一个六点组成的中心，向四面射出。这些花卉图案，有的也是受了外来的影响。斯坦因所发现的那件花纹完全相同的唐锦，也说是"经畦纹"组织（"warp-rib" weave）。这件大概是中国织

---

　①　陶宗仪：《辍耕录》卷二三，书画褾轴条。元费著《蜀锦谱》中也有"真红雪花球路锦"（宛委山房本《说郛》卷九八）。

　②　O. v. 发尔克（Falke）：《丝织艺术史》，图二三、二四；第 5 页，1921 年第二版。

工采用西方图案在中国织制的。这使人想起了清代为了出口而制绘"洋彩"的瓷器①。

我们这次在同一墓（302号）中所得另一件花纹几乎相同的彩锦，却是采用另一种织法的（图版4—10）。据武敏同志的观察，这是一种提二枚压一枚的夹纬的经斜纹织物②。依照片观察，经线密度每厘米表面显露约54根，夹纬和交织纬各约17根（共34根纬）。这件花纹仅有一种对马纹，即昂颈相向的一对，却没有俯首向地的一对。因之花纹循环中，纬线循环仍是7.5厘米，但经线循环仅有9厘米左右。武敏文中附有经斜纹织纹结构图和切面图，但未作进一步的分析（可参阅本文图14）。

最后，我想谈谈纬锦的问题。在罗马晚期和波斯萨珊朝时，西亚和中亚的织锦是纬锦，不是经锦，因为西亚的纺织传统是用纬线起花的。这种纬锦，经线有交织经和夹经（即暗经），正好像汉锦有交织纬和夹纬。夹纬不起交织作用，只是为了提花。地中海沿岸各国的纬锦中这种夹经是单线的，但是波斯是用双线，甚至于有三线的③。这种纬锦最初也是平纹的"重组织"，如果没有幅边，很容易被误认为与汉锦相同的经锦。西尔凡曾指出斯坦因和安德鲁斯便曾将罗布淖尔楼兰故址出土的二件平纹纬锦

---

① 补注：古代中国织工采用中亚或近东的图案，最好的例子是1964年阿斯塔那18号墓中出土的一件锦覆面。花纹是图饰中牵驼图，但织有汉字"胡王"二字。这墓的年代，根据墓志应是公元589年。锦是以平织为地，经线起花。见《新疆出土文物》，第53页，图八二，文物出版社，1975，和《文物》1973年第10期，第16页，又图版一，2（《新疆出土文物》中误以为1962年出土）。

② 《文物》1960年第6期，第2页图一：也即武敏《新疆出土汉—唐丝织品初探》文中第二二号标本彩锦。组织图见武敏文中第66页图三。图中切面图的表、里二经交换位置时，黑色经线有时在白色经线的左侧，有时在右侧，似乎不合实际情况。

③ 西尔凡：《额济纳河和罗布淖尔出土的丝织物研究》，1949，第147页。

（L. M. 1. 06 和 I. ii. 05）和阿斯塔那出土的 6 世纪的墓中一件平纹纬锦，都误认为平纹经锦（"经畦纹"）；其中阿斯塔那的一件（Ast. vi，I. 03），仍保存有幅边，可以看出确是平纹纬锦[①]。

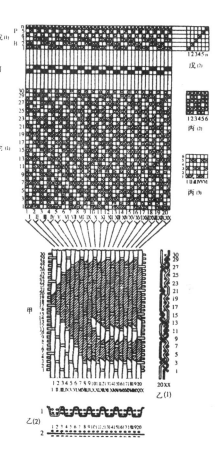

图 14　重组织斜纹经锦的织造图

说明（参阅图 2 和图 9 的说明）：甲、结构图；乙(1)、纵切面图（○为交织纬，×为夹纬）；乙(2)、横切面图（1 为交织纬，2 为夹纬）；丙(1)、组织图（1—20 为白色经线，I—XX 为黑色经线）；丙(2)、底纹部分的表经的基础组织（5/1↖斜纹组织，飞数为 2）；丙(3)、底纹部分的里经的基础组织（11/12↖斜纹组织，飞数为 2）；丁、穿筘图；戊(1)、一种可能的穿综图（B，即 1、2、3，为交织综；P，即 4、5、n，为提花综；V 代表可能有关的经线）；戊(2)、提综图。

①　西尔尼：《额济纳河和罗布淖尔出土的丝织物研究》，1949，第 150 页，图九八。

我们知道，西亚古代的织物原料，主要是亚麻和羊毛。彩色织物因为亚麻不易染色，所以基本上是使用羊毛。羊毛纤维短，必须拈成毛线，而毛线易于纠缠和松散，所以用它作经线，密度需要疏朗，而又须要拉紧。毛线的纬线拈得须较松，以便具有较大程度的屈曲，以绕着张得很紧的经线；并且纬线要以筘或刀打得较为紧密。这样便呈现纬面凸纹。如有花纹，它们也是纬线起花。我国古代高级织物使用丝线。丝线不但很长（缫丝可长达800—1000米）①，而且强韧光滑；所以在织机上经线虽很紧密，也不会纠缠，而且可用弱拈或不加拈的丝线作为经线，强韧均匀，是最好的经线材料。这样，我国的丝织物经线紧密，而纬线较疏而不显露，所以是经面组织。如有花纹，也是采取经线显花的方法。这是纺织技术上两种不同的传统②。后来西方也采取了我国的丝作为原料，也采用了简单的提花机，并且还有以汉锦的平纹"重组织"法织制的。但是由于传统习惯的关系，也由于未能彻底了解丝的性能的关系。他们对于丝经线常加紧拈，不像我国古代一般织锦以不加拈的或弱拈的丝作为经线。他们仍保留传统的纬线显花法，将汉锦的经纬关系颠倒过来。最初仍是平纹的纬锦，后来才有了斜纹的纬锦。

斜纹组织是中亚及西亚的纺织技术的另一个特点。他们虽然也用平纹组织，但较早采用斜纹组织。最初用手提经织制时，斜纹组织的长浮线较多，交织点较少，提经较少，可以省事一些。后来用综框，要比平纹组织至少要多用一综框。斜纹的毛织物，在新疆曾发现于东汉时的遗址中③。在叙利亚的帕尔米

---

① 西尔尼：《殷代丝织物》，《远东博物馆馆刊》第9卷，1937，第123页。

② 卫礼泽：《中国艺术》，1958，第226 229页。

③ 斯坦因：《塞林提亚（Serindia）》，第547页，图片 XIV III（M. X. 002a）。

拉，曾发现 3 世纪纬面的斜纹毛织物，并且当时似乎已有三片综框的斜纹的织机。后来更有了斜纹的提花机。福贝斯以为前者可能起源于叙利亚，后者起源于波斯[1]。至于我国，在隋唐以前虽已有以经浮线作斜纹显花的，但织物的基本组织仍是平纹组织，只是平纹的一种变化组织。中亚和西亚的纬锦，最初是仿照我们的平纹组织，后来参照平纹织锦，加以变化，才发展为斜纹组织的织锦[2]。

　　按安德鲁斯和阿克曼的研究，斯坦因在阿斯塔那 6 至 8 世纪的古墓中所发现的许多波斯式的织锦，便是纬线起花的斜纹"重组织"的织锦[3]。图 15 便是这种织锦组织的一个例子。纬线依颜色的多少要有两组或两组以上不同颜色的纬线。织机旁须有一个小箱子或盒子，以放置缠有单一的某一种颜色丝纬的各梭子。纬线中一组作表纬，其他组作为里纬。经线只有一色，一般是隐藏在纬线下不显露，但要分为交织经和夹经。表、里两纬采用不同的组织，在我们的图中，地纹部分表纬为 1/5↗缎纹（实则缎纹只是斜纹的一变种，又如仅计算交织经，则为 1/2 斜纹）的纬面组织；为了使里纬不露于织物表面，里纬一般用经面组织，我们例子的里纬是 3/1、1/1 的复合斜纹 。这二者分别作为表、里两纬的基础组织（图 15，丙 2、3），二者的排列比为 1：1，构成重

---

　　①　福贝斯：《古代技术研究》第 4 卷（1956），第 208、213 页。

　　②　P. 阿克曼（Ackerman）：《波斯纺织技术》，见 A. U. 波普（Pope）主编《波斯艺术综览》（Survey of Persian Art）3 卷（1939），第 702—714、2183—2184 页。又参阅法拉内干，前引文。

　　③　P. 阿克曼：《波斯纺织技术》，第 702—704、714、2184 页，图七〇三；斯坦因：《亚洲腹地》，Pl. LXXVI。又太田英藏《"天工开物"中的机织技术》，见《天工开物研究论文集》中译本，1959，第 110—111 页，图三。参考苏州丝绸工业专科学校编《织物组织教材》第五章第二节重纬组织，1960。

纬组织图如丙1。我们的例子是"纬二重织物"，以黑、白二色纬线织成，组织图中梭口 1—4 是白色作为表纬，若将表、里两纬交换，白纬用经面组织，黑纬用纬面，使黑线具有比白色更长的纬浮线，则这长浮线升到织物的表面，遮盖住白线，织物这一部分便显呈黑色如图中梭口 8—10。为了织成花纹，有时每一副的表里纬中只有一部分上下交换如图中梭口 5—7，这样便呈显各种不同的花纹。

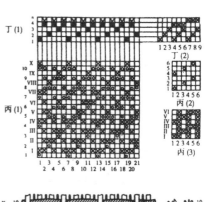

图15 织锦的纬线起花斜纹
重组织的织造图

说明(参阅图 2 和图 9 的说明)：甲、结构图(右下角切除去表纬，以揭露 12、14 等夹经、13、15 等交织经以及里纬的关系；1—10 为白色纬线，I—X 为黑色纬线)；乙(1)、纵切面图(第 20 道经线是夹经，第 21 道经线是交织线)；乙(2)、横切面图(小圆圈为交织经，×为夹经)；丙(1)、重纬组织图(小圆圈代表浮于白纬之上的经线)；×代表浮于黑纬之上的经线；丙(2)、地纹部分的里纬的基本组织；丙(3)、地纹部分的表纬的基本组织；丁(1)、穿综图(1—3横行代表斜纹织机的交织综，4—n 横行代表提花综)；丁(2)、提综图(相当于近代织机的"纹板图")。

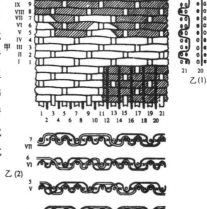

穿综的办法，交织经是依照 $1/2\nearrow$ 斜纹组织的穿法，即提一根压二根的纬斜纹，一共有三片交织综框（图 15，丁 1 之 1—3）。夹经是依照图案花纹的需要而决定提花综的数量和各综的穿法。我们图中表示一个可能的穿提花综法，其中一综可以提升全部的夹经（图中第四综），其余的综（n 综）依照花纹决定如何穿法。提综的方法，在我们的提综图中，如图丁 2，除了专提交织综的第 1 至 3 等提之外，有第 4 至 6 等三提将三个交织综（第 1—3 综）分别和第 4 综一同提起。此外则有 7—9 提等，将三个交织综与分别第 n 综一同提起。提综的顺序。在我们的图中表、里纬的排列比是 1：1，所以投入每一副表、里纬时，必有一次是提升管辖交织综的 1—3 之一，另一次是提升兼管提花综和交织综的 4—9 中之一（图 15，丁 2）。我们图（图 15，丙 1）中提法的顺序，依照提综图（丁 2）的号码，应该是（1，4），（2，5），（3，6），（1，4），（2+n_1，8），（3+n_1，9），（1+n_1，7），（5，2），（6，3），（4，1）。每一括弧中代表一副表、里纬，即 1—I 至 10—X。每一括弧内所提升的经线，都是有一次和交织综（1—3）之一有关，另一次和兼管提花综和交织综的 4—9（即 n）之一有关。

据阿克曼的研究，斯坦因所发掘的阿斯塔那墓地出土的猪头纹锦（Ast. i. 6.01）和颈有绶带的立鸟纹锦（Ast. vii. 1.01）等都是这种织法的斜纹纬锦，并且说它们可能是萨珊朝波斯东部即中亚地方所织制的[①]。我们这次在阿斯塔那的发掘中，在 325 号墓（661）的出土物中，也有猪头纹锦（图版 4—11，2）；在 332 号墓（665）也出土有颈绕绶带的立鸟纹锦（图版 4—11，1）[②]。这些织

[①] 阿克曼：《波斯纺织技术》，第 706—714 页。

[②] 武敏：《新疆出土汉—唐丝织品初探》，第 67、74 页，标本号：织锦二六号、三二号；第 7 页，图五、六。

**图 16 乌孜别克的巴拉雷克一节彼遗址
壁画中的锦衣（依据阿尔拜姆）**

锦的花纹图案自成一组，不仅与汉锦不同，便和隋唐时一般中国
织锦也大不相同，但是和中亚和西亚的图案花纹几乎完全相同。
例如猪头纹锦，在阿富汗巴米扬的壁画中，便有这图案；在苏联
乌孜别克的巴拉雷克一节彼遗址（公元 5 至 6 世纪）的壁画中，
一个伊朗人类型面貌的人物，便穿有满布猪头纹织锦的翻领外衣

（图16）①。颈有绶带的立鸟纹，也和我国旧有的鸾鸟或朱鸟纹不同。它的颈后有二绶带向后飘飞，口衔有一串项链形物，下垂三珠。颈部和翅膀上都有一列联珠纹。这些都是所谓萨珊式立鸟纹的特征。新疆拜城克孜尔石窟的壁画上（图17），以及波斯萨珊朝银器刻纹上，都有具有这些特征的立鸟纹②。这些动物纹，一般都围绕以联珠缀成的圆圈（即所谓"球路"纹）中，这也是萨珊式花纹的特点。

图17　新疆拜城克孜尔石窟壁画中的鸟纹图案（依据勒可克）

不仅花纹方面如此，便在纺织技术上，它们也自成一组。它们所用的丝线，都加拈得较紧，不像汉锦的丝线多不加拈或加拈也很松。它们的织法，都是采用斜纹的重组织。经纬线的密度较疏朗。"重组织"的夹线（夹经或夹纬），常是双线的。此外，据

①　阿尔拜姆（л. и. Алъбау M）：《巴拉雷克—节彼（Балалъ Ik-Tene）》（俄文版），第145、182—183页，图一〇八、一〇九、一三五，塔什干，1960。

②　普菲斯忒：《萨珊式鸡纹》（法文），《亚洲美术评论》（Revue des Arts Asiatiques）第13卷第1期（1939—1942），第28—33页。

我所知道的，前人研究的结果，都认为这一组的斜纹重组织的织锦是"纬锦"，不是"经锦"。武敏文中独提出异议，以为这一组也和其他的平纹"重组织"的汉唐织锦一样是"经锦"。我曾承武敏同志寄来一张带有毛边的"大鹿纹锦"相片（似系334号墓出土的），武敏认为这"毛边"是轴头，因之以为是经锦。但我细察照片，并和一些纬锦相比较，似乎实属幅边，因之这织物似是纬锦。这是一个重要问题，希望能早日加以解决。（补记：我曾与现已去世的故宫博物院魏松卿同志讨论过这个问题。魏同志曾专门为了鉴定吐鲁番这批丝织物去过新疆。他也认为这种萨珊式花纹的织锦是纬锦，不是经锦。可以说和我在前面所说的意见，不约而同。）

纬锦较经锦的优越点是：（1）经锦靠经线起花，经线固定于织机上后，便难加改动。纬锦靠纬线起花，织制过程中随时可以改用不同颜色的纬线。（2）经锦如果一副的表、里经包括不同颜色的经线过多，密则易于纠缠，疏则表经只一根，里经占地位过广，不仅使织物太松，并且使花纹的颜色和轮廓线受影响。纬锦的每副的表、里纬虽包括不同颜色的纬线很多，因为它不必像经线那样先行安排于织机上，可以逐一穿入梭口，穿入后又可用筘打紧，所以既不会纠缠，也不会过疏。（3）各种颜色的经线，在经锦中因为表经和里经的屈曲度和长度的不同，常发生某种颜色的经线比别的先行使用完罄。如设计花纹及上经线时没有计算好，织到末尾时会发生困难。纬锦便没有这困难。唐代起，我国的织锦逐渐采用了纬锦的方法，后来几乎完全放弃经锦，专用纬锦，每幅中各区的配色也增加了颜色，不像汉锦限于四色以下。至于斜纹（包括锻纹）组织的优点，因为它们有长浮线，织物表面布满浮线，能充分显示丝线的光泽。所以后来我国花绫也采用斜纹组织。

　　总之，我国古代劳动人民首先发明了缫丝为织物原料，后来根据丝线的特点，在纺织技术上有了许多创造发明，在织物图案上也表现了高度的艺术水平。这些成就经过"丝路"传到西方，促进了西方在纺织技术上的发展，后来我们还吸收了西方纺织技术上的优点，也采用了西方一些美术图案，这使我国的丝织物更臻完美。新疆最近发现的丝织品，为我们研究纺织技术发展史以及古代中国与西方的文化交流和贸易往来，提供了新的资料，这是很可珍视的新发现。

从宣化辽墓的星图论二十八宿和黄道十二宫[*]

天文学是人类在同自然界奋斗的生产斗争中产生的。恩格斯说："首先是天文学——游牧民族和农业民族为了定季节，就已经绝对需要它。"（《自然辩证法》）我国古代劳动人民，在农业的生产实践中，为了要掌握季节转换的规律性，在远古时候便逐渐积累了关于天文的知识，曾对于天文学的发展，作出了不少的贡献。二十八宿体系的创立，便是其中之一。明末西洋来华的耶稣会教士们误认为我国的二十八宿及与之相关的十二星次，全是巴比伦、希腊天文学的黄道十二宫的翻版^①。后来主张"中国文明西来说"的西洋汉学家，多仍袭这种错误的说法^②。直到最近，还有借"中国文明西来说"以反华的苏修历史家，在讨论殷商文化元素时，

---

* 本文原载《考古学报》1976年第2期，后收入《考古学和科技史》一书（科学出版社，1979）；又见《中国古代天文文物论集》（文物出版社，1989）。

① 李约瑟：《中国科学技术史》第3卷，1959年英文版，第258页。

② 例如金史密（T. W. Kingsmill）在《两种黄道带》一文中，以为巴比伦的黄道十二宫是太阳黄道带，中国的二十八宿是月亮黄道带，后者来源于巴比伦。见《皇家亚洲学会华北分会会志》（英文）第38卷，第165—215页，1907。

胡说什么中国在当时借用了西方的"黄道带"概念①。最近发现的
宣化辽墓，它的壁画中有一幅星图，包括有二十八宿和黄道十二
宫图形②。这引起了我的注意。我认为二十八宿这问题的进一步探
讨，不仅具有学术上的理论意义，同时还具有政治上的现实意义。

一　什么是我国的二十八宿

我国的二十八宿是将天球赤道（本文以下简称"赤道"）附近
的天空，划分为二十八个不等的部分。每一部分作为一宿，用一
个位于当时（即创立二十八宿的时候）赤道附近的星座作为标志，
并且用这些星座中一个星作为距星，以便量度距离。二十八宿分
属四方，它们的名称是：东方苍龙七宿（角、亢、氐、房、心、
尾、箕），北方玄武七宿（斗、牛、女、虚、危、室、壁），西方
白虎七宿（奎、娄、胃、昴、毕、觜、参），南方朱雀七宿（井、
鬼、柳、星、张、翼、轸）。（图1）

"宿"本来是过宿的旅舍的意思。最初，二十八宿是用以标志
月亮在一个恒星月中的运动位置。恒星月每月是 27.32 天，一个
恒星月中月亮每晚在满天恒星中都有一个旅居的地方，一月共换
27 个或 28 个地方，所以叫做二十八宿，这是古今通称。古代也
叫做二十八舍③，或二十八次④。

远古时代劳动人民根据天文现象以定岁时季节，订制原始型

---

① Л. С. 瓦西里耶夫：《古代中国文明的起源》，见《历史问题》（俄文）1974 年
12 月号，第 100 页。

② 河北省文物管理处等：《河北宣化辽壁画墓发掘简报》，又《辽代彩绘星图是
我国天文史上重要发现》，均见《文物》1975 年第 8 期，第 31—44 页。

③ 《史记·律书》和《天官书》；又《晋书·天文志中》。

④ 《史记·律书》"二十八舍"下司马贞《索隐》。

的历法，主要方法之一是观测星象。晴朗的夜晚，万里长空，满布着闪闪的明星。劳动人民很早便注意到这些星辰的"星移斗转"的现象，因为这与生产实践的季节性活动有密切联系。这些星辰（恒星）在天球上的相对位置变化很小。我们由地球上仰望，在观望一段时间之后，便可以发现好像整个天球绕着天北极而移动。实际上，这是由于地球自转和绕太阳而转的缘故。

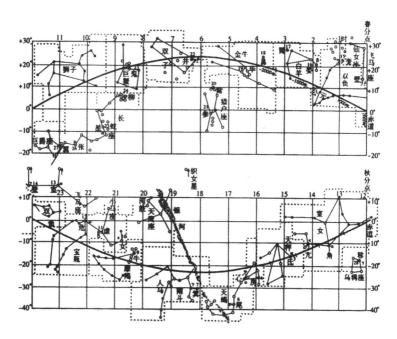

图1　二十八宿、十二宫和赤道、黄道的关系图

（图中用直线连起来的是西洋星座；中国二十八宿用圆圈，有黑点为中心的圆圈是各宿的距星，虚线是十二星座的界线，0°处的粗横线是赤道，粗曲线是黄道。"－2000年"等是各时期春分点的年代）

我国古代以北斗星的斗柄在傍晚时所指的方向来定季节，这便是古书中所谓的"斗建"。最初大概像《夏小正》中所记的那样，只简单地观察正月初昏"斗柄县在下"或六月初昏"斗柄正在上"。至于斗柄月建说，以斗柄指向的十二辰标志一年中的十二月，当属后起的事。后来又以恒星中几颗明亮的星辰（如昂星、心星、参星等）在傍晚或平明时恰在人们的头顶上天空那道"子午线"上的日子作为季节的标准（天球上的"子午线"是指通过观象者的天顶及南北极的大圈），见图 2。这便是古书上所谓的"昏、旦中星"。

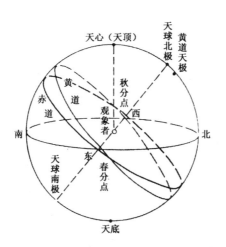

图 2　天球上的黄道和赤道

　　另一个观测星象以定岁月的方法，便是依照星座将天空划分成不同的部分，用以观测月亮在恒星中的位置。最初是观察一个恒星月内每天的月亮位置，这便是二十八宿所以产生的原因。后来观察月亮在每一个朔望月的月望时所在的位置，或更进一层间接参酌月亮在二十八宿中的位置来推定太阳的位置，这样便可知道一年的季节。二十八宿的创立要比原始的"斗建"法和"中星"

法为晚,但是它具有中国古代天文学的特色。

关于中国的二十八宿,有下面几点要说明一下:

(1)它是以赤道为准,不是以黄道为准。天文学上广泛采用以描写和确定恒星方位的坐标有两种:一种是赤道坐标,以天球上的南北天极为极(北天极即北天不动处),连接南北天极的轴线,是天体每日旋转的轴心。赤道是与这轴心直角相交的天球上的大圆圈。坐标名称是赤经、赤纬。另一种是黄道坐标,以地球上的人看到太阳于一年内在恒星间所走的视路径这一大圆为黄道,以天球上距黄道90°的两点为黄极(南、北黄极)。坐标为黄经、黄纬。黄道和赤道成23°27′的交角,相交于春分点和秋分点(图2)。有人以为中国二十八宿是以黄道来确定[①],自属错误。另有人以为战国时期中国星占术原有二派:石申夫主用黄道邻近的二十八宿而甘公则主用赤道邻近的二十八舍[②],其说也不妥当。“舍”便是“宿”,并非二事。《史记·律书》中的“二十八舍”的星辰,或本于甘氏,但与石氏及后来通行的二十八宿大同小异。《史记·天官书》似采用石氏的说法,但仍称之为“二十八舍”。二者不同处仅有四宿,并不是既有邻近赤道的一套,而又另有邻近黄道的一套。二者共同的二十四宿中,都不采用近于黄道的明星如天市、太微、轩辕,而独采取远在黄道以北的虚、危、室、壁和远在黄道以南的柳、星、张、翼。《淮南子·天文训》、《汉书·律历志》等列举二十八宿的广度,都是以赤道为标准的。《后汉书·律历志》中,才在各宿的赤道上的广度后面,又增列黄道上相应的广度。宋代沈括说:“凡二十八宿度数,皆以赤道为法。……黄道有

---

①　新城新藏:《东洋天文学史研究》,沈璿中译本,第263、267页,1933。

②　钱宝琮:《论二十八宿之来历》,见《思想与时代》第43期,第17页,1947。

斜、有直，故度数与赤道不等。"① 这可以作为定论。

（2）它虽以赤道为准，但并不是每宿都是正当在赤道的；它们的距星，似乎也都不适当赤道，不过大多数在赤道邻近，或者可以说在一条类似黄道带（黄道带包括黄道两边各 8 度）的而以赤道为准的宽带上。有人说：二十八宿源出周秦以前，"盖其时二十八宿适当赤道，因取以为标识也"②。这说法并不正确。最近八千年内，二十八宿中适当赤道者，最多时也只有十二宿③。至于今日，它们距赤道达 10 度以上的计二十一宿，其中尾宿距星在赤道南 37 度余，昴宿在赤道北 23 度余，胃宿在赤道北 27 度余④。在古代创立二十八宿时，也不过取其比较靠近赤道而已（图 3）。

（3）各宿都由距星起算度数，而各宿的广度不同。《汉书·律历志》中所列举的距度，最大如井宿，达 33 度，最小的如觜宿，只有 2 度。这种不均匀的原因，沈括曾解释说：要选择"当度"的距星。这种说法仍不能圆满解决问题，但可备一说。由于岁差的关系，各时代的各宿距度，有些要有增减。但是二十八宿的度数总合起来是中国周天度数 365 又 1/4 度，或其整数 365 度。

（4）二十八宿的各星，甚至于各宿的距星并不是恒星中最明亮的，并且也不是赤道附近最明亮的星宿。二十八宿的星辰中，包括距星，只有一个一等星（角宿）和一个二等星（参宿），一般是三四等星，甚至于有四个（奎、柳、翼、亢）是五等星，一个六等星（鬼）。反之，许多邻近赤道的一等至三等星，倒没有人

① 沈括：《梦溪笔谈》，胡道静校正本，第 95 页，1957。

② 朱文鑫：《历法通志》，第 270 页，1934。

③ 竺可桢：《二十八宿起源的时间和地点》，见《思想与时代》第 34 期，第 21 页，1944。

④ 李约瑟：《中国科学技术史》第 3 卷，1959 年英文版，第 238 页。

选；最显著的例子如一等星中的河鼓二、天狼、大角、五车①。有
人以为各宿的距星大都为"显著之星"②，这并非事实。我认为当
时选取的标准，除了照顾到邻近赤道和比较稍为明亮（六等星以
上）二者之外，主要标准可能是"当度"与否和"耦合"排列二
点。"当度"与否是沈括提出来的。他说："度如伞橑，当度谓正
当伞橑上者。故车盖二十八弓，以象二十八宿……当度之画者，
凡二十八谓之舍……非不欲均也，黄道（按：似应作'赤道'）所
由当度之星，止有此而已。"③ 这便是说：距星要选择能使两宿之
间的距度为一整数者。他将距星所在的赤经线比喻为车盖上的弓。
"当度"之星并不一定在赤道上，只要在同一赤经上便可以。当
然，古人观测二十八宿的赤经的准确性有一定的局限。据能田推
算，误错一般在 0.5 度以内，但也有四例达 1—2 度④，"耦合"排
列是指在赤道上广度各不相同的二十八宿却是一个个遥遥相对，
例如角与奎相距 173 度，井与斗相距 187 度。⑤ 这或许是便于由月
亮满月时在天空的位置来推定同它相对冲的太阳的位置。此外，
各星宿及其距星的选定，也常常由于它和拱极星中的亮星拴在一
起。二者都大致处于同一条赤经线上，可以由拱极星中的亮星而
找到较暗淡的二十八宿的星宿。⑥

　① 朱文鑫：《历法通志》，第 270 页，1934。

　② 新城新藏：《东洋天文学史研究》，沈璿中译本，第 263 页，1933。

　③ 沈括：《梦溪笔谈》，胡道静校正本，第 82—83 页，1957。

　④ 能田忠亮：《东洋天文学史论丛》（日文），第 472 页第四表，1943。

　⑤ 李约瑟：《中国科学技术史》第 3 卷，1959 年英文版，第 253 页；竺可桢：
《二十八宿起源的时间和地点》，见《思想与时代》第 34 期，第 2—3 页，1944。

　⑥ 李约瑟：《中国科学技术史》第 3 卷，1959 年英文版，第 253 页；竺可桢：
《二十八宿起源的时间和地点》，见《思想与时代》第 34 期，第 2—3 页，1944。

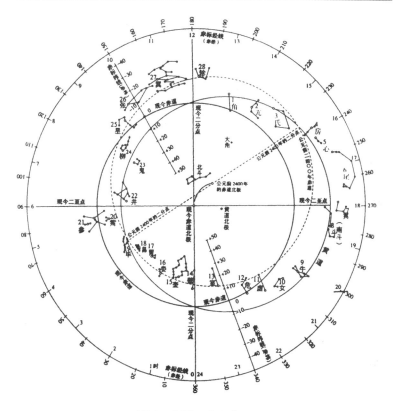

图3　中国二十八宿图

（以圆圈表示各宿的距星。依李约瑟的图，增加北斗和大角）

（5）二十八宿当初是作为月宿，各宿为月离所系（"月离"即"月躔"，指月亮在恒星间所经行的位置，即运行的宿度）。《吕氏春秋·圜道篇》说："月躔二十八宿。"《周髀算经》卷上说："月之道常缘宿，日道亦与宿正。"这些都可证明中国的二十八宿最初是作月行之道，后来才也兼作为日行之道。它的数目在古代并不固定于二十八个。我国古书中仍有二十七宿的痕迹，例如《史记·天官书》中将壁宿和室宿作为一宿（营室）。

《尔雅·释天》中似乎也是如此①。长沙马王堆三号汉墓出土帛书《五星占》的金星位置表中仍以东壁为营室，壁、室合一。最初营室包括 4 个星，后来分成东壁和西壁，并且以营室专指西壁，室壁才分为二宿②。这是因为恒星月的每个月是 27.32 天。如果取整数，可以作为 27 天或 28 天；正像朔望月平均每月为 29.53 天，历法中太阴月可以作 29 天或 30 天。李约瑟以为 28 这数目是朔望月和恒星月的折中数，未免牵强，并且无法解释二十七宿的数目③。我国古代历法家利用天文学知识，不仅知道朔望月，也知道恒星月。《汉书·律历志》中说："月周：二百五十四。以章法加闰法，得月周。"今测朔望月为 29.530588 日，恒星月为 27.321661 日④。章法是一章 19 年（包括 7 个闰月）的朔望月 235 个，约 6939 日又 56/81 日（弱）。"月周"为章法 235 加上闰法 19，一共 254，是恒星月的月数，也是约 6939 日又 56/81 日（强）。二者几乎相等，只相差 0.008314 日，即 19 年中相差不到 12 分钟。这是当时观测时所不易发觉的。桥本以为中国古代只有二十八宿，没有二十七宿，也是不合事实的⑤。后来由于和四方（四兽）相联系起来，便固定为二十八个，每方七宿。同时它的作用也扩大到作为标志日、月、五星、彗星等的运行位置和各恒星所在的位置。它在季节的规定，二十四节气的划分，历书的编制等方面，都起

---

① 竺可桢：《二十八宿起源的时间和地点》，见《思想与时代》第 34 期，第 3 页，1944。

② 刘云友：《中国天文史上的一个重要发现》，《文物》1974 年第 11 期，第 33 页。

③ 李约瑟：《中国科学技术史》第 3 卷，1959 年英文版，第 239 页。

④ 朱文鑫：《历法通志》，第 252—253 页（小数至六位）。

⑤ 桥本增吉：《支那古代历法史研究》（日文），第 134 页。

了很大的作用。我国古书中，如《吕氏春秋·十二纪》、《礼记·月令》，都以二十八宿的各宿作为各月的"昏、旦中星"，并标明每月中太阳在二十八宿中的位置。但是星宿的数目为二十八，而非十二或十二的倍数二十四，可见不是先有十二次，然后再由十二次划分为较细的二十八宿，而是先有二十八宿的创立，然后利用它以观测每月的中星和推定每月太阳在黄道上的位置。这些天文知识是劳动人民在长年累月的生产实践中仔细观察天象的结果。由于仔细观察天象，便认识了天文现象的一些规律，并用来指导生产活动。

（6）二十八宿和占星术。我国古代劳动人民和天文工作者创立了二十八宿体系，接着他们扩大了它的作用，把它来规定季节，编制历书，以指导生产活动。但是后来二十八宿系统的意义被歪曲了，被用来宣传反动的"宿命论"，发展了带着浓厚迷信色彩的占星术。所以，我国历史上唯物主义和唯心主义的斗争也渗透到天文学发展的各方面，包括二十八宿体系的应用。这最初表现为迷信的分野说。在《左传》和《国语》中，都曾把岁星十二次与当时十二国相联系起来。某一星次中的天象变异便预示与它有关的那一国要发生重要事件，如国家的灭亡、国君的死丧、年岁的灾歉等。《周礼·春官·宗伯》说："保章氏掌天星……以星土辨九州之地，所封封域皆有分星，以观妖祥。"二十八宿的分野说，似起于战国末期。《吕氏春秋·有始览》说天有九野，每野有三宿（其中一野有四宿），地有九州。但是这书中对于九州与九天二十八宿如何配合，讲得还不清楚。到了汉初的《淮南子·天文训》中，天上的九野二十八宿便与地上十三国名密切配合。《史记·天官书》也说："二十八舍主十二州。"后来这唯心主义的分野说更被发展，连后代的州郡也被强加分析，以配合分野次舍。实际上，天上的二十八宿与地面上的州郡是毫无关系的。

　　更为荒谬的是，星命家根据各人的生辰所值的天文现象，以推占其人的寿夭贵贱。晚周至汉初的占星术，以天象预占国家大事[①]。到东汉和魏晋时，便有推算个人命运的占星术，以为人的尊卑贵贱，都是"星位"所授[②]。葛洪《抱朴子·辩问篇》更清楚地说："人之吉凶修短于结胎受之之日，皆上得列宿之精。"后来发展为"星命"之术。这种星命法，是看各人诞生时的天象，包括太阳所在的宿度（即在二十八宿中何宿何度），以推算出个人的休咎、寿夭[③]。现传的唐张果《星命溯源》（《四库全书珍本》本），可能是宋代的著作而经后人增订。《古今图书集成》（卷五六六～五八三）所收入的《张果星宗》一书，实际上是《星命溯源》的一个增广本。二书中都有《先天心法》一篇，记张果老仙和李橙的问答：老仙曰："推命之术，必在乎精。先观主曜，次察身星（原注：即月躔处也），当以二十八宿为主。"元人郑希诚的《郑氏星案》中有 40 个推算星命的范例，每例各以一星占图表示[④]。每图的中心是所推算的命在二十八宿中何宿何度，外绕以七圈，其中第三圈为二十八宿，第六圈为十一曜所在的宿度，可见二十八宿在其中所占的重要地位。另一种算命法是依照各人诞生的年、月、日、时四者的干支（八字、四柱），应用五行生克理论，以推算个人的命运[⑤]。唐代韩愈很推崇当时李虚中的根据本命行年、生月、生日而推算的算命术[⑥]。这间接地也是和生时的天文现象有

---

　　① 《史记·天官书》。

　　② 《论衡·命义篇》。

　　③ 《辍耕录》下编"日家安命法"条引《百中经》。据《直斋书录解题》（卷一二），《百中经》用唐显庆历，作者当是唐时人。

　　④ 《古今图书集成》卷五八四～五八五。

　　⑤ 赵翼：《陔余丛考》卷三四，"子平推命"条。

　　⑥ 《昌黎文集》卷二八，《殿中侍御史李君墓志铭》。

关，可以算是个人占星术的一个旁支，由于中国历法有甲子纪时这一特色而产生的。这些都是宣扬"宿命论"的迷信。

唯物主义者反对"宿命论"，主张"人定胜天"，提倡科学的天文历法。天文工作者致力于改进观测天象的仪器，以便更精确地测定二十八宿的位置，改进历法，以利生产。天文学是在唯物主义和唯心主义的斗争中发展起来的。

二　二十八宿起源于中国

中国以外，古印度（古印度包括今日的印度、巴基斯坦和孟加拉，本文以下简称印度）、阿拉伯、伊朗、埃及等国，古代也都有二十八宿之说。后三处它的出现较晚：伊朗是约公元 500 年，埃及是科布特时代（3 世纪以后），至于阿拉伯，它虽可能出现较《可兰经》时代为早，但也早不了多少。所以一般都认为这三处都是由印度传过去的[①]。

至于中国和印度的二十八宿的关系，从 19 世纪初叶起，便有过长期的争论。竺可桢曾对于这些争论作了扼要的介绍，并且提出证据，说明二者是同出于一源，而印度的则是由中国传去的[②]。虽然有人以为二者同源于巴比伦，但那不过由于巴比伦古代天文学发达，人们总想将天文学上的发明溯源于巴比伦，实则巴比伦古代虽然似乎也有关于赤道及其两旁的星宿的记载，但是，我们迄今还没有在古代巴比伦的天文学文献中发现二十八宿的确切证

---

① J. 费利奥札（Filliozat）：《古代印度和科学交流》，见《世界史杂志》（法文）第 1 卷第 2 期，第 357 页，1953。竺可桢 1944 年所写一文和李约瑟书中都有这种看法。

② 竺可桢：《二十八宿起源的时间和地点》，见《思想与时代》第 34 期，第 10—13 页，1944；李约瑟：《中国科学技术史》第 3 卷，1959 年英文版，第 253 页。

据。在楔形文泥版书中，从来没有发现二十八宿表，也没有任何理由假定古代巴比伦曾经有过二十八宿体系[①]。

竺可桢论文中指出印度月宿（Nakshatra）中的主星或联络星（Yogatārā）与中国距星二者的作用相类似，并且指出二者完全相同的有九宿，距星不同而在同一星座者有十一宿，不在同一星座者仅八宿，还包括印度以织女、牵牛二宿代替牛、女二宿。所以发生差异的缘故，是由于印度改取星宿中比较明亮的。又二者都曾以角宿开始，又都将昴宿作为一个重要据点。所以，二者同源是几乎无可置疑的。

竺可桢论文在前人研究的基础上，举出各种理由，以证中国起源说。李约瑟书中也有所论述[②]。现在简单地介绍他们所举的主要理由如下：（1）中国二十八宿体系，可以从古代文献中追溯它发展的过程。各宿的名称，多已早见于记载；其命名的意义也大都可以解释，是和中国古代的生活状况、社会习惯相关连的。印度的宿名都不得其解，其体系的发展过程也不清楚。（2）中国古代以拱极星中的北斗为观测的标准星象，观斗建以定季节。各宿中有些与拱极星拴在一起。印度古代对于北斗星等拱极星不感兴趣，只观测黄道附近的星宿，以求日、月、五星的运行位置以定季节。它的各宿并不和拱极星拴在一起。（3）所谓"耦合"排列（见上节（4）项），印度的并不如中国的明显。各宿的分布，印度的也比中国的较为分散。这当由于印度不了解原来选取星宿的标准及其用意（见上节第（4）项），所以有所改动时，只以星的明

---

① 新城新藏：《东洋天文学史研究》，沈璿中译本，第280—281页，1933；何炳棣：《东方的摇篮》1975年英文版，第391页。

② 竺可桢：《二十八宿起源的时间和地点》，见《思想与时代》第34期，第10—13页，1944；李约瑟：《中国科学技术史》第3卷，1959年英文版，第253页。

亮与否作为唯一的标准。（4）中国二十八宿依四季划分为四陆。中国一年分为四季是依照黄河流域的气候而定，冬夏长而春秋短，和二十八宿所划分的四陆相同。印度古代历法依据当地气候将一年分为六季，即冬、春、夏、雨、秋、露。今日仍分为寒、暑、雨三季。但是印度二十八宿也分为四陆，与中国相同。所以竺可桢说："夫四陆二十八宿，原为定日月躔宿以计算四季之用。一年既不分为四季，则安用所谓四陆哉！"（5）中国古代天文学的重要贡献，是在观测和记录方面。二十八宿的创立，主要是基于观测。但印度古代天文学偏重理论和推算，忽视观测。吠陀时代（约公元前12世纪至公元前6世纪）印度对于星辰的观测还只限于黄道两旁的。竺可桢说："夫对于星座如北斗、勾阵等不感兴趣之民族，安望其能注意二十八宿中微小星座如胃如觜哉！"

本文想从另一个角度来论证二十八宿是由中国传入印度，便是想要论证二十八宿是符合于中国古代天文学的体系，但并不符合印度古代天文学的体系。现在分述体系方面的论证如下：

（1）二十八宿是以赤道为准。我们知道，采用赤道坐标以定天体在天球上的位置，是中国古代天文学的特点之一。古代巴比伦、印度、希腊则以黄道为准。上节第（1）项下，我们已指出中国古代二十八宿的广度是以赤道为准，东汉时才添上黄道的广度，以资对照①。中国古代天文仪器中的浑仪，早期的只有赤道环，没有黄道环。东汉时才于赤道环的旁边加上黄道环，但是仍不常设。到了唐代，黄道环才和赤道环一样成为浑仪中不可缺的部分②。印度古代天文学探测日、月、五星的运动，都以黄道为准，但是它

---

① 据《汉书·律历志》和《后汉书·律历志》。

② 据《宋史·天文志一》。

的二十八（或二十七）宿，仍与中国一样以赤道为准[①]。

（2）中国古代特别重视北天极、极星和拱极星。这是另一个特点。这与上条有密切的关系。赤道便是和连接南北天极的轴线相直角的大圆圈。中国古代文化中心的黄河中游，纬度较巴比伦、印度为北，可以看到更多的拱极星；而古代北斗星由于岁差的缘故，离北天极更近，所以终年在地平线上，常显不隐，易引注意，也易于观测。本节上面第（2）条中曾提到，中国古代曾利用斗杓所指以定四时；后来更利用拱极星中较亮的星，包括北斗，以引向二十八宿的各星宿，尤其是二十八宿中较幽暗的星宿。这便是说，根据北极星朝向这些拱极星的方向，再向前引申到赤道附近，便可容易找到二十八宿中的某些星宿。此外，中国古代对于天体的区分，除了四方的四宫以外，另有以北极星为中心的中宫，后来演变为紫微垣。印度古代天文学中虽然由于仿照中国而有二十八宿所组成的四陆，但是没有中宫，也没有由极星经过拱极星中的亮星（包括北斗）引向二十八宿的说法。这表示二十八宿在印度并不是土生土长的，乃是外边传入的。

（3）中国古代天文学特别重视观测和记录，这是另一个特点，所以中国有世界上最早的关于观察彗星、日蚀、日中黑子等记录。印度天文学和巴比伦、希腊的一样，偏重理论和推论，忽视观测，以致印度古代竟没有一个像《甘石星经》一类的星表。这特点在二十八宿体系中的表现，除了竺可桢所举的（见本节上面第（5）条）以外，还可以举出几条：

（甲）中国各宿的广度不同（见上节第3项）。这是由于重视观测，以实际观测的度数为准。印度二十八宿后来每宿广度相同，二十七宿每宿都是 $13°20'$（如为二十八宿，则这加入的一宿在原

---

① 李约瑟：《中国科学技术史》第3卷，1959年英文版，第252页注（e）。

有的一宿广度以内，自身没有广度)①。这是从印度天文学的周天360°推算出来。印度最初也是各宿广度不等，二十七宿中，月离三十须臾（梵语"模呼律多"Muhurta，三十须臾为一日夜）者十五宿，十五须臾和四十五须臾者各六宿②。后来加以修改，使各宿广度相等，以求更为符合本国的天文学传统。

（乙）中国各宿皆有距星，以便实际观测相邻各宿的距度。印度各宿也有类似距星的东西，叫做主星或联络星（Yogatārā）。但是印度后来利用推算方法，每宿定为13°20′，则这些主星只能是每宿中最亮的星，不复能起中国"距星"的作用。

（丙）中国重视观测。月躔（月亮经天时在恒星中的位置）和各宿有关。当时的月躔的赤经和某一宿的距星的赤经相距多少，这是肉眼所能观察到的。印度忽视观测，偏重推算，所以最初用月躔为准，也以角宿为二十八宿之首，但后来便改用日躔，以娄或昴为首③。中国用月躔，昴为西方白虎七宿之一；印度用日躔，昴宿属东方七宿之一，这是由于日、月相冲时正东、西相对。早晨太阳出来后，群星都隐而不显，所以太阳在恒星中的位置无法由肉眼观测，只能由推算而得。这种将月躔换成日躔的修改，也是印度天文学修改外来的货色，以求符合自己的传统。黄道上的诸星，距月亮运行的白道过近（黄、白二道成5度的交角），星光为月亮所掩，所以中国二十八宿选择距黄道和白道稍远的星座。

---

① J. 费利奥札：《古代印度和科学交流》，见《世界史杂志》（法文）第1卷第2期，第357页，1953。

② A. A. V. 勒可克（Le Coq）等：《德国吐鲁番研究的语言学成果》第2册，1972年德文版，第234页，转引基费尔（W. Kirfel）：《印度的宇宙学》，第140页，1920。

③ 饭岛忠夫：《支那古代史论》，1929年日文版，第475页；又竺可桢：《二十八宿起源的时间和地点》，见《思想与时代》第34期，第5、17页，1944。

印度以日躔为主，他们的二十八宿本来可以完全采用黄道上的星座，但是它仍与中国的一样。这也可以作为旁证。

就上述各点而论，可见二十八宿在中国是有它的渊源，有它的发展过程，是符合中国古代天文学的体系。但是它在以黄道为准而忽视北天中极星和拱极星的印度古代天文学中，是突然出现的，并且不符合它的体系，显然是由外传入的，也便是说来自中国。他们传入二十八宿后，还加以修改，以求符合本国的天文学传统。

另外须要说明一下，有人认为印度二十八宿较中国为早，后来才传入中国。主要理由有下列三点：

（1）印度月宿，虽有二十七个和二十八个的两种说法，但始终以二十七宿为主，二十八宿是后增的。由少而多，印度应在先[①]。按由多少来定先后，这是极不可靠的。何况中国古代也存在过二十七宿系统，见上节（5）项下的说明。

（2）中国十二岁阳名称，如太岁在子曰："困顿"等，非中国所固有，可能系西域的印度所传入。竺可桢论文中已指出，十二岁名是否由印度梵文转译，还待研究。纵使是由梵文转译而来，也不能证明二十八宿起于印度或其他西域各国。我国使用二十八宿较早，而十二岁名则最早见于《吕氏春秋》和《淮南子》，即使是输入的，其输入年代不能早于秦或西汉初年[②]。

（3）印度二十八宿以昴宿始，而中国以角宿始。昴为春分点时代，较角为秋分点时代，要早一千余年[③]。竺可桢根据《尧典》，

---

①　桥本增吉：《支那古代历法史研究》（日文），第 134 页。

②　竺可桢：《二十八宿起源的时间和地点》，见《思想与时代》第 34 期，第 8—9 页，1944。

③　竺可桢：《二十八宿起源的时间和地点》，见《思想与时代》第 34 期，第 9 页，引德国惠保（A. Weber）的说法。

认为我国古代春分点最初也起于昴。中国古代以立春为岁首，中国二十八宿起于角，东方苍龙七宿为春，而角为春的开始（即立春）。印度《大集月藏经》也以角为首，和中国相同①。后来印度与西方文化接触后，改以昴为首，相当于西方的金牛座。最后印度不用昴，改以白羊座的娄为首②。中国的娄、角二宿的距星相距189度，正遥遥相对。印度每广度为13度20分，二宿相距当更近于180度。中国采用立春时月望所在的角宿，始终未改。而印度则以太阳所在的位置为定，所以改用娄为首。就这一点而论，两国难分先后。

李约瑟以为就文献记载而言，二十八宿在印度和中国"基本上是同时出现的"③。印度古代文献的年代考定，似乎有些问题还未能圆满解决。要确定二十八宿是起源于中国还是印度，现下还不能由文献记载来解决。但是由其他各方面，尤其是从两国的天文学体系方面来论证，显然中国起源说是具有更充分的理由。

至于二十八宿由中国传入印度的路线，殊难确定。经过后来的丝绸之路，当然是可能的，但是找不出证据。新城认为"二十八宿传入印度以前，有停顿于北纬四十三度内外之地方之形踪"，即中亚撒马尔罕附近④。他是根据《摩登伽经》中的天文记录。这书中既有每月中旬月亮所在的星宿（二十八宿之一），又有十二寸表每月的影长。新城依据影长推算出其观测地点的纬度。但是他的结论是靠不住的。首先，这书中的各种天文现象并不一定是同

① 饭岛忠夫：《支那古代史论》（日文），第475页。

② 竺可桢：《二十八宿起源的时间和地点》，见《思想与时代》第34期，第9—10、17—18页，1944。

③ 李约瑟：《中国科学技术史》第3卷，1959年英文版，第253页。

④ 新城新藏：《东洋天文学史研究》，沈璿中译本，第275、276页，1933。

一来源，表影长度和月离宿度，是不同的观测方法，很可能是来自两个异地、异时的不同来源，不过结集在一起时，分别配给十二个月，犹如《吕氏春秋》将不同来源的资料分配于《十二纪》。所以，纵使能确定观测影长的地点，这也不足以肯定其为使用二十八宿体系的地点。其次，更使人不敢信任的是：根据影长推算的结果，其中北纬在 36°—37° 者三例，39°—43° 者四例，47°—51° 者五例。南北相差最大的达 15°，即 1600 公里以上。如果采取谨严的科学态度，我们不应采用这样一组的数据作为推算的根据。新城自己也承认这组记事粗杂，"不克期待其精确之值"；但仍企图蒙混过去，说什么"其十二值之平均值，恐颇可信用者欤？"实则这十二值如果不足信任，则它们的平均值也同样地不足信。我以为原来的数据，当像我国古代观测日影一样，是以冬至日所测的日影 21 寸为准，再测其前后相距一个月的日影为 18 寸；然后似乎便没有再加实测，只依照每月相差 3 寸而推算出 15、13、10、7、4 的数字。其中 13 一数不符合，可能是 13 这数字带有神秘的意义，采用 13 一数而不用 12。自 13 一数以下，又是逐次减 3 寸（原文 6、7 两月的日影长度有误，应依 3、4 两月的，加以改正）。如果这样，那么冬至日影 21 寸，前后一个月的日影 18 寸，其观测地点当在北纬 36°—37°，也便是在印度河上游一带。我们可以肯定地说，北纬 43° 内外的地方是和二十八宿的传播路径无关的。总之，新城的"二十八宿曾停顿于北纬 43° 内外的地方"之说，是不可靠的。今后我们似乎可以不必再加引用了。

三　中国二十八宿创立的时代

二十八宿的起源，既可肯定源于中国，那么，它的创立的时代就等于中国二十八宿的创立的时代。这里要先说明一下，所谓

"二十八宿",是指本文第(一)节中所说的那样一个体系,并不
是指其中个别的某几个星宿。我们讨论的对象是整个体系,至于
它的星宿的数目,可以是二十七个,也可以是二十八个;它的具
体星座或距星,也可以有所不同。这点说明清楚以后,现在接着
探讨它的创立的年代问题,这可以分两方面来谈:

(1) 由文献学的角度来作考证:战国时二十八宿已有明确的
文献记载。战国中期(公元前 4 世纪)的占星家甘德和石申,分
别著有《天文星占》和《天文》二书。原书已佚,但《汉书·天
文志》中保存有甘氏和石氏关于二十八宿的星表(今传的《甘石
星经》,已非原著,为后世所伪托),二者星名仍稍有不同,后来
始依石氏而固定下来①。《周礼·春官·冯相氏》和《秋官·哲蔟
氏》以及《考工记·舆人》,都有"二十八星"之称,但没有列举
星名。《周礼》包括汉代增入以补《冬官》的《考工记》,一般都
承认为战国时作品。《吕氏春秋》中《十二纪》和《有始览》都有
二十八宿的各个星宿名称;而《季春纪·圜道篇》还有"月躔二
十八宿"一语。这书是公元前 3 世纪中叶(公元前 239 年)成书
的。《礼记·月令》中的二十八宿及昏旦中星,与《吕氏春秋·十
二纪》的各纪开首处,文字和内容几乎完全相同,仅"昏心中"
一句这里为"昏火中","昏斗中"这里为"昏建星中"。一般以为
《礼记·月令》便采自《吕氏春秋》,或同出一源,编写时代相
近②。《尔雅·释天》有二十八宿中十七个星名。这书一般以为
西汉初年儒家为解说经传中词义而编写的。其他西汉初年的文

---

① 郭沫若:《甲骨文字研究》,第 288—290 页,二十八宿对照表见第 330 页,
1962;新城新藏:《东洋天文学史研究》,沈璿中译本,第 441 页,1933。

② 能田忠亮:《东洋天文史论丛》,第 409—422 页;又容肇祖:《月令的来源
考》,见《燕京学报》第 18 期,1935。

献，如《淮南子》中的《天文训》和《时则训》，《史记》中的《律书》和《天官书》也都有二十八宿。到了《汉书·律历志》，所载的宿名和距度数，都和《淮南子·天文训》相同，可算是已成定型了。

由战国时代向上追溯，古代文献中记载有二十八宿中个别星宿的有西周末年至春秋时的诗歌总集《诗经》（如将牵牛、织女除外，有六个宿名）和春秋时（或稍晚）编写的《左传》和《国语》（出现六个星宿，宿名多和后来宿名不同）。这些星宿虽然也见于二十八宿中，但是，除非另有别的证据足以证明当时已有二十八宿体系，否则这些个别星宿名称的出现，其本身不能作为二十八宿体系已存在的证据。钱宝琮根据《左传》和《国语》以为春秋时已有二十八舍。他说：二书中虽无二十八舍（宿）的称谓，所测的黄赤道星象也未见二十八之数，但是记岁星所在等天象已有十二次名目，所举分星又全为后世二十八舍之星。他又引《左传》"凡师一宿为舍，再宿为信，过信为次"，以为二宿或三宿则称一次[①]。实则《左传》区分宿、信、次的说法，当时和后人在行文用字上都没有遵照着做。若依它所规定，则应以二十八宿为十四信或九次半。又就十二次而论，其中有二宿者达八次之多，三宿者仅四次，信多于次，应称为十二信而非十二次。实则古书中宿、舍、次三者意义相同，在称二十八宿时可以互相通用（见上面第（一）节）。只有后来约定俗成后才以"次"专指十二次，以"宿"专指二十八宿。我们不能因为有十二次，便说当时已有二十八宿。何况这二书中有关十二次的记事，现下一般认为并非春秋时的实录而为后人所窜入。至于窜入的时代，或以为是战国时编写的时候，或以为西汉末

---

① 钱宝琮：《论二十八宿之来历》，见《思想与时代》第43期，第17页，1947。

年刘歆表章这二书的时候①。总之,《左传》和《国语》中并没有二十八宿体系存在的确证。

又有《大戴礼记》中的《夏小正》,自从后汉时郑玄注《礼记·礼运篇》以为是夏时的书,后人多承袭其说。清代孙星衍《夏小正传》的序文,还以为是夏禹所著。司马迁以为曾经孔丘订正过(《史记·夏本纪》:"孔子正夏时.学者多传《夏小正》云")。现下一般以为《夏小正》是战国时编写的书,与《月令》成书的年代相近。这书中也许含有较早的材料,但不会太早。书中的天文现象不是一时代的,相差有达千余年的。书中有大火(心)、昂、参、鞘(柳)、房、尾,共六宿名,专就这几个星名,无法证明当时是否已存在有二十八宿体系②。如果它与《月令》编写时代相同或相近,则可以由《月令》来推定当时已有二十八宿。

《尚书·尧典》一般认为周代史官根据传闻所编著,曾经春秋、战国时人所补订。其中记载有"四中星",即火(心)、虚、昂、鸟.据竺可桢推定这是约公元前11世纪(殷、周之际)的天象③。但是利用四中星以定四时,至多只能说是二十八宿体系的前驱,不足以证明当时已有这一体系。至于殷代卜辞中,仅有寥寥几个星名,更不足作为这体系存在的证据。

新城曾认为西周初年已知逆推阴历月的朔日,因而断定二十八宿建立于周初。这说法钱宝琮已提出理由加以反驳,认为其说

① 郭沫若:《甲骨文字研究》,第 300—316 页,1962;新城新藏:《东洋天文学史研究》,沈璿中译本,第 425、426 页,1933。

② 李约瑟:《中国科学技术史》第 3 卷,1959 年英文版,第 194、247 页。

③ 竺可桢:《论以岁差定尚书尧典四仲中星之年代》,见《科学》第 11 卷第 2 期,1926。

"未具明证"不足凭信①。现在一般都认为二十八宿体系当制定于战国时代。例如郭沫若以为"制定年代当在战国初年",即公元前5世纪②。钱宝琮以为"二十八宿之选定,似是战国时期天文家之贡献";其体系的建立大约在"战国中期"③。李约瑟也以为中国二十八宿成为一个体系,可能是公元前5至前4世纪时完成的④。他们所说的,主要是由文献上研究考证所得的结论。

(2)由天文学角度来推算年代。天文学史专家,有的根据同一书中的天象记载来推算,例如能田推算《礼记·月令》的天象纪事(十二个月的日躔和昏、旦中星)的观测年代,以为大约是公元前620±100年⑤。这比文献学所得结论为稍早。一般而言,历史上新事物的创立和存在常常较早于它们出现于文献记载中。所以可以说,这里二者所得的结论,基本上还是相符合。有的学者,直接从二十八宿体系本身反映出来的天文现象来推算它的成立年代。例如能田从《汉书·律历志》所载二十八宿的广度,推定为公元前451年左右⑥,这比他根据《月令》推定的晚170余年。但是,二十八宿的广度,由于岁差的缘故,各时代不同,《汉书》所载的可能是公元前451年左右所重测的。饭岛以"冬至点

---

① 钱宝琮:《论二十八宿之来历》,见《思想与时代》第43期,第18页,1947年。

② 郭沫若:《甲骨文字研究》,第329—334页,1962;新城新藏:《东洋天文学史研究》,沈璿中译本,第425、426页,1933。

③ 钱宝琮:《论二十八宿之来历》,见《思想与时代》第43期,第10、18—19页,1947。钱宝琮认为"二十八宿"之前,另有"二十八舍之体系,大约于春秋时已先树立矣"。强分"舍"、"宿"为二,实不可信。本文第一节(1)项及本节上段已加诠述。

④ 李约瑟:《中国科学技术史》第3卷,1959年英文版,第248页。

⑤ 能田忠亮:《东洋天文史论丛》,第519页。

⑥ 能田忠亮:《东洋天文史论丛》,第475页。

在牵牛初度",推算出它创立于公元前 453 年,后来又改为公元前
382 至公元前 369 年之间。新城推定为公元前 430 年①。由于岁差
的关系,冬至点约 72 年转移一度,依理而论,本来是可以依此推
算的。但是他们假定《汉书·律历志》所载的是"最初测定的时
代",而古代历法,冬至点常依据实测加以改变。例如《史记·律
书》便有一个更早的观测:冬至点在虚宿。惠保(A. Weber)知
道角宿为二十八宿之首。他假定角宿为当时的秋分点,推算出为
公元 440 年(刘宋元嘉十七年)。这当然是嫌太晚了。他的作为前
提的假定便是错误的。竺可桢已加驳斥,指出角宿不是作为秋分
点,而是作为立春月望时月亮的所在②。饭岛又以为印度以娄宿为
当时日躔春分点,推算出为公元前 400 年。中国稍晚,由印度传
入,约在公元前 300 年③。这是将中印先后关系颠倒过来。纵使他
关于印度方面的推算不错,也不足以证明中国的是这样晚。另外
一方面,也有推算失之过早的,例如施古德(G. Schlegel)以为
中国二十八宿中昴宿晨升正值春分,而角宿正值春初,推算出可
以早到距今一万六千年。实则中国古代观测是以昏星不以晨星。
竺可桢说"其说之不足征信,正与惠保之说相同"④。

---

① 饭岛忠夫:《支那古代史论》,第 271 页;新城新藏:《东洋天文学史研究》,
沈璿中译本,第 408 页,1933,又第 662 页附录饭岛忠夫《中国古代历法概论》,即
《中国历法起源考》(1930)书中第一章。

② 竺可桢:《二十八宿起源的时间和地点》,见《思想与时代》第 34 期,第 9—
10、17 页,1944。

③ 饭岛忠夫:《支那古代史论》,第 271 页;新城新藏:《东洋天文学史研究》,
沈璿中译本,第 520—523 页,1933,又第 662 页附录饭岛忠夫《中国古代历法概论》,
即《中国历法起源考》(1930)书中第一章。

④ 竺可桢:《二十八宿起源的时间和地点》,见《思想与时代》第 34 期,第 11
页,1944。

竺可桢文"二十八宿起源之时代"一节中提出另外一个看法。虽然他没有明确地作出结论，但是似乎倾向于认定中国二十八宿体系早已开始于公元前二三千年，即距今四五千年。他的主要理由，依他论文中的原来次序，分别论述如下[①]：

（甲）从立春月望在角宿的时期，推算出约在公元前 3000 至公元前 2500 年。按角宿为首，似与斗建有关。《史记·天官书》所谓"杓携龙角"。可能角宿先是单独一个星座作为定季节（岁首立春）之用，后来并入二十八宿体系而成为其组成部分，但由于原来的重要性而得居首位；不过由于岁差关系，二十八宿制定的时代，立春月望可能已不在角宿。

（乙）上古天球北极，由于岁差关系，今昔不同，上古可能以右枢（α Draco）为北天极，即公元前 1790 年左右。按由于岁差关系，二十八宿制定时，北天极的极星和今日的不同，但没有证据可以证明当时以右枢为北极星。

（丙）北斗古代为九星（加上玄戈、招摇二星），不止七星；这由于古代北斗星较近北天极，恒显圈中不止七星。北斗九星都在圈中的时代当在距今 3600 年以迄 6000 年前。按实际上可供观测之用的星座，只要这星座中的大半星辰在恒显圈中便可以用，不必全部都要在圈中。加上二星，不过为了易于由拱极星北斗引向大角和角宿。

（丁）由于天球赤道今昔的不同，推算出自公元前 9000 年以来，二十八宿之位于赤道上者，当以公元前 4510 至公元前 2370 年间为最多，达十二宿。按二十八宿虽以赤道为准，但是并非要各宿全部都当赤道（图 3）。本文第（一）节第（2）

---

①　竺可桢：《二十八宿起源的时间和地点》，见《思想与时代》第 34 期，第 16—24 页，1944.

项中已加讨论。实则既可以少到十二宿，便也可以更少几宿。

（戊）牵牛和织女，今日织女赤经已在河鼓之西。因岁差之故，5500年前，实在同一子午线上，更早则女在牛东，与后来二十八宿中女宿在牛宿之东，适相符合。接钱宝琮已指出，"织女牵牛二星见于《诗经·小雅·大东篇》，民间传说复广播其七夕相会故事，初不闻其与二十八宿有若何关系也"[①]。后来印度取纬度甚高的亮星织女、牵牛，以代替牛、女二宿。那是另外一回事，与中国的二十八宿无关。

（己）《诗·小雅·渐渐之石》："月离于毕，俾滂沱矣。"《尚书·洪范》"星有好风，星有好雨"语下的孔安国《传》："箕风、毕雨。"今日山陕八月多雨，春分前后风力最大。《诗》、《书》中所说月望在毕和在箕时的节候，与这不合，乃六千余年前的天象。按钱宝琮以为"竺氏之解释，殊属勉强。诗人见景兴情，决不肯盲从四千年之经验以推测当年之气候"，并且改"以下弦月释之"；又指出"箕风毕雨之经验与当时有无二十八宿之组织，实无何涉"[②]。

竺可桢也感觉到这些推定未免太早，论据不足。后来他于1951年曾说过"大概在周朝初年已经应用二十八宿"[③]。1956年他的一篇论文中更推迟了它的创始时代，以为不会比公元前4世纪为早。他说，这体系似是土生土长的，因为它是和中国远古天文学传统合为一体，其中某些星宿的名称早一千来年已经在文献中

---

① 钱宝琮：《论二十八宿之来历》，《思想与时代》第43期，第19页，1947。

② 钱宝琮：《论二十八宿之来历》，《思想与时代》第43期，第13页，1947。

③ 竺可桢：《中国古代在天文学上的伟大贡献》，《科学通报》第2卷第3期，第217页，1951。

出现①。但是他没有说明放弃旧说的理由，所以这里还是稍加讨论，加以澄清。

总之，由可靠的文献上所载的天文现象来推算，我国二十八宿成为体系，可以上推到公元前 7 世纪左右。真正的起源可能稍早，但现下没有可靠的证据。至于文献学方面考据结果，也和它大致相符而稍为晚近，现下只能上溯到战国中期（公元前 4 世纪）而已。

四 什么是黄道十二宫

黄道是地球上的人看太阳于一年内在恒星之间所走的视路径。黄道两侧各八度以内的部分，称为黄道带，共宽十六度，日、月及主要行星的经行路径，概在其中。古人为了表示太阳在黄道上的运行位置，把黄道带等分为十二部分，叫做黄道带十二宫，便是太阳所经的行宫的意思。每宫三十度，各用一个跨着黄道的星座作为标志，叫做黄道带十二星座。当初创立时，宫名和星座名是一致的。希腊的黄道十二宫的起点用春分点，在白羊宫。由于岁差的关系，春分点每年向西移动 50.2 角秒，72 年相差一度，2150 年相差 30 度（即一宫）。2000 年前在白羊座中的春分点，现今已移至双鱼座，因之现在的宫名和星座名已不吻合（见图 1）。古代巴比伦和希腊用 12 个图形作为十二宫的标志，称为黄道十二宫图形（Pictorial repre-sentations of the signs of zodiac）（图 4）。因为这些图形，除少数几个外，都是以动物命名，所以黄道带也称为兽带。现存的完整的十二宫图形有埃及顿得拉（Dendera）神

---

① 竺可桢：《二十八宿的起源》，见《第八届国际科学史会议论文集》（1956 年在意大利举行），1958 年英文版，第 372 页。

庙的石雕，属于约公元前120年至公元34年①。图形进一步简化为"黄道十二宫符号"（Symbols of the signs of zodiac），这起源更晚，初见于中世纪晚期的抄本②。

把黄道十二宫和二十八宿相比较，我们可以看出下列几点区别：（1）黄道十二宫是以黄道为准，不以赤道为准。（2）每宫的星座，都是适当黄道的。当然西方天文学上的星座的划分和我国的不同。十二宫占满了黄道。（3）每宫的广度完全相同，都是30度，便是西方天文学上的周天360度的十二等分。（4）十二宫各宫广度相同，所以不必像我国二十八宿那样，另设"距星"。（5）十二宫最初是标志太阳运行在恒星之间所经过的位置。一年有十二月，所以分为十二宫。太阳过于明亮，群星在太阳出来后都

图4　希腊黄道十二宫图形和符号
（据 C. 弗拉马利翁《大众天文学》，1955年版）

---

① 卢佛博物馆：《埃及古物藏目和指南》，1932年法文版，第130—131页。
② 《不列颠百科全书》第6卷，1964年英文版，第960页。

隐而不显，所以要用推算方法，或利用月望时月亮所在，以求得太阳所在的位置。黄道十二宫的作用，后来扩大到作为标志月亮、五星等的运动位置和各恒星所在的位置。在季节的规定、历书的编制等方面，它都起了很大的作用。

但是西方也和我国一样，占星术歪曲了唯物主义的天文学的成果，将天文学资料纳入了占星术系统，宣扬唯心论和宿命论。在西方，宣扬迷信的占星术是用黄道十二宫作为主要根据的。亚述晚期和新巴比伦时期（公元前7—前6世纪），已有利用星象以预占国家大事和国王命运的记载，但那是依据天象的观察，还不是推算出来的；也未和黄道十二宫相联系。希腊化时期（公元前2世纪及以后）的占星术是根据个人诞生时的星象，主要的是当时的日、月、行星和各星座的位置，用推算方法得出"星占图"（Horoscope），以预占个人一生的命运。这种占星术有它的一套唯心主义的理论体系和复杂的假科学的推算方法。这种个人占星术，虽受到巴比伦原始占星术的影响，但是它是正式创始于希腊化时期的希腊，一般认为便是在希腊著名天文学家伊巴谷（Hipparchus，公元前150年前后）的时代。我们知道古希腊在攸多克苏斯（Eudoxus，公元前370年左右）时，是以白羊宫15度（即中点）为春分点。到伊巴谷时，希腊改用白羊宫8度为春分点。而希腊占星术文献是采用8度，未见有采用15度者，可见它的创始时代不会早于伊巴谷时代。后来西传至埃及和罗马，东传至印度[①]。印度的占星术，兼用黄道十二宫和二十八宿（或二十七宿），后来以二十八宿（或二十七宿）为主。《宿曜经·序三九秘宿品》说："此法以定人所生日为宿直，为命宿，为第一。用二十七宿。"

---

① O. 诺格包尔（Neugebauer）：《古代的精确科学（天文、算学）》，1951年英文版，第133页。

由上所述，可以看出黄道十二宫和二十八宿，是分属于两个不同的天文学体系，但起了相似的作用。

印度的黄道十二宫是公历纪元左右才由希腊传入，而最后来源是巴比伦。巴比伦的楔形文字泥版中，公元前 2100 年左右便有黄道十二宫的痕迹，月躔上的十七星名，始于昴、毕，似乎表示当初制定时春分点在金牛座，时代在公元前 2200 年以前，"此中己含有十二宫之根蒂"。后来传入小亚细亚东部的赫提特，有公元前 1300 年所记载的黄道周天的十个星名，起于白羊座。这由于当时春分点已移入白羊座。公元前 800 年以后某一时期又传入希腊，所以希腊十二宫起于白羊座，持续至公元后百年，移入双鱼座。"十二宫起于巴比伦之说，已成为学界上之定论"①。但是巴比伦的黄道十二宫成为一体系，时代较晚，在文献上出现更晚，始见于公元前 419 年的泥版书中，但十二星座的个别星座名则出现较早②。一般认为印度在希腊化时代（开始于公元前 4 世纪末）与希腊人直接接触，吸取了希腊天文学的一些传统，而不是由古代巴比伦直接传入的。黄道十二宫传入印度的时代当在伊巴谷（公元前 2 世纪）以后，因为他才开始用黄道十二宫的名称兼指赤道上的十二等分，印度天文学所采用的便是他的这种用法③。印度十二宫的名称有两套，都源于希腊，其中一套是意译，另一套是希腊文的音译（其中音译有错误处）④。这十二宫名称后来收入一些佛教经典中。

---

① 郭沫若：《甲骨文字研究》，第 244—248、322—323 页，1962。

② O. 诺格包尔（Neugebauer）：《古代的精确科学（天文、算学）》，1951 年英文版，第 97 页。

③ O. 诺格包尔（Neugebauer）：《古代的精确科学（天文、算学）》，1951 年英文版，第 178 页。

④ 饭岛忠夫：《支那古代史论》，第 477 页。

五　黄道十二宫传入中国的时代

黄道十二宫是随着佛经的翻译而传入我国。但是因为它的作用和我国原有的二十八宿和十二星次相重复，所以在明末耶稣会教士把它和近代天文学联系起来再行传入以前，我国天文学中一般并不加采用。它的传入历史也若明若暗。

关于黄道十二宫的传入历史，现在所知道的，以"隋代耶连提耶舍"所译的《大乘大方等日藏经》中出现的十二宫名为最早。这书为《大方等大集经》的一部分，译者北齐时便从事译经，这书译出当在隋代初年（6世纪后半）。其次为唐代不空于758年译出的《文殊师利菩萨及诸仙所说吉凶时日善恶宿曜经》（简称《宿曜经》）、金俱叱于806年译出的《七曜禳灾诀》。再次为法贤译出的《难儞计湿缚罗天说支轮经》（简称《支轮经》）。这人当即宋初的和尚法贤（卒于1001年），约于985年译成。他们所译的宫名，各人不同，甚至于同一《宿曜经》书中前后所采用的译名也并不完全相同①。后来我国人自著的书中谈术数占候等的时候，也列举黄道十二宫名，和今日所用的，除了双子（阴阳）和室女（双女）之外，完全相同。这些书中较早的有唐末五代时杜光庭的《玉函经》，宋初曾公亮等编的《武经总要》和吴景鸾的《先天后天理气

---

①　以上四种佛经，见《大正年修大藏经》，第397号（第280—282页），第1299号（第387、395页），第1308号（第451页），第1312号（第463页）。前三者原书都有翻译的年代。最后一种的译者法贤年代，据陈垣《释氏疑年录》及李约瑟《中国科学技术史》第3卷，1959年英文版，第711页。艾伯华（W. Eberhard）以为T.1308可根据冬至点及五星表，定为850年左右的作品，T.1209为同时代作品，但亦可能早到8世纪，见《汉文大藏经中天文学部分的探讨》，《华裔杂志》第5卷，1940年英文版，辅仁大学出版。

心印补注》（简称《理气心印》）①，这些书中的译名，便互相一致了；和 10 世纪末的佛经中译名，也大致相同。译名对照见附表。

此外，唐《开元占经》卷一〇四引"九执历"，译白羊宫为"羖"宫，天秤宫为"秤"宫。《旧唐书》卷三四和《新唐书》卷二八下，都引天竺俱摩罗所传断日蚀法，译白羊宫为"鬰车宫"即梵文 Âsvayuja 的后半 yuja 的音译。

就下表可以看得出来，黄道十二宫至迟在隋代已传入我国，是随着佛经的翻译由印度传来的。其中摩羯宫是印度梵文 Makara 的音译，第一音节译磨或摩（二者隋唐古音 muâ），第二音节译竭或蝎或羯（三者隋唐古音 ghât），最初并没有一定。后来由于图形是羊身鱼尾的怪兽，便采用从羊的羯字；也许与佛经中梵文 Karma 译作"羯磨"（意译为"作业"或"办事"）有关，把同一音节的汉字音译加以划一。

黄道十二宫的图像，大约不久便也传入中国。现在可以见到的最早的一幅，是新疆吐鲁番出土的一件，原物已被盗到国外②。这是一个写本的残件，内容是占星术的图，现残留七宿（轸、角、亢、氐、房、心、尾）和三宫（双女、天秤、天蝎）。其中"天蝎"误写作"天竭"，"双女"有图形而缺失标题。观字体当为初唐（约 7 至 8 世纪）写本。但边疆地区的书体，可能延续到较晚的时代。所绘图形，已经华化（图 5，1）。另一件是敦煌千佛洞的壁画，这画的主题是炽盛光佛图，佛像两旁和后面有九曜神像，天空中有黄道十二宫图形，南北壁各十二宫，其中南壁的狮子、

---

① 见《玉函经・荣卫周舟舆天同度之图》，载《关中丛书》第 5 集；《武经总要》（《四库珍本》本）后集，卷二〇，"六壬"条和《理气心印》（北京图书馆藏汲古阁抄本）卷中的《俯察图》。

② 勒可克等：《德国吐鲁番研究的语言学成果》第 2 册（1972），附录：汉字写本，第 371—374 页，图版六。

表 1

黄道十二宫表

黄道十二宫（今名）		白羊	金牛	双子	巨蟹	狮子	室女	天秤	天蝎	人马	摩羯	宝瓶	双鱼
大方等日藏经	6 世纪	特羊	特牛	双鸟	蟹	狮子	天女	秤畺	××	射	磨竭	水器	天鱼
宿曜经（第 387 页）	758 年	羊	牛	媱	—	狮子	女	秤	蝎	弓	—	瓶	鱼
宿曜经（第 395 页）	同上	—	—	男女	—	—	双女	—	—	—	摩竭	宝瓶	—
七曜攘灾诀	806 年	—	—	仪	—	—	双	—	—	—	磨羯	—	—
支轮经	10 世纪末	天羊	金牛	阴阳	巨蟹	—	双女	天秤	天蝎	人马	摩竭	—	双鱼
王函经	10 世纪初	白羊	—	—	—	—	—	—	—	—	磨蝎	—	—
武经总要	1044 年	—	—	—	—	—	—	—	—	—	—	—	—
理气心印	1064 年	—	—	—	—	—	—	—	—	—	—	—	—

[注]××表示原书有缺文；—表示同上格。

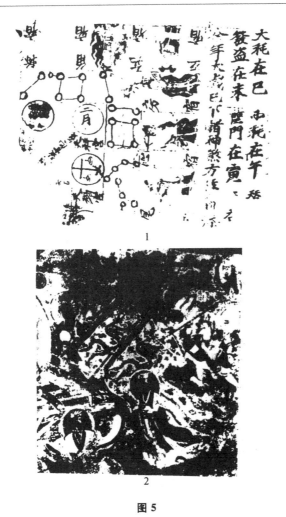

图 5

1. 新疆吐鲁番出土的唐代写本

2. 莫高窟 61 洞甬道南壁的黄道十二宫图形

宝瓶、人马，北壁的双鱼、巨蟹、双子各宫图形已剥落，其余都还完整清楚。图形和画法都已中国化了（图6，图7，图5，2）。

这幅壁画在敦煌研究所编的 61 号洞（＝P117＝C75）的甬道两侧壁[1]。这洞主室四壁的壁画是宋初的，有"曹廷禄姬"等题名。甬道中这幅图，为西夏时（1035—1227）或稍后所绘，其下端供养人像题名，汉字旁边有西夏文对照并书[2]。有人以为这幅画的年代是元代，当由于其题材和画法和一般宋初及西夏壁画不同[3]。但是我认为它的蓝本仍有可能早到西夏。炽盛光佛的题材，在唐末宋初颇为盛行。宋初名画家中便有以画炽盛光佛壁画出名的[4]。斯坦因从千佛洞劫去的一幅有乾宁四年（897）题记的绢画，它的题材便是炽盛光佛，不过没有十二宫图形作为背衬[5]。总之，黄道十二宫的输入我国，至迟可以追溯到隋代翻译过来的佛经。印度天文学是将它与二十八宿联系在一起。这几部佛经中也是如此，以昴、胃、娄所属的白羊宫为始。至于十二宫的图形，我国现存的实物，可以追溯到唐代。但是当时图形也已经华化了。

六　宣化辽墓壁画的星图

1974 年冬河北省文物管理处和河北省博物馆，发掘了张家口市宣化区下八里村的一座辽代仿木结构的砖墓。在后室穹隆顶部

---

① 这洞伯希和编号 P.117，见《敦煌千佛洞图录》，图版一九八，1920—1924 年法文版。张大千编号为 C.75，见谢稚柳《敦煌艺术叙录》，第 133 页，1955。斯坦因编号为 VIII，见《塞利地亚》（英文），第 861、933—934 页，插图 215、226，1921。十二宫的细部照片，承敦煌文物研究所寄来以供研究发表，特此志谢。

② 谢稚柳：《敦煌艺术叙录》，第 133 页。

③ 向达：《唐代长安与西域文明》，第 402 页，1957。

④ 郭若虚：《图画见闻志》（《丛书集成》本）卷三，高益画大相国寺"炽盛光九曜等"，孙知微画成都"炽盛光九曜"；卷四，崔白画相国寺"炽盛光十一曜坐神等"。

⑤ 斯坦因：《塞利地亚》，第 1059 页，图版 LXXI。

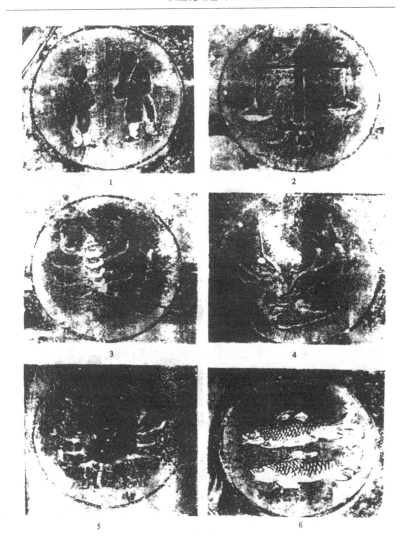

图 6　莫高窟 61 洞甬道的黄道十二宫图

甬道南壁　1. 双子宫　2. 天秤宫　3. 天蝎宫

4. 摩羯宫　5. 巨蟹宫　6. 双鱼宫

1   2

3   4

图 7 莫高窟 61 洞甬道的黄道十二宫图

甬道北壁 1. 金牛宫 2. 室女宫

3. 人马宫 4. 宝瓶宫

（白羊宫、狮子宫有残缺）

的正中央，发现了一幅彩绘星图。根据所发现的墓志，墓主人张世卿，以进粟授右班殿直，死于辽天庆六年（1116）。这个地主阶级的人物，是一个佛教的虔诚信徒。生前修庙建塔，墓中东壁的壁画中绘有侍者为墓主人准备诵读佛经的场面，桌上放着《金刚般若经》和《常清净经》。这些都表示墓主人妄图死后还能享受剥削阶级的生活。这幅壁画星图在原报告中已作了详细介绍，现在撮述如下①：

墓顶星图是绘画在直径 2.17 米的圆形范围内。中心嵌有一面直径 35 厘米的铜镜，镜的周围绘重瓣的九瓣莲花。再外便是二十八宿和北斗七星等星宿，环绕着中心莲花作圆周形分布。背景为蔚蓝色，象征晴空。这些星宿都作朱色圆点，每一星座的各星之间以朱色直线相连系。北斗星座在北方，斗柄东指。二十八宿中张在南，虚在北，昴在西，房在东，其余依次序排列。二十八宿与中心莲花之间有九颗较大的圆点：其中一颗特大的，作赤色，中绘金乌；其余八颗，朱、蓝二色各占一半。最外的一层，分布着黄道十二宫图形。各图形分别绘在直径 21 厘米的圆圈中。它们的位置，白羊宫和娄宿相对，其余各宫顺着时针方向依次排列一周（图 8）。

原报告以为二十八宿与莲花之间的九颗大圆点中有金乌的为太阳，这是对的。至于未能确定代表何星的其余八颗，我以为当是代表月亮、五行星和计都、罗睺二星。它们和太阳在印度的天文历法中称为"九曜"。唐《开元占经》卷一〇四所介绍的"九执历"，便是印度传来的根据九曜运行而订制的一种历法，"历有九曜，以为注历之常式"。十二相而周天，春分为毅首，秋分为秤首，即西法十二宫的白羊、天秤二宫的第一点分别为春分和秋分点②。星色分红、蓝的原因，按《开元占经》卷二十引后汉郗萌及《石氏占》和《荆州占》，以为五行星中金、水、土三星属阴，加

---

① 《文物》1975 年第 8 期，第 31—44 页。

② 朱文鑫：《历法通志》，第 153—157 页。按九执历以三十度为一相。

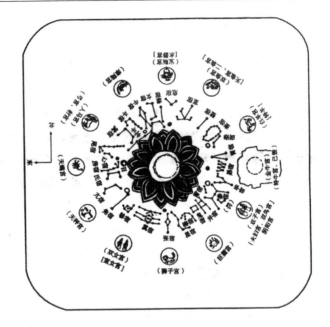

图8　宣化辽天庆六年墓的星象图（摹本）

上月亮为太阴，共四阴；木星、火星则属阳。疑计、罗二曜亦属阳，共为四阳。故用蓝、红二色分别标志阴、阳。这幅星图中的其他方面，也表示受有强烈的印度天文学的影响，例如用二十八宿和黄道十二宫相对照。又以莲花为中心，也是印度佛教图绘的特点。

　　至于这里的黄道十二宫图形，其中金牛宫图已被早年盗墓者所毁，其余十一宫和西方通常所表现的题材大部分相同[①]，仅人马宫为持鞭的牵马人而非弯弓射箭的人首马身像，摩羯宫为龙首鱼

――――――――――

　　① 《不列颠百科全书》第28卷，第993—998页，1926年英文第13版；《拉卢斯大百科全书》第10卷，第1020页，1964年法文版；又《大众天文学》，见本文图4—42，其中摩羯宫图误绘成与白羊宫相同的图形。

身带翅兽，而非羊首羊身鱼尾兽，室女宫为双女而非单女，宝瓶宫为一颈系绶带的盘口瓶而非一个持瓶倾水的人像。但在西方艺术中表现十二宫，也并不统一。例如：宝瓶宫也有仅以一宝瓶来表现而没有持瓶的人像；室女宫也有绘有善恶二室女的。至于人马座，西方有希腊神话中的人首马身怪物（Centaur）的传说，而东方没有这种传说，所以人和马便分离开来。所持的鞭子不清楚，也许是代表弓。摩羯宫的兽，在东方没有羊角鱼尾的怪兽的传说，所以将它绘成东方色彩的龙鱼。至于白羊宫的羊，或立或卧，双鱼宫的鱼或系绳或不系绳，西方的也不一致。但是十二宫图形的画法和风格，则完全中国化了。双子和室女，都是穿中国古代服装的汉人，宝瓶为中国式瓶子，双鱼作汉洗中的双鱼游水状。将图4—42和图4—46的图形相比较，便可以看出来了。

我国古代的星图有两类：一类是天文学家所用的星图，它是根据恒星观测绘出天空中各星座的位置。一般绘制得比较准确，所反映的天象也比较完整。它和现代天文学上的星图，性质相同，只是由于没有望远镜的帮助，星数和星座数较少而已。例如文献记载中所提到的战国时甘、石、巫三家星图，三国时陈卓所编的星图，以及现存的唐代敦煌星图，宋代苏颂《新仪象法要》中的星图和苏州石刻天文图[①]。另一类是为了宗教目的而作象征天空的星图和为了装饰用的个别星座的星图。后者如汉画像石上的织女图等[②]，前者如唐、宋墓中二十八宿图。二十八宿图又分为二种，其中一种，各宿的相对位置依实测图绘制，又绘有赤道。可以依

---

① 席泽宗：《敦煌星图》，《文物》1966年第3期；又《苏州石刻天文图》，《文物》1958年第7期。

② 周到：《南阳画像石中的几幅天象图》，《考古》1975年第1期。

之推算出观测年代。例如杭州吴越王钱元瓘墓中石刻星图[①]。另一种是将二十八宿排成一圈，不管它们的相对距离，也没有绘出赤道。我们这一幅便属于后面的一种。唐代铜镜中星图和新疆吐鲁番唐墓顶部的星图[②]，也都属于这一种。它们是无法推测出观测年代的。在墓室的顶部描绘或线雕星图，这种风俗在我国现存文献中最早出现于秦代。《史记·秦始皇本纪》记载秦始皇陵中，"上具天文，下具地理"。由于始皇陵的墓室还没有加以考古发掘，我们不知道这天文图的具体内容。迄今我们发掘所得的实物资料，当以1957年发掘的洛阳西汉壁画墓中的星象图为最早。这幅画中除了太阳和月亮之外，有拱极星（北斗等）和二十八宿中每方的二至三宿，但还没有像唐代那样二十八宿齐备无缺[③]。

宣化星图的特点是把黄道十二宫和二十八宿相对照。虽然现存唐代文物中也有之，但不及这幅的完整。

七 结论

由上面各节的讨论，我们可以把有关二十八宿和黄道十二宫的问题，作出下面几点结论：

（1）二十八宿的巴比伦起源论是没有根据的。中、印两国的二十八宿是同源的，而中国起源论比较印度起源论具有更为充分的理由。

（2）二十八宿体系在中国创立的年代，就文献记载而言，最

---

① 伊世同：《最古的石刻星图》，《考古》1975年第3期。

② 新疆维吾尔自治区博物馆：《吐鲁番阿斯塔那—哈拉和卓古墓群发掘简报》，《文物》1973年第10期。

③ 夏鼐：《洛阳西汉壁画中的星象图》，《考古》1965年第2期，第80—90页。

早是战国中期（公元前 4 世纪）；但可以根据天文现象推算到公元前 8 至公元前 6 世纪（620±100B. C.）。虽然可能创始更早，但是公元前 4 世纪以前的文献中只有个别的星宿名称，文献本身未足以证明这些星宿是已成体系的二十八宿的组成部分。

（3）黄道十二宫体系，起源于巴比伦，完成于希腊；由希腊传入印度。后来这体系随着佛教传入中国，最早见于隋代所译的佛经中。十二宫图形的输入也已证明至晚可以早到唐代。但是在明代末年近代西洋天文学输入以前，这体系在中国始终未受重视，未能取代二十八宿和十二星次。

（4）二十八宿和黄道十二宫，是和天文学中其他成果一样，最初起源于生产实践。中国和西方的劳动人民累积生产实践的长期经验，分别创立这两种体系来划分天球，以便于观测日、月、星辰等运行的位置，从而规定季节岁时，以便利于季节性的生产活动。后来这两种体系都曾被占星术所借用，以宣扬迷信的宿命论。这是天文学方面唯心主义和唯物主义的斗争的反映。在我国又表现为反动的"天人感应论"和"宿命论"同进步的"人定胜天论"的斗争。

（5）宣化辽墓中的星图，要放在历史背景中来考察和研究，才有意义。

（6）我们不否认古代各民族的文化是有互相影响的，但是某些别有用心的人胡说什么中国的二十八宿是借用西方的"黄道带"概念，企图复活"中国文化西来论"的老调，歪曲历史事实以制造反华舆论。在客观事实的面前，只能遭到可耻的失败。

补记[①]：1978 年湖北随县曾侯乙墓出土的漆箱盖上有二十八

---

① 补记为编入《中国古代天文文物论集》时所加——本文集编者注。

宿图像，这墓年代根据所出铸铭为公元前 433 年或稍晚，即战国早期（《文物》1979 年第 7 期，第 10 页，又图版伍：2），王健民等曾作考据（同上，第 40—45 页）。

湖北铜绿山古铜矿[*]

从前在中国,青铜器的研究和青铜器铭文的研究几乎是同义词。自北宋时代(公元 11 世纪)以来,中国有许多学者研究古代青铜器,写下了一些著作,其中有些还流传到今天。自 20 世纪 20 年代起,中国引入了田野考古学,青铜器的研究便起了很大的变化。

田野考古学被引入以后不久,就显示了它的影响,青铜器研究的范围也扩大了。从此,不仅青铜器的铭文要加以研究,并且它们的形态、用途、花纹、成分、铸造法等都要加以研究。田野考古学根据出土物的共存关系(地层学的研究和墓葬中器物的组合的研究)和型式学的分析,将青铜器的研究提高到一个新的水平。今天,我们不仅研究青铜器本身的来源,即它的出土地点,还要研究它们的原料来源,包括对古铜矿的调查、发掘和研究。这是中国古代青铜器研究的一个新领域,也是中国考古学新开辟的一个领域。这篇文章便是介绍在湖北省黄石市铜绿山古铜矿进行的发掘工作的。

* 本文原载《考古学报》1982 年第 1 期。

铜绿山是"铜绿色的山丘"的意思。这里蕴藏有丰富的铜铁矿，并与金、银、钴等有色金属共生。现今仍是我国一处重要的产铜矿区。这里发现古代采矿的遗迹和遗物，至少可以追溯到1965年该矿重新开采的时候，但一直到1973年发现铜斧（现认为是斧形铜凿，因为它的装柄办法和使用法都是与凿相同）以后，才引起人们的重视。1974年配合矿山生产，在Ⅰ号矿体的12号勘探线和24号勘探线清理了两处古矿井，有简报发表于1974年的《考古》第4期和1975年的《文物》第2期中。1979年冬，我们考古研究所派了一个考古工作队和地方的考古队一起，在几个地点同时进行发掘。我们发掘的地点在Ⅶ号矿体的1号点，有简报发表于《考古》1981年第1期中。1980年除在Ⅶ号矿体1号点继续工作外，还在Ⅺ号矿体发掘冶炼遗址，清理了炼铜炉一座。在发掘的同时，进行了一次炼铜炉的模拟实验。关于发掘冶炼遗址和进行模拟实验的简报，将在《考古》1982年第1期上发表。

铜绿山古矿区的范围，南北约二公里，东西约一公里（图1）。古矿井的附近还有古炼炉遗存，因被炉渣掩埋而保留下来。许多地点的表面，覆盖有一米多厚的古代炉渣，总量估计达40万吨左右。样品经过化验，平均含铜品位为0.7%，但含铁达50%上下，知道是炼铜后弃置的炉渣。从古矿中挖出的"黄泥巴"的分析结果，知道含铜品位在12%—20%，含铁30%。左右。块状的孔雀石的含铜品位可达20%—57%。就炼渣40万吨来计算，估计古代提炼的红铜当在4万吨左右。我们可以设想，这么多的红铜，可以铸造出多少件青铜器！

根据我们的调查和发掘，矿区里的古矿井大多集中在大理岩和火成岩（花岗闪长斑岩）的接触带上（图2）。这里，矿体上部的铜已经氧化流失，变为富铁矿石，即所谓"铁帽"。在它的下面，则因淋滤作用而使铜含量自上而下逐渐变富。至氧化富集带中，铜一般含量在5％—6％，局部可达15％—20％。以上，包含有磁铁矿、孔雀石、硅孔雀石、赤铜矿和自然铜等。接触带中，因岩石破碎，容易开采。采掘过程中仅需解决的一项技术是设置矿井支架，以防止四壁围岩塌落，影响采掘。发掘中见到的"老窿"就设有这样一种木构方框支架。

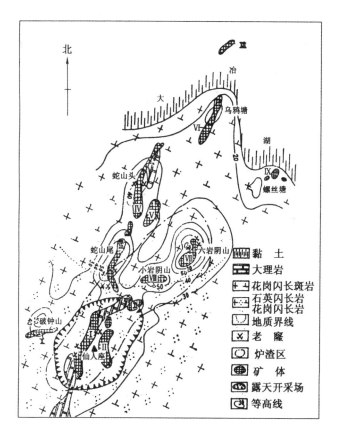

图1　铜绿山矿床地形图

我们的发掘工作是在采矿单位的密切配合下进行的。发掘地点上部 40 多米岩石，由采矿单位挖掘和移运。矿山原计划进行露天开采。我们发现的古代矿井，是由当年矿山的地面垂直地向下开拓的，深达 40—50 米。这些竖井挖到含有富铜矿的地方，便向侧壁开拓横巷。一组组的井巷的揭露，使我们仿佛看到古采矿场的真实的活动情景。下面根据考古所工作队的发掘情况，并利用已公布的资料，对铜绿山古铜矿的采掘方法和冶炼方面的一些问题作一些探讨。

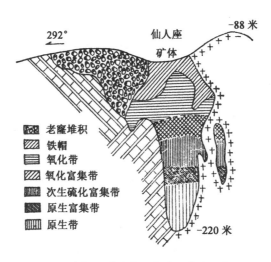

图 2　含铜磁铁矿的氧化次生富集分带

　　我们知道，未掘动的整体岩层是处于一种平衡状态下的。但当人们从地下深处挖取矿石而开拓巷道时，这种平衡就遭到破坏，在巷道的周围发生应力集中，使岩层出现裂缝、滑动或崩塌等情况。为了防止这种危险的变形，就要使用矿井支架。

　　我们在发掘中看到的竖井的木构支架，基本上有两种：早期的在Ⅶ号矿体 1 号点见到的方形框架，是由四根木料用榫卯法互相穿接而成（图 3，1）。在凿有榫眼的两根木料的两端还削成尖端，以便楔入井壁而使框架固定下来。相邻两副框架之间约有 40 厘米的间距。竖井的四壁还衬以席子等物，并用细木棍别住。这个地点的框架，规格较小，内径约为 60 厘米。在 I 号矿体 12 线发现的一个斜井中所用的框架，形制与此种基本相同。晚期老窿中发现的主要是所谓"密集法搭口式"框架（图 3，2）。它是把圆木的两端砍出台阶状塔口榫。由四根搭接成一副方框。整个竖井用这样的方框层层叠压而成。这种框架在 I 号矿体 12 线发现的有 8 座竖井。这里的矿井年代比 Ⅶ 号矿体 1 号点的要稍晚一些，直径约 80 厘米。24 线发现的则比较大，井口长宽约 110—130 厘米，所用的木料也较前一种粗大。

有些竖井在挖到一定深度，发现没有理想的矿脉或因技术原因不再继续挖掘时就一走了之，竖井随之废弃。但当挖到矿脉或高品位矿层时，便向旁侧开拓横巷（或称平巷）。这些与横巷连接的竖井，它的底部都有"马头门"结构（图 3，3）。这是由四根竖立着的圆木或方木用榫卯法穿接两副平放的方形框架而构成的立方形框架。早期竖井马头门所用木料较细，用圆木，晚期的用料粗大，出现方形木柱。它的高度与横巷的高度一致。在与横巷连接的一边或两边留作通道口，其余的都衬以横向的圆木棍或木板作为背板。

横巷有的接近水平，有的则有一定倾斜度。这种情形既与矿脉的走向有关，也跟排水等设施相联系。一般地说，较厚矿层中的横巷，以接近水平走向的居多。但无论横巷或斜巷，往往在它的一侧或两侧还分出若干条横巷。在这些巷中，为了防止四周围岩塌落，危及采掘过程，也用木料构作支架。早期的支架也用榫卯法构成方形框架，两侧的立柱为圆木，圆木的两端有圆柱形榫以榫卯法同上面的横梁和下面的地栿相连接（图 3，4）。地栿和横梁都是方木或半圆木。在横巷中，每隔一米左右就竖立这样一副方框。方柱的外侧，一般用三、五根横向的细木棍作背板；横梁的上面，排列有整齐的木棍构成顶板，木棍的方向与横巷的走

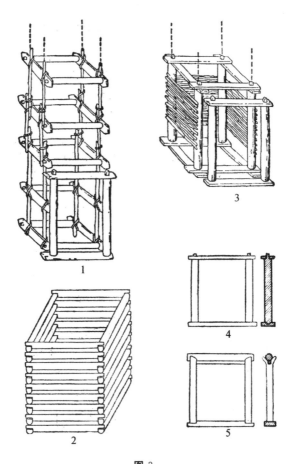

图 3

1. 早期竖井井架　2. 晚期竖井井架

3. 马头门　4. 早期横巷框架　5. 晚期横巷框架

向一致。在横巷拐弯或两条横巷连接的地方，顶板往往作十字交错排列。在 24 线看到的晚期横巷中的框架，不用榫卯法结合。两侧立柱的上端为支杈形，横梁就放在两侧顶部的支杈中。为了不使立柱内倾，在横梁的下面紧贴一根"内撑木"，两端撑住木柱。地栿的两端则用搭口式接头与立柱相接（图 3，5）。至于立柱的外侧，除用木棍或木板作背板外，有的板外再加席子。横梁的上面，在排列整齐的细木棍的上面再铺木板。

把框架做成方形或接近方形，从力学的角度来说是最为合理的。晚期的框架变高变大，表明井巷的净采掘面增大了，矿井支架在承受压力方面的要求也更高了，因此是采掘工艺进步的反映。同时，从发掘的情况看到，无论是早期的，还是晚期的矿井支架，都没有塌毁伤人的现象，说明当时采取的这些支护措施，已经有效地承受了四周的压力，在采掘过程中较好地发挥了作用，基本满足了生产过程中的安全要求。

在横巷的底部，常常发现有向下挖掘的竖井。由于这些竖井的井口并不直通地面，所以称为盲竖井，简称盲井。这种井在Ⅶ号矿体 1 号点的发掘中发现很多，有时在一条不足 10 米长的横巷中发现三口。这些盲井大多用于向深部采掘矿石，但其中有些当亦不排除作为储水仓的可能。因为有的盲井还没有挖到底，所以有的盲井或许是连接下层横巷的通道。不过，这还有待将来继续发掘时证明。

我们在发掘过程中特别注意井巷之间的组合关系。Ⅶ号矿体 1 号点的发掘中发现了这样的组合，如有一组是七条横巷围绕三口竖井作扇面形展开的，横巷的底部还有七个盲井（图 4）。就在这一组中，还发现了相当完整的排水系统。从竖井的底部联结的交错而有序的横巷以及横巷底部挖有盲井的情形，使我们自然而然地联想起由竖井→横巷→盲井掘取矿石的过程，以及为采掘矿石而在提升、排水、通风等方面采取的相应措施。显然这种组合的被揭露，为探讨当时的采掘工艺提供了有说服力的、具有典型性的资料。

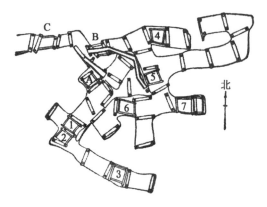

图4　一组完整的井巷平面图

A—C. 竖井　1—7. 盲井

在发掘时，竖井底部和横巷中均出土了一些采矿时留下的器具。这些物品使我们可以推想当年矿工们进行采掘工作的情况。

采掘的工具发现有金属的斧形凿（原报告中作"斧"，下同；早期的青铜制、晚期的铁制)，此外，晚期巷道中还出有铁制的锤、四棱凿、锄（图5，8、9、1、3—6)。铜制斧形凿重3.5公斤，安装方法和四棱凿一样，柄部直插入它的空銎内，刃部与木柄垂直，这种装柄方法和武器中的斧子或木匠用的斧子，都不相同。斧子的刃部与木柄平行，斧身与木柄垂直。铁锤重6公斤。有一件铁制斧形凿的木柄上端仍保留四道（竹）篾箍，显然是为防止柄端开裂而套上去的。也有的木柄上因冲击而使木质纤维外翻，表明它们在剥离矿石时，是一种有效的工具。几件铁锄和一件残铜锄的锄板都很单薄，大概是用来扒取剥下的矿石或废石的。

发现的木铲（锹）也可作同样用途。这些矿石用竹簸箕倾入竹筐或藤篓中，然后再提升至地面。12线的古矿井中，就曾见到装满孔雀石的竹篮（筐）。当然，这些筐、篓也可以搬运泥土和碎石。

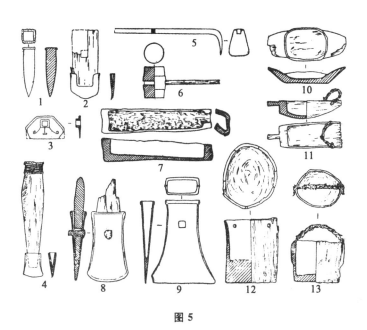

图 5

1. 四稜铁凿 2. 凹字形铁锄 3. 铁锄 4. 铁斧 5. 铁耙 6. 铁锤
7. 木水槽 8、9. 斧形凿 10. 船形木斗 11. 木瓢 12、13. 木桶

在发掘过程中，还见到有的横巷在最后废弃之前已经人为地用红色黏土、废石、铁矿石等充填，并用木棍和青灰膏泥（高岭土）加以封堵。这些废弃的杂物应是在坑下筛选后，就近加以处理的。这样做的目的，首先是为了减轻工作面上采空区的压力，增强采掘工作的安全系数。同时也利于控制风流，使风流达到深部的作业面上。在坑下选出富矿运走，把贫矿和废渣土就近充填废巷，这也是减少搬运工作量的一项措施。

　　从矿区的水文地质情况看，古矿井大多都挖在潜水面以上，但是雨雪水（尤其在多雨季节）的渗透及其他因素，使坑下采掘也不可避免地碰到排水问题。我们发现一些横巷的一侧贴背板的地方，往往铺有排水用的木槽（图5，7）。每节木槽的长度由65至260厘米不等。各节木槽互相连接，置于地栿之上，以一定的高差向水仓或排水井流去。每两节木槽连接的地方，都涂有一层青灰膏泥以防渗漏。当木槽不可避免地通过提升矿石的竖井或主巷时，就在这一段木槽的上面铺垫一层木板，使之成为一条暗槽。我们曾对一组水槽作了一次排水试验，发现它们仍能让水通过弯弯曲曲的木槽而流向排水井方向。同时，我们发现十几件装有提梁的木桶和木瓢（图5，11—13），木瓢可用来戽水，木桶则在装水以后，像前面所说的，可由竖井提升到地面。此外，还发现有专门用于排水的泄水巷道。

　　把矿石提升到地面的方法，也可以根据发现的遗物而推知其大概。最重要的发现是两根辘轳轴子。一根是采集的；另一根出于晚期的24线10号巷中。全长250厘米，可以横架在井口之上。轴木的两端砍成较小的轴头，以便安放在井口两侧的支架的立柱上面。轴木本身，近轴头处，两端各有两排环绕一圈的长方孔，孔眼可以插入长方形木条。这两排孔眼的疏密并不相同，外圈密（有14孔）而孔眼浅小，内圈稀疏（有6孔）而孔眼深大[1]。据原发现人的推测，内圈孔眼上安插的木条，如果加以扳动，便可启动绕于轴木中部的绳索，以提升或下放悬挂于木钩上的竹筐或藤篓。外圈密孔上安插的木条，可能起到"制动闸"的作用。当辘轳需要停止转动时，可以推上支架的"插销"，即可制止轴木转动（图6）。我们认为这种复原是不合理的。密圈的孔眼既密又浅

　　①　有关辘轳轴的情况承黄石市博物馆王富国同志提供数据，谨此致谢。

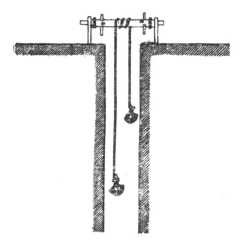

图6　使用辘轳提升的一种设想图

《天工开物》所绘宝井取矿的辘轳图形（另一幅没水彩珠图上的辘轳也一样）看，密圈的孔眼是为加粗辘轳直径而插入如车轮辐条那样的木棍的（图7）。我们曾按原轴的规格制作了这样一个辘轳，证明在加了辐条式的木棍和车辋式的一圈木条之后，比原来的辘轳轴的直径增大一倍，则同样绕绳一圈，绳索的长度也增加了一倍。这样，既可减轻辘轳的重量（比同样直径的实心轴要轻），操作时又可省去一半的时间，应是提高功效的一种措施。至于疏圈的孔眼，深为6—7厘米，作按把和启动用的推测是合理的。铜绿山的这种辘轳设置按把是

（孔深2—3厘米、孔距1—2厘米），所插之木条恐难以起到"制动闸"的作用。实际上，矿井上的辘轳，并不需要"制动闸"。明人宋应星《天工开物》中矿井上的辘轳就没有设置"制动闸"。十六世纪德国学者阿格利科拉（Agricola）的《金属》一书中的插图，也是如此。从明崇祯十年刊本

图7　《天工开物》（明崇祯十年刊本）所绘辘轳使用情况

由于这里的矿井口径较《天工开物》插图中的为大,工人站在口沿上伸手到辘轳轴上是困难的。这样的辘轳将能够胜任从深井中提升矿石的功能(图8)。

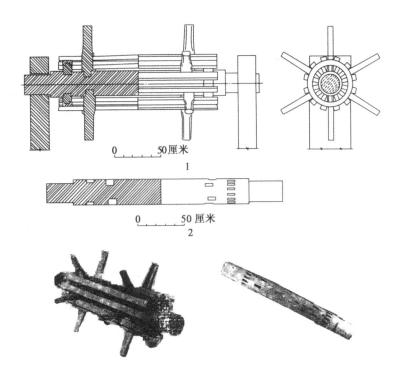

0 — 50 厘米

1

0 — 50 厘米

2

图 8　辘轳复原图

在Ⅶ号矿体的发掘中,我们没有发现辘轳。早期是否已经使用辘轳,还需在今后的工作中证明。不过,木钩在早晚期的井巷中发现不少。有的钩柄上刻有浅槽,以便扎绑绳索。在所发现的绳索中,最长的一条残存 8 米。这些绳索系由植物纤维绞成,即先绞成直径 1 厘米的单股,再由三条单股的绞合而成,所以它们可以承受相当的重量。在晚期的竖井中，当年的矿工们已经知道使用辘轳，可能在绳索的两端各绑缚一件木钩，一上一下地来回提升或下放盛有矿石和支护用构件等东西的篓筐。前面已经提到，在矿体中开拓井巷是由竖井——横巷——盲井。提升的过程则应是盲井——横巷——竖井而达于地面的，而且可能是用分段提升的方法提升矿石的。

在巷道的充填物中，还曾出土一些竹签，一般都很短，一端有火烧的痕迹。这些竹签可能是矿工们在矿下用于照明的残余。不过，考虑到当时的通风情况，巷道又很窄小，在坑下长时间燃竹签照明的可能性并不大。

我们知道，氧气在一般空气中所占的体积为 21%。当空气中的氧气下降至 17%、或二氧化碳达到 3% 以上时，矿工就失去长时间从事繁重劳动的能力。当时没有机械通风，只能靠井口高低不同产生的气压差所形成的自然风流来调节坑下的空气，确保氧气的供给。为此，如上面提到的，及早关闭废巷也是促使新鲜空气顺利通向深处采掘面的措施之一。但从总的情形来看，当年矿工们在坑下采掘矿石，所处的劳动条件还是相当差的。

在发掘过程中，我们注意了选矿问题。因为古矿井所在的范围内，矿石的含铜品位是不平衡的。舍贫矿、取富矿，这是古今矿工们采掘时的基本原则。在发掘中曾见到一些类似"淘金斗"那样的船形木斗（图5，10）。这种木斗体积较小，装上矿土，在水中淘洗，比重较大的矿物就沉在底部，借以进行"重力选矿"，可以用来鉴定矿石品位高低以确定采掘方向。对于冶铜所需的、数量较大的矿石如何选矿？有理由认为，凭经验进行目力选矿（人工挑选）是可能的。同时，对"泥巴矿"用竹簸箕一类工具用水淘洗也是一个有效的办法而可能已被采用。我们在模拟实验时曾用这种淘洗的方法，结果泥土冲掉了，含铜品位可以提高一倍多。这方面的问题，应在今后的发掘工作中继续探索。

我们在巷道中还发现了一些生活用具，如木制耳杯、葫芦瓢、竹篮和陶器碎片等等。其中以竹篮为常见，竹篾削得很细，编织相当精致，当为盛置食物而被带进巷道的。矿井是采掘矿石的场所，矿工们的居住遗址亦相去不远。Ⅶ号矿体所在的大岩阴山南坡，地表就有很多陶片。可惜因地貌有了较大改变，原来的地层被扰乱殆尽，已无法弄清其原貌了。

关于这些矿井的年代，我们曾经根据出土物而推定Ⅰ号矿体的 12 线老窿为春秋晚期，24 线老窿则属战国时代。由Ⅱ号矿体古矿井中一件遗物（铜制工具的木柄）作碳十四测定，是距今 2485±75 年（ZK297），树轮校正后为距今 2530±85 年，如果换算为公元年代，它是公元前 465±75 年，校正后为公元前 580±85 年，与我们最初的估计可说是相当符合的。最近又作了几个碳十四测定（见附表），其中Ⅶ号矿体 1 号点所测的数据，有的与 12 线的时代接近，有的则稍早，这与该地点矿体支架的规格较小，具备某些早期特征是一致的。至于 24 线老窿的碳十四测定为距今 2600±130 年（W.B.79—36）、2575±175 年（W.B.79—37）和 2075±80 年（ZK561），当属战国至西汉时代。这与巷道中出土的其他遗物一致，与原先估计的年代也相去不远。碳十四测定中 ZK559 的距今 3205 年这个数据，其标准误差为 400 年，与出土物的时代不合，恐有问题。不过，有迹象表明（如 ZK758 的数值），古矿区内可能还有较春秋时代更早的矿井。

虽然岩石是人类最早进行加工的对象，被制成粗陋的石器，但是从岩石中识别可以利用的矿物，经过冶炼、提取金属，制成器具则只有几千年的历史。从矿石中提取金属的工艺，比起加工石材、制作石器来无疑要复杂得多。过去，对于我国古代的金属冶炼业（包括冶铜业）的了解很少，研究工作由于缺乏采矿和冶炼的实物资料，无法深入。因此，发掘古代的冶炼遗址，对古代冶铜工艺进行探索，是我们在铜绿山工作时要研究的又一个课题。

在铜绿山发现的早期古炉，主要是在 XI 号矿体。那里地表面覆盖有一米多厚的炉渣，下面埋有不少古代炼炉。前几年，地方考古队在该地清理了六座炼炉，有简报发表于《文物》1981 年第 8 期。我们清理的 10 号炉与他们清理的古炉的炉型和结构都很一致。10 号炉的热释光年代为 2895±305 年、3014±320 年，从地层和出土物推定，古炉的时代均属春秋时期。

这几座古炉的炉型为炼铜竖炉，它包括炉基、炉缸和炉身三部分（图 9）。炉基在当时的地表之下，内设"一"字形或"T"字形风沟（又称防潮沟）。风沟沟壁经过烘烤，质地坚硬，有的沟底还有木炭或灰烬。后经模拟实验证明，风沟的设置，对确保炼炉的炉温和防止炉缸冻结确实是有效的。

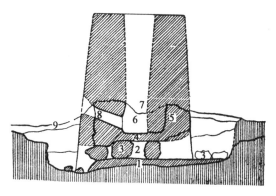

图 9　第 10 号炼铜竖炉结构复原图（剖面）

1. 炉基　2. 风沟　3. 风沟垫石　4. 炉缸底
5. 炉壁　6. 炉缸　7. 风眼　8. 金门　9. 工作面

炉缸筑在炉基的上面，炉缸的截面有的为椭圆形，也有长方

形的。炉缸内径，长轴约 70 厘米、短轴约 40 厘米。炉缸的侧壁
上筑有"金门"。金门的形状是内宽外窄、内低外高、顶呈拱形。
在炉缸内壁和金门内口区一段，都加衬耐火材料，鼓风口由于炉
缸残破，只发现一个，但很可能是一对，分别布置于长轴两端。4
号炉风口的内口呈鸭嘴形，口径分别为 5 和 7 厘米（图版壹，2）。

　　古炼炉的周围的工作台面上还发现了不少遗迹。如有当年搭盖
棚架时留下的柱穴；有碎矿用的石砧和石球。石砧长约 45—70 厘
米，有凹面。石球直径 6—8 厘米，有凹窝，适于手握。石砧的旁边
还有大小不等的浅坑，坑内堆放有粒度一致、直径为 3—4 厘米的铜
铁矿石。此外，还有陶罐、铜锛、铜块、炉渣、铁矿粉和高岭土等
等。这些遗迹现象，使我们有可能推知当时炼铜生产的一些情形。

　　我们知道，古老的冶铜业，由于冶铜的技术水平不高，冶铜
的原料只能是孔雀石和自然铜等含铜品位很高的矿石。铜绿山 3
号炉内清理出一块孔雀石和木炭的熔合物，说明孔雀石乃是当时
炼铜的原料。可是，春秋时代的冶铜业是否仍然以富矿为原料？
从古矿井采掘面上所取矿样的分析表明，很多矿样的含铜品位低
于 4％，而且多数是粉矿。虽然低品位的矿石经过选矿，可提高
其品位，但这些低品位的数据使我们不得不考虑：当时除了用高
品位铜矿石进行冶炼外，是否也用较低品位的矿石进行冶铜呢？
在用块矿冶炼的同时，是否也兼用粉矿作为冶铜的原料呢？此外，
古炉周围发现的炉渣大多冷凝成薄片状，表面有水波纹样，说明
古炉渣排放时的流动性很好。但是古代工匠在冶铜时掌握配矿技
术到了什么程度呢？就炼炉来说，古炉的炉缸底比金门口低，放
铜时铜液必然不能放尽，那么古炉的这种设计是为"杀鸡取卵"
似的破炉取铜呢，还是为连续进行冶炼而特意设置的呢？用这种
炼铜竖炉进行正常的冶铜生产，需要具备哪些条件？古炼炉的性
能如何？春秋时代的冶铜业达到了怎样的水平？……带着这样一

些问题，我们组织进行了一次炼铜模拟实验。

这次实验是在对古炉进行仔细的解剖、搞清其形制、结构的基础上进行的。首先提出了春秋时代炼钢竖炉的复原设想和仿古实验炉的筑砌方案。在同时提出的两个方案中，凡是古炼炉已经提供的数值一概加以采用，不予变动；未知的部分（如炉身高度、风口的数量等）则在允许的范围内作尽可能合理的推测和假设，在实验中检验假说的合理性。

春秋炼铜竖炉的炉身是怎样的？这是我们在复原研究时着重考虑的一个方面。为便于比较，两个实验炉的炉身是不同的。一号炉作成口小腹大的正截锥体形；二号炉则在中腹向上短轴方向的一段炉壁，筑出7°的炉腹角（长轴方向的内壁仍保持垂直），炉口部分的内壁则上下垂直。对古炉复原方案中所作的上述考虑，是基于前者的炉壁与料柱之间缺乏摩擦力，不易控制物料的下降速度。二号炉炉身的设计则可避免这种情况。实验的结果表明，上述考虑并不是多余的。

作为模拟实验，如何使实验的全过程都力求仿古，不使失真，是我们特别关注的另一个问题。为此，在筑炉的材料、筑砌的方法、冶炼用的燃料和原料等方面，都尽可能地创造与古代冶铜生产时比较接近的条件。为使实验炉的炉缸、金门、风沟等部位的形制与古炉保持一致，这些部位在夯筑时用木、竹等材料做了模具，筑入炉中（图版壹，4）。

二号实验炉的冶炼过程是在阴雨有微风的条件下进行的。二号炉的炉身高1.5米，在短轴方向的对应部位设置两个风口，使用一台小型电动鼓风机同时向两个风口鼓风。冶炼时持续地投入批料，间断地排放炼渣和铜液。整个冶炼过程相当顺利。在十余小时的冶炼过程中，共投入矿石等物料1300余公斤，木炭600余公斤，先后排渣14次、放铜2次，炼出红铜100多公斤。经化验：红铜中铜含量为 94％—97％，炉渣平均含铜为 0.837％。实验取得预期的结果（图版贰，3、4）。

冶炼的过程是通过化学和物理化学方法使原料中主要的金属与其他金属或非金属的元素化合物分开、从矿石中提取金属的过程。这次模拟实验提供的资料，使我们对春秋时代的炼铜工艺技术有了初步的了解。

这次实验所用的原料和燃料与冶炼遗址中见到的原料和燃料基本上是一致的，所以实验的结果，证明了铜绿山发现的炼钢竖炉，其冶炼工艺是铜的氧化矿的还原熔炼。使用这种竖炉炼铜，只要保证必要的风压、风量，使炉内木炭燃烧充分，就能进行正常的冶炼过程。诚然，所用风压、风量的大小，则跟炉身的高矮和炉腔的大小有关，确切地说，跟投入炉内的物料的粒度及由这些物料形成的料柱的粗细高矮直接有关。古炉没有专门的排渣孔和放铜口。实验证明，渣和铜的排放都通过金门。由于渣、铜的比重不同，铜液沉在炉缸下部，渣则浮在上部。排放时只需在金门的上部或下部分别开口，即可将渣和铜分别排放炉外。用这种竖炉冶炼，操作的方法也比较简便。

冶炼过程中，我们投入的原料有含铜 20％以上的高品位矿石，也有含铜仅 7％或更低的矿石，并有一部分粉矿（冶炼前用人工团成直径 3—4 厘米的泥团）。实验结果证明，用这种竖炉炼铜，只要炼炉熔化带中保持足够的温度，那么无论是高品位的还是低品位的矿石，也不论块矿还是粉矿，都可以炼出红铜。这种情况说明，春秋竖炉具有较高的冶炼能力。

由于发现的几座古炉，它们的缸底都低于金门口，因而使人们对当时的冶炼方法提出种种推测。这次实验的重要收获之一还在于证明了这种竖炉并非每炉只炼一次，便要破炉取铜。而是可以连续投料、连续排渣、间断放铜，持续地进行冶炼的。古炼炉的这种设计，正是为确保炉缸内的温度在排渣放铜时不致骤然下降，影响持续冶炼而在实践中总结出来的有效措施。这种设计，使竖炉的生产效率大为提高。若按实验的情况推算：如果一天投入炼炉的物料为3000公斤，矿石的含铜品位平均12％，在正常情况下一天一炉约可熔炼红铜300公斤。而且，这种炼炉的炉龄可能比较长，检修也比较简便。3号古炉清理时曾发现有补炉痕迹，说明炼炉经检修以后还可进行冶炼。

春秋时代配矿技术达到什么程度？我们在实验过程中还做了以下试验：有的未加熔剂，有的则加了熔剂。从排渣情况看，未加熔剂时，渣稠、流动性很差；加配熔剂以后，炉渣的流动性明显改善，并冷凝成薄片状，表面有水波纹样，与古炉渣十分接近。根据这种情况，或可以推测古代工匠在冶铜时，已经掌握了较好的配矿技术。这个问题，准备在今后的工作中作进一步的探索。

虽然模拟实验的情况还不能完全说明春秋时代的炼铜技术，但是通过这次实验，使我们对古炼炉的性能和冶炼技术的很多方面有了比过去远为具体、深刻的认识。实验告诉我们，由于这种炼铜竖炉的结构合理、炉衬材料选用能适应高温熔炼的不同耐火材料，因而使古炉具有生产效率较高、炉龄较长、操作比较简便等优点。在对古炉所作的解剖过程中，古代工匠的筑炉技术给我们留下了很深的印象。据分析，古炉渣的含铜量为0.7％，其他化学成分也相当稳定，酸度适宜，渣型合理，这是当时的冶铜技术达到较高水平的又一佐证。所有这一切，说明二千多年前的工匠们在筑砌技术和冶炼技术方面都掌握了较高的工艺。他们为创造灿烂的古代文明作出了杰出的贡献。

铜绿山古铜矿所在的地点，交通也很便利。矿山脚下的大冶湖与长江相通，从水路可以抵达沿江各地。从调查知道，在离铜绿山不远的一些地点有东周时期的铸造遗址，不过有理由认为，当时铜绿山矿生产的红铜一般并不在当地铸造青铜器，而是分运各地的。矿山脚下多次采集到重约 1.5 公斤的圆饼形铜锭，可能就是古代外运时遗失所致。

铜绿山出土标本的碳十四测定年代数据表

顺序号	实验室标本号	距今年数（半衰期 5730 年）	出土地点	标本材料	参考文献
1	ZK758	3260±100	Ⅶ·2	坑　木	[6] 4 期 84 页
2	ZK559	3205±400	Ⅺ·炉 6	木　炭	考·80·4·376
3	W. B. 79—35	2795±75	Ⅶ·2	竖井坑木	[6] 4 期 84 页
4	ZK560	2735±80	Ⅶ·1	竖井坑木	考·80·4·376
5	ZK877	2720±80	Ⅶ·Ⅰ·巷 19	背　板	[3] 23 页
6	ZK876	2705±80	Ⅶ·Ⅰ·井 2	背　板	[3] 23 页
7	W. B. 79—36	2600±130	Ⅰ·24	平巷坑木	[6] 4 期 84 页
8	ZK878	2575±80	Ⅶ·Ⅰ·巷 28	平巷背板	[3] 23 页
9	W. B. 79—37	2575±175	Ⅰ·24	铁斧木柄	[6] 4 期 84 页
10		2530	Ⅶ·2	竖井坑木	[6] 4 期 84 页
11		2508	Ⅶ·3	平巷坑木	[6] 4 期 84 页
12	ZK879	2475±80	Ⅶ·Ⅰ·巷 32		[3] 23 页
13		2475	Ⅶ·6	铁斧木柄	[6] 4 期 84 页
14	ZK297	2485±75	Ⅰ·12	铜斧木柄	[考·77·3·2026] 4 期 84 页
15	ZK561	2075±80	Ⅰ·24	坑　木	

铜绿山古铜矿的发现和发掘，对了解我国古代的社会生产，尤其是青铜业的生产具有重要意义。它证实了我国商周时代青铜器铸造业与采矿、冶炼业是分地进行的，并在采矿、冶炼和铸造业之间，甚至它们的内部都已有了分工。从铜绿山古铜矿获得的

丰富资料，还说明东周时期的楚国在铜矿的开采和冶炼方面都已达到较高的水平，从而对于像曾侯乙墓出土的青铜器具，总重量达到十吨之多的惊人数字也就有了更深的理解。

　　附记：1980 年 6 月 2 日，我在纽约大都会博物馆召开的中国古代青铜器的学术讨论会上宣读了《铜绿山古铜矿的发掘》的论文。这次发表的便是那篇论文的增订稿。矿山部分，增入 1980 年下半年及 1981 年发表的简报及论文的一些内容。木辘轳的复原，是我与友人王振铎同志的谈话中受到了他的启发后设计的。复原的模型由考古所白荣金同志依照我的复原方案做成的。炼炉部分由考古所主持发掘和模拟试验的殷玮璋同志重新写过。然后我们二人共同商量定稿。插图由考古所绘图室描绘。对于协助我们的各位同志，都敬致谢意。又这文曾以我们二人的名义在 1981 年 10 月 13 日在北京召开的中国古代冶金史会议上宣读过。

参考书目

　　[1] 湖北省博物馆：《湖北古矿冶遗址调查》，《考古》1974 年第 4 期，第 251—254 页。

　　[2] 铜绿山考古发掘队：《湖北铜绿山春秋战国古矿井遗址发掘简报》，《文物》1975 年第 2 期，第 1—12 页。

　　[3] 考古研究所铜绿山工作队：《湖北铜绿山东周铜矿遗址发掘》，《考古》1981 年第 1 期，第 19—23 页。

　　[4] 同上工作队：《湖北铜绿山古铜矿再次发掘》，《考古》1982 年第 1 期。

　　[5] 杜发清、高武勋：《战国以前我国有色金属矿开采概述》，《有色金属》32 卷第 2 期（1980），第 93—99 页。

　　[6] 杨永光、李庆元、赵守忠：《铜绿山古铜矿开采方法研究》，《有色金属》32 卷第 4 期（1980），第 84—92 页，《有色金属》33 卷 1 期（1981），

第82—86页。

[7]黄石市博物馆:《湖北铜绿山春秋时期炼铜遗址发掘简报》,《文物》1981年第8期,第30—39页。

[8]卢本珊、华觉明:《铜绿山春秋炼铜竖炉的复原研究》,《文物》1981年第8期,第40—45页。

[9]周保权、杨永光等:《从铜绿山矿冶遗址看我国古代矿冶技术的成就》(铅印稿)。

[10]考古研究所实验室:《湖北大冶铜绿山古炼铜炉的热释光年代》,《考古》1981年第6期,第551页。

《河北藁城台西村的商代遗址》读后记 *

    藁城商代遗址出土的铁刃钢利器，是一个很有意思的发现。但是，根据已做过的化学分析和金相学考察，似乎并不排斥这铁是陨铁的可能，还不能确定其"系古代冶炼的熟铁"。

    根据试验报告，先就金相观察而言，"因已锈蚀，看不到金相组织"，所以我们无法利用陨铁经常具有的"维德门施塔特氏结构"来作为鉴定标本的标准。至于"发现大量条带状夹物，并且本身有分层现象"，这只能证明金属经过热变形和锤打的，因之不是生铁（生铁锤打即碎），而不足以确定其为熟铁或陨铁。这里有一点须说明一下，从前有些考古学家认为陨铁不能锻锤成器，这实是一种误解。陨铁中有些确是不能锻锤的，但大多数陨铁是可以锻锤成器的。这不仅有民族志上的许多实例，并且还有人做过实验[①]。

    再就化学分析而言，"基体为铁，并含有较多的铜、镍、锡及微量的铝、钴、钛、硅、铅等"。这里面铜和锡的含量虽多，但二者"可能来自铜合金包套"。最可注意的是含镍较多。我们知道陨

---

  * 本文原载《考古》1973 年第 5 期。

  ① H. H. 利格兰《旧大陆上史前的和早期的铁器》，1956 年英文版，第 177—179 页。

铁的特征是含镍较多，而冶炼的铁一般含镍极微或完全没有（只有从磁黄铁矿提炼的铁是例外，但这是比较少见并且古代很少开采的铁矿，不知道我国有否这种矿和古代曾否开采过）。定量分析一个小试样是含镍 1.76%，这是比较高的，是一般冶炼的熟铁中所罕见的。但是陨铁的含镍量一般比这还要高，在 5% 以上，虽然也有含镍很少的[①]。所以，这方面还要再作定量分析。至于含有硅酸盐夹杂物和含锰很低，这不仅是"熟铁的特征"，陨铁常常也是这样的。小块试样含碳 0.35%，证明这不是生铁（生铁含碳1.5%—4.5%），而陨铁一般含碳也不多。只有大块的氧化钙，是陨铁中所罕见的，这可能是冶炼成的熟铁中的夹渣，但是也可能是陨铁埋在黄土中时所沾染的，正像铜锡成分来自相接触的青铜包套或铜锈一样。钴和硅都是陨铁中经常含有的元素，分析出有微量存在是可以理解的。至于爱克斯射线透视所显呈的夹渣和气泡都是在青铜铸件部分，而在铁制刃部未曾发现。

简报中提到了流入美国的 1931 年河南浚县出土的两件铁刃铜利器。这两件在 1946 年发表后，1954 年梅原末治加以研究，认为是冶炼的铁，并且还认为这两件的发现是"划时代的事实"[②]，但是后来做了科学分析，证明实是陨铁所制[③]。1958 年在广东英德发现一块 3—4 吨重的古代的陨铁，当时认为系人工冶炼的合金钢[④]，后来证明乃是陨铁[⑤]。我们以为这次所发现的青铜利器的铁刃是否系冶炼的熟铁，还有待进一步的分析研究。

---

① H. H. 利格兰，上引书，第 27 页。

② 《关于中国出土的一群铜利器》一文，见《京都大学人文科学研究所创立廿五周年纪念论文》，1954 年。

③ 见 R. J. （J. Getten 等），《两件中国古代的陨铁刃青铜武器》，1971 年英文版。

④ 《文物》1959 年第 1 期第 28 页。

⑤ 《文物》1959 年第 8 期第 51 页。

晋周处墓出土的金属
带饰的重新鉴定[*]

一 一个亟需澄清的问题

1953 年 3—4 月间，南京博物院发掘了江苏宜兴的西晋周处墓。这墓的主人是死于西晋元康七年（297）的周处。这不仅有《宜兴县志》（雍正年间重刊本）的文献记载，并且发掘工作中发现有"元康七年九月廿日阳羡所作周前将军"的纪年砖。这墓的时代是确定无疑的。

虽然这墓曾被盗掘过，但是墓中仍遗留有许多随葬物，其中最引人注意的是 17 件镂孔花纹的金属带饰（17 件是指较为完整的带饰，另外还有少许很小的残片，没有统计在内）。小块残片中一件由南京大学化学系进行分析，所得的结果是："带饰内层合金成分：铝 85％、铜 10％、锰 5％。"这是以铝为主要成分的合金。^① 这个发现立刻引起人们的极大注意。

————————————

　* 本文原载《考古》1972 年第 4 期，后加补记收入《考古学和科技史》一书，科学出版社，1979。后对文中（三）节有增补。

　① 发掘报告，见《考古学报》1957 年第 4 期，第 80—106 页。补充说明，见《考古》1963 年第 3 期，第 165—166 页。

我们知道，铝是一种难于冶炼的金属。虽然铝是地球表层中分布最广的三种元素之一，仅次于氧、硅二者而居第三位，但是由于很难冶炼，所以到 19 世纪才被提炼出来。1825 年丹麦人奥斯特德（1777—1851）第一次利用钾汞齐由氯化铝中提出了杂质很多的金属铝。1827 年德国人韦勒（1800—1882）用金属钾直接从氯化铝中把金属铝还原出来，纯度较高。1808—1809 年曾有人想用电解法提炼铝而没有成功，一直到 1886 年电解提铝法才试验成功，此后逐渐扩大规模，用电解法大量生产。因此，如果和别的常见的金属比较起来，铝算是最年轻的了[①]。

周处墓发掘报告原稿中说："像这样含有大量铝的合金，在我们工作中还是初次发现。"实际上，这不仅是我们考古工作中初次发现，也是全世界初次听说有这样古老的以铝为主要成分的合金。1957 年这篇报告原稿寄到《考古学报》编辑部时，编辑部很加重视，为了对读者负责，在刊登以前便向南京博物院索来样品，请中国科学院物理研究所代为分析。取去分析的是金属光泽的白色物（内层）和暗淡无光的灰黑色物（外层）各一小块。光谱定性分析的结果是：（1）内层：铝（大量）、铜、铁、锰、铅、镁（其他微量的元素从略）；（2）外层：钙（大量）、锰（大量）、铁、镁（其他微量元素从略）[②]。南京大学化学系也曾对于外层的黑色物作过化学分析，结果是钙 70%、铁 20%、锰 10%；另附碳酸钙很多。显然，这黑色

① 参阅《不列颠百科全书》（1964）第 1 卷，第 693 页。

② 《考古学报》1957 年第 4 期，第 105 页（原表中"算"字是"铁"字误排）。

的外层主要是碳酸钙，我们可以撇开它不加讨论。这里专讨论内层的金属物。

东北工学院轻金属冶炼教研室同志看到了《考古学报》上刊登的这篇报告，很是重视这个新发现，1958 年也向南京博物院索来一小块带饰残片，对它作了光谱分析、化学分析和金相显微镜分析，结果是这几方面的分析一致指明这一小块是银基合金，并非铝基合金。现将其分析结果分别转录如下：（1）光谱分析：银（多）、铜（次多）、金、铋、硅、钙、铁、铅、镁（微量）。（2）化学分析：投入硝酸中，加热溶解，再加盐酸生成大量白色沉淀（氯化银）。（3）金相显微镜分析：与银基合金相应的组织。后来他们又向南京博物院索来一小片，化学分析的结果仍证明是以银为主要成分，其中含有铜，但是铝的含量极微，光谱分析的结果和上次相同[①]。

对于金属残片分析结果的差异，引起进一步的探索。1958 年清华大学工程化学系由考古研究所取去南京寄来样品的残片一小块，进行各方面考查，证明这残片的成分大部分确实是铝，并不是银。他们的考查是：（1）光谱分析：铝（大量）、铜、铁、铅、锰、镁、银（以上少量），铬、锡、硅、钙（以上微量）。（2）化学分析：溶解于硝酸中后，加浓盐酸不生白色沉淀，又加过量的氢氧化铵，出现絮状沉淀（氢氧化铝）。（3）金相显微镜观察：比较均匀的多种合金组织。（4）用比重瓶测得它的比重是 4.49。后来 1959 年他们又由南京博物院索来几片残片，进行分析考查，"其中的一片（前述的外部淤积层已剥落的一片），化学成分大部仍是铝，化学处理的结果，和光谱分析的结果和上次考查的完全

---

① 《考古》1962 年第 9 期，第 503 页。

一样，金相组织也大致相同，除这片以外，另有两小块残片，经分析后，断定其化学成分大部是银"[1]。

1959 年东北工学院向清华大学取去同一铝合金残片的样品一小块作光谱分析，结果指明基体是铝，杂质有铜、铁、镁、钙等。这证明这批金属物有两种合金：一种是银基的，另一种是铝基的。后来东北工学院又对这两件残件再作光谱半定量分析。银基合金的一件，分析结果如下：银 90％—95％、铜 5％—10％、铅 0.3％—1％、锰 0.1％、锡 0.01％，此外还有微量的铝、硅等。铝基合金的一件分析结果如下：铝 97％—99％、铁 1％、硅 0.3％—1％、铜 0.2％、镁 0.3％、锰＜0.01％，此外还有微量的铅、锡、锌等。又对后者作金相显微镜分析，证明是铝的铸造组织，晶粒仍显然可见；其基体为纯金属（或 α 固溶体），但晶粒间界显然有夹杂物出现，并且有少量杂质和基本金属构成的金属间化合物；但是没有显示出有含 10％铜与 5％锰的铝铜锰合金组织来，这表明它是一种含杂质较多的纯铝，而不是铝铜合金[2]。

这样一来，这问题便难于做结论了，问题的关键所在是我们所分析的样品都是小块碎片，其中有银基合金，也有铝基合金（或者是"含杂质较多的纯铝"），而全部 17 件较为完整的金属带饰，都没有经过分析以确定其质料。

这个"晋代金属铝"的发现的消息一传开来，立刻引起国内和国外的化学史工作者和冶金工作者的重视，并且科学普及工作者还将它作为一件已经确定无疑的事实广泛地加以

① 《考古学报》1959 年第 4 期，第 92—93 页。

② 《考古》1962 年第 9 期，第 504—506 页。

传播①。北京中国历史博物馆和南京博物院两处都曾陈列出较为完整的金属带饰的标本，并且在说明标签上肯定地指明是晋代铝制带饰，所以，这是一个亟需澄清的问题。

二 重新鉴定的工作

毛主席教导我们："判定认识或理论之是否真理，不是依主观上觉得如何而定，而是依客观上社会实践的结果如何而定。"我们这次工作所需要的实践是科学实验，关于这个问题的关键所在现既已明确，我们便要在科学实验过程中解决这个问题。

---

① 据1963年东北工学院轻金属冶炼教研室同志统计，国内外对于"晋墓带饰"问题发表的文章，至少有13篇。除上引的《考古学报》中两篇、《考古》中三篇以外，国内发表的还有（1）《科学大众》1962年第1期的《铝的诞生》，（2）《沈阳晚报》（1962年3月15日）的《铝是年轻的金属吗？》，（3）《中国青年报》（1962年5月8日）的《古代饰片之谜》（部分内容载《我们爱科学》第7集与《十万个为什么》第6集1959年版），（4）上海《新民晚报》（1962年6月19日）的《铝》等文章；国外的有（1）瑞典的《冶金杂志》（1960年第3期），（2）法国《机械与自动装置杂志》（1961年，第14卷第2期）上的《两千年前中国在晋朝已掌握了铝合金》，（3）法国《铝》杂志（1961年，第38卷第283期）的《中国晋代是否已经知道了铝铜合金》，（4）苏联《高教通报（有色冶金版）》（1963年第1期）的《有关中国古代制得铝合金》等（以上文献是根据《考古》1963年第12期，第674—676页所引的）；1963年以后还有科学出版社的《中国化学史稿（古代之部）》（1964年版）和《近年来中国化学史研究工作的进展》一文（《化学通报》1964年第1期），也对晋墓铝合金的发现作了重点介绍〔补记：上海叶永烈同志1972年12月24日来信，说他自己对这铝带饰写过近十篇文章，发表于《少年文艺》、《河北日报》、《安徽日报》、《新民晚报》等。后来还有（1）李约瑟：《中国科学技术史》第5卷2分册（英文本，1974），第192—193页；（2）叶永烈：《化学元素漫话》（1974），第93—95页；（3）Y. M.《中国晋代发现铝铜合金》，《自然界》（法文），3316号（1961），第333页；（4）英国《地球技术》1961年，第41页，即上引法文杂志《铝》1961年所刊的文章的英译〕。

上节已说过的，南京博物院发掘晋墓时，共发现金属带饰较完整的 17 件，另外还有少数很小的金属残片。据调查了解，后来南京博物院只保留较完整的两件，其余 15 件和全部碎片，都于 1959 年拨交中国历史博物馆。1964 年我们将两处的标本都送到中国科学院物理研究所，请其代为鉴定，北京所藏的较为完整的只有 14 件（表 1 中编号 Y—542，A—N），可能另有一件由于辗转移动而破碎了，以致和原有的残片混在一起，不复能分别开来；南京博物院所藏的两件（文 53—178）便是下面表中的"元 1"和"元 2"。

因为这批金属带饰是贵重文物，检验时要求采取不损标本的考查方法；不得已时在少数几件标本上取样，也力求限于极小分量。物理所于全部 16 件标本都做了密度测定，是应用阿基米德定律，先测定样品的重量，再测定样品在水中的重量，便可计算出各样品的密度[①]。现将他们所得的结果，列表如下[②]：

物理所又对其中一些样品作了光谱分析和 X 射线物相分析。光谱定性分析结果如下：（1）Y—542C 样品，分里心（内部）和边缘（外部）两部分分析，所得结果相同：主体为银（Ag）。杂质元素依其含量多少顺序为：铜、铁、金、铝、镁、铋、钙、硅、铅、锰。（2）元 1 和元 2（摄谱条件：Q—24 中型水晶摄谱仪，πc—39 交流弧光，电流 8A），两件样品分析结果相同：主体为银

---

① 如果样品重量（g）是 w_1，在水中重量（g）是 w_2，那么，样品在水中失重（g）为 $w_1 - w_2$，也便是样品体积（cm^3）的数字。样品密度（g/cm^3）的公式是

$$\frac{w_1}{w_1 - w_2}。$$

② 北京中国历史博物馆所藏的样品的测定结果，据中国科学院物理研究所陆学善同志 1964 年 6 月 4 日来信；南京博物院所藏的，据 1965 年 4 月 19 日来信。

（Ag），杂质依其含量多少顺序为：钙、铜、锡、铝、铋、镍、铁、硅、镁、铅、锰。

表1

样 品 号		样品重量（g）	密 度（g/cm³）
1	Y-542A	24.3870	6.29
2	Y-542B	22.3832	6.26
3	Y-542C	19.8842	6.15
4	Y-542D	15.8500	6.12
5	Y-542E	27.0059	6.91
6	Y-542F	30.0167	6.03
7	Y-542G	17.8041	6.19
9	Y-542I	21.1500	5.79
8	Y-542H	20.3669	5.92
10	Y-542J（面有淤泥）	8.0704	5.75
11	Y-542K（面有淤泥）	5.4278	5.35
12	Y-542L	8.7847	6.49
13	Y-542M	15.9373	5.92
14	Y-542N	16.6003	6.40
15	53-178，元1	11.4495	6.21
16	53-178，元2	4.9950	7.14

用X射线衍射法所获得的物相分析结果如下：（1）Y—542C样品，分内外两部分分析，发现两部分的物相组成并不一致。内部系"面心立方点阵"（face-centred cubic lattice）的单相合金，点阵常数为a＝5.5496Å；外部系两相合金，其中主要一相和内部的单相相同，另一相也系面心立方点阵，点阵常数是a＝4.052Å，衍射线较模糊。（2）元1和元2（摄谱条件：9cm德拜谢乐照相

机，Cuka 辐射，粉末未作处理），两件样品的分析结果相同：外部是以银为基的固溶体，点阵常数为 a＝5.54Å，内部是银和银基固溶体的二相合金，银的点阵常数为 a＝4.05Å，银基固溶体的点阵常数为 a＝5.45Å。这和上面的 Y—542C 样品的分析结果相同。只是内部和外部的物相刚好颠倒过来。这里需要指出，元 1 和元 2 是中国科学院物理研究所同志自己取样的，内部有金属光泽，外部无光泽。Y—542C 样品是北京中国历史博物馆取好了样送交物理所的。

三种方法检验的结果是：全部 16 件较完整的金属带饰，其密度为 5.35—7.14，变动范围不大（其中密度最小的二件为 5.35 和 5.75，都是面有淤泥；如果将它们除外，其余 14 件的密度为 5.79—7.14，变动范围更小）。这证明它们是含有杂质的同一种金属；根据光谱分析和物相分析，这金属应是银不是铝。换言之，全部 16 件较完整的金属带饰，都是银而不是铝。

中国科学院物理研究所同志的鉴定中有两点补充说明：（1）"查纯铝的密度是 2.6984（20℃），纯银的密度是 10.49（20℃）。带饰的密度居于二者之间。有一点可以肯定的，这些带饰不能是纯度高达 97％—99％的铝"[①]。（2）"X 射线物相分析的结果，提供了一个值得注意的问题：单相合金'面心立方点阵'的点阵常数为 5.5496Å。查银和铝都是'面心立方点阵'，银的点阵常数是

---

①　按这当指混入这批银制带饰内的小块铝片。东北工学院用光谱半定量分析结果是"含铝 97％—99％（按杂质减量）"（《考古》1962 年第 9 期，第 505 页）。清华大学用比重瓶测得这小块铝片的比重（即密度）是 4.49（《考古学报》1959 年第 4 期，第 92 页）。有人认为这 4.49 的比重有可疑之处，因为"固体时铝的比重约为 2.7，纵然含 10％铜和 5％锰也不会如此"（《考古》1962 年第 9 期，第 506 页）。我们这一批银带饰各件的密度较纯银为轻。依肉眼观察，它们内部银白色，两面表层已成氧化银，呈灰黑色，组织较松，毫无光泽。这可能是它们密度较纯银为轻的缘故。

a＝4.0857Å，铝的点阵常数是 4.0495Å。但是无论银铜合金或其他银基合金，到目前为止，还没有发现有点阵常数大到 5.5496Å 的面心立方点阵的。参照光谱分析的结果，这一点得不到解释，值得进一步研究，希望研究古代冶炼史的同志们注意这个问题"。

三　银制带饰和小块铝片的年代

经过重新鉴定后，我们知道这批金属带饰较完整的 16 件都是银的。另有少数小块金属片，有银的也有铝的；前者是银带饰的残片，后者细小而不成形，无法知道原形。

银制带饰的年代是容易确定的。它们是晋元康七年（297）埋葬周处时被埋进去的。据参加发掘的同志说：它们发现在人骨架的中部，正是死者腰带的饰件所在，大部分又压在淤土下面，说明层次没有被扰乱。它们应该是西晋时代的遗物[①]。

近人王国维根据文献资料曾对带饰作了如下的考证：汉末始有袴褶之名，乃是胡服。"其带之饰则于革上列置金玉，名曰校具，亦谓之鞊，亦谓之环。其初本以佩物，后但致饰而已"。"校者即《朝野金载》之'铰具'"。"唐中叶以后，不谓之环而谓之铐"。[②] 高级带饰的质料是黄金或玉，但也有银制的，或铜制鎏金。《艺文类聚》引梁刘孝仪《谢晋安王赐银装丝带启》："雕镂新奇，织制精洁"（卷六七），当便是透雕的银带饰。由这引文也可知道当时金属带饰不仅用于革带上面，也可以用于丝带上面。

---

① 《考古》1963 年第 3 期，第 165 页。

② 《胡服考》，见《观堂集林》卷二二。

考古发掘所得的遗物，可以同文献资料相印证。1931年广州西郊大刀山的东晋太宁二年（324）墓中曾发现鎏金的铜带饰19件，其中有铰具（即带扣，有可活动的扣针）和铊尾（依《新唐书·舆服志》定名）各一件，透雕龙凤花纹（原报告称为"板带"，长8、宽4.2厘米），当安装于带的首尾两端；钩悬心形环的带銙13件（原报告称为"带附属物C种"銙身长4.8、宽0.9厘米），另有钩悬曰字形环和唐草纹的多角片的銙和扣衔圆环的琵琶形饰各一件（原报告称为"带附属物a种"和"b种"，前者长6.5、宽2.5厘米，后者长3.5、宽2厘米），大概与带銙一起安装于首尾两端之间（图1，1—4）[①]。1953—1955年间在洛阳发掘了一处西晋（265—316）墓群，其中24号墓也出土了鎏金的铜带饰，包括透雕龙纹的长方形铰具（长6.7、宽3.4厘米）和扣衔椭圆形悬环的銙，銙身为长方形小牌（长4、宽2.8厘米），两侧作连弧形（图1，5—6）[②]。1969年河北定县43号墓（东汉后期，公元170年左右）也出土过银制扣悬环的銙一件，原报告称之为"兽面银铺面"，可见在2世纪时我国即已有制造[③]。到5世纪初叶，北燕冯素弗（死于公元415年）墓中出土的银带，形状已起变化，似乎是退化了[④]。更有意思的是在日本也发现了这种金属带饰。最早的是奈良县庆陵町新山古坟的一批铜制带饰，时代是公元3世纪（这座古坟是公元4世纪的，但这带饰的制作年代可能早到3世纪）。它们与周处墓出土的银带饰时代相近，器形也相似，包括铰具、铊尾和几件带环的銙（图2）。但是在日本主要是

---

① 发掘简报见《考古学杂志》（1932年广州黄花考古学院编），第109—133页；带饰见图十二、图十三。

② 《考古学报》1957年第1期，第180页；图十一，5—6。

③ 《文物》1973年第11期，第10页；图二，4。

④ 《文物》1973年第3期，第10页；图十五，1—3。

在 5 世纪中期的古坟文化中期的墓中出土。日本考古学者们也认
为是由我国输入日本，或受我国的影响而在日本仿制的[①]。

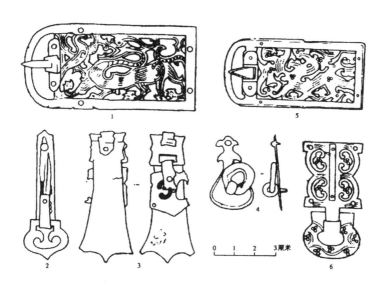

图 1　晋墓出土的铜带饰

(1—4. 广州；5—6. 洛阳)

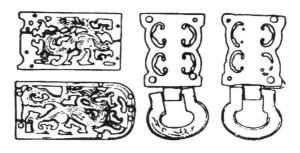

图 2　日本奈良县新山古坟出土的鎏金铜带饰

---

① 《世界考古学大系》第 3 册（1959 年日文版），第 121—123 页。

周处墓出土的这批银制带饰，较完整的共16件，有铰具和铊尾各一件（二者都长7、宽3.5厘米），铸有心形环的一件又四片（这四片为残片，可能原来共四件），椭圆形环的三件（可能原来也是四件，另一件或由于破碎归入小块残片中去了）。另外有用途未详的长条形透雕花纹的铰链一件，圆角长方形透雕花纹的铰链一件又四片（这四片为残片，可能原来共四件）。我们猜想它们可能是不带环的铸，它们和带环的铸一起都安装于带的两端之间。因为发掘时没有作详细记录，所以难以复原各件带饰的原来位置。透雕的花纹图样，也因为现在还没去锈，难以认别清楚。但是我们可以肯定这批银带饰是公元3世纪的遗物。

至于小块铝片的年代，这是一个难以解决的问题。经过分析可以确定为铝的，都是小块碎片。虽然做过五次分析，其中三次的样品都是属于南京博物院寄给考古所的一片。另外两次是南京大学和清华大学分别由南京博物院直接取去的样品；它们是否是一片的两碎块，它们和考古所的一片的关系又如何，这些都是现在很难确定的问题。记得1957年考古所收到几片标本碎片时，注意到有一片呈银白色，没有附锈或沾泥，便截下一小块交物理所，指明作光谱分析的鉴定，因为光谱分析的用量很小，只要米粒大小即够。同时又检出一块类似带饰其他残片表面层的黑色物薄片，一并交去分析[①]。清华大学索取样品时，考古所将这片白色金属的剩下部分交去。当时是由残片中间取出的，并不是另由完整的带

---

① 这小块经过分析，既不是氧化铝，也不是氧化银，而是以钙为主要成分（其次为锰和铁）的物质。它不是银锈或铝锈，而是黏附在金属片表面的石灰（碳酸钙）之类的东西，也可能与金属片完全无关，不过一起在淤泥中发现而已。物理研究所由银带饰上直接取样的外层黑色物，证明是以银为主要成分，当是氧化银（银锈）。

饰上取下样品。现已记不清楚当时取去的是剩下的整块或者只是它的一部分而仍留下一部分。后来，考古所将未用过的残片全部退还给南京博物院。清华大学将考古所取去的样品作分析后还保留一部分供检验用，后来又将半块交东北工学院作分析。所以这三次分析的样品显然同出于一片。清华大学 1959 年春由南京博物院取得残片几片，其中两小块是银，另有"外部淤积层已剥落的一片"证明是铝。南京大学作化学分析的，当亦是残片，因为考古工作者一般不愿意将较完整的出土物拿去作化学分析，尤其是有细小残片可用的时候。这是可以理解的。还有应该指出的，考古所那小块铝片，只不过有剪下的小手指甲般大（厚度不及 1 毫米，大小记得约 3×4 毫米）。

当然，这里的问题不在于小块铝片的大小或片数的多寡，而在于能否确证它是晋墓中原物，而不是后世混入物。但是，在小块铝片不能确认为晋墓随葬物的情况下，如果它只不过是不辨器形的小块，而且只是两三小片（甚至于可能原来只是一片）的时候，它是后世混入物的可能性便更大了。我们说它是不能确认为晋墓原有的随葬物，这是由于下面所说的理由。这墓曾经被盗掘过至少两次：一次是元至正庚寅（1350），一次是清咸丰庚申（1860），后一次到同治乙丑（1865）才修复①。这两次盗掘的时代较早，是在金属铝的提炼法发明以前或正在试制阶段。当时金属铝不可能传入我国而混入这墓中。但是最近（1952 年）打开时，在考古工作队清理小组进去清理以前，曾有些人进去过，还取出一部分文物，所以在墓内有明显的扰乱痕迹；并且周处墓相邻的二号晋墓，古代曾被盗掘，淤土下遗物凌乱，而近代再被盗掘，在淤土上面有现代人所用的化学纽扣、玻璃碎片和铁锈很新的铁

---

① 《考古学报》1957 年第 4 期，第 105 页。

钯齿①。而文献上并没有关于二号墓被盗的记载，所以我们不能排除周处墓曾在 1952 年以前不久被盗掘过的可能，只不过文献上失载而已。1952 年以前不久的可能被盗掘和 1952 年初打开时闲人进去，都提供了混进近代物的机会。尤其是清理时"所取出的一些小块残片，是从淤土中尽可能拣出来的"②。这样一来，便不能保证小块铝片一定不是后世的混入物了③。我们知道，在考古发掘工作中，有时发掘者将后世混入物误认为古墓中原来随葬品，尤其是被扰乱过的古墓中，例如埃及大金字塔石缝中发现的铁器和埃及前王朝时期墓中发现的玻璃串珠④。也许，我们这"晋代金属铝"是这种情况的又一个例子。

总之，据说是晋墓中发现的小块铝片，它是有后世混入物的重大嫌疑，绝不能作为晋代已有金属铝的物证。今后，我们最好不要再引用它作为晋代已知冶炼金属铝的证据。

补记：最近（1976 年）北京有色金属研究院利用电子探针，确定周处墓出土的全部完整金属带饰是银，含有氯化银和少量硅、溴，那小块金属碎片主要是铝。北京钢铁学院用能谱探针测定周处墓小铝片的化学成分，除铝以外，还含有 3% 铜、0.4% 锌、1.2% 铁、0.6% 硅、0.2% 镁。我们知道，利用碳来还原铝矿石，

---

① 《考古学报》1957 年第 4 期，第 83 页；又《文物参考资料》1953 年第 8 期，第 93—94 页，又第 95 页。

② 《考古》1963 年第 3 期，第 166 页。

③ 原发掘报告认为"估计是盗掘者带进去"的"暗红色釉的小陶壶"（《考古学报》1957 年第 4 期，第 105 页），倒是晋墓中原有的随葬品，在洛阳的西晋墓中经常发现（见《考古学报》1957 年第 1 期，第 178 页）。

④ 鲁卡斯：《古代埃及的原料和手工业》（1959 年第 3 版，英文），第 207—208、270—271 页。

需要较高温度。即使得到铝，也不会含有这样多的铜、锌、镁，而铁、硅则又偏低，所以它不是普通的纯铝。实际上，它的成分和某些早期的铝合金（"硬铝" Duralumin，发明于 1906 年）的成分相似，并且是经过加工延伸的产品（报告尚未发表，承蒙见告，并惠允引用，特表示谢意）。

1974 年的英国《古代》（Antiquity）杂志以来信的形式刊登一则关于考古发掘中混入现代物的故事。一位考古学家在英国一处比利歧克（Belgic，公元前 1 世纪前半叶至公元 43 年）时代遗址的发掘中发现了一小撮类似羊毛的细纤维。如果这是羊毛，这将是英国境内发现的最早的细羊毛的标本，将可解决这种细羊毛的品种何时输入英国的问题。标本采取后，送给这方面的科技专家鉴定。专家们最初有不同的看法，分别提出这可能是亚麻、棉花或丝的说法。但最后鉴定结果：这是高级香烟滤嘴中使用的现代合成纤维。这肯定是发掘时新混入的（第 48 卷，189 号，6 号）。这段故事，对于我们讨论像晋墓铝带、西阴村蚕茧这一类问题的时候，是很有启发性的。

1978 年 7 月 5 日

中西文化交流和外国考古

"和阗马钱"考 [*]

这一枚所谓"和阗马钱"，系黄文弼先生于 1929 年在和阗北的阿克斯比尔的旧城所得。黄先生的《塔里木盆地考古记》中，对于这枚铜币曾加描述和考释如下：

圆径 2.4 厘米，厚 4 毫米，重 14.8 公分。无孔，亦无周廓。面镌一圆圈，圈内刻一马像作走势，圈外似有字迹，但甚模糊。背面中心刻一叶状形，外围似有一半圆形图案；中间刻字，字颇模糊，似有篆文"四铢"二字。"四"字倒写在右，"铢"字在左，颇类似孝建"四铢"钱。当然，此钱形制完全为西域式，无孔而厚，与内地有孔钱不同。但中杂汉字，是亦有趣问题。斯坦因在和阗亦觅得同样古钱，一面有汉文"四铢"二字，同在一边顺写；一面为马及佉卢文，与此钱大致近似而稍大。据斯坦因解说，时代约在公元后 170—200 年（Inner—most Asia，图版 CXIX 图 4）。不过此钱"四"字倒写，与"铢"字左右分离，似与彼不同一型范，是否为同一

＊ 本文原载《文物》1962 年第 7、8 期合刊。

时代钱币，尚须作进一步之研究。①

原报告的照片和拓本，都不清楚。这枚铜币现藏北京中国历史博物馆，登记号为"考 3247"，承该馆惠借以供研究。现重拓出较清晰的墨本，连同复原的摹本，制版如附图 1。

图 1　和阗阿克斯比尔出土的"和阗马钱"

1～2. 原物的拓片　3～4. 复原的摹本

这枚铜币的花纹和铭文，不是镌刻的，也不是浇铸的，而是打压成的。这是中亚各国的古币承继希腊铸币传统的造币方法。马像的周围有佉卢文的铭文一圈，共 20 字。我们这一枚虽稍漫漶，但仍有一半左右大致可辨。现在参考其他书籍中的图片②，复

①　黄文弼：《塔里木盆地考古记》，第 110 页，科学出版社，北京，1958；图版一〇五，图 32。

②　斯坦因三部关于新疆考古的正式报告中，都有这种铜币的图片。摩根的《东方古泉学手册》（1936，巴黎）也有一摹本，但其中有三字摹错了，现据 Serindia 一书中图版 CXL 图 1，加以改正。

原如图 1 之 3。图中实线的字是在拓本上仍可看出的，双钩的字是复原的。由复原图上箭头的柄端开始，顺着箭头向左读，其文如下；摩（Ma）诃（ha）罗（ra）阇（ja）娑（sa）、罗（ra）阇（ja）提（ti）罗（ra）阇（ja）娑（sa）、摩（Ma）诃（ha）埵（ta）娑（sa）、矩（Gu）伽〔罗〕（gra）摩（ma）耶（ya）娑（sa）。佉卢文是一种字体的名称，它是用以表达"俗语"（Prakrit）。现在将这铭文译意如下："大王、王中之王、伟大者、矩伽罗摩耶娑。"其中"伽罗"原来用一字表达，因为它是"复辅音"。据赫恩雷（R. Hoernle）的调查，这种铜币有三种不同的铭文。它们的差异点是末尾倒数第二第三字，除了"摩耶"之外，或作"摩陀"（mada），或作"陀摩"，因之，他推论这末尾二字可能是名字，而矩伽罗是皇室的姓氏，与后来于阗国王姓"尉迟"一样[①]。

另一面的铭文是汉字篆文一圈，计 6 字："重廿四铢铜钱"（或以为应由"铜"字起读，但依照下文所提到的小钱铭文"六铢钱"之例，似以"重"字起读较为恰当）。"四"字在"铢"之上，并不左右分离，观本文所附的新拓本自明。原报告似误读"钱"字为"铢"字。中央的花纹，或以为是"月桂树的环"，或以为是"贝"字。依中亚古钱惯例，马像一面为背面，这面当为正面。这枚铜币和斯坦因的一枚，铭文和花纹几乎完全相同。它们虽不必是用同一型范打压而成，但为同一段时期内所铸造和流通的钱币，当无疑问。

这一类型的铜币，有大、小二种。我们这一枚是大钱。另有小钱，重量约合大钱的 1/4，一面是汉文篆书"六铢钱"三字

---

① 榎一雄：《所谓ッノ一カロシエテ一钱について》，《东洋学报》第 42 卷第 3 号（1959），第 4—5 页转引赫恩雷的论文。

（有人误读为"五铢"，但所有可认辨出来的铭文，都是"六"字，无作"五"字者①）。另一面中央为动物像（马或骆驼），周围有佉卢文或 20 字（骆驼纹小钱），或 13 字（马纹小钱）。王名中也有"矩伽罗摩陀"和"矩伽罗陀摩"。这种小钱当是和大钱属于同一时代的。这些铜币近数十年来在和阗地区出土很多。赫恩雷在1901 年汇报英国人于 1893—1900 年间在和阗所盗劫去的这类铜币，便达 97 枚之多（大钱 10 枚，小钱 87 枚）；斯坦因三次（1900—1901，1906—1908，1913—1916）来新疆，盗劫去的竟达 187 枚之多（大钱 29 枚，小钱 158 枚），其中除 1 枚系在莎车购入，10 枚系在库车购入〔其中 3 枚传系附近的裕勒都斯拜格（Yulduz-bāgh）出土〕，其余 176 枚也都是和阗地区出土（其中 1 枚传系阿克斯比尔出土，和我们这一枚出土地相同）②。如果将小钱也考虑进去，这类铜币虽大多数为马纹，但也有骆驼纹的，似乎不能概括称为"马钱"。它们的主要的共同特征是：一面为汉文，另一面为佉卢文。我以为可以叫它们为"汉佉二体钱"（Bi-lingual SinoKharosthi Coins）。这名称和国际上古泉学文献中所采用的也大致相符合③。

现在再来讨论"汉佉二体钱"的年代问题和它的发现的重要性。关于年代问题，各说纷纭，现仍未能完满解决④。最初福塞斯（D. Forsyth）于 1876 年便提出以为是公元前 1 世纪大夏最后一王赫拉摩耶斯（Hermaeus）所铸，在大月氏（贵霜国）灭大夏以

① 榎一雄，前引文，第 29—30 页。

② 榎一雄，上引文，第 4—6 页，又第 10—12 页。

③ 一般称它们为"汉文佉卢文钱"（Sion-Kharosthi Coins），但拉克伯里（A. T. de Lacouperie）称之为"大夏文汉文二体钱"（une monnaie bactrochinoise bilingue）。"二体"一词加进去似更醒目，而省去二个"文"字则较为顺口。

④ 见前引榎一雄文，第 33—34 页，文献见该文附注。

前。许多人盲目随和他一说。但这是由于误读"矩伽罗"为
"赫拉"。赫拉摩耶斯另有铸币，为希腊、佉卢二体字，和这不同。
矩伽罗摩耶等是于阗国王，不是大夏国王。可惜这些于阗国王的
名字在文献上无征，只好由间接方法来推定年代。

赫恩雷于 1899 年提出公元 70—200 年之说。这些和阗汉佉二
体钱上的骆驼和马像和公元前 50 年至公元后 80 年间的旁遮普一
带塞种所建立的王朝中毛埃斯（Manes）、阿瑟斯（Azes）、阿最
利西斯（Azilises）等国王的铸币相似。他们铸币铭文多是希腊、
佉卢二体字；佉卢铭文中王名之前也常有"大王"、"王中之王"、
"伟大者"等称号。和阗钱当是模仿这些钱而铸的。根据汉字铭
文，当时汉族势力在于阗国必占重要地位，应该是公元 73 年班超
降于阗王之后。又因为在旁遮普一带佉卢文在公元 200 年以后便
不大通行了，所以他推定这些铜币的年代为公元 70—200 年。斯
坦因赞同他的这一说，不过他因为和阗一带的考古发现证明该地
佉卢文流行较久，一直到公元 3 世纪后半，所以他认为这钱的年
代的下限，可以比公元 200 年为稍晚[①]。如果我们认为这种铜币应
该和它所模仿的塞种国王铸币的时代相距不远，那么，赫恩雷的
原说仍是可以采用的。

德微利亚（M. G. Devéria）因为和阗小钱有些有汉文"六铢"
二字，认为当在陈宣帝太建十一年（579）铸"六铢"钱之后。但
是这些小钱并不是模仿陈六铢钱而铸。陈钱流行不广，绝不能远
达和阗并使之受影响。他又误读另一小钱上的"六铢"为"五
朱"，以为汉钱中以"朱"代"铢"，始见于刘宋明帝泰始元年
（465），其次为南梁（502—556），因而推定为公元五六世纪时物。

---

① 斯坦因：《古代和阗》，第 204—205 页。《塔里木盆地考古记》引斯坦因说，
作 170—200 年（第 110 页），"170"当系"70"之误。

羽田亨也误认铭文为"五铢"，并说它的时代为"约五世纪顷"①，当是接受德微利亚的说法。这是由于误读铭文，并且佉卢文在五六世纪时在和阗一带早已不通行了。其说实不足取。

近来托马斯于 1944 年提出新说，以为铸造年代为公元 1 世纪，但为莎车国王所铸而流行于于阗者。于阗为小国，不足以称"王中之王"。东汉初年莎车王康为汉西域大都尉，"五十五国皆属焉"。其弟贤继位，号称单于，攻并于阗。这种铜币当于其时所铸。我们知道它们几乎都在和阗附近出土，很难相信莎车王所铸的，反而不流行于莎车而专用于于阗。莎车国本土反而没有一种铸币。于阗王称"大王"及"王中之王"，在和阗一带出土的佉卢文的文书及于阗语文书中，都有其例。

最近榎一雄于 1959 年又提出一新说，认为是在公元前 1 世纪末至 2 世纪初时在于阗所铸，即在张骞归朝（公元前 126 年）以后，汉朝威势远及西域之时。他的把这种铜币提早的主要理由是：（1）汉字铭文"二十四铢"和"六铢"，不是模仿"半两"或"五铢"，而是模仿半两钱以前的"秦圜钱"如"重一两十四珠"钱、"重十二朱"钱等。可能在战国末期，秦地和于阗便有交通。（2）佉卢文铭"大王"、"王中之王"和马像是模仿大夏国王攸克拉底德斯一世（Eucratides I，约公元前 171—公元前 155 年）的铸币。他的这个说法是不能令人满意的。秦国在统一六国以前，在经济上比较落后，货币不发达。"秦圜钱"便在关中地区也很少发现，很难设想它曾经远达和阗一带，成为和阗钱的祖型。至于说在公元前 2 世纪末，即在五铢钱盛行的时代，于阗国忽然用一百多年以前在关中通行的但很罕见的"秦圜钱"作为祖型，也是不近情理的。就字体而言，和阗钱上的篆文，也是与汉代铜器（尤其是

----

① 羽田亨：《西域文明史概论》（1934 年郑元芳译本），第 52 页。

东汉铜容器）上的篆文相同，结构拘谨，与"秦圜钱"上的篆文不同。再就重量而言，二十四铢（即一两）在秦及西汉时为16.14 克，在新莽东汉至魏晋时为 13.92 克[①]。和阗大钱的重量，赫恩雷曾取 9 枚加以测定，平均值为 13.66 克，与东汉的相比，相差不到 2%（即不到半铢），与秦及西汉的相比，竟达 21%以上（即相差五铢以上）。铸币的实际重量常较所标志的重量为稍低，以防销毁作为铜块出卖赚钱。但相差不能过远，除非是在衰世实行货币贬值的时代。这也可以证明这些和阗钱是新莽时代以后的东西。至于说到它们在中亚货币中的祖型，就佉卢文铭文而言，大夏国王攸克拉底德斯的铸币和后来公元前 50—公元 80 年间的塞种国王们的铸币都有"大王"、"王中之王"的称号。但前者的马纹是有人乘骑在马上，后者如毛埃斯的方形币有马而无骑者，更为相近。就重量而言，攸克拉底德斯的铸币仍维持希腊货币的标准单位，每德拉克麦（Drachme）为 4.08 克，每泰特拉德拉克麦（Tetra-drachme，即"四德拉克麦"）为 16.32 克。从他的嗣王起，大夏铸币改用波斯印度的标准单位，每德拉克麦合 3.264 克，"四德拉克麦"合 13.05 克[②]。至于旁遮普一带塞种的国王们的铸币的重量，似乎也是采用波斯印度的标准单位。和阗汉佉二体钱的重量 13.66 克也是接近于后者的 13.05 克，而与前者的 16.32克，相差很大。因之，我们可以说，与其说以前者为祖型，不如说以后者为祖型更为恰当一些。

就现有的证据而论，这种和阗汉佉二体钱的铸造和流行，当在公元 73 年班超到于阗以后，在公元 3 世纪末佉卢文不复通行以

---

① 吴承洛：《中国度量衡史》（1957），第十四表，《中国历代两斤的重量标准变迁表》。

② 摩根：《东方古泉学手册》（1923—1936），第 352、357—358、11—14 页。

前。因为钱币上的王名在文献中找不出来，又未能推定他们相当于文献中的哪一个王，所以无法断定它们精确的年代。

于阗西部及西南部毗邻中亚诸国，汉时与大夏、大月氏（贵霜国）、旁遮普一带塞种诸国的关系，更为密切，所以一度采用佉卢文作为文书上及铸币上的文字。后来才创造自己的"于阗语文"（即"古于阗语文"）。最初可能因为贸易的关系，在自己没有铸币以前，也采用中亚诸国的货币单位"德拉克麦"和"四德拉克麦"，重量是用波斯印度制，约合3.264克和13.05克。"德拉克麦"这希腊语的名词，也见于和阗出土的佉卢文书中①，不知道是指外来的铸币，抑或本国自铸的"六铢钱"也借用这名词。后来于阗国王自行铸币，因为与汉族在政治、经济、文化上都有非常密切的关系，而3.264克相当六铢（东汉时六铢相当于3.48克，相差不到半铢），所以便标明"六铢钱"，而将13.05克的"四德拉克麦"标明"重廿四铢"。这是用前者为基数，四倍成为后者，如果是模仿秦钱或汉钱，后者便应该标为"一两"；并且一德拉克麦和五铢（后汉五铢相当于2.9克）相差也不过0.67铢而已，如果模仿当时的汉钱，似可便标为"五铢"。因为铜币相差在半铢左右，算不得什么。至于铭文用二体字，佉卢文中的称号，钱币的花纹、形制（厚而无孔）以及打压的制造法，也都是中亚式；但也自具有一些特征，如二体字的一种采用汉文，汉文铭的周围和中心的花纹等。至于马纹和骆驼纹，也是代表于阗的特产。《魏书》说于阗有好马驼骡②。可见古于阗的人民，是能够吸取外来的影响而制造出自己的东西，并不是机械地模仿外来物。

除了表现古于阗人民的创造性之外，这种汉佉二体钱的另一

---

① 泰尔儿（W. W. Tarn）：《大夏和印度的希腊人》（1938），第85页。

② 《魏书》卷一〇二《西域传》，第5页，百衲本。

个重要意义，是表示当时该地人民和汉族的亲切关系。他们汲取汉族的先进的文明，使用汉文字。在经济上也利用货币作为纽带，和汉族结成了密切联系。虽然他们不直接采用五铢钱的制度，保存了本地原有的货币单位，但是这些和五铢钱换算也很方便。五个"六铢"可换六个"五铢"，一个"二十四铢"加上一个"六铢"，也可换成六个"五铢"。所以在和阗一带的古代遗址中曾发现过许多由内地输出的汉至南北朝的五铢钱①。政治上的密切关系，在文献上证据很多；这钱币的正面采用汉文，也可增加一证明。就此可见在遥远的古代，我国已是一个多民族的国家。这种钱币上所表示的古代汉族人民和于阗人民在政治上、经济上和文化上的密切关系，在后来曾经加以巩固和发展的，而今后更要继续加以大力发展的。

---

① 见斯坦因的三部关于新疆考古的正式报告。仅就约特干遗址一处而论，前后共得五铢钱 470 余枚。

综述中国出土的波斯萨珊朝银币[*]

　　中国和伊朗两国人民自公元前 2 世纪（西汉中叶）以来就有了频繁的友好往来；经济贸易方面，互通有无；文化方面，两国文明互相影响。萨珊朝时代（226—651）联系两国的交通大道"丝绸之路"畅通无阻。中国的丝绸和其他货物沿着这条"丝绸之路"源源不断地西运^①，而由波斯等西方国家输入中国的货品，除玻璃器、香料、宝石、银器、毛织物等以外，还有一定数量的萨珊银币。近年来在中国出土的萨珊银币，便是这方面的实物证据。

一　发现概况

　　在中国出土的萨珊式货币，都是银币。这种银币的单位是"德拉克麦"（drachm），平均重量每枚 4 克左右（但波斯亡国后，太伯里斯坦在 771 年以后曾经铸造轻币"半德拉克麦"）。我国在

---

　　* 本文原载《考古学报》1974 年第 1 期。

　　① 关于"丝绸之路"沿途所发现的中国古代丝绸，可参阅《考古学报》1963 年第 1 期，第 45—46 页和所附的地图。

1949 年以前仅在新疆的吐鲁番和库车两处一共发现 4 批萨珊银币，合计仅只有 6 枚。1949 年以后，我们新发现的便有 29 批之多，共达千枚以上，连同以前出土的一共 33 批，总计达 1174 枚，分别在 12 个地方（县）出土。现在将它们的出土年份、地点、数量等，列表 1 如下：

二　出土地点的分布

根据表 1 中的出土地点一栏，我们绘制了一幅分布图（图 1）。我们可以看出，在中国境内这些萨珊银币大部分出土于"丝绸之路"沿线。第 5 世纪末至第 8 世纪时候，"丝绸之路"的东端终点，应该是河南洛阳，因为当时洛阳是中国的首都或陪都。各地出土数量是（1）新疆乌恰 947 枚；（2）新疆吐鲁番 63 枚；（3）新疆库车 1 枚；（4）青海西宁 76 枚；（5）陕西西安（包括长安县）12 枚[①]；（6）陕西耀县 3 枚；（7）河南陕县 2 枚；（8）河南洛阳 16 枚；（9）山西太原 1 枚；（10）河北定县 41 枚。此外，还有二处远在广东省的英德和曲江，分别出土 3 枚和 9 枚（皆剪半边），可能是沿着广州和波斯湾之间的海上航线而来的。

"丝绸之路"在中国境内的路线，从前我们一般认为是由兰州

---

① 冈崎敬在他的《东西交通の考古学》一书中说陕西一共出土过 10 批外国货币（1973，第 265 页）。但他的第 6 批是第 3 批的复出，第 7 批（金币误作银币）是第 4 批的复出，都应删去。他的第 8 批阿史那氏墓出土银币，是出于文义的误解，也应删去。原来发表的报道，只说西安西郊在 1955—1956 年时"曾出土过唐代西域米国人迷继芬、阿史那毗伽特勤的墓志和古波斯银币等"（《考古》1965 年第 8 期，第 383 页）。这两件墓志和银币是在不同的墓中出土的。这"古波斯银币"便是指他的第 3 批和第 4 批，而阿史那氏墓中并没有出土过银币。经托人查对陕西省文管会原始田野记录，确无这三批银币。

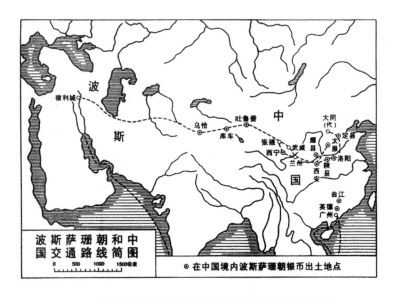

波斯萨珊朝和中国交通路线简图
0 500 1000 1500公里

⊚ 在中国境内波斯萨珊朝银币出土地点

图 1　中国出土萨珊银币的地点分布图（附交通路线）

经过河西走廊而进入今日新疆的。最近由于青海西宁发现了一批
76 枚卑路斯银币（见表 1 第 10 批），我们仔细地研究这一发现，
再查考中国史书上的记载，认为由第 4 世纪末至第 7 世纪初，西
宁是在中西交通的孔道上的。这条比较稍南的交通路线，它的重
要性有一时期（第 5 世纪）可能不下于河西走廊。

　　至于萨珊朝波斯和东方的海道交通，根据波斯人和阿拉伯人
的记载：第 3 世纪阿尔达希一世创业时，便曾遣军到波斯湾海岸，
并在那里建立海港。第 5 世纪时，波斯便有海船东向与印度（今
印度和巴基斯坦）、锡兰（今斯里兰卡）直接通航。巴朗五世
（Bahram V，或作 Varahran V，421—438）曾和印度一位公主结
婚，得到印度河口的第巴尔（Daibul）商港作为随嫁物（第巴尔
便是今日巴基斯坦的巴摩布尔遗址，一般以为便是唐人贾耽的广

州通海夷道中的"提𮠁国")①。因之，波斯控制了波斯湾至印度河口沿岸的交通贸易，并且也垄断了波斯湾至锡兰岛之间的贸易。6世纪时，埃及作家科斯麻士（Cosmas）提到当时海道交通，一般是由波斯湾至锡兰岛，然后转舵东北行至东南亚和中国。中国的丝绸即由这航线西运。据拜占庭（东罗马）的记载，拜占庭王查士丁尼一世（Justinian I，527—565 年在位）曾企图利用阿比西尼亚人直接去锡兰岛购买丝绸以便突破波斯商人的垄断，但是没有成功②。这条海道，中国方面也有记载，可以为证。例如：5世纪初（411），我国僧人法显由锡兰岛（狮子国）乘坐可载二百余人的大船返国，他说彼国有"诸国商人共市易"③；8世纪中叶，我国另一僧人慧超，记载波斯国人"于西海汎舶入南海向狮子国……亦汎舶汉地，直至广州，取绫绢丝棉之类"④。所以，在中国南方的 5 世纪南朝墓中发现萨珊朝波斯银币，是符合当时中国和伊朗二国之间交通贸易的历史情况的。

三　铸造年代

中国发现的萨珊银币，包括由沙卜尔二世至耶斯提泽德三世等 12 王的银币（图版 5—4、5—5）。它们的数量如下⑤：

(1) 沙卜尔二世（Shapur II，310—379）　　　　　14 枚

---

① 夏鼐：《中国、巴基斯坦友谊的历史》，见《考古》1965 年第 7 期，第 360 页。

② 怀特豪斯等：《萨珊朝海道贸易》（D. Whitehouse and A. Williamsón, "Saranian Maritime Trade"）见英文杂志《伊朗》（Iran）XI, 1973，第 29—49 页。

③ 足立喜六：《法显传考证》（1937 年中译本），第 253、273 页。

④ 《慧超往五天竺传残卷》，1914 年《云窗丛刻》本，第 11 页。

⑤ 萨珊朝各王名的拼写和他们在位的年代，各家常稍有差异，现依《大英百科全书》1962 年英文版，第 17 卷，第 566 页。

（2）阿尔达希二世（Ardashir II，379—383）　　　14枚

（3）沙卜尔三世（Shapur III，383—388）　　　　4枚

（4）耶斯提泽德二世（Yazdegerd II，438—457）　　4枚

（5）卑路斯（Peroz，459—484）　　　　　　　122枚

（6）卡瓦德一世（Kavadh I，488—531）　　　　　1枚

（7）詹马斯波（Jamasp 496—498/499）　　　　　1枚

（8）库思老一世（Chosroes I，531—579）　　　　5枚

（9）荷米斯德四世（Hormizd IV，579—590）　　　1枚

（10）库思老二世（Chosroes II，590—628）　　593枚

（11）布伦女王（Boran，630—631）　　　　　　2枚

（12）耶斯提泽德三世（Yazdegerd III，632—651）　3枚

以上共764枚。此外，还有"库思老二世样式"阿拉伯银币282枚（表1第16批和表5，29，c）、"库思老二世样式"太伯里斯坦剪边银币1枚（表1第4批），仿萨珊朝式的1枚（表1第8批），未鉴定的120枚（其中第16批内的有97枚），锈损未能鉴定的6枚，总共1174枚。

波斯的阿尔达希一世于226年推翻安息王朝后，他建立了萨珊王朝，开始铸造萨珊式银币。这种银币的样式抛弃了安息王朝铸币的风格，反映出波斯原有文化的复兴。银币两面都有花纹，这些花纹不是熔铸的，而是用模子打压而成的。银币正面是国王的半身像。他们的胡须、发髻和服饰，都是伊朗式的；尤其是王冠，富丽繁缛，并且各王的冠冕，各不相同（参见图5—4）①。王像旁侧的铭文，不再用安息货币上的希腊字，改用钵罗婆字母的波斯字。铭文由王像右边上角开始，依时针逆转的方向，自右而左；但是沙卜尔三世（383—388）以后，改自王像左边下角开始。

---

① 图5—4，指《夏鼐文集》下册第20页，"钱币上的几种萨珊朝王冠的样式"图。

王像和铭文的周围，环绕以联珠圆圈。沙卜尔三世以后，银币形式渐趋向于大而薄，联珠圈外的边缘空白处也增大了。卡瓦德一世（Kavadh I）复位（499）后，这外缘空白处常添上四个新月抱星，分置于上、下、左、右（如果上边已为越出联珠圈外的王冠所占，则仅有三个）。这是为了防止使用者私自剪边的一种措施。背面正中是波斯国教祆教（拜火教）的祭坛，坛上火光熊熊。自沙卜尔二世时（310—379）起，火焰中常铸有祆神的半身像。祭坛的两旁为钵罗婆文的"某王之火"铭文。沙卜尔一世时（240—271）起，坛两旁各站一人像（祭司或国王）。巴朗五世时（421—438）起，右边的改写铸造地点（缩写）；卑路斯时（459—484）起，左边的也改写铸造年份。库思老二世时（590—628）起，连背面外缘也铸上四个新月抱星。每王铸币一般仅有一种型式，但是少数国王（如阿尔达希一世、卑路斯等）有一种以上的型式。这些萨珊货币，当年铸造的以银币为最多。金币和铜币为数不多，传世的更少。萨珊货币别具风格，自成一系统，古钱学中称为萨珊式，是比较容易识别出来的①。

根据古钱学研究，萨珊银币以库思老二世的传世最多，其次为沙卜尔二世、库思老一世、荷米斯德四世的②。中国境内出土的，也以库思老二世的为最多。卑路斯、沙卜尔二世、阿尔达希二世、库思老一世次之。但是库思老二世以后较罕见的布伦女王和耶斯提泽德三世的，也曾有发现。这可由当时的历史背景而得到解释。

---

① 波普主编：《波斯艺术综览》（A. U. Pope, *A Survey of Persian Art*），1967，第 2 卷，第 816—830 页；摩根：《东方古泉学手册》（J. de Morgan, *Manuel de Numistique Orientale*），1923—1936，第 289—331 页。

② 波普主编：《波斯艺术综览》第 2 卷，第 825—826 页。

四　历史背景

综观萨珊朝的历史，这一朝代自沙卜尔二世（4世纪）起，与外界的交涉才较为频繁。他西边与东罗马屡次作战，东边又与大月氏贵霜王国作战。贵霜火亡后，沙卜尔二世又和呋哒作战，波斯的势力直达今日的阿富汗境内。这时期中，我国的西北方，最初是前凉割据时代，前秦于376年灭前凉，遣使西域，而大宛、康居和天竺也都遣使前来。不久前秦又于382年命吕光率众7万征西域，灭龟兹（库车）。虽然由于当时中原扰乱，以致史籍失载。但是我们相信，当时我国通过阿富汗一定已与波斯有了交通贸易。我国所发现的萨珊银币以沙卜尔二世的和他的两个嗣王的为最早，数量也不少（三批共32枚），自不足为怪。

5世纪时，萨珊朝由于内乱和外患而中衰。5世纪后期，伊朗曾爆发了与马兹达克教派（Mazdakite）有密切关系的大规模人民起义，严重地打击了封建政权。对外战争方面，卑路斯曾为呋哒人所俘虏，割地赔款才得赎回。卑路斯和他的前王的银币所以能大量地传播到中国，可能是由于呋哒人以所获得的波斯赔款转向东方购买货物。不过5世纪后半至6世纪初这一时期中，根据中国的文献，中国和波斯还是有经常的友好往来的。在455年至521年这66年间，波斯遣使中国便达10次之多，有几次还和呋哒的使者一起来中国①。我们在定县塔基所发现的银币（第19批）中，有1枚耶斯提泽德二世（438—457）的银币

---

① 张星烺：《中西交通史料汇编》第4册，伊兰篇，第53—55、60—61页，1930。史料来源是《魏书·西域传》和各《本纪》（卷五至卷九）。

边缘压印一行呋哒文字的铭文①。这反映了波斯、呋哒及中国三者的关系。神龟中（518—519）的那一次，据说波斯的使节持有国书，自称"波斯国王居和多"。这"居和多"一般认为即萨珊朝的第十九个国王卡瓦德一世（Kavadh 488—531）。至于这些波斯使节是否确系国王所遣派，抑或波斯商贾所冒充，我们这里可以不加以讨论。总之，这些史料充分地显示了当时中伊两国人民的往来频繁，而这时期所铸的萨珊银币在中国的发现，更为这史实提供了实物证据。

6世纪中，库思老一世长期在位（531—579），萨珊朝复兴。他和西突厥联合起来攻击呋哒，破灭其国，加以瓜分。波斯势力东达阿姆河，和中国的边境更接近了。当时波斯中央集权更为巩固，经济更为繁荣，贸易很是发达。为了贸易的需要，增铸银币。库思老一世的铸币地点达82处之多，所以他的银币传世之多，仅亚于库思老二世；并且就发现的地点可以推知它的传播范围很广：西至地中海沿岸，东达印度河流域，南至阿拉伯半岛腹地，北至高加索山区②。现在我们知道库思老一世的银币，东面远达中国黄河流域的西安附近的耀县和洛阳附近的陕县。中国史书上记载，西魏废帝二年（553）波斯王曾遣使来中国③。10世纪阿拉伯人麻素地（Mas'udi）的《黄金牧地》一书中记载，在库思老一世时，中国皇帝曾遣使来波斯王廷④。这事不见于中国文献，但事实是有可能的，虽然具体情况未必如该书所叙述的，并且可能是商人冒充使节。

---

① 《考古》1966年第5期，第269—270页，图版六，3。

② 摩根：《东方古泉学手册》，第302页。

③ 此据《周书·异域传》，但是《北史·西域传》谓在西魏恭帝二年（555），相差二年。

④ 《中西交通史料汇编》第4册，第65页转引。

库思老二世（590—628），萨珊朝国势已不及他祖父库思老一世时那样强盛，但是仍有力量西侵叙利亚和巴勒斯坦，直抵埃及，所以经济更加繁荣，贸易更为发达，需要的银币的数量也增加了。库思老二世的铸币地点达 120 处之多，以致他的银币成为萨珊银币中流传到后世的最多的一种[①]，并且后来还成为阿拉伯翁米亚王朝在波斯旧壤各地所铸的"库思老二世样式"银币的祖型。在中伊两国的交通往来方面，《隋书·西域传》提到当时波斯王名库萨和，隋炀帝（605—618）曾遣使通波斯，波斯也遣使随中国使节来中国回赠礼物。这里的"库萨和"当便是指库思老二世。他的银币成为萨珊朝银币中在中国境内发现的最多的一种，这是在意料之中的。

库思老二世后来因残暴被杀，波斯王室成员互争王位，发生内战，国内阶级矛盾也增剧了。波斯国势，便一蹶不振。布伦女王便是这四年（628—632）中倏起倏灭的诸王之一。到了库思老二世的孙子耶斯提泽德三世时（632—651），波斯内战平息，但外患增剧，最后被新起的阿拉伯人所灭。两唐书都记载库萨和的女儿为王，当便是指布伦女王。两《唐书》又说波斯最后一个国王伊嗣侯（《新唐书》作"伊嗣俟"）于贞观二十一年（647，《新唐书》作"十二年"）遣使来中国。后来被逐奔吐火罗，半道为大食兵所杀。这当指耶斯提泽德三世，他遣使中国或许是企图联合中国以抗大食（阿拉伯）。其子卑路斯奔吐火罗，曾于永徽五年（654，《旧唐书·西域传》作龙朔元年，即661 年，此据《册府元龟》卷九九五）遣使中国，诉为大食所侵，请兵救援。唐高宗以道远未能遣师往救。龙朔元年（661）又诉为大食所侵。唐高宗授卑路斯为波斯都督府都督，都疾陵

[①] 波普：《波斯艺术综览》第 2 卷，第 817、824—825、829 页。

府（当即西斯坦的首府 Zaranj）。似乎其国虽灭，部众犹存。据
《册府元龟》乾封二年（667）和咸亨二年（671）波斯都曾遣使
来中国（以上见卷九七〇）。咸亨四年（673，一作五年），波斯
王卑路斯还曾亲自来中国（同上，卷九九九）。他死了以后，调
露元年（679）唐高宗曾派兵护送他的留在长安的儿子泥涅斯西
去，准备使之复国，但没有成功。后来泥涅斯客居吐火罗 20 余
年，景龙初（707—708）复返中国，唐中宗封他为左威卫将军，
不久病死（《新唐书·西域传》）。由于这些历史事实，我们可以
了解为什么比较罕见的萨珊末期银币（如布伦女王、耶斯提泽
德三世）能在中国境内发现。

五　埋藏年代

这 33 批波斯银币的埋藏年代，不仅有的是在公元 651 年波斯
亡国以后才入土的，并且有的连印铸或附加压印的年代也是在
651 年以后的。新疆乌恰县出土的 947 枚银币（第 16 批）中，有
阿拉伯翁米亚朝代的"库思老二世样式"的 281 枚；其中有些正
面边缘空白处（右下角）压印科发体阿拉伯文字"以阿拉的名义"
（图版 5—5，2）；有的压印各种简单图案，如人头等的戳记。山
西太原唐墓出土的 1 枚库思老二世银币（第 15 批）也有一个鸟形
戳记。吐鲁番唐墓出土的 1 枚（表 5，29，c），不仅在正面圈外有
阿拉伯铭文，并且背面年份是 30 年，当是耶斯提泽德纪元，相当
于公元 661 年。这些都是 651 年以后的半个世纪内翁米亚王朝东
方各省（尤其是最东北的呼罗珊省）的"库思老二世样式"银币
的特征。库车古城出土的 1 枚库恩老二世银币（第 4 批），剪边成
为重量仅达通常波斯银币的一半，这当是翁米亚王朝时太伯里斯
坦（Tabaristan）所通行的银币，所谓"太伯里币"（Tabari dir-

hams)①。651年波斯亡国后，太伯里斯坦仍维持独立一个时期。
它的王朝（萨珊朝皇室支系）传代四世后到忽尔施德（Khurshid，
711—761年在位）时才被阿拉伯阿拔斯王朝所灭②。唐代史籍
《册府元龟》（卷八七一）中记载天宝三年（744）和六年（747）
陀拔萨惮国王阿鲁施多（"六年"条作"忽鲁汗"）曾遣使来华，
这便是指忽尔施德。"忽鲁汗"当是王名简称加上突厥语"汗"
（国王）。可见当时中国和这地区有直接往来。所以它那里通行的
银币和上述的翁米亚王朝东方各省的铸币，都能在中国发现。

有的虽然埋藏年代没有这样明确，当然要比银币铸造年代为晚。但是它们的
时间差距，长短不同。就这33批而言，其中有的埋藏年代相当明
确（例如，一些墓葬或塔基中所出的）。由表2可以看出，其中时
距最短的只有10年左右，长久的达百年有余。

有的虽然埋藏年代没有这样明确，但是依据墓中共存物或遗
址年代，可以大体上推定是什么时候埋藏下来的。例如，1915年
发掘吐鲁番同一墓地中出土萨珊银币的两座墓，其中一座（v.2）
的墓志是667年，另一座（i.3）的出土物相类似，当也是7世纪
的。其他隋唐墓葬，也可根据随葬物来断代。详细情况见表3
（第7批洛阳唐墓 M30 出土的16枚萨珊银币，只看到2枚的照
片，都是卑路斯的。恐怕这2枚不是16枚中最晚的，所以没有列
入下表中）。

① 关于萨珊朝灭亡后的萨珊式银币的铸造，可参阅倭尔克《阿拉伯—萨珊式古
币目录》（J. Walker, *A Catalogue of the Arab-Sassanian Coins*），CXLII 页，CXLVI 页
及 CXLVIII 页，1941。

② 拉比诺：《马扎达伦的王朝》（H. L. Rabino, *Les Dynasties du Māzandarān*），
见《亚洲学报》（J. A.）第228卷，第438—442页，1936。

表 2		萨珊银币埋藏年代（上）	
编　号	埋藏时间	银币年代	相差年数
9（隋墓）	584	库思老一世 45 年（575）	9
14（隋墓）	608	卑路斯（459—484）	115①
17，a（T302）	653	耶斯提泽德三世 11 年（642）	11
17，d	663	库思老二世 33 年（622）	41
17，e	656	库思老二世（590—628）	28—66
17，g	665⁺	库思老二世 30 年（619）	46⁺
17，i（T338）	667	库思老二世 37 年（626）	41
17，j	626	库思老二世 31 年？（620？）	6？
18（南齐墓）	497	卑路斯 11 年（469）（?）	29
19（北魏塔）	481	卑路斯 14 年（472）	10
25（隋塔）	604	库思老一世 13 年（543）	61
27	689	库思老二世 30 年（619）	70
29，a	706⁺	库思老二世 33 年（622）	84⁺
29，b	685⁺	布伦女王 2 年（631）	54⁺
30，a	604	詹马斯波 3 年（498）	106
31，a	638	库思老二世（590—628）	10—48
31，b	639	库思老二世 30 年（619）	20

① 应为相差 125—199 年。——编者注

表 3　　　　　　**萨珊银币埋藏年代（下）**

编　号	埋藏时间	银币年代	相差年数
1（唐墓）	7 世纪	库思老二世（590—628）	同一世纪
8（唐墓）	7 世纪	库思老二世 35 年（624）	同上
11（唐墓）	7 世纪前半	库思老二世 11 年（600）	同半世纪
13（隋墓）	6 世纪	卑路斯（459—484）	约晚 1 世纪
15（唐墓）	7 世纪末	库思老二世 11 年（600）	约晚 1 世纪
20（唐塔）	7 世纪至 8 世纪初	布伦女王元年（630）	同一世纪或晚 1 世纪
21（唐墓）	8 世纪前半	耶斯提泽德三世（632—651）	约晚 1 世纪
22（唐墓）	7 世纪中叶至 8 世纪中叶	库思老二世	约晚 1 世纪
23（唐墓）	同上	同上 25 年（614）	同上
24（何家村窖藏）	8 世纪中叶	库思老二世 29 年（618）	约晚 1 世纪余

　　另外一些银币，没有共出的遗物，出土情况又不明，我们只能根据钱币年代来估计它们的埋藏时间。这里又可分为两种情况：一种是同一国王的银币 10 枚以上一起出土而不夹杂其他银币，或者两三代先后相衔接的国王，其银币一起出土的。我们可以推想它们埋藏时间不会距离最晚一枚的铸造年代很久，一般当在 10—50 年之间。例如，表 5 中的第 5、6、19 批。另一种情况是仅有一枚单独出土（或同样的两枚）。这里我们姑且估计它们时间距离为 50 年左右。例如，表 5 中的第 3、4、12 批等。当然一些长时期广

泛流行的银币，如卑路斯、库思老一世、库思老二世等，埋藏的时间差距可能达到百年或更久。我们不能过于拘泥这些估计年数。不过我们可以说，从8世纪中叶（即萨珊朝亡国后约一百年）以后，波斯银币在中国境内便罕见了。因之，我们迄今为止的考古发掘中似乎没有发现过8世纪中叶以后所埋藏的萨珊朝银币。

六　铸造地点的分布

前面第（三）节中已说过，萨珊银币的背面上加有铸造地点是始于巴朗五世（421—438）的时期，以后便成为常规。连萨珊朝覆亡（651）后所铸的"萨珊式"银币，也还继续采用这种办法。银币上"铸造地点"，都是铸造局所在地的城市名称的简写，常是采用地名的起头两三个字母。由于钵罗婆文中有几个字母易于混淆，铭文压印又常不清楚，所以释文常常难以确定。加以这些简称过于简略，而萨珊朝又没有留下完整地理志，文字记载不多，所以便是那些释文可以确定的，也很不易复原它们的原名。有许多铸造地名迄今还未能考证出来，或者虽已考出而各家说法不同。这些都只好存疑。这是萨珊古币的研究中还未完全解决的问题。

萨珊银币上的铸造地点很多，据摩根的统计，常见者40处，铸造年份不及十年者34处，仅有一年者181处，总计255处[①]。至于同一时期的铸造地点，摩根以为库思老一世时至少82处，荷米斯德四世时68处，库思老二世时66处[②]，但是也有人以为库思

---

① 摩根：《东方古泉学手册》，第297—299页。

② 摩根：《东方古泉学手册》，第323、326页。

老一世时达 98 处，库思老二世时达 120 处之多[①]。

表 4　　　　　　中国境内发现的萨珊银币的铸造地点表

铸地编号	铸地简写	第几批银币	考订地名	属于何省区	参考书目
1	AB	19（11）	Abarshahr（?）	呼罗珊（Khorasan）	M19
2	AHM	17i、24、31a（?）	Ahamatan	米太（Media）	M19、W4
3	AIR	18、19（17）、20	Eran-Xurrah-Shapur	胡吉斯坦（Khuzistan）	M27、W7
4	AP	19	Abarshahr（?）		W1（?）
5	AR	18	Ardashir-Khurra	法尔斯（Fars 或 Pars）	M35
6	ART	10（2）、16、17、23	Ardashir-Khurra		M29、W9
7	BH	17a、31b（?）	Baghdour（?）	呼罗珊	M8、W11
8	BISH	3、20	Bishpur	法尔斯	M3、W12
9	BLH	7、16	Balkh	呼罗珊	M20、W14
10	BSh	25	Bishpur		M16、W16
11	DA	9、11、19（2）、20	Darajird	法尔斯	M15、W17
12	KR	10、19	Kirman	基尔曼（Kirman）	M18、W28
13	MR	19＊、29c（?）	Merv	呼罗珊	M6、W40
14	NB	10	Nihavand	米太	M37、W43
15	NH	15、17、25、30a、b、33	Nihavand		M14、W43
16	NHR	1、17j	Nahr-Tira	胡吉斯坦	M31、W44
17	NIH	13、20、27	Nihavand		W45
18	RD	26	al-Raiy	米太	M1、W48
19	RIU	19、20、29a	Rev-Ardashir	胡吉斯坦	M22
20	ShI	4、20	al-Shirajan（?）	基尔曼	W49
21	SK	8、20、29b	Sigistan	西斯坦（Sistan）	M25、W52
22	ST	10、19、25	Istakhr	法尔斯	M4、M11、W53
23	ShU	19（2）	Susa（?）同（3）	胡吉斯坦	M13、W50
24	UH	14、16、17b、19（4）	似为 NH 的误写，见（15）		M28、W43
25	ZR	16、25（?）	Zarang	西斯坦	M8、W57

　＊铸地编号 13 的这一枚是"定 7.5"号，原表（见《考古》1966 年第 5 期第 268 页）误作 BM（MB）。

---

①　波普：《波斯艺术综览》第 2 卷，第 825、826、829 页。

　　我们这33批银币中，铸造地点可以确定的并不多。其中第5、6、12等三批，它们的铸造年代在巴朗五世以前，当然没有铸上铸造地点，可以不论。第16批乌恰发现的窖藏中，有281枚是阿拉伯翁米亚王朝时的"库思老二世样式"的银币，在正面的边缘空白处加压阿拉伯字铭文或简单图案，这些银币都是阿拉伯帝国东方各省，尤其是最东北的呼罗珊省所铸的。这里离中国边境最近，所以有很多流到中国境内来。

　　现在就铭文中有铸造地点可考的，列为一表（表4），仅得20余处。由于我们只看到一部分的照片或拓片，实物能看到的更少，所以有许多未能认出来，或虽有释文而实际上仍未能确定的，只好省略去。表中"铸地简写"一项，原为钵罗婆字母，为了印刷方便，改写拉丁字母。"第几批银币"是指表5—4和表5—8中的顺序号，后面括弧中的数字是指枚数。只有一枚的，便不再加括弧注明枚数了。"参考书目"一栏中，M是指摩根《东方古泉学手册》第297—299页和该书图375的"萨珊铸币的铸造地名表"中的编号；W指倭尔克《阿拉伯—萨珊式古币目录》CII—CV页"阿拉伯—萨珊铸币的铸造地名表"中的编号。

　　表中所考证的铸造地名，有的需要说明几句（参阅图2）：

　　（1）Abarshahr（阿巴尔沙尔）。摩氏以为简写"AB"可能指呼罗珊的阿巴尔沙尔，倭氏则以这地的简写是APR。现今一般采用倭氏之说。按这城在萨珊朝和阿拉伯时代都为铸造地点，乃是呼罗珊省中四府之一的府治，今名Nishpur，即《元史·地理志》西北地附录中的"乃沙不耳"（关于伊朗古地名的汉名考订，参阅冯承钧《西域地名》，1955年版，下同）。后一名起源于Nev-Sha-pur（"公正的沙卜尔王"）。

　　（2）Ahamatan（阿哈马坦），即今日的哈马丹（Hamadan），

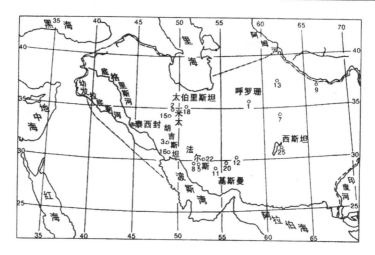

图 2　在中国境内发现的萨珊银币的铸造地点分布图

（图中地点旁的号数即表 3 中的铸地编号）

是安息王朝的夏都，希腊罗马作家称之为埃克巴塔那（Ecba-tana）。萨珊王朝时称为阿哈马坦，或谓即《后汉书·西域传》的安息国都"和椟城"。这里曾发现过时代约为 6 世纪末的丝织品[①]。

（3）Eran-Xurrah-Shapur（伊朗–胡拉–沙卜尔）。摩氏以为 AIR 即波斯的古名"伊朗"，倭氏以为是"伊朗-胡拉-沙卜尔"一名的简称。这是著名的古代首都苏萨城（Susa）在萨珊朝的正式名称。沙卜尔二世毁灭古苏萨城后，别建新城，并改换新名。这是胡吉斯坦的省会，后来一般仍称为苏撒。

（4）AP。疑即 AB 的另一写法，也即 APR 的缩写，见上面（1）项。

（5）（6）Ardashir-Khurra（阿尔达希-胡拉）。是法尔斯省五府之一的府治，在今日腓鲁扎巴德（Firuzabad），旧名居尔（Gur）。

① 见汉斯曼等的发掘简报（J. Hansman and D. Stronach, a Sassanian repository at Shahr-1 Qūmis），《皇家亚细亚学会会志》（JRAS）第 33 卷（1970）第 2 期，第 149 页。

倭氏以为简称 ART 者即指这城，乃当时重要城市；摩氏读为 ANT，以为未详其地。另有简称 AR 者，摩氏以为即指这城。

（7）BH。摩氏以为可能乃 Baghdour（?）（巴该杜尔）的简称。这城在呼罗珊省赫拉特（Herat）附近，今在阿富汗境内。倭氏以为可能乃比库巴德（Bihkubadh）的简写，在当时伊拉克省境内，今幼发拉底河东岸，见下面（24）项。

（8）Bishpur（俾沙普尔），是法尔斯省五府之一的沙卜尔-胡拉（Shapur-Khura）的府治。原名为"微-沙卜尔"（Veh-Sha-pur），乃"沙卜尔之居"的意思，也简称为沙卜尔。

（9）Balkh（巴尔赫）。在当时呼罗珊省，今在阿富汗境内，位于喀布尔西北。这是古代巴克特利亚（大夏）的首都。或以为即《北史·西域传》中大月氏国西徙后的国都薄罗城（冯承钧《西域地名》，第18—19页）。《元史·地理志》西北地附录作"巴里黑"。摩氏读 BLH 为 BaBA，以为乃"皇宫"之意，当时"皇宫"是指首都泰西封。

（10）BSh。倭氏以为可能即 BISh 的误写，见上面第（8）项。

（11）Darabjird（达拉布）。是当时法尔斯省五府之一的府治，同时也是这省的重要城市。

（12）Kirman（基尔曼）。倭氏表中仅有繁体 KRMAN。他和摩氏皆以为指基尔曼省的省会基尔曼城，即今日之基尔曼城，原名"微-阿尔达希"（Veh-Ardashir）。后来省会迁至喜拉哲，见下面第（20）项。

（13）Merv（麦尔夫）。是当时呼罗珊省东北部的重要城市，今属苏联土库曼加盟共和国。这城古代位于伊朗与中国间的交通要道上，便是《后汉书·西域传》中的安息东境"木鹿城"。《元史·地理志》西北地附录中作"麻里兀"。

（14）、（15）Nihavand（尼哈凡德）。摩氏读为 NB，以为是法

尔斯省的 Noubendjan 的简称。倭氏以为即 NH 的变体。642 年
（或作 641 年）萨珊王朝和阿拉伯（大食）人的最后决战，便在这
城附近。这城即《元史·地理志》西北地附录中的"那哈完的"。

（16）Nahr-Tira（奈尔-提拉）。摩氏读为 NAR，倭氏读为
NHR，但都以为指奈尔一提拉，在胡吉斯坦省。

（17）NIH。倭氏以为即 Nihavand 的简写，见上面第（14）项。

（18）RD。摩氏以为未详，倭氏以为即 al-Raiy（累依）的简称，
因为 RY 的古体是 RD。其城在今德黑兰附近，古称利革斯（Rhag-
es）（图 3）。这里曾发现中国 11 至 12 世纪的宋代丝绸残片①。

图 3　库思老二世银币

（1972 年吐鲁番唐墓 149）

（19）RIU（或以为应读为 LYW）即 Rev-Ardashir（累未-阿
尔达希）。萨珊朝时，有两处同名，一在波斯湾上的希什尔
（Bushire）海港附近，今仍名累希尔（Rishahr），一在胡吉斯坦南
部，离海边约一日程（约 50 公里）。后者在萨珊朝时是一个重要
城市，铸造地点可能是指这一处②。

---

① 《瑞典远东古物博物馆馆刊》（BMFEA），第 28 卷，（1956），第 20 页，注 1。

② 参阅俾伐尔《库米斯出土的萨珊铸币》（A. D. H. Bivar, the Sassanian Coin from
Qūmis），见《皇家亚细亚学会会志》（JRAS）第 33 卷（1970）第 2 期，第 156 页。

　　（20）Shirajan（喜拉哲）。倭氏以为 ShI 可能便是指喜拉哲，乃萨珊朝末期时的基尔曼省的省会，在史籍上也称作喜尔（Shir）。今为废墟。

　　（21）Sistan（西斯坦，一作 Seistan 或 Sakastan）。倭氏以为当读为 SK 或 SD，指西斯坦，乃是当时省名，其首府是萨朗（Zarang），见下面第（25）项。当时有以省名称其首府，不论这首府是否有别名[①]。摩氏读为 SD，以为可能是指木鹿城附近的苏德（Soudd）。当以倭氏之说为是。

　　（22）Istakhr（伊什塔哈尔）。这是萨珊朝在 3 世纪时建于阿开密尼朝首都百泄波里斯（Persepolis）废墟附近的一个重要城市。这城 7 世纪时被阿拉伯人所攻克，以后便衰落了。但在萨珊朝时是法尔斯省五府之一的府治。

　　（23）ShU。摩氏读为 ShU，以为可能指"Shushan（?）（Susa）"，倭氏表中作 ShUSh，也以为即苏撒（Susa）。见上面第（3）项。

　　（24）UH（或 WH）。摩氏以为可能是"微-阿尔达希"（Veh-Ardashir）、"微-库巴德"（Veh-Kobadh 即 Bihkubadh）或"微-沙卜尔"（Veh-Shapur）的简称。后二者见上面第（7）项和第（8）项。倭氏读为 NH，以为指尼哈尼德，见上面第（14）项。按"微-阿尔达希"乃"阿尔达希之居"的意思。当时有二处同名；一为首都泰西封对岸的塞琉西亚（Seleucia）的别名；一即今基尔曼省的省会基尔曼城的旧名，见上面第（12）项。现下一般采用倭氏之说。

　　（25）Zarang（萨朗）。这便是一般认为《旧唐书》和《新唐书》的《波斯传》中波斯都督府所在地的疾陵城（冯承钧《西域地名》，第 79 页），在今哈蒙湖（L. Hamun）的东南侧。

---

　　①　倭尔克：《阿拉伯-萨珊式古币目录》，CXXXIII 页。

根据上述的说明，可见这些铸造地点，都在当时波斯国都（萨珊朝的冬都）泰西封（Ctesphon）以东的地区内，其中有的是中国人在古代便闻其名的，有的还在中国和伊朗之间的"丝绸之路"上。根据这些铸造地点的分布，可以推想当年中伊两国之间贸易往来的频繁和广泛。

七 用途的推测

最后，根据这些银币的出土情况，以推测它们在当时中国境内的用途。

萨珊银币是一种铸币（Coins）。铸币是由货币作为流通手段的功能而发生的。一般的铸币作为法定通货只能流通于国内领域；一到国外，便失去了强制通用力，即失去了法定通货的地位，而成为银块，即成为一种商品，依照它实际上的不同成色和重量而有不同的价值。但是在国际贸易兴旺的时代，常有某一国的铸币成为"国际货币"。便是作为当时有贸易关系的各国之间在贸易孔道上的城市一般通用的货币[①]。萨珊银币当时在中东、近东和东欧，是和拜占庭金币一样，作为这样一种国际货币而广泛地通行使用的。阿拉伯帝国灭波斯后，在最初一段时间内，货币仍袭用旧制，继续铸造"萨珊式"银币和"拜占庭式"金币，以利贸易。到了回历76年（695）才进行货币改革，另铸阿拉伯式新币[②]。银币是当时波斯的主要铸币，《大唐西域记》（卷一一）说波剌斯（即波斯）"户课赋税，人四银钱"，可见这种银币在波斯是作为赋

---

① 马克思：《资本论》第 1 卷，第 105—129 页，人民出版社，1965。

② 倭尔克：《阿拉伯—拜占庭铸币目录》（J. Walker, *Catalogne of the Arab-Byzantian Coins*），1965，XV 页；摩根：《东方古泉学手册》，第 302 页。

税上的支付手段的主币。

现在来看我们这33批银币的出土情况。其中像第10批西宁窖藏（出土100枚以上，现存76枚）和第16批乌恰窖藏（947枚），可以说它们是作为货币而以某种原因暂时窖藏起来的，也便是由"流通铸币"变成了贮藏起来的暂不流通的一般性货币。乌恰的一批藏在山中大路旁石缝中，可能是过路的西域商人遇到危险时临时掩藏起来的。西宁的一批，它的贮藏者可能也是把它当作财富贮藏起来，以便将来必要时再拿出来流通的。北周和初唐时西域银币在我国西北一些地区内的流通使用的情况在我国史籍中是有记载的。在这33批萨珊银币中，以高昌出土的次数为最多，共达18批，占过半数。数量达63枚，仅次于乌恰和西宁二处的窖藏。这与文献方面的证据也是相符合的。

高昌古城中发现的两批，其中第5批是20枚在一起，第10批10枚放在一煤精制的小盒中，可能也都是窖藏。西安何家村出土的1枚，虽然出于窖藏，但同出的还有拜占庭金币1枚，日本银币5枚，中国战国、西汉和王莽的铜钱各有1枚或数枚。这窖藏的主人是搜集古钱和外币的爱好者。这些金银币和大批值钱的金银器放在一起，所以只能视为一个收藏家的藏品，而不是作为流通货币而暂时贮藏以待使用的。

我国古代有将货币放在墓中随葬的习俗。萨珊银币既然作为货币，当然也可以像其他货币一样作为随葬品。但是它们在这里是为宗教迷信服务的，只可算是货币的一种派生作用。高昌地区的墓中，往往在死者口内放置一枚货币，有的是"开元通宝"铜钱，有的是拜占庭金币（或仿制品），更多的是萨珊银币。表1和表5列举出土萨珊银币的14批高昌墓葬，共出30枚，其中便有21枚可确定是发现于死者口中的。这21枚是：1（V.2）、3（和

开元钱同出）、17a—17g、21、22、23、26、29a—c、30a—b、
31a—b、32。此外，有几批由于墓葬发掘简报没有交代清楚，有
的原来也可能是出于死者口中，如 8、9、11、13、18、33 等 6
批，其中第 11 批和第 33 批各墓是高昌墓群中的。第 7 批洛阳 30
号唐墓的 16 枚虽出土于死者头部，但可能不是出于口中，至少不
是全部出于口中。第 17 批有 3 枚出于墓室扰土中。第 1 批高昌墓
i·3 号出土的 2 枚萨珊银币是分别放在死者两眼上面的，第 27 批
的 1 枚，原来放在死者左眼上，这二例可算是特殊的例子。死者
口中含钱的习俗，斯坦因认为是与希腊古俗有关。古代希腊人将
一枚货币"奥博尔"（Obol）放于死者口中，以便给阴间的渡船人
查朗（Charon）作为摆渡钱①。这种说法最近仍有人附和②。实际
上它是受了"中国文化西来说"的流毒的影响，事实上证明它是
错误的。我国在殷周时代便已有死者口中含贝的风俗，考古学上
和文献上都有很多证据。当时贝是作为货币的。秦汉时代，贝被
铜钱所取代。将铜钱和饭及珠玉一起含于死者口中，成了秦汉及
以后的习俗。广州和辽阳汉墓中都发现过死者口含一至二枚五铢
钱③。年代相当于高昌墓地的河南安阳隋唐墓中，据发掘者说，也
往往发现死者口含一两枚铜钱④。这种风俗，一直到数十年前在我
国有些地区仍旧流行。正像高昌墓中的汉文墓志、汉式土俑或木
俑、汉文的"衣物疏"等一样，高昌这种死者口中含钱的习俗当

---

①　斯坦因：《亚洲腹地》（A. Stein, *Innermost Asia*）第 2 卷，第 646 页，1928。

②　俾伐尔：《库米斯出土的萨珊铸币》，第 157—158 页。

③　广州刘王殿 2 号汉墓的两死者口中各含 1 枚，见广州市文物管理处汉墓资料。
辽阳汉墓在死者下颚骨下边有 2 枚，似含于口中，见鸟居龙藏《满蒙古迹考》，陈念本
译，第 189 页，1933。

④　这种情况，从前在安阳隋唐墓中曾发现过，最近在安阳小屯南地隋墓中也发
现，例如，1973 年发掘的 M7 和 M18。

溯源于我国的内地。

　　萨珊银币是白银制的，当然也可作为金银珠宝的一部分而埋进墓中随葬。上段提到的第 7 批洛阳唐墓，可能便是如此。其他 6 批中有的可能也是如此。至于另一些墓中，如第 14、15 两批，萨珊银币是和装饰品一起放在容器中，其作为金银珠宝装饰品之用，更为明显。更可注意的是，其中有些银币是钻穿了一个或几个小孔（如第 14、17c、18、25、26、30a、33 等），显然是缝缀在织物的衣着或帽子上作为装饰品，或系线作为佩饰之用的。又有鎏金的二例（26b、30a），显然也是作为装饰品之用的。其中 1 枚（30a）不仅鎏金和穿孔，并且还焊接一小环，毫无疑问的是作为佩饰之用的。

　　萨珊银币的另外一个发现地方，是在佛教寺庙的舍利塔基中。在这 33 批中就有第 19、20、25 等三批。根据文献，我们知道造舍利塔时，所谓"善男信女"，尤其是倡议建舍利塔的"功德主"常施舍金银饰物和钱财，和舍利同埋，作为"功德"，以求"善果"。这种迷信，在塔基的发现物中可以充分地看出来。长安唐塔基中的 7 枚银币是和一个装有金盒的小银盒一起装在一个较大的银盒中，这较大银盒又和骨灰放在一个瓷钵中。耀县隋塔基出土的 3 枚，是和舍利 3 枚、隋五铢钱 27 枚，以及金、银、玉环（共 11 件）等一起放在涂金盝顶的铜盒内；这铜盒又和另外两个铜盒同置于石函内。定县北魏塔基的 41 枚银币是和铜钱（249 枚）、金、银饰物（共 15 件）、琉璃瓶、钵（6 件）、玛瑙饰（10 余件）、珍珠（160 颗）、珊瑚珠（2339 颗）、料珠（2621 颗）等一起放在一个石函中。对于施舍者而言，这些萨珊银币既有可能被视为货币，也有可能被视为银饰，即作为金银珠宝一类的东西。这种佛教的迷信，传自天竺（即印度）。在今日印度的贾拉拉巴德和巴基斯坦的旁遮普省的佛教舍利塔的塔基中舍利函内也常发现货币

（包括萨珊银币）、珠宝与舍利子同埋。

综观出土情况，可以看出萨珊银币当时传入中国很多，分布也很广，东达河北定县，南抵广东英德和曲江。在西北某些地区（例如高昌）是曾流通使用的，但在其他广大地区，则是作为值钱的银块或银制装饰物看待的。这些银币是当时中伊两国人民的友好和经济文化交流的极好的物证。

补记：本文付排后，承蒙新疆维吾尔自治区博物馆寄来 1949年以来有关吐鲁番阿斯塔那墓地出土的全部波斯萨珊银币的资料。现在根据拓本加以鉴定，并且将鉴定结果连同有关资料列表 5 如下：墓号前有"KM"者指哈拉和卓，其余指阿斯塔那（TAM），实际上是一个墓地。顺序号依照表 1，其中 29—33 号是新增的。新增的有 9 枚，共计 24 枚。本文校样时，已依这表增入有关的新资料。

咸阳底张湾隋墓出土的
东罗马金币[*]

　　1953 年在西安附近的咸阳底张湾一座隋墓中，出土了一枚东罗马（拜占庭）帝国的金币。这枚金币于 1954 年在北京的全国出土文物展览会中陈列时，立刻引起大家的注意，都以为这是中西交通史上的很重要的物证资料。但是迄今为止，还没有加以鉴定，所以写出这篇文章加以考释。

一

　　这枚金币直径 2.1 厘米[①]，重 4.4 克（约合英制 68 克冷）。两面都有图像和铭文（图版 5—6，1—4）。这枚王像无须，但

　　* 本文原载《考古学报》1959 年第 3 期；后加补记收入《考古学论文集》，科学出版社，1961。作者自存本曾加"补注"和"再补记"数条。

　　① 作者补注：索里得（Solidus）的直径不统一，查斯丁（Justin）的一枚，直径达 24 毫米，而小者仅 18 毫米（P. D. whitting's，*Byzantine coins*，1973，p. 77）。

亦有留须者。正面是王者的正面半身像，头上戴盔，两耳侧垂
缘。身上穿交领的铠甲。盔和甲的边缘和轮廓都依当时惯例用
联珠式的小点来表示。右手执地球，球上站立背有翅膀、手捧
桂冠的胜利女神像。左手执盾牌。铭文由王像右手侧开始，文
字如下：DNIVSTINVSPPAVG。周缘边沿稍高起。背面为一
戴盔和披衫的女神像，坐于一宝座上，身稍偏向左方。右手执
枪，左手托一地球，地球上有一十字架。座下铭文为 CONOB。
另有一铭文，由女像右侧下方开始，由下而上，几乎环绕一
周。铭文如下：VICTORIAAVGGGE。周缘边沿也稍高起。靠
近边沿的地方有一钻透的小孔，正面恰在王冠的顶上，背面在
宝座下，损坏了铭文中字母 N 字。这孔是后来为系线作坠饰
用而钻成的。

　　查这枚金币是东罗马皇帝查斯丁二世（JustinII，565—
578）的。铭文是拉丁文，但是有些是省略字。全文可以加以
复原（所有省略去的字母，都以小楷字补入，入在括弧中）。
正文为：D（ominus）N（oster）IVSTINVSP（ater）P（atri-
ae)① AVG（ustus），古代铭刻上拉丁字母，I 和 J 不分，V 和
U 不分。IVSTINVS 便是 Justinus，也便是史书上称为查斯丁
二世（JustinII）的。D. N. 译意为"我们的主上"，是罗马皇
帝的尊称。P. P. 译意为"祖国的父亲"，是公元前 2 年罗马元
老院给屋大维皇帝的尊号，后来的罗马皇帝承袭这尊号。Au-
gustus 译音为奥古斯都，译意为"至尊"，是元老院于公元前

---

　　① 补注：pp，现在认为正确的解释，应是 perpetunns（万岁）的缩写，较早的
Anastasius（491—518）的金币中，这字作 perp（whitting，*Byzantine coins*，1973，
pp. 43—44，No. 5；又 pp. 13—14，No. 3），即"the undying emperor"或"for ever
emperor"之意（同上，p. 14，又 p. 24），均为"永恒之帝"的意思。

27 年奉给屋大维的尊号，后来各帝承袭这个尊号，几和"罗马皇帝"为同义语。背面的铭文中，座下是铸造的地名 CON (stantinople) OB (signata)，便是"印铸于君士坦丁堡"的意思①。VICTORIAAVGGGE 译意为"至尊们的胜利"。当时以两个 G 或三个 G 代表 Augustus 的多数 Augusti，即两位或三位至尊（皇帝）的意思。查斯丁二世晚年（自 574 年起）以病不能治事，苏斐亚皇后临朝辅政，又以义子提庇留二世（Tiberius）为皇太子辅政。提庇留后来也称奥古斯都（至尊、皇帝），共治国政。三位"至尊"当即指此。末尾 E 字，是所谓"厂局记号"（Officina marks），以 A、B、…E 等字母代表该铸币地点的第几厂局，E 字为第 5②。

罗马金币自公元前 1 世纪起使用"奥勒斯"（Aureus），重量为黄金 1/40 磅，约合英国衡制 120—130 克冷（即 7.7—8.4 克）③。至第 4 世纪君士坦丁大帝改革币制，改铸重量较轻的金币，称为"索里得"（Solidus），一名诺米斯玛（Nomisma），为 1/72

---

① 补注：Whitting 以为乃"君士坦丁堡铸币的法定成色"之意，所以并不一定铸于该地（犹中国的京秤、京钱之意）（p. 47，又 pp. 60—61）。在 Anastasius（491—518）以后金币上罕见铸造地名，铜币则 7 世纪后半叶以前常有铸造地名，银币较罕，金币更罕（p. 60）。亚历山大城和迦太基所铸金币及西班牙、帖撒罗尼加、罗马、那不勒斯等铸币，亦用 CONOB 铭文（p. 69—71）。

② 参阅 Humphreys：Coin Collector's Manual，1897，pp. 394，603 ff。又 J. Sabatier, Description generaledes monnaies byzantines，1862（reprinted，1955）Vol. 5，pp. 33—34，42，74.［补注：Whifing 前书 p. 300 有拜占庭钱币上代表数目的字母表，p. 68 谓君士坦丁堡有 10 个铸局铸金币，5 个铸铜币（又见 p. 74.）］

③ 补注：Anastasius（491—518）和 Justinian I 时，又曾铸重 1/60 磅者。

磅，约合 68—70 克冷（即约 4.4—4.54 克）[1]。这种金币一直到
1453 年东罗马的灭亡时，通用未再加更改，只是每枚金币的实际
重量，各时代有时稍有增减。我们这枚的重量为 4.4 克有余，当
然便是一枚"索里得"[2]。正面的皇帝像，自查士丁尼一世（527—
565）时期起，都采用正面像，不再像以前那样常常采用侧面像。
我们这枚便是采用正面像的。背面的图像，从前常采用带翅膀的
胜利女神像。但是查斯丁二世的金币的背面，铭文虽仍旧未改，
图像却改用不带翅膀的女神像。地球握在手中，在罗马时是表示
权威的象征。球上加一个十字架，这是由于东罗马这时已奉基督
教为国教。球上加胜利女神像，表示在全球获得胜利。萨巴提埃
的《拜占庭钱币总述》一书中，所印的查斯丁二世的金币[3]，和我
们这标本相比较，在图像和铭文各方面，都是相同的。我们这枚
也是查斯丁二世的，实属毫无疑问。

---

① Sabatier 前书，pp. 51—53。Whitting 以为 solidus 乃 whole、complete 或 pure
(gold) 之意，乃拉丁字。而希腊人亦称之为 nomisma，乃铸币（coin）之意，或特称
之为 gold nomisma。故古币学家或以 solidus 一词，限于 Nicephorus Phocas（963—
969）及以前的金币。实则此币当时人已习称之为"nomisma"（p. 40）。自此时，一种
较轻的金币开始铸行，一般称之为"nomisma tetarteron"，径约 1/12，约 4.1 克，而称
原有金币（后来成色减低）为"nomisma histamenon"（即标准之意），约 4.5 克或稍
轻。其后 1092 年 Alexius 改革币制，新铸金币称为 hyperper（hyperperon），古币学上
或称之为 spread fabric nomisma，这字一般以为乃精炼（黄金）之意："highly tried in
the fire refined（gold)"。纯度为 21 carats，而属杂银铜较多者为 trachy，其中 electrum
trachy 为标准币（hyperper）的 1/3，而 billon trachy 为 1/24（pp. 40—41）
（"scyphate"）（5—7carats，亦有称之为"aspron"者，实误）希腊字母（aspron）＝
white，含银 4%—7%。

② 补注：查士丁尼一世时，索里得金币等于 12 个银币 miliaresion、180 铜币 pol-
lis，后来升价，9 世纪时每一银币由 15 铜币升至 24 铜币。

③ Sabatier，前书，p. 224，Pl. XXI，1—2。

这枚金币在北京展出时，同时陈列有底张湾二座隋墓出土的墓志拓片：一是独孤罗，另一是段威。这金币是二者中哪一墓出土的呢？当时护送标本来京的陕西文物管理委员会同志们所说的并不一致。《文物参考资料》当时所发表的张铁弦的文章中说它是独孤德公（罗）墓中发现[①]，是采用二说中的一种。参加当时发掘工作的阎磊同志说：这枚是出于段威墓中。按墓志，段威卒于开皇十五年（595），距离查斯丁二世的去世年代（578），很是相近，还不到 20 年。段威是隋代名将段文振的父亲，《隋书·段文振传》说：“父威，周洮、河、甘、渭四州刺史。”[②] 但据最近陕西博物馆来函说：“金币确系独孤罗墓中发现，经查田野记录记载甚明。”如果如此，据墓志，罗死于开皇十九年（599），次年二月下葬。他是隋文帝独孤后的长兄，《隋书》卷七九和《北史》卷六一都有传，曾做过总管凉甘瓜三州诸军事凉州刺史。哥伦比亚大学教授古德利赤根据张铁弦的文章，便臆断它是东罗马帝佛卡（Focas，602—610）的金币[③]。这是错误的。602 年以后所铸的金币，不会埋在 600 年便已下葬的墓中。（补记：阎同志最近来信说，他记忆有误，币出独孤墓。）

二

马克思曾指出，在东罗马帝国时，君士坦丁堡“在发现直通印度的道路之前，始终是个巨大的贸易市场”，并称之为“沟通东

---

① 张铁弦：《谈全国出土文物展览中的北方发现品》，《文物参考资料》1954 年第10 期，第 54 页。

② 《隋书·段文振传》，百衲本，卷六〇，页 11。

③ L. C. Goodricn, The Journal of Asian Studies, VII, 1 (1957), p. 14.

方与西方的黄金桥梁"[①]。我们这一枚标本，是铸造于君士坦丁堡的，但却出土于贸易桥梁的东方这一端的远达 1.5 万余里外的西安。这可以证明马克思的看法的正确性。

查斯丁二世（565—578，即当北周武帝保定五年至宣致元年）是编纂著名法典的查士丁尼皇帝的嗣皇和侄子。当时西亚另外一个大国波斯萨珊朝在库思老一世（531—579）的统治下，正是盛极一时，曾与查士丁尼皇帝屡次交战，入侵东罗马境内。562 年两国媾和，东罗马付出巨额赔款。查斯丁二世即位后，停付了对波斯的赔款，二国的关系是紧张的，曾发生过战事。当时东西两方的贸易仍像以前一样是握在波斯人手中。[②] 查斯丁二世想避开波斯而打通直到东方的贸易道路，568 年曾遣使臣蔡马库斯到西突厥的可汗庭[③]。在这以前，查士丁尼帝曾由中国输入蚕种，在东罗马推广了育蚕缫丝的方法[④]。

当时我们中国也知道拜占庭帝国，我国史书中称它为"拂菻国"。虽然对于这名称的来源，还未有定论，但是它是指拜占庭帝国，近年来学者们的意见已趋一致。这"拂菻"一名，始见于《隋书》。裴矩《西域图记序》说："自敦煌至于西海，凡有三道，各有襟带：北道从伊吾，经蒲类海、铁勒部、突厥可汗庭，度北流河水至拂菻国，达于西海；其中道从高昌、焉耆、龟兹、疏勒，度葱岭，又经钹汗、苏对沙那国、康国、曹国、何国、大小安国、穆国，至波斯达于西海；其南道从鄯善、于阗、朱俱波、喝（按

---

① 列夫臣柯：《拜占庭简史》1959 年中译本，第 6—7 页转引。

② 补记：波斯萨珊朝（224—636）与拜占庭对立，故一部分贸易不经过波斯，而由中亚取北道直通拜占庭，或由海路。

③ 张星烺：《中西交通史料汇篇》第 1 册第 2 部分，第 103—113 页。

④ 同上书，第 76—78 页；参阅齐思和《中国和拜占庭帝国的关系》，第 18—25 页，1956。

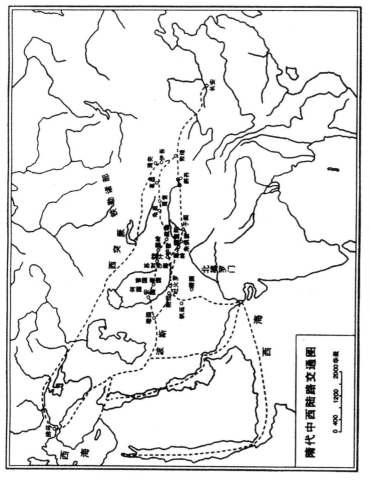

图 1 隋代中西陆路交通图

当作喝）槃陀，度葱岭，又经护密、吐火罗、挹怛、帆延、曹国至北婆罗门达于西海"。^① 这北道中接近君士坦丁堡的一段，便是上述的东罗马使臣蔡马库斯前往突厥可汗庭所经过的路线。中道和南道，达西海后也可以由海路而至拂菻。《隋书》卷八三《波斯传》和卷八四《铁勒传》也都提及拂菻国，《波斯传》中还提及它在波斯西北四千五百里。裴矩是隋大业元年至二年（605—606）在张掖"掌西域诸番交市事"，这《西域图记》是他亲询问诸"商胡"而记录下来的。原书虽已失传，但由这篇序文及《隋书·西城传》，可以知道当时我国和西方交通的情况。现在依据《隋书·裴矩传》，并参考他书^②，绘制一幅隋代中西交通图，以供参考（图 1）。

到了唐朝，中国和拜占庭的关系更多，知道它的情况更清楚。新旧《唐书》都有拂菻传，记载的事实更为明确了。当时它曾与唐朝通使^③，并且有好几种商品输入中国^④。因为时代较晚，已逸出本文范围以外，所以不加详述了。

三

前面介绍了当时的中国和拜占庭的关系，现在我们可以谈一谈当时拜占庭的货币流入我国的情况。

《隋书·食货志》说，北周时代（557—580）"河西诸郡或用

---

① 《隋书·裴矩传》中引录，百衲本，卷六七，页 11。

② 主要的是张星烺《中西交通史料汇编》第 1 册第 2 部分，第 120—122 页；J. Lindsay. *Byzantine* (1952)，第 403 页。

③ 张星烺：《中西交通史料汇编》第 1 册第 2 部分，第 157—168 页。

④ 齐思和：《中国和拜占庭帝国的关系》，第 26—32 页。

西域金银之钱，而官不禁"①。桑原骘藏在一篇论文中说，这现象是当时这地区有众多的西域商贾往来通商的结果。又说"由于伊朗人使用金银货币很早（Spiegel, Eranische Alterthumskunde, Bd. III, SS. 661—662）。这里所说的金银之钱，或系伊朗系统，亦未可知。但是根据公元 6 世纪初半，即略等于北周初期时，埃及人 Cosmas 所说的，当时不论世界上什么地方，东自 Tsinitza（＝震旦＝支那），西至罗马，所有国家贸易，多使用罗马货币（Christian Topography, p. 73），因之，认为（中国）河西地方所流通的金银钱为罗马货币，较为妥当"②。这个说法，可以说至少有一半是错误的。错误的原因，由于将金币和银币混为一谈。在阿拉伯帝国兴起以前，西亚的国际货币，金币是用东罗马的，银币是用伊朗（即波斯萨珊朝）的。萨珊朝各帝，大量铸造银币，但很少铸造金币。所以阿拉伯帝国的新铸币，初期（第 7 世纪）是依照民间的习惯，金币采用拜占庭（东罗马）式的（Arab—Byzantine），银币采用萨珊朝式的（Arab—Byassanian），铜币兼采二式。但是拜占庭式阿拉伯铸币没有银质的，而萨珊朝式的阿拉伯铸币没有金质的③。当时在中亚的国际货币，大概也是这样的。新疆吐鲁番的阿斯塔那的第 6—7 世纪的墓地中，第 i. 3 号墓曾出萨珊朝银币二枚（库思老一世，531—579；荷米斯德四世，579—580）和拜占庭的金币一枚（查士丁一世，527—565），又在第 v. 2 号墓中发现萨珊朝银币一枚。第 i. 5 号和 i. 6 号墓中所发现的另外二枚金币，都是拜占庭式的，是查士丁尼金币的仿制品，

---

① 《隋书》百衲本，卷二四，页 21。

② 《隋唐时代こ支那こ来往じに西域人こ就て》，见《东洋文明史论丛》（1934），第 343—344 页。

③ J. Walker, *A Catalogue of the Muhammadan Coins in the British Museum*, Vol. II (1956), p. XV.

质轻而薄，仅单面印有花纹①。1949 年以后，在新疆吐鲁番、青海西宁、陕西西安、山西太原和河南陕县，都曾发现过萨珊朝银币，②但并没有出土过萨珊朝金币或拜占庭银币。反之，除了这枚金币之外，最近西安市西郊土门村唐墓中又发现一枚拜占庭式金币（参考本文补记）。所以我们可以说：北周时在河西诸郡所流通的"西域金银之钱"，大概是东罗马的金币和波斯萨珊朝的银币。当然，其中可能也有西域他国的金银币。作者于 1945 年在河西走廊作考古调查时，曾到武威出土过康国人康阿达墓志的地点调查。据该地的居民说，这墓除墓志石之外，还曾出土过一枚金币。发现人拿它去到银行兑换了现钞，后来大概是被熔化了，无法追迹。因为没有看到原物，故不知道是属于哪一国的金币。总之，当时西域许多"商胡"前来河西诸郡交市，西域的金银币也流入了该地；北周时甚至于被采用作为该地区的通用货币。葬在西安附近的一位在隋初做过河西地区的高级官员凉州刺史独孤罗的墓中发现东罗马的金币，正是反映这种经济情况。

四

这里可以附带地讨论一下相传清代山西灵石出土的罗马铜币问题。张星烺说："晚近西人在山西掘得罗马古钱十六枚，观钱面镌文，盖悉为罗马皇帝梯拜流斯（Tiberus）至安敦皇帝时代所铸者也……此为当时交通频繁，罗马金钱流入中国之确凿证据也

----

① A. Stein, *Innermost Asia*, Vol. II, pp. 646—648，995. Pl. CXX, 15—19.

② 夏鼐：《中国最近发现的波斯萨珊朝银币》，《考古学报》1957 年第 2 期；《青海西宁出土波斯萨珊朝银币》，《考古学报》1958 年第 1 期。西安隋墓和太原唐墓各出一枚，见《考古》1959 年第 9 期，第 475、476 页；最近新疆乌恰又出了一大批，见同上，第 482、483 页。

(W. S. Bushell, Ancient Roman coins from Shansi, in the Journal
of the Peking Oriental Society 188，1, 2.）"①。梯拜流斯一译为
提比留，为罗马帝国创建者屋大维皇帝的女婿和嗣王。安敦即马
可奥利略安敦，一般以为即《后汉书·西域传》中"大秦王安
敦"，以汉桓帝延熹四年（161）即位。桑原在上述那篇论文里说：
"关于罗马货币，距今约八十余年前在山西省霍州灵石县地方发掘
出提庇留时代（A. B. 14—37）至安利连时代（A. D. 270—275）
的罗马铜币16枚（Bushell……）。这些铜币大概是南北朝时代或
以前流通于北支那的遗物吧"②。桑原因为《通鉴·隋纪》"义宁元
年"条述及霍州灵石县有贾胡堡，便以为是该地系由胡商聚居而
得名，所以有罗马铜币留下来。

我们曾找出蒲舍（Bushell）在1886年（张星烺引文误作
1885年）发表的原文读过一遍，才知道这些铜币不是西人掘得
的，乃是灵石县一位姓杨的商人送给西人的。蒲舍转述杨某的话，
这16枚铜币在他家中已收藏了50—60年。原发现人是在附近掘
到的，卖给他的家里。除了这16枚之外，还有一枚小铜币，经蒲
舍鉴定为铸于1589年的法兰克兼波兰国王亨利三世的铜币，因之
蒲舍以为这枚是后来混进去的。至于16枚罗马铜币，计有提庇留
（即梯拜流斯）、克劳提阿、尼禄、纳尔发、图拉真、哈德良、缶
斯泰那（皇后）、科摩达斯、加利伊那斯、奥利连（即安利连）各
一枚，未斯培西安、安敦派阿斯、马可奥利略（即安敦皇帝）各
二枚。可见最晚的一枚是奥利连（270—275），不是安敦皇帝
（161—180）。张星烺大概误将奥利连认作马可·奥利略。至于各
枚的重量，据蒲舍说，用英国衡制计算，轻者35克冷，是罗马的

① 张星烺：《中西交通史料汇编》第1册第2部分，第42页。
② 《东洋文明史论丛》，第344页。

塞密斯（Semisses）；重者435克冷，是罗马的塞斯忒丁（Setertine）。这两种都是罗马帝国通行的铜币，一枚塞斯忒丁折合8枚塞密斯。

我们根据蒲舍的原报告，可以对于这批资料再加检查。一般近代发现的古币窖藏，所包含的钱币可以不止一种，但不会是包括260余年中13个皇帝的铸币，而每种仅有一枚或两枚。这分明是某一位嗜古之士的藏品，而不是一个普通人为了买货物而手头中所保持的一批钱币。汉晋时代西域胡商来我国内地的并不多，而山西灵石县当时又并不在中西交通的孔道上。说它们是汉晋时代流传入灵石，是令人难以置信的。所以桑原将它的时代推晚一些，以为这批铜币是南北朝时代（396—588）或以前流通华北的东西。但是时代一推晚，又产生了难以解释的新困难。这一窖藏有公元14—275年中13个皇帝的铜币，为什么没有一枚100年以内或同时代的货币呢？罗马帝国在戴克里先皇帝（284—305）改革币制以后，罗马的铜币不用塞斯忒丁，而采用另一单位的新币福力（Follis）[①]。南北朝时的商人，为什么携带着这些即便在罗马帝国境内也不再流通的货币呢？（应该指出，在这一点上，金银币和铜币有点不同。它们是贵金属，可以不作为货币而流通到远处上，因为它们昂贵而易携带，需要时，可以作为现物而按量计值。）至于隋唐之际山西灵石有贾胡堡一地名，这地名的来源并不一定是由于有西域商胡聚居。今日我国许多乡村聚族而居，多取村中大姓为村名。贾胡堡也许由于堡中有贾姓和胡姓的聚族而居得名。我们不能依据这薄弱的证据来作断语。

我现在提出另外一种解释，看起来似乎是比较合理些的解释。那一枚1589年亨利三世的铸币，不仅不应该撇开不管，反而应加

---

① Humprey，前书，第379页；又Sabatier，前书，第61—62页。

以利用作为解决这问题的重要线索。我以为这批铜币（包括罗马的和 1589 年法兰克的）是近代的有古币好癖的西人在欧洲所搜集起来的。如果这样，那么年代不会早过 1589 年（明万历十七年）。如果这枚法兰克铜币也是当作古币而收集的，那么年代可能更晚。我以为认为这位收藏家喜欢专门搜罗古罗马帝国时代铜币而附带地藏着一枚当时的钱币，似乎更合于事实。所以我怀疑这批铜币是明末或清代的西洋传教士带入我国的。至于怎样落入山西人杨姓商人的手中，我们无法知道。也许是曾经埋入地下，真是像他所说的由地下掘出来的。另一可能是他或他的先人购买了或由于赠送而得到了这批外国铜币。为了使西人重视这批古钱，他便编造了一段由地下掘出来的故事。谁知道恰巧碰到有考据癖的西人，将杨某这批古钱中的罗马币和法兰克币分别处理，所以产生了后来的许多误解。总之，这 16 枚罗马铜币的内容的特殊性和发现情况的不可靠性，使我们几乎可以确定它们绝不是汉晋时代商人携入我国的，也不会是南北朝时代"流通华北的遗物"。根据它们来推论汉晋或南北朝时代的中西交通，显然是不妥当的。

补　记

　　本文中所提到的西安市西郊土门村唐墓中发现的拜占庭式金币，最近承陕西省文物管理委员会寄来拓片，嘱代为鉴定。这枚金币是 1956 年在 009 工地 M2 中出土。直径 2.15 厘米，重 4.1克。正面没有铭文，仅有半身像，图形和拜占庭的希拉克略（Heraclius，610—641）所铸的金币相同[①]。两个像中，左侧较大的是他自己，领下有须；右侧年轻无须的是他的儿子希拉克略第

---

① Sabatier，前书，pp. 273—274，Pl. XXIX，18—23。

二君士坦丁（Heraclius II Constantine）的像。两人都头戴王冠，冠上有十字架。身上有披于肩上的甲袍（Paludamentum）。两个王冠之间的空隙处有一十字架。背面中央为一个末端丁字形的十字架，立于一个地球的上面，下面又有一个四级的座子。这十字架的左侧有一马尔太式十字架，右侧有八角星。背面周缘有铭文一周，字不可识。

我们拿它来和希拉克略的金币相比较，可以断定它是希拉克略型的仿制品。我们知道希拉克略在位（610—641）的后期，正是阿拉伯帝国崛起的时期。635—642年，阿拉伯人先后占领了拜占庭的叙利亚、巴勒斯坦、美索不达米亚和埃及[①]。阿拉伯人为了维持新征服地区的经济制度，他们采用了该地区的原有的货币制度，并且大约自635年起便开始仿制拜占庭的金币和铜币。因为希拉克略货币在当时正流行，所以大半数仿制品便是采用希拉克略型的。直到696—697年阿拉伯币制改革，才以站立着的哈利发像代替了拜占庭王像，后来更废除了货币上铸人像的惯例，专用阿拉伯铭文[②]。西安发现的这一枚仿制品，年代大概是公元7世纪的中叶。至于铸造地点，还不能确定，大概是中亚细亚的国家所仿制的。铭文和希拉克略金币的原型完全不同，也有待考释。〔再补记：拜占庭与中国的交通，到希拉克略死亡（641）发生很大的变化。阿拉伯帝国兴起，灭掉萨珊王朝波斯（最后一王为伊嗣侯三世，632—651），故东罗马帝国以这一年断限。100年后，怛逻斯一役，唐朝退出战役，而阿拉伯帝国东进，其疆域亦到此而止。〕

根据这座M2的墓形，墓内壁画中仕女服饰，同出的器物如

---

① 列夫臣柯：《拜占庭简史》（中译本，1959），第146—148页。

② J. Walker，前书，pp. XV—XVI, LIII—LV。

开元钱的形制等，发掘者推断这墓的年代是唐高宗或武后时期，即第 7 世纪的后半叶（再补记：参阅《考古》1961 年第 8 期第446—447 页，图版八，5—8）。

1960 年 9 月 17 日

　　附记：本文修改后，曾译成俄文，发表于《拜占庭年鉴》ⅩⅢ卷（1962 年莫斯科版）第 178—182 页。

　　1959 年夏，内蒙古呼和浩特市西的土默特左旗毕克齐镇东北的水磨沟口一座墓中发现东罗马列奥一世（Leo Ⅰ，457—474）的金币一枚，同出的还有高足银杯、镶嵌宝石戒指、冠饰金片等，可能为隋唐时代或稍早一些的古墓（《考古》1975 年第 3 期第 182页图二，图版八，1）。

　　1980 年，河北磁县大家营北齐高欢妃茹茹公主墓出东罗马金币一枚（《文物》1984 年第 4 期第 7 页图 9—11）。

　　1981 年，洛阳龙门唐定运将军安菩墓（709 年夫妇合葬）出土东罗马佛卡（Focas，602—610）的金币一枚，置于死者手中，直径 2.2 厘米，重 4.3 克（赵振华、朱亮 1982 年 1 月 3 日来信）。

西安唐墓出土阿拉伯金币[*]

1964年4月，西安西窑头村一座唐墓中出土三枚阿拉伯文金币。承陕西省博物馆将拓片寄来给我，以供考释。现将研究结果写成此文，提供读者参考。至于这座唐墓的结构和出土物等情况，已由陕西省文管会写成发掘简报发表^①，现在不再赘述。

一

这三枚金币，两面都是苦法体（kufic script）阿拉伯文。铭文中除了引用《可兰经》的字句之外，还明言"这第纳尔（Dinar）铸于××年"。现在逐件描述如下：

编号六四·190（陕西省博物馆编号，以下同此）。这件直径1.9厘米，重4.3克，厚0.1厘米。正面中央铭文三行。边缘铭文一周；背面也是如此，背面中央第三行的下边正中，有两个小圆

＊ 本文原载《考古》1965年第8期。

① 参阅陕西省文物管理委员会《西安市西窑头村唐墓清理记》，《考古》1965年第8期，第383—385页。

点（见原简报图版壹，1、4；图四，1、2）。这些苦法体阿拉伯文，如果以现代通行体阿拉伯文改写，当如图1[①]。

阿拉伯文读法，从右向左行，和欧洲各国文字适相反；边缘一周的文字的读法，也是逆钟表时针移动的方向。现在将这些铭文译成汉文如下[②]：

正面中央三行："安拉〔真主〕之外无神，他是独一无偶的。"边缘一周："穆罕默德是安拉的使者。安拉以中正的道和真理的教遣派了他，必定使他战胜了其他一切宗教。"

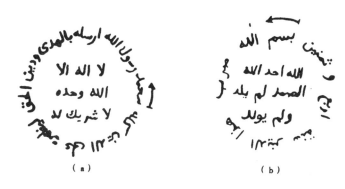

（a）　　　　　　　　（b）

图1　金币六四·190号铭文

·（箭头指示边缘铭文的起点）

背面中央三行："安拉是惟一的。安拉是永劫的。他不生育，也不被生。"边缘一周：　"以安拉的名义，这第纳尔铸于八十

---

① 参阅 J. Walker, *Catalogue of the Arab Byzantine and Post-Reform Umaiyad Coins*,（伦敦，1956），引论，p. LVII，又 pp. 84、86，图版 XII. 186、193。

② 关于这些阿拉伯铭文的翻译，除了参考 Walker 前书的英译，和《可兰经》的汉译本（1927 年的铁铮译本和 1943 年的刘锦标译本）以外，还曾请华维卿代为翻译核对，附此致谢。

又三年。"

如果我们查对《可兰经》，便可以看得出正面的铭文是引用《可兰经》第九篇、第33节，而字句稍有删节[1]。背面中央三行铭文是引用《可兰经》第百二十篇、第1—3节[2]。阿拉伯奥梅雅（或译翁米亚）王朝（中国史书称白衣大食）时所铸的金币上的铭文，有东方系统和西方系统的两种不同类型。西方的流行于北非和西班牙，文句较短简；而东方的则流行于亚洲[3]。我们这三枚的铭文都是属于东方系统的。它们大概是在当时阿拉伯首都大马士革铸造的[4]。八十又三年是指回历纪元，相当于公元702年，即我国唐代武后长安二年。

编号六四·188。这件直径2厘米，重4.2克，厚0.1厘米。正、背面的铭文，和前一件大部分相同，仅是年份不同（见原简报图版壹，3、6；图四，5、6）。标明年份的文字是在背面边缘铭文的末尾；在"年"（senete）的后面，这里是一个"百"字（图2，a）。回历100年，相当于公元718—719年，即唐玄宗开元六至七年[5]。

编号六四·189。这件直径2厘米，重4.3克，厚0.1厘米。正、背面的铭文，除了年份之外，也是基本上和前二件相同（见原简报图版壹，2、5；图四，3、4）。这件背面铭文的末尾，"年"字的后面是"九又二十又百"等几个字（图2，b），回历129年相当于公元746—747年，即唐玄宗天宝五至六年[6]。

---

① 铁译本，第126—127页；刘译本，第287—288页。

② 铁译本，第462页；刘译本，第882页。

③ Walker，前书，pp. LVII—LVIII。

④ Walker，前书，pp. LV—LVI。

⑤ 参阅 Walker，前书，p. 92, Pl. XⅢ，216。

⑥ 参阅 Walker，前书，p. 98, Pl. XⅡ，1249。

$$\text{سنة مئة}$$

(a)

$$\text{سنة تسع و عشرين و مئة}$$

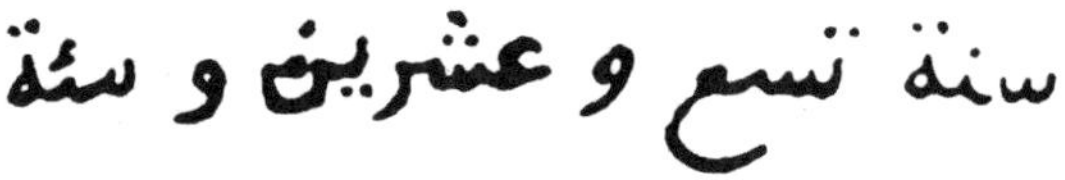

(b)

图 2　金币六四·188 号和六四·189 号

铭文的一部分（以通行体阿拉伯文改写）

这三件金币都在铭文中标明是"第纳尔"，每枚的重量是4.2—4.3 克。伊斯兰阿拉伯兴起后，不到 20 年便攻服了叙利亚、伊拉克和埃及等处。在币制方面，他们从前自己没有铸币，所以最初是采用这些被攻服的地方所流行的拜占庭（东罗马）和波斯萨珊朝的铸币。不久便自己铸造仿制，便是所谓"阿拉伯—拜占庭"式和"阿拉伯—萨珊"式的铸币。其中金币都是沿袭拜占庭金币的祖型，正面常有人像，铭文是希腊文或拉丁文，有时加上阿拉伯文。到了回历 77 年（696—697）奥梅雅王朝（白衣大食）第五个回教主阿布达·马立克（Abd al-Malik）改革铸币形式；依照伊斯兰教的教义不准人像或动物像出现于铸币上，仅只铸出铭文。并且铭文都用阿拉伯文。这些铸币称为"改革后的铸币"(Post-Reform Coinage)，后来各回教国家的铸币都是承继这一系统①。我们这二枚金币便都是这种"改革后的铸币"。虽然金币形式已经改变，但是单位质量仍是沿袭未改。拜占庭的金币单位为"索里得"（Solidus）或"诺米斯玛"（Nomisma），重量是 4.4—

---

① Walker，前书，pp. LⅢ—LV。

4.5 克。阿拉伯文的名称为"第纳尔"（dinar）。初期在大马士革所铸的"阿拉伯—拜占庭"式的"第纳尔"金币便近于 4.5 克，但在北非和西班牙所铸的较轻，平均约 4.25 克；改革后的第纳尔，平均重约 4.25 克[①]。我们这三枚的重量，都和这平均数相近。它们铸造的年代，最早的一枚便铸于阿布达·马立克在位的时期中，距他改革货币仅只六个回历年；最晚的一枚是铸于奥梅雅朝最后的回教主马尔凡第二（即新、旧《唐书·大食传》的"末换"）时期，上距货币改革已 52 个回历年；下距这王朝的灭亡，只有三年了。

二

这三枚金币，是发现于一座曾被盗掘过的唐墓中，它们都发现于墓室中的西部。因为墓室已被扰乱过，它们和别的东西的位置关系已经无法弄清楚了。这座墓的年代，原简报的作者根据墓中劫余的随葬品有"三叠式绘彩红陶罐"和墓室作抹角四方形，推定它属于中唐和晚唐之间，大致不错。这种罐子虽已在盛唐时出现，但是盛唐类型的罐腹和器座都较为肥矮。我们这件较为瘦长，器座的上端远较下端为小，实属于中、晚唐的形式。西安白鹿原一座随葬有这种晚期类型罐子的唐墓出土有唐德宗贞元十七年（801）墓志[②]。我们这座出阿拉伯金币的唐墓，时代当也相去不远，约在 8 世纪后半到 9 世纪前半。这时在阿拉伯本土，已是阿拔斯王朝（即中国史书所称的黑衣大食）的时代了。

---

①　Walker，前书，pp. XL，XCV。

②　俞伟超：《西安白鹿原墓葬发掘报告》，《考古学报》1956 年第 3 期，第 61—62 页。

这三枚金币，不仅是我国第一次发现的奥梅雅朝的金币，并且也是我国境内所发现的最早的伊斯兰铸币。从前在新疆所发现的一些伊斯兰铸币，最早的也不过公元11世纪，并且绝大部分是在新疆居民改信伊斯兰教以后在本地所铸的[①]。它们都比这次所发现的金币的年代要晚得多。

图3 洪遵 《泉志》卷一〇载大食国钱图

南宋初年洪遵所撰的《泉志》卷一〇，有"大食国钱"一条。这一条中，在图形的后面有下列的说明："右大食国钱。《广州记》云：生金出大食国；彼方出金最多，凡诸货易，并使金钱。《国朝会要》曰：大中祥符九年十一月，大食国以金银各千文入贡。余按：此钱以金为之，而文象形，形制甚小，余至南海尝见之。"[②] 书中所附的图，是在无孔圆钱中央绘画一只站立着的象（图5—29）。据我们所知道的，大食国的金币，并无这种以象为图纹的。只有一种奥梅雅朝希姆斯（Hims）地方铸造的铜币是铸一象形，象的上下都有阿拉伯文[③]；这币比较罕见。我怀疑洪遵在南海（今广州）所见到的金币，可能是大食商人所携来的别国货币，而他误认为即是大食国钱。我们知道，例如印度古钱中，便有很多种是

① Stein, *Ancient Khotan* (1907), p. 580, Pl. XC, 42—47; *Serindia* (1921), Vol. Ⅲ, p. 1350, Pl. CXLI, 27—33; *Innermost Asia* (1928), p. 995, pl. CXX, 22—23；又黄文弼《塔里木河盆地考古记》(1958)，第110—112页，图版一〇五至一〇八。

② 洪遵：《泉志》(《学津讨原》本)卷一〇，第4页。

③ J. de Morgan, *Manuel de Numistique Orientale* (1923—1936), 1. p. 244, pl. XXVI, 795.

以象作为图纹的①。《四库全书提要》卷一一六，批评《泉志》多"以意而绘形"。至于现今刊本《泉志》中的插图更是后人所添入（据郑家相云：洪志的图是明代徐象梅所补的），乃是根据原书中"而文象形"一语推想出来所绘成的。我们不能由这虚拟的图形来推测洪遵所看到的外币到底是哪一国的货币。但是我们可以说，洪遵所看到的有"象形"的金币并不一定是大食国钱。我们这几件标本，才是真正的大食国金钱。

三

最后，我们想谈谈古代中阿交通和伊斯兰传入中国的年代问题。伊斯兰兴起以前，中国和阿拉伯半岛便已有交通。伊斯兰教创造者穆罕默德便曾说："为了追求学问，虽远在中国，也当往求之。"这是由于阿拉伯沿海的居民已因交易而知道有东方大国的中国，这可能是由于波斯商人的媒介，也可能有中国商人来过阿拉伯沿海②。金吉堂以为"大食商贾在回教出世以前即来中国通商"③，乃是主观的臆测，并无史料上的证据。唐代自永徽二年（651）起，其后一百四十七年中，大食国通使中国共达三十六次之多。唐玄宗时两国之间，也有过三次武力冲突，其中最严重的一次是天宝十年（751）怛逻斯战役。这次高仙芝被大食打得大败，是唐朝和大食在中亚霸权消长的转折点。但是在这次战役后

---

① Morgan，前书，p. 374，fig. 470；p. 392，figs. 500—502；又参阅 E. J. Rapson，*Catalogue of the Coins of the Andhra Dynasty*（1908），p. 234 索引中"象形"（elephant）一条有关诸币。

② 张星烺：《中西交通史料汇编》（1930）第 3 册，《古代中国与阿拉伯之交通》，第 6—8 页。

③ 金吉堂：《中国回教史研究》（1935），第 110 页。

的第六年，大食派兵助唐平安禄山之乱。并且那位写下来最早的关于伊斯兰教的汉文记载的杜环，便是这一次战役中被掳的战俘，在大食和其附近国家中生活了十一二年后才回到中国的①。唐德宗贞元十七年（80l）撰进的贾耽《四夷述》，对于大食的政治历史和阿拔斯王朝（黑衣大食）的世系，一直到同时的诃论（Harun al—Rashid，公元786—809年在位）为止，都有比较详细的叙述②。在了解了当时的中阿交通的历史背景以后，我们才会对于这批在唐墓中出土的阿拉伯金币的意义有比较充分的认识。

至于伊斯兰教传入中国的年代，从前有隋开皇年间（七年和十九年）、大业年间（三年和四年）、唐武德年间、贞观年间（二年和六年）、永徽二年等诸说。根据各家的研究，除了最后永徽二年这一说以外，共余诸说似乎都是明代或清代才开始提出来的错误的说法，不足为凭。只有永徽二年的一说，两《唐书》都有大食遣使的记载，确实可据③。"通常都认为这次使节之来，就是伊

① 张星烺，前书，第11，55—58，60—64，71页；参阅《禹贡》第5卷第11期（1936）白寿彝的文章，第57—77页。

② 王溥：《唐会要》（1955年中华版）卷一〇〇，第1790页，乐史：《太平寰宇记》（乾隆五十八年本）卷一八六，第13—14页，都曾转引。《旧唐书》和《新唐书》的《大食传》中这一部分，虽未明言，实际也是根据贾耽的书。参阅白寿彝《新唐书大食传注》，《史学集刊》第3期（1937）第140—145页。《四夷述》中的黑衣大食王朝世系，在诃论之前有他的哥哥牟栖。白寿彝以诃论为Harun之对音，牟栖为Rashid之对音，以为《四夷述》"误以一人之名为其兄弟之名"（第142页）。实则诃论的哥哥al-Hadi的全名为al-Hadi Musa（见《伊斯兰百科全书》，1936年英文版，第3卷，第740页），Musa即希伯来语人名"摩西"的阿语化，而al-Hadi乃是一种冠于人名前的美称，为"引导者"之意。牟栖即Musa的对音，《四夷述》并不误。

③ 陈垣：《回回教入中国史略》，《东方杂志》第25卷第1号（1928），第116—117页。张星烺，前书，第74—77页，又参阅田坂兴道：《中国にすける回教の传来とその弘通》（1964），第143—260页。

斯兰传入中国底开始"①。但是，像金吉堂所说的，这次交聘，"是国际关系，非传教关系"②。伊斯兰教的传入可能是这一时候或者稍后，但是我们现下无法确定是哪一年份。

从前传说圣徒翰歌思（或作挽个士，或噶心）于贞观二年来中国广州传教，死于贞观三年，有墓留在广州。陈垣加以订正，以为其来广州传教是永徽二年，其墓当为永徽三年所建的。以为"其说本不谬，特误算耳"③。实则，这传说是根本不足信的。明初由于误以中历计算，以为回历纪元为开皇己未，误提早二十三年。贞观二年较永徽二年恰巧也是早二十三年，但这只是巧合，并不能证明这传说的可靠性。阿拉伯文献方面并没有这项记载，所以不会发生误算的事。至于贞观二年（628）的传说，可能是由伊斯兰文献中公元 628 年穆罕默德曾遣使到拜占庭和波斯两国王廷的传说推演而成。但当时穆罕默德的势力不出麦地那四郊，所以现今谨严的史学家们都认为这遣使拜占庭和波斯的传说是没有历史根据的后起的传说④。至于远处极东的中国，当时更不会有使节或圣徒前来的。

我们这三件金币的发现，也只能说明当时中阿两国的交通情况。我们无法断定这墓的墓主是阿拉伯人，也不能说是别国的穆斯林。根据该墓的形制和随葬品，我以为还是把它归于汉人为妥。在西安或别处的唐代汉人或完全汉化的国内少数民族的墓中（有些有墓志可证），也常发现有外国金银币随葬⑤，这并不足为奇。

---

① 白寿彝：《中国伊斯兰史纲要》（1946），第 8 页。即根据陈垣的上引文章的说法。

② 金吉堂，前书，第 50 页，又第 86 页。

③ 陈垣，上引文，第 117 页。

④ A. A. Vasiliev, *History of Byzantine Empire*,（1952），p. 211.

⑤ 例如西安独孤罗墓，陕县刘伟夫妇墓等，见作者《考古学论文集》（1961），第 121、136 页等。

在我国所发现可确定为阿拉伯人的古墓，例如泉州的宋元时代墓，墓制是和汉人的完全不同。自然我们并不完全排斥这墓是属于汉化了的阿拉伯人的可能性，虽然这种可能性似乎并不大。

关于伊斯兰的唐代遗物，著名的西安市"天宝元年王铁撰"的"创建清真寺碑"，经过考证后已被认定为明代所伪撰刻上去的[1]。相传为唐代所建的广州怀圣寺的光塔和斡歌思墓，也是不可靠的。前者可能创建于宋代，而后者是明代中叶才出现的传说[2]。泉州灵山的圣墓，相传是唐代来泉州传教的圣徒三贤四贤的墓，有元、明时代的碑记[3]，但也是证据不充分，疑为后起的传说。宋赵汝适《诸蕃志》说：泉州有大食商人施那帏，"作丛冢于城外之东南隅，以掩胡贾之遗骸，提舶林之奇记其事"[4]。林之奇为泉州市舶司在宋高宗绍兴末年，可能一直到这时泉州才有为胡贾（包括大食回教徒）专用的墓地（丛冢）。我们这一批金币，是目前所知道的唐代留下来的唯一的中阿交通的实物证据。

---

① 陈垣，上引文，第 117 页；张星烺，前书，第 81—83 页；又参阅桑原隲藏的考证，《禹贡》第 5 卷第 11 期（1936），第 49—55 页有汉译文。

② 田坂兴道，前书，第 214—216、225—237 页。

③ 吴文良：《泉州宗教石刻》（1957），第 18—20 页，图 55—58。

④ 赵汝适：《诸蕃志》，（冯承钧校注本，1956）第 47 页。

作为古代中非交通关系证据的瓷器*

　　中国和非洲相距迢迢几万里，陆路交通要越过荒漠瀚海和崇山峻岭，海道也要远涉重洋，冒着洪涛巨浪的危险。但是，根据文字记载和考古资料，中非人民在遥远的古代就开始了友好往来和文化交流。这些令人珍视的事迹，我曾写过一篇短文介绍过①。这里，我专就作为古代交通关系证据的中国瓷器，做一些比较详细的介绍。

　　从文献记载看来，中国和非洲的间接的交往，可以追溯到大约二千年以前的汉朝；到了唐代及以后，无论在文化交流或贸易往来方面，都有了进一步的发展。这些友好的往来，自然会留下考古学方面实物的证据。这些物证中，最重要的是中国的瓷器。

　　人们都知道，瓷器是自古以来在全世界享有盛誉的中国产品之一；在中国对外贸易中，它是和丝绢占着同样重要的地位。但它不像丝织品那样易于腐朽，所以在非洲的古代遗址中容易保存下来，证明了从唐宋以来中国瓷器运到非洲是很多很多的（图1）。

---

　　*　本文原载《文物》1963年第1期。

　　①　《中国和非洲间久远的友谊》，1962年9月19日《人民日报》第4版。

图 1　东非洲沿海地区发现中国瓷片的一些地点

1. 福斯特（开罗古城）　2. 库夫特　3. 底比斯　4. 科塞尔

5. 沙埃丁岛　6. 给他古城　7. 宾巴岛　8. 桑给巴尔岛　9. 麻费亚岛

10. 刻尔华岛　11. 松哥玛那拉岛　12. 齐姆巴布韦

在埃及的福斯特（即开罗古城）遗址中，曾发掘到许多宋代
（10—13世纪）的中国青瓷器，其中早期的也许早到晚唐和五代；
也有少量元明时代的青花白瓷片。宋元青瓷包括釉下刻花或印花
的瓷器（图2），大部分是越窑、影青和龙泉窑。青花瓷主要是宣
德窑和成化窑（15世纪）。这些来自遥远的东方的中国工艺品显

然赢得了当地人民的喜爱，所以本地的陶瓷艺人也仿制中国瓷器。初期（11世纪及以后）仿制青瓷，后来到十四五世纪时也仿制青花瓷器（图3）。这些瓷器的形状和花纹都模仿中国瓷器，但是瓷胎是埃及本地的陶土，并且常有阿拉伯字的陶工名字。这些仿制品的陶片，在福斯特遗址中也发现不少①。福斯特古城是641年建立的，969年现今的开罗城建立以后，政治中心移至开罗，但工商业中心仍在这城。1168年为了抵抗十字军实行焦土政策，这城被焚毁。但据13世纪中叶（1249）的记载，这城后来仍恢复过来，工商业仍很繁盛。尼罗河畔的码头边桅樯如林。许多外来的货物都由这里的码头起岸，然后运往开罗城。13世纪末才渐衰落，但至19世纪末还有居民三万余人②。有人以为福斯特城到1250年以后便完全放弃，成为废墟③。这是不正确的。1938年2月28日和1939年11月27日，我曾两度去福斯特遗址调查。在断垣颓墙之间，徘徊凭吊。在文化层中还可以看到我国瓷器的碎片。后来又曾在开罗的阿拉伯博物馆看到更多的这遗址出土的中国瓷器。万里以外的异国，还遇到故乡浙江在古代运去的文物，不禁勾起异乡游子的乡思。

元代的摩洛哥旅行家依宾·拔都他（1304—1377）在他的游记中，曾说到当时中国瓷器出口，远达他的故乡摩洛哥。在中国的明初的文献记载中也曾提到中国瓷器出口，远达非洲东

---

① 巴加特（Ali Bey Bahgat）等：《埃及的穆士林时代陶瓷》（1930年开罗版），第69—70、74页；又参阅拉斐尔（O. R. Raphael）《福斯特出土的瓷片》，《东方陶瓷学会报告书》，1923—1924，第17页；阿什吞（L. Ashton）：《中国和埃及》，《东方陶瓷学会报告书》，1933—1934，第62页；霍布生（R. L. Hobson）：《福斯特出土的中国瓷器》，《柏林敦杂志》第61卷（1932），第109页。

② 《伊斯兰百科全书》（1913年英文版），第1卷，第816—820页。

③ 《文物参考资料》1958年第9期，第45页。

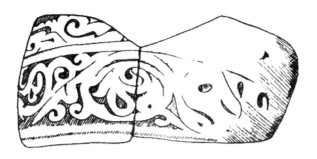

图 2　埃及开罗古城出土中国宋元印花青瓷（摹本）

部沿海的木骨都束（即今索马里首都摩加迪沙）、竹步等地[①]。从宋代起，中国和非洲之间的友好往来日趋密切。在非洲各地发现的瓷器也更多（图 1）。除了上面所说的福斯特遗址外，19世纪在上埃及尼罗河畔的底比斯、库司、库夫特和红海沿岸港口的科塞尔，也都曾发现过时代较晚的中国瓷器[②]。1888 年在桑给巴尔有中国瓷器和宋钱出土[③]；桑给巴尔境内的宾巴岛上，也有宋瓷发现[④]。

　　非洲各国人民近年来在争取民族独立的斗争中，十分重视研究本民族的历史，努力搜集考古资料，其中有新发现的更多的中国古代瓷器。1950 年在索马里和埃塞俄比亚交界处的三个古城废址中，都发现过 13—16 世纪早期的中国瓷器，其中青瓷比较青花瓷为多，也有少量釉里红。这些瓷器大概是由索马里的红海沿岸

　　①　陈万里：《宋末—清初中国对外贸易中的瓷器》，《文物》1963 年第 1 期。

　　②　韦赖特（Wainwright，G. A.）：《东非早期国际贸易》，《人类杂志》（Man）1947 年，第 146 页。

　　③　韦赖特（Wainwright，G. A.）：《东非早期国际贸易》，《人类杂志》（Man）1947 年，第 146 页。又见张星烺前书，第 3 卷，第 90 页。

　　④　英格拉姆斯（W. K. Ingrams）等：《桑给巴尔》（1924），第 48—49 页。

蔡拉港附近的沙埃丁岛起岸运入的，因为在这岛上发现了很多同样的中国瓷器碎片①。在红海沿岸的另一个中世纪港口，苏丹境内的爱丹皮废址中（这港口是 1426 年被毁的），也发现了许多中国青瓷碎片和早期青花瓷器，有一片青瓷上还划有八思巴蒙古字。苏丹内地所发现的中国瓷器，当便是由这港口运去的②。索马里首都摩加迪沙也曾发现过"宋"瓷和宋钱（11—12 世纪的，但也有开元通宝）③。

图 3　埃及开罗古城出土十四五世纪时当地仿制的青花瓷器（摹本）

怯尼亚麻林地附近的给他（Gedi）古城和其他几个遗址，在 1948—1956 年的几次考古发掘中，都曾发现许多中国瓷器（图

---

①　马丢（G. Mathew）：《东非洲和南阿拉伯的中国瓷器》，《东方艺术》（Oriental Art），第 2 卷第 2 期，1956，第 51 页。

②　马丢（G. Mathew）：《东非洲和南阿拉伯的中国瓷器》，《东方艺术》（Oriental Art），第 2 卷第 2 期，1956，第 51 页；又霍布生：《爱丹皮出土的中国瓷片》，《东方陶瓷学会报告书》，1926—1927，第 19 页。

③　韦赖特（Wainwright, G. A.）：《东非早期国际贸易》，《人类杂志》（Man）1947 年，第 52 页。

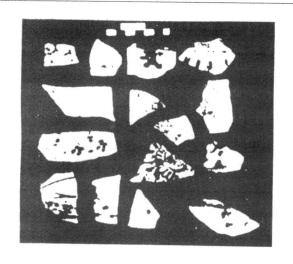

图4 怯尼亚给他古城出土的中国瓷片

4)。这些地方是13世纪才建立的居民点。最早的文化层没有中国瓷器。到14世纪中叶的文化层中，中国瓷器便较多了，大都是青瓷、白瓷和褐色粗瓷。15世纪时，便是我国明代永乐至成化的时期，这里的海外贸易最为兴盛。这时，青花瓷器开始出现，并且逐渐增多（图5、图7）但仍以青瓷占优势。到16世纪时，青花白瓷和粗瓷中所谓"广东罐子"占了主要地位。在给他古城还发现了两枚宋代铜钱（庆元通宝、绍定通宝）[1]。这些城市由于葡萄牙殖民主义者的劫掠，16世纪中叶起便衰落了。但是17世纪中叶以后，葡萄牙人在怯尼亚失去了控制权，于是又有些新兴城市在这一带出现。蒙巴萨附近的华新岛（Wasin）和麻林地（今译

---

[1] 刻尔克曼（J. Kirkman）：《给他》（古城发掘报告），1954，第108—133页，图版Ⅳ，第149页、第175—179页；又，《怯尼亚的历史时期考古学》，《考古杂志》（Antiquaries Journal），第37卷（1957）第1—2期，第22—23页，图版 XI，d。

"马林迪")附近的曼布卢(Mam-brui)(今译"曼布鲁伊")这两个城市都是这时兴起的。在这两处都曾发现17世纪的中国青瓷片[1]。

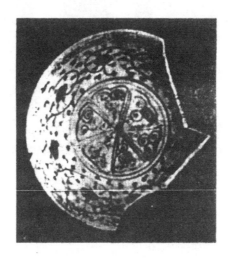

图5 怯(肯)尼亚给他古城出土的
中国15世纪晚期的青花瓷器

　怯尼亚以南的坦噶尼喀境内沿海一带,1955年前后有人做过考古调查,曾发现有46处古代遗址中都有中国瓷器,而且为数很多。真可以说,用考古发掘的锹子,可以整锹整锹地铲起来。英国的考古学家惠勒(R.E.M.Wheeler)说:"十世纪以后的坦噶尼喀地下埋藏的历史,是用中国瓷器写成的。"这些废墟的各文化层的绝对年代是要依靠它们所含的中国瓷器来精确地断代。据费礼门—格隆维尔说:这46处遗址所出土的中国瓷片,可分为八种

---

[1] 马丢,前文,第53页。

不同类型的瓷器，其中有早期青花，似属宣德窑；也有釉里红，但绝大部分是晚明和清初的瓷器（图8）。在刻尔华岛（Kil-wa）附近的松哥玛那拉（Songo Mnara）岛上，1950年曾在地面下约1米处发现13世纪（宋末元初）的龙泉窑青瓷片（图6）。在刻尔华岛也发现许多中国瓷片[①]。这些瓷器出土后，现在陈列在坦噶尼喀首都达累斯萨拉姆博物馆中。当我国的一些人士来到这博物馆参观时，抚摩着这些瓷器或瓷片，都会深感到今天重新恢复友好往来的愉快。

图6 坦噶尼喀的松哥玛那拉岛上出土的中国青瓷片

在坦噶尼喀西南，罗得西亚境内有著名古迹齐姆巴布韦（Zimbabwe）。从前不知道它的年代。欧洲殖民主义者初次看到这规模宏伟、结构完善的石建筑群遗迹时，不肯相信这是古代非洲黑人自己所创造的，于是便毫无根据地加以推测，以为是公元前一千多年古代腓尼基人航海经商在该地所建筑的。1929年考古发掘的结果，由于发现了14—15世纪的中国青瓷和青花瓷片，最早的瓷片类似宋代的青瓷，因之便解决了它的年代问题，同时也证明它绝不是远古的腓尼基人所建，而确是中古时代非洲本地人所

---

① 马丢，前文，《东方艺术》第2卷第2期，第53页转引。

创造的文明①。

图 7 怯尼亚给他古城出土的明代葡萄、卷草纹青花瓷碗

发现中国古代瓷器的地方，还不限于东非和北非，而且包括了西非，刚果境内离大西洋岸不到 200 英里的姆班萨（Mbanza）地方，近年也发现过一片 17—18 世纪的中国瓷片②。

在埃塞俄比亚境内塔那湖的一个岛上的古代教堂内，一个精美的明代瓷罐装盛着死于 1597 年的国王顿加尔（S. Denghal）的脏器。17 世纪的公达尔（Gondar）的宫殿废址中也有许多中国瓷片，并且在殿的墙壁上还常嵌入中国瓷盘以为装饰③。

中国人民和非洲人民的友好往来，自 16 世纪以来，受到了西方殖民主义者的阻挠和压制。直到近年随着中、非人民斗争的胜

① 伽同—汤普生（G. Caton-Thompson）：《西姆巴布韦文化》（1931），第 68、185—186 页。

② 大卫孙，前书，第 146 页。

③ 马丢，前文，《东方艺术》第 2 卷第 2 期，第 54 页。

图 8　坦噶尼喀出土的中国青花瓷器

（现藏牛津东方艺术博物馆）

利，中、非之间的友好往来才又恢复，并且得到了显著的发展。今天我们由瓷器的发现来重温旧事，不能不更感到欣慰。中国人民和非洲人民之间已有千年以上历史的友谊，像一条源远流长的大河，它将越来越波澜壮阔地向前奔流。

《〈真腊风土记〉校注》序言及版本考[*]

校注者序言

真腊便是现今的柬埔寨。《隋书》（卷八二）有《真腊传》，同书《炀帝本纪》（卷四）载"大业十二年二月己未（616年2月24日），真腊国遣使贡方物"。这是我国史书中初见真腊这一个国名。唐宋时仍称真腊。明代万历后，我国改称它为柬埔寨（关于真腊国名，详见下文《总序》中真腊条注）。

公元10到13世纪为柬埔寨文明最灿烂的时代，也称为吴哥时代。国都吴哥城中的许多建筑和雕刻，都是这时代的文物精华。19世纪中叶被重新发现时，这遗址仍保存得相当良好。后又经精心修复，便成为东南亚最重要的古迹之一。惜近年来柬埔寨遭受侵略，这地区也屡遭兵火。吴哥古迹有否损失，不得而知，这是

---

　　* 作者《真腊风土记校注》一书，原由中华书局编入《中外交通史籍丛刊》，于1981年3月出版。后据作者自存订正本，将该书的"校注者序言"和"《真腊风土记》版本考"编入社科文献出版社出版的《夏鼐文集》，题目是文集编者拟定的。

一切关心吴哥古迹命运的人们所挂念的。

这本《真腊风土记》便是反映吴哥时代情况的著作。它记载柬埔寨 13 世纪末叶各方面的事物，既翔实，又生动；《四库全书提要》也称赞它"文义颇为赅赡"。全文约 8500 字。书中除了描写国都中的伟大建筑和雕刻之外，还广泛地叙述当地人民经济活动，包括农业、工业、贸易等；叙述当地人民日常生活，包括衣、食、住、行等情况。这各方面的重要史料，是现存的同时人所写的吴哥文化极盛时代的唯一记载。连柬埔寨本国的文献中，也没有像这样一部详述他们中古时代文物风俗生活的书籍，所以研究柬埔寨历史的学者对它极其重视。书中也记载了柬埔寨人民与我国人民的通商友好关系，是研究元朝同真腊交通的重要参考资料。书出来之后，便受到我国学术界的重视，迄今刊本有十余种之多。由于时代的局限，作者又带着大国主义的思想，书中对于所谓"奇风异俗"的记述，有时夸大了他们落后的一面，并掺杂一些荒诞无稽的传闻。但这些叙述，只占本书的极小部分。清末，上海滩上文人所辑的《香艳丛书》，节录《真腊风土记》，专选本书中这些反映落后面的几则，把本书原来的面目也歪曲了。

作者周达观，自号草庭逸民，浙江省温州路永嘉县人。元朝成宗元贞元年（1295）奉命随使赴真腊；次年（1296）至该国，居住一年许始返。这次遣使为各书所未载，仅赖这书得知始末。他返国后，根据亲身见闻，写成这书。吾邱衍《竹素山房集》卷二，有题作《周达可随奉使过真腊国作书纪风俗因赠三首》的诗（《武林往哲遗著》本）。如果"可"字不误，则"达可"当为"达观"的别号。至于钱曾《读书敏求记》作"周建观"（卷二），则"建"字显系达字之误。据《竹素山房集》集末所附胡长孺撰墓志，吾邱衍卒于至大四年腊月甲午（1312 年 2 月 5 日）。可见《真腊风土记》于 1312 年以前便已成书。林坤《诚斋杂记》（《津逮秘书》本）有"丙戌嘉平望日永嘉周达观序"，丙戌系元顺宗至正六年（1346），这时周达观还在世，上距随使赴真腊已五十一年，当已是年逾古稀的老年人了。周达观是否尚有其他著作，现已无考。有之迹已失传。伯希和（P. Pelliot）译注的1902年初稿中，误以为《诚斋杂记》乃周达观所撰写，系沿《说郛》本《诚斋杂记》之误；伯氏在1951年出版的增订稿中，已依《津逮秘书》本改正，认为《诚斋杂记》的作者是林坤。雍正《浙江通志》经籍门根据万历《温州府志》，载有周达观《滇腊纪闻》。孙诒让《温州经籍志》谓此书明代以来书目并无著录。疑《真腊风土记》一名《真腊纪闻》，传写又误"真"为"滇"，遂分为二书，今删之（卷一二）。

明初陶宗仪不仅在他所著《书史会要》（刊于洪武九年，即1376年）引及《真腊风土记》中关于真腊文字的一则，还在他所辑的百卷本《说郛》这部丛书中收入这书。除了钱曾《读书敏求记》中所提到的，似已失传的元钞本以外，则陶氏所收入《说郛》者，也许是这书最早的一个刊本。后来明人所辑的几部丛书如《古今说海》、《古今逸史》等等，清代所辑的《古今图书集成》、《四库全书》等等，将于下面附录三《版本考》中详加论述，这里不多赘说。

19世纪初期继法国殖民者侵入印度支那之后，法国"汉学家"便开始注意这本书。1819年雷慕沙（A. Remusat）曾根据《古今图书集成》本译成法文。1902年伯希和又根据《古今说海》本译成新的法译本，并加注释（有冯承钧译本，收入《西域南海史地考证译丛》）。伯希和又曾想重写出增订译注本。1924年这项工作中断，未及成书（注释仅写到第三则"服饰"）。伯氏死后，由戴密微（P. Démiville）和戈岱司（G. Coedès）加以整理，作为遗著第三种于1951年出版。戈岱司对于这书，也曾两次作过补注；整理伯氏遗著时，戈氏又曾在脚注中作过附注。此外，本书还有 1936 年的日译本（松枫居主人译）、1967 年的纪尔曼（D'arcy Paul Gilman）英译本（系由伯氏 1902 年法译本转译，曼谷出版），和近年台湾出版金荣华的校注本，这三种本子，我都还没有看到过。

我根据现存的各种版本，以明刊本《古今逸史》（用商务印书馆影印本）为底本，对勘各本，择善而从，校定出一个比较好的本子。向达同志在世时，曾打算将《真腊风土记》列入他所主编的《中外交通史籍丛刊》中，并注明采用《古今逸史》本。我当时便告诉他，我已有合校本初稿。他拿去后，不久即去世，那本初稿也不知下落。幸得我还保存未加清理的原始稿。这次将它再加整理，写成合校本的定本清稿。

至于考证部分，对于书中的事实和地名，主要是参考伯希和的译注（1902 年初注本，1951 年新注本）加以注释；但也采用中外各家的说法，并略抒己见，写成笺注。这部分的初稿，因为所引用材料大都是文言文，所以草稿也用文言。这次写定，仍保留原样未改，以免多所更动。

这校注本，除了标点分段和添加注释之外，还加上几个附录：附录一，吾邱衍关于题《真腊风土记》的三首诗及周达观撰的《〈诚斋杂记〉序言》，这些都是有关周达观的直接史料。附录二，是《四库全书总目提要》中关于《真腊风土记》的提要和钱曾《读书敏求记》中的题跋等。附录三，《版本考》。附录四，关于柬埔寨语诠释索引。此外，又绘制了一些地图和插图，并收入几幅照片，以供读者阅读时参考。

最后，在校注这书的过程中，承中华书局编辑部谢方同志等热情帮忙。初稿写定后，又承老同学王祥第同志协助整理。中山大学东南亚历史研究所提供部分参考资料，中国社会科学院考古

研究所提供部分参考资料，中国社会科学院考古研究所技术室代为绘图照相，一并致谢。校注中一定有错误，这些错误都要由我自负其责。

1980 年 4 月

《真腊风土记》版本考

元朝初年周达观奉使到真腊国（今柬埔寨）；归后，他把所见的该国风俗记下来，写成《真腊风土记》一书。这书是研究当时真腊国风俗和它同中国交通关系的重要参考书，受到了中外学者的重视。

从前向达先生（1900—1966）主编《中外交通史籍丛刊》时，曾有一个拟目，把《真腊风土记》也收进去，并且拟用《古今逸史》本。我从前家居无事时，因为周达观是我的老乡，我对他的书发生兴趣，曾整理了一个合校本。后来向先生知道后便借去，想过录一副本。"文化大革命"中向先生被抄家，他自己也因为受到迫害而发病去世。他的藏书发还后，现归北京大学，但已有许多抄本散佚。我的合校本也遍觅无着落。幸得我还保存有原来在自己藏本的眉端和行间所作的校注。我近来抽空重加整理，并且根据他本比勘，所得益多，遂写成合校本一册。现在根据合校本，写出这篇《版本考》。

（一）各版本的书目

这书的各种刊本，都有很多缺文误字。为了要整理出一部比较近于原本的合校本，我曾参考过十几种本子，包括刊本和抄本。这书曾有元抄本，但现存最早的本子是明抄本和明刊本。现在把我所看到的 11 种刊本和两种抄本，列成一书目如下：

（1）涵芬楼百卷本《说郛》　　这套丛书是元末陶宗仪所编，共百卷。原百卷本现仅存残本，已无完帙。涵芬楼本是近人张宗祥由 6 种明抄本重辑而成，1927 年由商务印书馆排印出版。书见卷三九，简称"《郛》甲本"（每半叶 13 行，行 25 字，共 14 叶）。

（2）明嘉靖年刊《古今说海》　　明陆楫等辑，有嘉靖甲辰（1544）序。明俨山书院刊本。后来清道光元年（1821）邵松岩加以覆刻，"悉依其旧，一字不改"。这覆刻本很忠于原刊，连版心的"俨山书院"四字也都照样刻出。我所取校的便是这覆刻本。书见"说选部庚集·偏记家十二"，简称《说海》本（每半叶 8 行，行 16 字，目录 1 叶，正文 38 叶；覆刻本加《四库提要》2 叶，版心有"松岩补刻"四字）。

（3）明刊《历代小史》　　明李栻辑，刊行于隆庆万历间（约 1567—1577）。今有 1940 年商务印书馆《影印元明善本丛书十种》本。书见卷一〇三，简称"《小史》本"（每半叶 11 行，行 26 字，共 17 叶）。

（4）明刊《古今逸史》　　明吴琯辑，万历刊本（约 16 世纪末）。书中《凡例》说，所收各书，曾"少加订正"。今有 1940 年商务印书馆《影印元明善本丛书十种》本。书见"逸志类"，简称"《逸史》本"（每半叶 10 行，行 20 字；目录 2 叶，正文 25 叶）。

（5）明重辑《百川学海》　　这套丛书原为宋代左圭所辑，有 1917 年陶氏影印宋咸淳刊本，其中当然没有收入元人著作的《真腊风土记》。明人重辑时增入多种，这书才补收进去。今用中国科学院图书馆藏本。书见"癸集"中；书名下有校阅者"明徐仁毓阅"姓名。刊本书体亦类于天启、崇祯（1621—1644）间物，最早不过万历晚年。简称"《百川》本"（每半叶 9 行，行 20 字，《总叙》2 叶，正文 25 叶）。

（6）清初重定陶氏重辑《说郛》　　凡120卷，是明万历间陶珽重辑，武林宛委山房刊行。清顺治丁亥（1647）李际期重定，部分用宛委山房刻版剜补重印。这重印本后来较为通行。但《四库提要》（卷一二三）引都印《三馀赘笔》谓"《说郛》后三十卷乃松江人取《百川学海》诸书足之"。今查此顺治本（中国社会科学院考古研究所图书室藏本）《说郛》，其中《真腊风土记》即利用《百川》刻板（有剜板处，"明徐仁毓阅"五字即剜去）。书见卷六二；简称"《郛》乙本"（行款同《百川》本）。因为它和《百川》本既同一刻板，所以不再取校（参阅景培元《说郛版本考》，见《中法汉学研究所图书馆馆刊》第一期，1945年北京刊行）。

（7）清《古今图书集成》　　清雍正四年（1726）刊本。今用1934年中华书局缩印本（每半叶3栏，每栏27行，行20字，版心有"第几册之第几叶"和"中华书局影印"字样）。此本脱作者姓名。书见中华本第217册（《方舆汇编·边裔典·真腊部汇考二》，卷一〇一），简称"《集成》本"。

（8）清乾隆《四库全书》　　在《提要》中注明底本是天一阁藏本（卷七一）。这次校勘用文津阁抄本，现藏北京图书馆。乾隆四十九年（1784）抄校。书见"史部十一·地理类"，简称"文津本"（每半叶8行，行21字）。

（9）清瑞安许氏刊本　　道光己丑（1829）巾箱本。书版今仍存温州市立图书馆。简称"许本"（每半叶8行，行20字，目录1叶，正文31叶）。1963年温州文管会补刊藏版，杭州古籍书店重印。

（10）清吴昱风手抄本　　原为李木斋（盛铎）藏书，今归北京大学图书馆，编号为"李4341"。这抄本据抄写者跋语，是由《说海》本录出；跋语全文，见本书附录二。简称"吴本"（承宿白同志代查后见告，此本每半叶8行，行16字。卷前有"古欢堂"朱文长方钤印)。

(11) 民国王辑《说库》 民国四年 (1915),王文濡编,上海文明书局石印本。书见第 29 册,简称"《说库》本"(每半叶 14 行,行 32 字,目录 1 叶,正文 16 叶)。

(12) 冯译伯希和《真腊风土记笺注》 这译本中的周氏原文,冯承钧采用《说库》本,有订证和错排的地方。今用 1957 年中华书局出版《西域南海史地考证译丛书编》本,简称"冯本"〔每页 14 行,正文(大字)每行 38 字,注释(小字)每行 43 字;绪言 7 页,笺注 45 页,共 52 页〕。

(13) 陈正祥《真腊风土记研究》 1975 年香港中文大学刊本。书中第六章一整章全录周氏原文(主要依据《逸史》本),另加校语和注释。简称"陈本"(正文每页 33 行,每行 31 字;脚注小字,每行 35 字)。

此外,还有两种丛书也收入《真腊风土记》,但是刊行时代很晚,又不收全书,只节录五六则(全书连《总叙》共有四十一则),所以校勘时便不加利用了。现仅列目如下:

(14) 清《旧小说》 吴曾祺编,宣统庚戌 (1910) 商务印书馆排印本。书见"戊集"。仅选录五则(即第七、八、九、十四、三十七则)。1930 年刊行的《万有文库》也收入《旧小说》整部。

(15) 清《香艳丛书》 宣统间虫天子辑,上海国学扶轮社排印本。书见第 16 集,仅选录六则(即第六、七、八、九、三十六、三十七则)。

这书元代便有抄本。元人林坤《诚斋杂记》(有《津逮秘书》本和陶氏重辑《说郛》本,后者误以为周达观著)和陶宗仪《书史会要》都曾引用过这书,但都未明言资料来源。清初钱曾(遵王)曾见到过一部元抄本,据说很是精善,远胜《说海》本等通行本（《读书敏求记》卷二，全文见本书附录二）。但这部元抄本和钱曾校录的一本，现在都不可得而见。钱谦益《绛云楼书目》（卷一，史志类）中也有一部《真腊风土记》，当时这书没有单行刊本，当为抄本。我们不知道它是元抄本还是明抄本；若为元抄本，也不知道它和钱曾所见到的，是否同一抄本，还是另一抄本。绛云楼一炬，这书如果不是劫余幸存而转归钱曾，那么一定是被焚毁了。

至于明代其他抄本，《四库全书》的底本是宁波天一阁藏本，当是明抄本。这部书不见于阮元《天一阁书目》和薛福成《天一阁现存书目》中，可能进奉入《四库》馆以后便没有发还，现在更不易追踪了。陆心源曾收藏一部明抄本（《皕宋楼藏书记》卷三四），现归日本静嘉堂文库。我还未见及。傅增湘所藏的几种明抄本（即商务印书馆排印本的百卷本《说郛》的底本）和丁日昌持静斋所藏的明抄本（田雯古欢堂原藏，见《持静斋书目》），现在也不知道在哪里收藏。国内外公私藏书中，一定还会有这书的旧抄本，这只好等待将来有机会时再行取校。

伯希和在《笺注》1902年初版中，提到他当时只知道这书有五种版本，即上面书目中的（二）、（三）、（四）、（六）、（七）等，其中（三）、（四）两种为他当时所未见（冯译本，第124页）。后来1951年出版的伯氏新注（法文本）中五种之外又加了两种刊本，即（五）和（九），其中后一种他只是从清光绪《永嘉县志·艺文志》（卷二六）中见到书名，并没有获见原书（新注第39—47页）。他也知道那时刚出版的《郛》甲本（同上，第7页、40页），但没有用以校勘。陈正祥在《真腊风土记研究》中，说他曾看到过六种版本，即上面书目中的（一）至（五）和（七），比伯氏所举的少许氏巾箱本一种；并且陈氏似乎不知道《说郛》有百卷本（即《郛》甲本）和百二十卷本（即《郛》乙本）的区别。

书中有时写"涵芬楼《说郛》本"，有时径写"《说郛》本"，实则都是指《郛》甲本。

（二）各种版本的渊源和优劣

就我所见到的 13 种刊本和抄本而论，各本的优劣不同，但是它们都有许多"牴牾错落"的地方。根据我自己所作的校勘记，我以为明代便有两种不同系统的版本：一种为甲系，也可称为《郛》甲本系统，另一种为乙系，也可称为《说海》本系统。现将这书的版本渊源，制成一表，然后逐一加以讨论。

《真腊风土记》各种版本渊源表

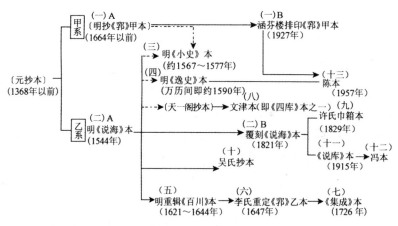

说明：汉字数码为书目中编号，阿拉伯数码为刊写年份，方括弧中为未见之抄本。
→为同一刻版。虚线（------→）表示未能确定是否出于明《说海》本抑或出于其相似之明抄本。

观此表，可以看出甲、乙两系的流传的不同。甲系流传不广，影响不大。但是很重要。甲系的特点是各则都没有标题，其次是第四十则脱落 27 字。属于这个系统的，只有《郛》甲本一种。这二系中，《郭》甲本系统更接近于祖本（元抄本）。例如第四十则中说："〔新主〕元以典兵为职"。其他各本"元"都作"原"。明初为了消除元朝的影响，把"元任官"改成"原任官"。顾炎武说："元者本也。本官曰元官，本籍曰元籍，本来曰元来。唐、宋人多此话。后人以原字代之，不知何解。原者再也……与本来之义全不相同。或以为洪武中臣下有称元任官者，嫌于元朝之官，故改此字。"（见顾炎武《日知录》卷三二，"元"字条）此说或似可信。《小史》本不仅改"元"为"原"，还将《总叙》中的"今圣朝"、"圣天子"等字都行删去。这是由于明初视元朝和元帝为鞑虏，所以加以删改。元抄的祖本不会是这样的。《郭》甲本的优点很多，详见我的合校本中的校语。现在暂举数例：《总叙》"虎符万户"未误作"虎符百户"；第二则"近门"作"近北门"，"桥梁"作"柱梁"，"屋头佳丽"作"屋颇佳丽"；第十则"监"都作"蓝"，"姑夫"下多出"姊夫"等六字；第二十四则"少者"作"不见者"；第二十六则"肚甚脆美"作"蛏甚脆美"；第三十则多出"罟……鑯"16字；第三十一则"无凳"作"有凳"，"轿杖"作"轿杠"，"杠有"作"扛之"；第三十六则"其用"作"其国"；第三十七则"漾洗"作"澡洗"等，都比较其他各本为胜。但是也有他本未误而《郭》甲本独误的地方，例如二则"象形"误作"像形"；第十则脱"字蓝六为"四字；第十七则"方下"误作"方止"；第二十四则脱"故得其种"四字，第四十则烛字下脱27字等。

《小史》本各则也都无标题，同于《郭》甲本。但是四十则仍保存《郭》甲本所脱落之27字，与乙系各本同；其他误夺字也同于乙系各本，而有异于《郭》甲本，所以应归入乙系。但无标题这一点可能受到甲系影响。《小史》本又有改动原文处，如上述的删去"今圣朝"及"圣天子"。又有他本未误而这本独误者。例如

《总叙》中"七洲洋"作"七州洋"，第十三则"夥"误作"颗"，"蚀"误作"镯"，第三十则"羹"误作"美"，第三十七则"河边"误作"河中"等。

最后，我想讨论由甲系的《郛》甲本系统而推想元代原本的真面目。其一，第四十则所脱落的27字，元代的原本一定是会有的，其他的《郛》甲本的论论文夺字，也是如此。其二，各项的标题，到底是甲系把它删去呢？还是乙系把它增添进去呢？这点现下还难确定。一般而论，一部书可能原无标题，后有标题而无目录（如《百川》本和《郛》乙本），最后有标题又有目录（如《说海》本，《逸史》本，《集成》本）。这是可说得过去的。但《小史》本也有可能后出而删去原有之标题。但是我是倾向于原本虽分段而无标题。如上面所说的，《郛》甲本虽也有误字和脱落，但是在许多地方都胜于其他各本。我认为还是比较接近于元代祖本的。当然我也并不完全排除这些标题是原有的，《郛》甲本一度删去，《小史》本再度又删去。其三，元抄的祖本，在作者周达观的姓名下当有"号草庭逸民永嘉人"八字（《郛》甲本及《说海》本都有之），其他刊本已删去，《集成》本连周达观的姓名也脱落了。

乙系也可称为《说海》本系统。这一系统的各本（除《小史》本之外）每则都有标题，而且第四十则都没有脱落27字。但这一系统的各本，颇多讹文脱字，脱字较多的有第十则"姑夫"下脱6字，第三十则脱落"罨"至"镟"16字，又误夺"夜多蚊子亦"5字，个别的本子，如《百川》本、《郛》乙本、《集成》本，且有脱整叶237字的。

乙系现存的各刊本，以嘉靖《说海》本为最早。《说海》以后，又分为两支，一支为旁支或别支，也可称为缺叶本，另一支为本支，即未缺叶本。

　　缺叶本的特点显著，先加讨论。这一支开始于明重辑《百川》本，原以《说海》本为底本，而脱落第 16 叶一整叶，乃第十则后半和第十一则前半，共 237 字。《百川》本在第十叶后半叶 2 行"如"字以下，即接"党中"，文义不相接。清顺治时李氏重定之《郛》乙本，即利用明代重辑《百川》的刻板，所以仍之不改，未得补正。《郛》乙本有剜改处，如剜去作者姓名后的校者"明徐仁毓阅"五字，书末剜去"《真腊风土记》终"一行，《百川》本于佳句或要语的字旁加点，《郛》乙本都加以剜去，仅剩留三处（仅10 字，即 5 叶前半 6 行 4 字，10 叶后半末行 2 字，17 叶后半 6 行 2 字），这是由于当时剜版者疏忽，以致删除未尽。

　　《集成》本从这一刻本抄出排印，所以这里也缺 237 字，并且在重编的目录（第一○一卷目录）中也略去第十一则"野人"的标题（《百川》本和《郛》乙本都没有目录）。《集成》本为雷慕沙（A. Rémusat，亦译烈米查）1819 年法译本的底本。实则这本在各本中最劣，不仅这里脱落 237 字，并且全书讹文脱字很多，臆改的地方也不少。例如第三则"打布"改为"缠布"；第六则改"村僻"为"幽僻"；第九则"撞"改为"獞"；第十四则"体究"改为"报官"，"证候"改为"症候"；第十九则"畫黄"改为"薑黄"，"大风子"改为"大枫子"；第廿一则改"水珠"为"木珠"等，都是和其他刊本不同，详见我的合校本。《集成》本第三则末尾有校者夹注"按：顶上载珍珠三斤许，此斤字似误。然外国人又未可以理度。姑从原本"。就此可见校者对于可以"理度"的地方径行臆改原文的地方当不少。我的合校本间或采用"集成"本的校正，实际上等于同意它的校者的"理校"，并不相信他另有善本可供校正。这些地方，合校本中校语都注明出处。《集成》本增多的讹文脱字也不少，例如第六则脱"如北人开水道之状"八字，第十三则脱"车象"二字，第十七则脱"想别一种也"五字，第十九则"随时"脱"时"字，第二十三则脱"雀儿"二字，第二十六则脱"吐哺鱼"三字，等等，详见我的合校本。

至于乙系本支，即未缺叶本，在嘉靖《说海》本之后，明代有万历刊《逸史》本和上已讨论过的《小史》本，以及天一阁明抄本（可能还有其他明抄本）。《逸史》本的内容，尤其是讹夺处，基本和《说海》相同，当出自后者（或与后者相似的明抄本），而且它较《小史》本更接近于《说海》本，例如书前有目录，书中每则各有标题；《小史》本独误的文字，《逸史》本都同《说海》本未误。但《逸史》本中的讹字也比《说海》稍增，例如第二则"古木"误作"古本"，第九则"巴驰"误作"已驰"。而且也偶有改动《说海》本文字的地方，例如第二十四则"猿"改为"猨"，第三十则"固瓦钵"改为"用瓦钵"。这些为数不多，或者像《逸史》全书凡例中所说的，所收各书"少加订证"，而通例是"抱残守缺"，不加改动。

至于天一阁抄本，它是《四库》本（包括文津本）的底本。我们虽然见不到原书，但就文津本的校勘结果来推论，似乎也是出于嘉靖《说海》本（或其相似的明抄本）。二者基本上相同，只是文津本增加些讹文脱字，如《总叙》"佛村"误作"佛材"；第一则"蛇形"误作"蛇行"；第三十七则"雏"误作"惟"；第四十则"坐衙"误作"出衙"，"止用"误作"上用"，又脱一远字，等等，共校出 20 余处，异体字还不计在内。别处的《四库》抄本，当也会有抄错的地方。四库馆也曾校正讹字。据王太岳等编《四库全书考证》中《真腊风土记》条（卷四〇）下，据《说郛》本改正四处（这里的《说郛》指四库馆所藏的百二十卷本，也便是《郛》乙本；实则这四处在《郛》甲本中未误）。又在百二十卷本《说郛》条（卷五六）下有关于《真腊风土记》的校正二处，没有说明来源，似出于理校，实际上百卷本《说郛》（即《郛》甲本）这二处都未误。

道光间覆刻本《说海》是由嘉靖本影刻的，等于同一版本。上面书目中已加说明，不再重复。由《说海》本而《说库》本，而冯本，一脉相承，最为清楚。《说库》本虽未说明所依据的版本，但我曾取那些比它为早的乙系本支各本相勘，知道它实出于《说海》本，而与《逸史》本不同。例如《总叙》"古木"未误作"古本"，第九则"巴驰"未误作"已驰"，第二十四则"猿"字不作"猨"。反之第三十则《说海》"本"误用为"固"，《说库》也从之未改正。这些皆可为证。冯本也未说所用的版本，但经过勘对，知道实由《说库》本而来。例如第八则和第十三则，"棚"都误作"栅"，第十三则"点放"误作"点於"，第十四则"拖置"都作"拖至"，第十八则"逦杂"误作"邐杂"，第四十则"仗剑"作"杖剑"。但冯本也有更正《说库》本之误的地方，例如第十九则"辢"改作"辣"，第三十则"固"改作"用"，第三十七则"亦女"改为"女亦"。这些当皆出于理校，似乎并未曾取善本校对。但是也有《说库》本未误而冯本误者，例如第三十二则"船"误作"般"。第四十则"臣僚"误作"巨僚"等，当出于抄写或排印之误。

许氏巾箱本也未言底本，校对后知道也是出于《说海》本。书名下作者一行，有夹注小字"号草庭逸民永嘉人"八字，这是《说海》本和《郛》甲本二者所独具的，其他明代刊本都已删去。许氏本书中文字基本上与《说海》本合，而不合于《郛》甲本。当然与《说海》本也有微异，共校出四十来处。许本间或使用异体字，如第六则"馈"作"餽"，第廿七则"麴"作"麯"，第三十一则"竖"作"竪"；也有少数缺文误字，如第十一则"备世"五见，其中一处"世"误作"西"；第七则"妇女"脱"女"字。但也有改正《说海》本的误字，如《总叙》中"舶岸"改为"泊岸"，第三十一则"轿杖"改为"轿杠"。总之，它是出于《说海》本无疑。吴氏抄本，也出于《说海》本。吴跋云："右从《说海》本出，不知全否？"（吴跋全文见本书附录三）

最后，谈一谈1975年陈正祥的本子。他是采取合校的办法。他看到过六种本子，即上举书目中的（一）至（五）及（七），他没有明白地说明用哪一种作为底本。但是他似乎是用《逸史》本为底本。陈氏校语，除偶提及《郭》甲本、《逸史》本及《百川学海》本外，有的没有注明出处，有的只说"依通行本"。通行本的错误有许多都没有校出。有几处他改正原文，是用"理校"的办法。有的地方他的"改正"是改错了的。

（三）总评各种刊本

伯希和、陈正祥都曾比较他们所看到的各版本，并论述各版的优劣，伯氏1902年初注中以为所看到的三种中，丙本（指《集成》本）最劣，而以甲本（指覆刻《学海》本）最优，凡乙本（指《郭》乙本）所有者，皆见于甲本，而甲本所有者并不皆见于乙本，丙本除其固有之缺陷外，尚有与乙本相同之缺陷（冯译本，第125页）。乙、丙两本相同的缺陷，主要是指缺一叶（237字），而丙本误文脱字也较多。1951年出版的伯氏新注虽然提到商务印书馆新出的《郭》甲本，但没有利用它来校勘。伯氏以为他所看到的六种版本（许氏巾箱本他未看见，所以除外），都出于嘉靖本《说海》（第47页），这很可能是对的；但是有的也可能出于与《说海》本相近的另一明抄本。但是他误以为《郭》乙本直接由《说海》而来，而重辑《百川》本是出自顺治四年刊行的《郭》乙本，则未免前后倒置。实际上，今日通行的《郭》乙本是用《百川》的刻版稍加剜改。伯氏又以为《小史》本较《说海》本约晚25年，文句又完全和《说海》相同，非常可能即出于《说海》

本。我将二种版本对勘，其中误文脱字，大体相同。但《小史》本无目录，每则前又都删去标题；正文中又删去"今圣朝"、"圣天子"等，似不能说二者完全相同，但是二者是可能有渊源关系的。伯氏以为《逸史》文字和《说海》本相同，因之，它很可能便是出于《说海》本。我校勘的结果，认为《逸史》本比《小史》本更接近于《说海》本。《逸史》有全书目录和各则标题，和《说海》本相同，删改处较少。伯氏以为《集成》本最劣。它出于《郛》乙本而增加臆改处不少（新注第39—47页）。伯氏相信钱曾的话，以为有一元抄本比较完整。而"《说海》中刻者，牴牾错落，十脱六七，几不成书矣"，因之伯氏以为原书一定是更为详细，《说海》本只是一个删节本。我以为《说海》本是完整的本，虽然稍有误抄、漏抄或改订的地方，但并不是删节本。

陈正祥在《真腊风土记研究》中对于他所看到各种版本作了评价。他说：每一版本都作了些文字方面的修饰工作，但有时为求文字的通畅美观，反把意思改错了（第6页，注8）。实则就《真腊风土记》而言，各种版本中似乎只有《集成》本曾做过较多的改订文字的工作，其余版本都由于所用底本已有错脱，只能抱残守缺，纵有订证也为数不多。这些版本都不见佳，大多数误文脱字都由于抄写或刊刻时疏忽所致，并不是由于修饰文字致误。陈氏又说："一般地说，《古今逸史》本比较保守，和多数版本相似；《说郛》本（按指《郛》甲本）则改动较多。在若干处《说郛》又较其他本为详，例如器用节多出十六字，语言节多出六字。"又说："可能因为《古今逸史》本的校注者比较保守，所以竟把与中国情形不符的删掉了。"（同上注）这里有几点不合事实。《逸史》本并没有"注"，看来也没有做多少"校订"工作。陈氏举例中脱文二处，在较早的嘉靖年间刊印的《说海》本（可能是《逸史》本的底本）中早已脱落，不是吴氏编辑《逸史》本时才删掉的。器用节脱落"器可盛三四盏许，其名为恰，盛酒则用镶"十六字，语言节"姑夫"后脱落"姊夫姨夫妹夫"六字，都不会是由于"与中国情形不符"而删掉的。尤其是器用节脱落十六字后，根据文义，真腊人竟是用"注子"（酒壶）饮酒。原文据《郛》甲本补正后，可见是用注子盛酒，用盏饮酒，《郛》甲本这里还保存酒盏一名的柬埔寨语名称。陈氏对于《郛》甲本的评价也是不公平的。我前面说过的，《郛》甲本较之各本最为接近原本，许多地方可用以校正各本的误夺。这书虽也有误夺处，但是看不出有为了叙述较详或为了文字通畅美观而改动原文的地方。《总叙》中有"虎符百户"一词，陈氏特别指出："涵芬楼《说郛》本径改为虎符万户是错的"，又说："错在虎符二字而百户之军皆不误。"（同上，第33页注65，又第41页注60）实际上，《郛》甲本的"万户"是保留原文，并没有"径改"。倒是其他各版本在这里将万户误作百户了。我在校注本中对这问题曾作过考证。这书中叙述元朝遣使真腊，所派使节，在"虎符万户"的后面为"一金牌千户"。一般史籍中叙述使节，都正使在前，副使在后。元代史籍中记载，当时派遣南洋诸国使节，如仅有正使一人，则他佩虎符或金符；如正、副各一，则正使佩虎符，副使佩金符。如二人都佩虎符，则一为三珠虎符，一为一珠虎符。所以虎符二字未误，其他刊本"百户"都应依《郛》甲本改正。所以我说陈氏贬低《郛》甲本是不公平的。

我写这篇《版本考》是我从事合校本的副产品。合校本以《逸史》本为底本，但是合校本并不拘泥于底本，择善而从。改动底本处都注明出处。共计改正80余处，增补140余字。这篇《版本考》也许可以有助于对合校本中文字取舍的理由的了解。

关于贝克汉姆岩的几点评述[*]

一　贝克汉姆神

在一篇由 A. 鲁卡斯（A. Lucas）和 A. 罗威（Alan Rowe）撰写的关于古代贝克汉姆岩（Bekhen-Stone）的十分有趣的文章里，他们曾经写道："贝克汉姆，东部天空的众神之首，非常有可能是我们事实上曾侍奉过的那位贝克汉山谷之神"^①。贝克汉姆神的形象，正如都灵纸草所记述的那样，与靠普特斯（Coptos）的明神（Min）相比，除了后者是以圣甲虫的形式出现之外，二者在其他的方面都非常的相似^②。这种现象在上面已经提到的文章中

---

　　*　本文原载《埃及考古工作年鉴》第 41 卷，开罗，1942。东北师范大学古典文明研究所郭丹彤女士将其译成中文。

　　①　A. 鲁卡斯和艾兰·罗威：《古代埃及的贝克汉姆岩》，《古代社会》第 38 期，1938（以下引文只简单记作鲁卡斯和罗威），第 151 页。

　　②　R. 拉派修斯：《古代埃及丧葬铭文》，1842，第 79 号图片；又见鲁卡斯和罗威，第 14 号图卡。

被归因于贝克汉姆神和明神的结合①；而二者之间本质的区别在这篇文章中却只字未提。然而，这又是一个亟待解决的问题。因此，本文拟就这一问题及与这一问题有关的几个问题做一深入的探讨。首先，贝克汉姆岩是制造心形圣甲虫和后来的没有刻字的圣甲虫护身符的主要原料；其次，开罗博物馆里的那座用黑色的石头制成的神像，虽然它早已出土，但当时人们并没有把它与我们将要讨论的贝克汉姆神联系起来；第三，有关这个神的一些新的考古资料已经出现，它们为我们从事这一问题的研究提供了充足的证据。

根据贝克汉姆一词在埃及象形文字中的含义，埃及学家们进而断定贝克汉姆岩的种属应是"绿色玄武岩"、"绿色层岩"②、"黑色玄武岩"、"黑色大理石"或"片麻岩"③。皮特里（Petrie）使用了一个新的术语"都里特岩"（Durite）④来确定贝克汉姆岩的种类，在皮特里的讨论护身符的著作中，他在独创了一种新的分类方法的同时，也采用了其他的分类方法。现将其质地实为贝克汉姆岩但被误断为其他种属的圣甲虫护身符开列如下：

89组，带有无字底座的圣甲虫护身符；

90组，带有文字底座的圣甲虫护身符；

91组，胸饰（其中一些刻有圣甲虫的图案）；

92组，雕有眼睛的圣甲虫护身符；

93组，展翅的圣甲虫护身符⑤。

根据皮特里的阐述，以上所列的圣甲虫护身符在质地上完全

---

① 鲁卡斯和罗威，第151页。

② 鲁卡斯和罗威，第139页，注解3。

③ 参见本文第3部分。

④ 一种坚硬石料（译者注）。

⑤ 皮特里：《护身符》，1914，第23—25页。

相同,"但把它们归于玄武岩似乎是错误的"。根据我的经验,很多博物馆里的心形圣甲虫以及无字的圣甲虫护身符都是由贝克汉姆岩制成的,它们的颜色大都为绿色或黑色的,质地通常优于那些用于制造巨大纪念碑的石料,而且它们之中几乎没有一个是由玄武岩制成的。同样,上面所提及的圣甲虫护身符也是由贝克汉姆岩制造的。贝克汉姆岩是制造第89—90组护身符的首选原料;第91—92组中除了釉面护身符外,其他护身符也是由这种石料制成的;最后一组只有一个伸展着翅膀的圣甲虫护身符,它通常与木乃伊放置在一起,它被单列出来的原因在于这种圣甲虫制品在工艺上和宗教背景上与其他各组有所不同。

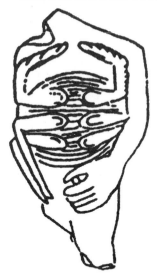

图1 贝克汉姆神
(开罗博物馆
编号为38701)

开罗博物馆里的一座编号为38701神像(见图1),其外形与阿蒙-拉神极其相似,同时又与都灵纸草对贝克汉姆神的描述完全相同,它的原料在开罗博物馆的文物目录中被当作"试金石"。根据矿质鉴定,这个雕像的原料看起来像黑色的碧玉,或者是黑曜岩,但遗憾的是它的年代和出处却无从考证。另外,在皮特里所开列的文物中,有一个在外形、尺寸、风格上都与前面所提及的雕像十分相似的圣甲虫,这个圣甲虫也被认为是由黑曜岩制成的。同时它的年代被确定为第十二王朝,因为在那一时期,黑曜岩被认为是最好的制造刻字圣甲虫的原料[1]。但

① 皮特里:《护身符》,第25页,第11号图片,第92a组。

是，在皮特里所开列的其他文物中，所有底座上刻有明晰的腿的图案的圣甲虫护身符，其年代则被确定为第二十六王朝，因为在那一时期，这种护身符使用广泛[1]。第二十六王朝这一时期的确立，以及黑曜岩经常用于双指护身符和其他护身符的历史事实，为皮特里所开列的文物也为开罗博物馆的雕像（在形体上与圣甲虫相似，并且有可能是由同样物质黑曜岩制成的）提供了一个较晚的时限[2]。

在讨论这两座雕像之前，让我们先来考证一下贝克汉姆神的名字。对于这个名字我们只接触过一次，即在托勒密王朝葬礼纸草的第165章即都灵纸草中曾提到过这个名字，其原文为 ⸻[3]。在它最初的形式中，字符 𓀭 和 𓀮 的意思模糊不清，在《柏林字典》里它们都被认为是表意符号，⸻ 则被认为是这个词的表音部分，与此同时 ⸻ 被当作是一种可供选择的形式[4]。在鲁卡斯和罗威的文章里，该神的名字被称为贝克汉姆或帕—贝克汉姆（P3-Bekhem），在铭文翻译中，布芝（Budge）所校勘的形式 ⸻ 被采纳，在脚注中他补充道“由于 ⸻ 这个变异的拼写形式，这个神的名字或许是帕—贝克汉姆，参见《柏林字典》，第一卷，第479页”[5]；但是严格地讲，这一埃及语字符群应是可供选择的形式，而不是一种变异的拼写，因为《柏林字典》关于这一拼写的依据也只有都灵纸草[6]。

---

[1]　皮特里：《护身符》，第25页，注解92。

[2]　G. 汪里特：《古代埃及的黑曜岩》，1927年版，第92页；又见皮特里《护身符》，第51页，注解275。

[3]　拉派修斯，第79号图片。

[4]　艾尔玛和格拉皮：《埃及语字典》第一卷，第470页。

[5]　鲁卡斯和罗威，第151页。

[6]　《埃及语字典》第一卷，第77页。

而且拉派修斯（Lepsius）和布芝认为这个纸草在许多地方存在着错误①。但在托勒密王朝的三篇纸草中却保存了与这一单词有关的章节，即⌇⌇⌇⌇⌇②。所以✕这个字符应该相应的纠正为✦，而✕⌇这个词则被作为置于发音的名词之前的冠词，而不是构成这个名词本身的一部分。正如艾尔曼（Erman）所陈述的，在后埃及时期，这一冠词在所有这些纸草中的消失，充分证明了把它作为神的名字的一部分的观点是错误的③。字符✕的误用，看起来似乎是由于一些单词用一个举起双臂的人代表贝克汉姆神而导致的，也可能是由于都灵纸草所描绘的圣甲虫有两条向上举起的腿的缘故，而在这里则被用举起双臂的人来代替。✕是一个非常稀有并且十分模糊的字符，因此它很容易被相近的字符所代替。然而值得注意的是在托勒密纸草的第 69 章中，在这个字符之后还有一个斜线符号，这个斜线符号在草书书写中用于代替比较难画的字符。‖这个字符在 66 章中有可能被校对成ﻻ，一个与ﻻ具有相同用法的字符④。因此这个神的名字既不是⌇⌇⌇，也不是《柏林字典》所确定的✕⌇⌇⌇⌇✕，而是一个由表声符号⌇⌇⌇和一个表意符号✦构成的。

关于贝克汉姆神的历史，本文已有所涉猎：（1）一个由于贝克汉（一个变音的拼写为贝克汉姆）山而被当地人创造出来的神，被称为贝克汉姆。这正如 $H'py$ ⌇⌇⌇⌇一词，它既可表示尼罗河，也可以表示尼罗河神，有时也可根据尼罗河神的体形特点加

---

① 拉派修斯，第 19 页；布芝：《亡灵书》，1898，第 9—10 号图片。

② W. 普累特：《亡灵书的补充章节》，1881，第二卷，第 31 页；第三卷；第 89 号图片。

③ 艾尔曼：《埃及语法》，1933，第 78 页，第 176 号图片。

④ 伽丁纳尔：《埃及语法》，1927，第 520—521 页。

上表意字符Ϣ，以此类推，贝克汉一词通常代表山以及从中王国到托勒密王朝时期的石头，但用于代表贝克汉姆神时则只有在托勒密王朝时期的纸草中出现过。因此，我认为贝克汉姆神名来源于地名。关于这一神名的演进历史，由于证据的缺乏，我们无法得出准确的答案。但是发音同为 kh 的字符●和━在埃及语单词中的先后出现，为我们提供了年代学上的证据。鲁卡斯和罗威认为，字符●在中王国到第十九王朝的国王塞提一世统治时期一直广泛使用，而字符━则普遍使用于第二十六王朝到托勒密王朝时期，以及居于以上两个时期之间的拉美西斯统治时期。然而，值得注意的是在拉美西斯及其以后的时期，字符●在贝克汉姆这一神名中也曾出现过①。这一历史事实充分表明，埃及后王朝时期在复古主义盛行的情况下，字符●再一次被广泛的使用。在古代埃及，人们习惯于用城市保护神的名字来为这个城市命名，根据这个希腊式的城市命名方式，同样也会得出一个相似的时期，即贝克汉姆神出现的时间应不早于托勒密王朝统治时期。

（2）贝克汉姆神出现后，它的形象将如何表现则成为一个亟待解决的问题。根据古代埃及的宗教背景，我认为贝克汉姆神采用复合式神的体形是十分自然的。因为靠普特斯的明神是东方沙漠的主神，并且在哈玛玛特干涸河道地区的壁画和铭文中占有统治型地位②，因此埃及人给贝克汉姆—干涸河道地区的主神以与明神相同的形态、相同的服饰是在所难免的。与此同时贝克汉姆神必须也有一些独特的地方来使之与明神相区别。贝克汉姆岩普遍使用于雕像、祭坛、小型方尖碑、石棺和圣甲虫护身符，其中圣甲虫护身符最适合作为神的代表，同时它也比较符合那一时期的

① 鲁卡斯和罗威，第 148—149 页。

② 艾尔玛：《埃及宗教》，1934，第 35—36 页；第 4、7B、8 号图片。

宗教思想；由于这一时期的复合神比较盛行，因此以圣甲虫的外形同时融合了明神的一般特征，或许是解决贝克汉姆神形象问题的一个最具逻辑性的答案。

（3）贝克汉姆似乎是既短命又模糊并且很快就被阿蒙-拉神所同化的一个神。正如布芝所陈述的，阿蒙-拉神被等同于其他几个神，如荷鲁斯神、拉神、奥西里斯神等等[①]。众所周知，阿蒙-拉神有时也以明神的外形出现，同时圣甲虫也通常被认为是拉神的一种表现形式，所以这个模糊的贝克汉姆神将很容易地被等同于阿蒙-拉神。开罗博物馆里的贝克汉姆神像，或许是由于同样的原因而在目录中被当作阿蒙-拉神。我们无法考证这座雕像产生的年代，也许它既可以被当作是贝克汉姆山的主神，又可以被认为是阿蒙-拉神的一种表现形式。《亡灵书》中的第165章的内容似乎表明，贝克汉姆这一单词是指阿蒙-拉神，或者是阿蒙-拉神的一种表现形式。但是，贝克汉姆作为贝克汉姆山的独立的神的存在，在与阿蒙-拉神等同之前似乎被表现在如下的事实中：这位贝克汉姆山的主神有一个与阿蒙-拉神相距甚远的名字和体形，并且它也不可能是从阿蒙-拉神演化而来的。这个神被称为"东方天空的主神"，这一称谓不属于阿蒙-拉神，而只属于东方沙漠的主神。古代埃及祈祷书中有这样一段话————𓏤𓂝𓏏𓇋𓏏⋯[②]其含义是"在一块亚麻布上画出一个双臂置于心上的神的造型"。这句话或许与由贝克汉姆岩制成的心形圣甲虫护身符有着某些内在的联系。

（4）随着贝克汉姆神名的误用，它的造型最终被阿蒙-拉神完全占有。由于在托勒密王朝和罗马统治时期各种神的属性和特征

---

① 布芝：《埃及的神明》，1904，第2卷，第22页。

② 拉派修斯，第79号图片。

都相应地有所增加，我们进而断定法国巴黎卢浮博物馆收藏的那块画有阿蒙-拉神怪异形象的亚麻布，或许展示了这一时期的某种变革，因为这个形象基本上保留了贝克汉姆神的原有特征，其不同的地方在于这个新的造型增加了公羊头、鹰翅和鹰尾、人手和各种饰物。然而这个保有贝克汉姆神诸多特征的复合神却被称为"阿蒙-拉，众神之王"[①]，而不再与其原形贝克汉姆神有任何内在的联系。

图2　带有贝克汉姆神特征的阿蒙-拉神

（5）从贝克汉姆神中独立出来的神其新的形象继续发展演进，最终与明神和圣甲虫的外形完全脱离。开罗博物馆藏有一座铜质阿蒙-拉神像（图2），其造型是由圣甲虫的形体和其他神的特征复合而成，但却不包括明神的主要特征。这座雕像或许是贝克汉姆

---

①　兰祖恩：《埃及神话中的权利》，第46—47页，第24号图片。

神最后残存的痕迹，或许是从圣甲虫形状的神中直接演化而来的，尽管布芝认为圣甲虫神通常被描绘为头顶上带有一只圣甲虫或以一只圣甲虫作为头，而不是作为身体①。

（6）不管怎样，贝克汉姆神的名字，形式和职能，最终都被人们彻底遗忘了。对于这样一个昙花一现的神，由于原始资料的贫乏，它的产生、融合及消亡的历史只是一种可能的推论。但是如果上述所勾勒出的主线，其距离真实的事实不是太远的话，那么它将会为我们对埃及历史上的某些神的某些方面所进行的研究提供些许的依据。

二　关于单词 ⌐⌐◦⌐

在鲁卡斯和罗威的文章里，第一次在一个短语 ⌐◦⌐⌐⌐ 中提到了贝克汉姆岩。在那里，它被翻译为一个由贝克汉姆岩做成的祭坛。具体有这样的句子："贝克汉姆在这里确切地用来指祭坛本身"②。正如作者指出的，这一用法"是迄今为止的关于贝克汉姆一词所有用法中最为稀少的一种"。这里我们希望有类似"贝克汉姆岩的祭坛"的短语的出现，而不是"石质贝克汉姆"。但是，通过更为细致的研究，另外一种解释也是有可能的。即那个表示祭坛的符号也可能是一个塔门，尽管我们的确有证据来证明符号 ⬡ 可以作为单词 $\underline{h}3wt$（塔门）的表意符号。这个单词也极有可能是单词 ⌐◦×⌐ 或 ⌐◦–⬡ 的变异拼写。正如《柏林字典》所指出的那样， $b\,\underline{h}nt$ 这个词从第六王朝起就经常漏掉 ⌐（t），并且包括符

① 布芝：《埃及的神明》第1卷，第355页；第2卷，第379页。
② 鲁卡斯和罗威，第143页，注解2。

号 𓉔 也通常用来作为这个单词的表意部分①。在一个来自于靠普特斯的石碑上，有一段铭文曾提到了这一单词：𓊨𓏤𓈖𓏏𓉔𓉔，译为"位于北部的砖质塔门（或者通道）"；𓊨𓏤𓉔𓉔，译为"砖质塔门"②。前面的一个和我们的例子在符号形状上十分相似，而后一个和我们的例子则在短语含义上接近。另外，在一段用贝克汉姆岩制成的祭坛上的铭文中出现了这个单词。同时，在这个祭坛的同一面上，还有另一行铭文。其中，短语𓊨𓏤𓈖𓏏𓉔被𓉔𓏭（他的纪念碑）所代替。这种现象向我们揭示，这两段铭文是用来记录国王为他的母亲"伊西斯"所作的事情，而不是为了这个具体的祭坛。语言学上的证据似乎表明，以上所引单词既不是"祭坛"，也不是"贝克汉姆岩"，而"贝克汉姆岩质祭坛"似乎是这一单词最好的解释。这个祭坛也许是众多用贝克汉姆岩制成的物品中的一个，但这一点并未在铭文中被确切指明。

　　除了以上的论述，鲁卡斯和罗威还讨论了达里斯（Darssey）的关于这种建筑的文章，其中包含了这篇铭文的全文。达里斯对于这个短语是否写为𓊨𓏤𓈖𓏏𓉔尚有质疑③，他认为在这里它的意思是"一个石头的塔门"，因为达里斯并不认为这个有一座门在中间的符号表示祭坛。在同一个建筑上有一段祈祷文，达里斯把这段祈祷文的开头译为"一个女神雕像的底座"④。但是，我认为单词在这里是 $ḥ'wt$（祭坛）的变异拼写，而不是一个含义为"雕像的底座"的新的单词，因为从这个单词的表意符号的形状上

---

① 《埃及语字典》第 1 卷，第 471 页。

② 皮特里：《靠普特斯》，1896，第 20 页。

③ 达里斯：《靠普特斯雕像底座》，《古代社会》第 10 期，1910，第 36—40 页。

④ 同上书，第 39—40 页。

看整个词的含义趋向于"祭坛"。为了支持他的理论，达里斯把这篇祈祷文的最后部分 〔象形文字〕 翻译成"他建造这座美丽的纪念物，以便她可以在她的父亲身旁休息"[①]。然而 htp hr 既可译为"高兴于"，也可译为"休息于"；同时复合介词 r-gs（在某人的旁边）也可译为"伴随某人"[②]。因此，我把这句话译为"他建造这座美丽的纪念物，以便于她可以幸福地陪伴着她的父亲"。这种翻译同祭坛一词正好相符。

三　贝克汉姆岩，杂砂岩和都里特岩

在专家对五座纪念碑上的铭文进行分析后，明确地指出这些纪念碑是由贝克汉姆岩制成，此外基于古代有关贝克汉姆山或贝克汉姆矿的记载大都发现于哈玛玛特干涸河道地区的原因，鲁卡斯和罗威得出如下结论："至少有两种不同的岩石——杂砂岩（片岩）和灰色的细纹花岗岩（砂屑岩—片麻岩）可以被称为贝克汉姆岩"。位于塞舌尔（Siheil）岛上，制成"饥荒石碑"（Famine Stela）的贝克汉姆岩被确认为是细纹花岗岩或片麻岩，因为该岛上除了"最不可能被称为贝克汉姆岩"的红色粗纹花岗岩外，只出产这两类岩石[③]。

塞舌尔岛原始文献明确指出贝克汉姆岩"起源于东方"。根据这一铭文的注释，"我们可以在铭文中所提及的'东方'和'西方'后添加'岸'这一概念，使之成为'东岸'和'西岸'"[④]。除

---

① 达里斯：《靠普特斯雕像底座》，《古代社会》第 10 期，1910，第 40 页。

② 《埃及语字典》第三卷，第 188 页。

③ 鲁卡斯和罗威，第 154—156 页。

④ 鲁卡斯和罗威，第 145—146 页。

了塞舌尔岛上出产的三类岩石外，尼罗河东岸还拥有其他多种质地的岩石，其中云母—片岩是"这一地区最普通的变质岩"。暴露在外的云母—片岩，"通常被严重侵蚀而很难承受得起标本处理"。角闪石—片岩在这一地区也有发现。我认为这些杂砂岩实质上就是片岩，因为杂砂岩在古代可能从未被当作纪念物的建筑材料而被开采。应注意到这一自称记载了佐塞统治时期的一次大饥荒的铭文形成的年代很晚（托勒密王朝时代），很明显它仅是偶然列举了一系列该岛附近的地表或地下所发现的岩石，而非那些已经被开采的岩石。

根据鲁卡斯和罗威得出的主要结论，可以肯定哈玛玛特干涸河道地区的杂砂岩被古埃及人称为贝克汉姆岩。此外几乎可以肯定，那些现代地质学家认为是有别于杂砂岩，但肉眼却几乎不能分辨与杂砂岩极其相似的岩石（和杂砂岩一起，因而被认为是杂砂岩或类似的岩石）也被古埃及人称为贝克汉姆岩。可能贝克汉姆这一名称最初只限于称呼哈玛玛特干涸河道及附近地区的岩石，然后逐渐泛用于其他地区类似的岩石（如塞舌尔铭文中提到的岩石），但这种明显的错误只是在很久之后才被发现。

就我们所知，称砂屑岩—片麻岩为贝克汉姆岩的事实只有一例，即阿玛西斯二世（Amasis II）的神龛。但以下的事实表明，我们不能断定砂屑岩—片麻岩被称为贝克汉姆岩是否符合其本意。从岩石样本上看，"只有当远距离观察时，表面黑色变化大体相似的哈玛玛特干涸河道地区的岩石才通常被称为片岩"[1]。粉红色和灰色的砂屑岩—片麻岩和杂砂岩一起被发现于盖伯尔—米提克地区，该地区距哈玛玛特干涸河道东北 20 公里，出产装饰性建筑（如石柱）。然而片麻岩极少被古埃及人

---

[1]　鲁卡斯和罗威，第 154 页。

用于建筑物中或装饰目的，而真正的贝克汉姆岩则常常在包括神龛在内的许多建筑物上被采用，"贝克汉姆岩质地的神龛"这一使用很普遍的短语，就是说明这种现象极好的例子。古埃及是否有关于砂屑岩—片麻岩专有的名称不得而知；即便有，也一定不是我们所熟悉的单词。有这样一种岩石，无论其是否有着熟悉的名称，它在表面上和贝克汉姆岩很相似并可能产于同一地区，但却在建筑上极少被使用，如果它被用来制作神龛，那么书吏会在神龛上刻上"贝克汉姆岩质地的神龛"这样一个平常的短语来定义它吗？如果这样，那么词语的使用就显得不合情理，因为砂屑岩—片麻岩的样本是一种变质的灰色细纹花岗岩，它与杂砂岩有着明显的区别，无论古代还是现代的外行人只要细心，都能加以区别。

我认为埃及人在大多数情况下，将产于哈玛玛特干涸河道及附近地区的杂砂岩称为贝克汉姆岩，由于混淆了岩石的质地，因而存在少数例外，即贝克汉姆岩也被用来定义其他岩石。这种变通观点的提出是具有尝试性的。这是因为，首先这些例外（目前所知仅有两例）破坏了鉴定岩石成分的某一规律，其次根据上文所给出的原因，这些例外的岩石由于明显的与杂砂岩混淆了，很可能古埃及人没有真正的给它们下过定义。因此，在这样的一个问题上存在着一定程度的分歧是不可避免的。

埃及学家应谨慎使用"杂砂岩"这一术语，因为它即使在地质学文章中也有多种含义。P. G. H. 波斯威尔（Boswell）曾阐述道："鉴于杂砂岩有着多种含义，它使用于地质学文章中在现今看来也是不理想的。"[1] 在安德鲁（Andrew）有关杂砂岩的重要文章

---

[1] 《大英百科全书》中的词条"硬砂岩"，第14版。

中，这一术语的使用范围有时十分广泛，即被用来表示所有地质结构相同的岩石①，有时仅限指含 0.025—2.00 毫米石英结晶的岩石。在考古学领域中，我们通常处理的岩石标本都是几经转手的，其原始产地大多不得而知。所以岩性特质要比地质结构更值得注意。本文中所出现的杂砂岩这一术语，属于狭义上的概念，如"砂砾在杂砂岩的表层"。

即便如此限定，那么将杂砂岩适用到考古标本上，对于考古学家来说仍是个困难的工作。正如安德鲁在文章中所谈到的那样，对于发现于哈玛玛特干涸河道及其附近地区的各种岩石，外行很难分辨清楚其质地，只有地质学家才能将它们彼此区分。在地理学中，由火山爆发而形成的岩石称为凝灰岩（由火山灰凝结而成）；如果岩石部分或全部地再次结晶并伴有变色反应，便会形成角质岩；如果火山只使岩石变硬而未使其产生变色反应便会产生粗劣的杂砂岩或变硬的泥岩（石英结晶直径小于 0.025 毫米）；如果岩石逐渐板岩化（岩石逐渐裂成碎片，但未再结晶）或片岩化（岩石逐渐裂成碎片并且再结晶），便会形成板岩或片岩。

不管怎样，地质学家通过显微镜对岩石切片进行分析后，应该可以得出岩石准确的地质学名称，但用低倍放大镜对抛光过的岩石进行粗略的检测则不能定义它们（也许裂成薄片的板岩和片岩除外）。如果发生这种情况，地质学家可以拒绝给岩石定义名称，但考古学家却出于易于同其他考古文物相参考的原因而不得不给它取名。

正如鲁卡斯所阐述的那样，埃及学家们往往忽略了地质学家

① G. 安德鲁：《埃及东方沙漠的硬砂岩》，《埃及研究公告》第 21 期，1939。在这篇文章中，使用了下列术语：聚合的硬砂岩（第 189 页）；硬砂岩——片岩（第 154 页）；硬砂岩——泥石（第 165 页）；硬砂岩——角岩（第 168 页）。

在岩石的种属上所提出的许多细微的差别①。如果出现这种情况，为了避免混淆偶然地采用新术语是合宜的。有时创造一个新名词要比套用地理文章中的术语好得多。皮特里就为一种岩石创造了一个新名词——都里特岩，这种岩石被古埃及人用来制作小物品，他对这种岩石的描述是"硬化了的泥或灰，是板岩的合成物，但没有板岩似的断面"②。通过对皮特里收集的用"都里特岩"制成的圣甲虫护身符进行粗略的检测，这种岩石像是杂砂岩——泥岩，在颜色和质地上都和开罗博物馆中制作神龛的贝克汉姆岩相似。后来皮特里对这一定义做了些许的修改，然而不幸的是，他将都里特岩重新定义为"一种变色反应的火山泥，与板岩的成分极相似，但没有断面"③。事实上这种岩石既不存在变色反应，也不都来自火山泥。皮特里的术语可以保留，但为了避免混淆需要对细节重新定义。而且这一定义的含义可以被延伸，这正如安德鲁所强调的"很难在泥岩和粗砂岩之间划条明确的界限"④。因而"都里特岩"应该是一种沉积岩，其质地范围是从泥岩的等级到粗砂岩的等级，通常来源于其他岩石的剥蚀碎块，偶然也来自硬化的火山泥和火山灰，但没有变色反应，或者存在轻微的变色反应，但从未出现过肉眼能观察到的断面。如果这个新术语及它所表达的定义被承认的话，那么我们可以用不同的限制条件来区分都里特岩的多样性，例如"精细的"、"粗糙的"、"绿色"、"黑色"、"灰色"，等等。"细都里特岩"（杂砂岩——泥岩）常用来制作护身符、圣甲虫护身符等小物品。但用来制作大型纪念物的都里特

① 鲁卡斯：《古代埃及原料和工业》，1934，第355—356页。

② 皮特里：《护身符》，1914，第8页。

③ 皮特里：《圣甲虫和滚筒印》，1915，第8页。

④ 安德鲁文，第75页。

岩，其质地是有变化的，因而其在砂砾变化方面（粗质杂砂岩，硬砂岩）的定义可适当扩展。都里特岩这一术语更适用于埃及学领域，因为它有着独特的含义，同时又不涉及地质学上的细微差别。

可以看出"贝克汉姆岩"、"杂砂岩"和"都里特岩"在一定程度内有相同的含义，但并不是完全的等同。杂砂岩是个地理学术语，用来表示一种地层学上的地层结构或是岩石学中被限定的一种特殊岩石。贝克汉姆岩和都里特岩只包括部分广义上的杂砂岩，因为一些杂砂岩结构的岩石，如杂砂岩—砾岩，埃及学家认为是和杂砂岩完全不同的岩石，但古埃及人可能认为它和杂砂岩十分相似。另一方面，除了狭义上的杂砂岩外，贝克汉姆岩和都里特岩还包括一些表层相似但在岩石学上有着区别的岩石。

贝克汉姆岩和都里特岩共生要比和杂砂岩共生普遍得多，因为这两种岩石仅用肉眼就能观察和鉴定。它们包括粗质杂砂岩和其他类似的岩石。这里类似的含义是指特定物质种类的相似，而不是人们所说的相像。通过专家的检测，在那五座有铭文明确指出是由贝克汉姆岩制的纪念碑中[①]，以上有关都里特岩的解释只适用于第二至第五纪念碑，而不适用第一座纪念碑（砂屑岩—片麻岩），尽管贝克汉姆这个词使用于最后一座纪念碑的观点并不被广泛地接受，这在上面已经得以讨论。也许古埃及人使用术语的随便程度要比现代的一些学者还要严重，他们将许多在种属上有争议的岩石全部归于贝克汉姆岩，而现代学者则将其归置于都里特岩的名下。但也有可能由于古埃及人武断地划了一些界限，而没有将那些仅在颜色、细微结构及出产地与典型的贝克汉姆岩有区别的变质岩视为贝克汉姆岩。所以我们可以说贝克汉姆岩和都里

---

① 鲁卡斯和罗威，第 154—155 页。

特岩这两个术语在概念上或多或少地存在着某种联系但并不等同，同时这两个术语在概念上也存在着分歧，然而遗憾的是我们从古代原始资料得出的证据还不足以使我们在这个问题上得出准确的结论。也许我们永远无法给贝克汉姆岩下一个极为精确的定义，但随着科学的进步，我们可以使之尽可能的明确。

感谢开罗地质博物馆的馆长里托（Little）博士，他在地质资料方面给予我热忱的帮助。同时我也要感谢鲁卡斯先生和罗威先生，他们合著的文章给我这篇论文以很大的启发。他们仔细地阅读了我的手稿，罗威先生不但给予我中肯的批评，还不辞辛劳地为我改正错误。另外，我还要感谢开罗博物馆的雷包威施（Lei-bovitch）先生，他为我提供了古埃及铭文；感谢布鲁敦（Brunton）先生，他在 1940 年夏天博物馆暂时对外关闭期间为我核实了纪念碑上的铭文。

古代埃及珠子的考古价值[*]

正如弗兰德·皮特里爵士在他的著作《埃及文物手册》中所说的那样，珠子和陶器是考古研究中的字母①。作为考古发现证据，珠子的重要之处在于，由于其普遍性和数量众多，它们对断定年代特别有用。

像现代原始部落的人们一样，古代埃及人非常喜爱珠子，并在许多方面大量使用它们。在一个木乃伊上面发现成千上万的珠子一点也不是什么稀奇的事②。由于数量众多又不易损坏，陶片和珠子成为每个考古发掘点出土最多的文物。即使在被破坏的墓中，

---

* 本文是作者博士论文（古代埃及的珠子）的第一篇第一章。全文打字稿 433 页，存伦敦大学档案室，未曾公开发表。内容包括：第一篇，导言；第二篇，制作珠子的技术方法；第三篇，分类与排谱；第四篇，年代考证；共计 23 章。伦敦大学亚非学院艺术与考古系汪涛先生提供复印件，北京大学历史系颜海英女士将其译成中文，首次刊载于《夏鼐文集》。

① 皮特里：《埃及文物手册》，第 15 页。

② 皮特与迈斯合著《图坦卡蒙之墓》第 1 卷，第 159 页，这种对珠子的特殊喜爱可追溯到巴达里时期，例如，在摩斯特格达的一个墓中就发现了五六千颗珠子，见布莱顿的《摩斯特格达》，第 52 页。

也总会有一些珠子躲过盗墓者的视线，因为串珠子的线通常都已断裂。像其他小的随身饰品一样，它们通常能躲过能破坏大文物的塌陷和断裂。

如果珠子的年代大致相同，那么它们众多的数量对我们来说也就没有太大的意义。所幸由于时尚或技术的变化以及可用材料的不同，珠子的形状、制作材料、装饰以及制作技术也有所不同。一般来说每个时期的珠子形状都不同，尽管有些珠子，特别是那些用自然材料制成又没有什么特殊形状的，会在其他时期出现。即使是认为珠子在断定时间上不尽如人意的李奥纳德·伍利爵士，也承认我们可以明确区分不同文化层的珠子的一般形状[①]。但是从我们的目的来说，技术的变化远比形状的变化重要。不同时期的珠子制作者也许会兴之所至，做出与以前相同样式的产品，但却极少能采用与过去相同的技术。因为当新的技术被证明优于旧技术时，它往往能取代它。通常不同时期的珠子在外观上看起来很相似，而只能通过它们制作技术上的微小不同来区分其时间上的差异。制作材料的不同也有重要性。除了外形和技术的变化，新自然资源的开发和旧资源的耗尽、某些人工资源加工方法的应用（通过发明或学习）和另一些的失传、与其他地区联系的开展或中断等等，都可能导致一些新原料的使用和另一些旧原料的弃用。

珠子作为考古资料的另一个优点是它的轻便易携。由于体积小、质地坚固不易损坏，珠子很容易通过商业途径传到远处，因而能展示距离遥远的两个文化之间不为人知的联系。如果其中一个文化属于史前时期，年代不确定，而这种联系会告诉我们与之同时期的另一个已知明确年代的文化，借此我们就能推断出一个

---

① 伍利：《乌尔的发掘》第 2 卷，第 372 页。

绝对年代。这方面突出的例子，就是苏美尔遗址和印度河谷史前遗址摩亨佐·达罗①出土的蚀花肉红石髓珠与埃及和史前不列颠②出土的成节的彩釉珠。这是一个很有趣的课题，但必须建立在对珠子进行实际考察的基础上。由于时间紧迫、条件困难，除了在有限的程度以外，我在本文中不能承此重任。

在承认珠子作为考古资料有很大的优势的同时，我们也不能忽视它们的局限性。与其他独立的文物一样，当我们研究它们的商业传播时，也应该考虑到各地独立发明的可能性。因为所有的珠子都有同样的功能，即用线串起来或缝上作为装饰品或护身符，或者二者兼顾，因此如果有合适的材料，很可能不同时期不同地区的人们会不约而同地采用圆形、球形、桶形或圆柱形等形状。即使是形状特别又有装饰的珠子有时也会在各地分别独立出现，但它们的复杂程度超高，这种可能性就越小。有时在两个地区都普遍存在的原料限定了某些共同形状的出现。因此它们是平行发展而不是传播的结果。制作技术的不同则在同一文化区内的年代判断上大有助益，在那儿某个时期通常只流行一种或两种加工珠子的方法，而新技术的应用通常标志着一个产生了新型珠子的新时代。但某些技术问题只能由几种有限的方法解决，因此常常出现各个地区分别独立地发明了同样的技术，尤其是那些原始的技术。另一方面，从珠子的制作材料来研究其传播的前提是知道这种自然资源局限于某些地区，或者知道这是一种以复杂工序制造出来的人工材料。在这种情况下，对材料的鉴定和关于其来源的说明必须经过认真确定。贝克曾说，"在法国的德尔曼发现了一些用 callais 做的珠子，这

---

① 马莎尔：《摩亨佐·达罗》，第 104—105 页，第 515—516 页。

② 贝克与斯通：《彩釉珠》，第 233、252 页。

是一种青金石的碎片，可能来自中国"①。尽管早年一些考古学家确曾把发现于法国德尔曼的一些青金石称作"callais"，一个引自普林尼著作的词，而且仍在考古著作中使用它，但现在通常认为这种史前时期的②"callais"肯定不同于普林尼所说的，而且它在青铜时期之后再也没有发现。史前"callais"的来源仍不清楚，但普林尼著作中却说"它发现于位于印度后面的那些国家，在费卡里之间，这个名字的意思是居住在考克苏斯山的人，即萨凯和达赫"③。用珠子来研究文化交流时应注意的这些问题也适用于其他考古文物。

用珠子来断定年代有一个严重的障碍。这就是它们常常有很长的寿命。例如，伍利认为用珠子断年不理想，因为它们被多次再使用，所以他在测定乌尔陵墓的年代时根本没有考虑珠子的问题④。马丁·康威说珠子的年代由于它们的长寿而复杂化了⑤。R·A·斯密斯指出甚至连确定制作它们的相对年代都很困难⑥。当我们谈及老式珠子在后来的时期重又出现的问题时，应注意区分下列两种情况：一种是作为化石出现的，一种是作为活标本出现的。在生物学领域，尽管有各种各样的古代生物化石保存下来，但那些生存在距今很久的地质时期的物种几乎没有存活下来的。所以在我们的领域，由于时髦意味着高价和技术的提高，很少有哪种珠子在漫长的时间里保持不变的制作风格。所以总起来说，

---

① 见贝克著《珠子》一文，载《不列颠百科全书》，第14版，第3卷，第254页。

② 戴赫里特：《考古手册》第1卷，第621页。

③ 普林尼：《自然史》第37卷，第33章，波斯特克与瑞利译。

④ 伍利：《乌尔的发掘》第2卷，第371页。

⑤ 《考古》第78卷（1927），第75页。

⑥ 同上。

它们的制作或多或少地是有时间限制的。因此上述的第二种情况几乎是没有的，可以不予考虑。我们常常面临的是第一种情况，即过去的珠子又被再次使用但不再经过加工。这种类型的珠子要么作为传家宝或护身符保存下来，要么由于古墓或遗址被盗而失传。迈基说现在美索不达米亚和埃及的许多阿拉伯人就戴着从古迹中得来的珠子[①]。据说这类事在中世纪的日耳曼人侵者维京人和伦巴人中[②]，以及当代法国摩比罕[③]的农民中非常普遍。尽管其他的文物偶尔也有再利用的情况，但还是珠子的再利用更普遍。珠子不像陶器那样易碎而且破碎后便失去价值，它们通常用坚固的材料制成，几乎是无法损坏的，因此永远有使用价值；珠子也不像工具和武器那样对人们的生活至关重要，它们是纯粹的装饰，如果保存好的话，旧的和新的一样用，而且被认为是比护身符还有魔力。它们的保存丰富也增加了再利用的机会。因此认为珠子在定年方面有较少的价值也是有一定道理的。

　　然而，有时又过分强调这种偶然的再利用，而忽略了主要还是使用时下制造的珠子。即使是再利用的珠子，也是和新制造的珠子混合在一起的。尽管我们要时时提防把再利用的珠子当成当时的，但在特别注意的情况下，我们还是可以用珠子来作为定年的资料的。戴过的痕迹和水迹可以作为判断是否旧珠的依据[④]，但并非所有的旧珠子都有这些痕迹，也并非新珠子就没有这些痕迹。另一种较好的方法是：如果有充分的证据证实有些珠子的外形是过去的样式，而这些珠子又出现在较晚的时

---

　①　马莎尔：《摩亨佐·达罗》，第516页，注6。

　②　艾森：《眼纹珠》，第19—20页；也见他的《莲花和田瓜珠》，第38页。

　③　格朗谢勒：《史前首饰》，第48、84页。

　④　例如有些从"盆状墓"中出土的肉红髓珠就被认为是再利用的，因为它们切割过碎，见温莱特《巴拉比斯》，第23页。

期，有时是相距很远的年代，与时下的大多数珠子相比，它们特殊的制作技术和外形使它们看起来很不合时宜，这通常就是再利用的珠子。断定散落的珠子的珠线的年代，有一个普遍的原则，即断定它不早于这些珠子已知的最晚年代，除非同时出土的文物能提供有力的证据改变这一最晚年代的上限。因为正如布莱顿所说，在判断一个陵墓年代时，"较为安全的方法是把所有的可能资料放到一起：陵墓外观，遗骸的姿势，陶器，护身符，珠子及其他物品，对它们进行综合考虑来断定年代"①。在另一处，布莱顿又说"我曾见到史前时期的珠子挂在一个罗马时期木乃伊的脖子上，一个早王朝时期的磨光红陶与半打托勒密时期的陶罐跻身一处"②。理论上讲总有一种把整个一串旧珠子重新利用的可能，但实际上这种情况是极其少见的，至少在古埃及是这样。布莱顿先生告诉我，他在卡乌墓地发掘时，多次遇到这种情况，包括上述的罗马木乃伊，但所有的这些都是新旧混合使用的，没有完全是旧珠子的③。因此，以埃及来说，如果予以适当的注意，用珠子来断定陵墓年代有很大的优势，正如我们杰出的考古学家弗兰德·皮特里所做的那样④。

阻碍珠子研究的另一个严重的障碍是把较晚时候的珠子改造成早期的。（为了简便清楚，本文把"intrusion"用来特指这种情况，而"reused"用来指把旧珠子重新利用，尽管后一种情况也

---

① 布莱顿：《摩斯特格达》，第104页。

② 布莱顿：《卡乌》第1卷，第5—6页。

③ 其中有一个（第3712号墓）是这样的，见《卡乌》第3卷，第8页。

④ 例如，考森墓地的各墓葬就是以护身符、珠子和岩层来定年的，见他的著作《喜克索斯和以色列的城市》，第36页，也见他的《关于定年》，布莱顿：《卡乌》第1卷，第78页。

有学者用"intrusion"一词)①。一般认为，新型珠子的出现对我们来说比再次使用的旧珠或留存下来的旧珠更重要。但由于珠子体积极小，比起其他物品，更容易出现把晚期的当早期的这种错误，因此导致错误的定年。在居住遗址，由于腐蚀和动物打洞，上层的也就是晚期的珠子可能会落到下层也就是早些时候的地层中。在被盗的墓中，有时盗墓贼身上的珠子会掉落在那里，有时他们从其他墓中盗来的珠子也会掉出来，而人们清理再次埋葬品时，一些珠子可能被当作第一次埋葬品遗漏下来。如果田野工作记录足够详尽，这些错误都会被发现。但是也有一些更难发现的错误判断。作为人，发掘者不可能做到毫无失误。在发掘的过程中，珠子有时可能会从沟槽的一边或表层掉出来，被踩进下面地层②；有时就是发掘者把它们踩下去的③，或者是发掘者不经意间把别的墓中的珠子误放了④。所有这些错误在当时都被忽略过去，而事后人们还以为是正确的位置。在发掘后，有时还会出现这样的情况：在从帐篷里往博物馆运送时，或者在博物馆长期收藏的过程中，特别是在用很脆的纸包装或很不结实的线串着时，一堆珠子中有个别的会混入其他墓出土的珠子堆里。珠串上的标签也许会松动，移位到其他没有标签的珠串上。当珠串没有正确地贴好标签或者标签上的说明不够详细时，它们在博物馆的登记中就会有一个错误的出处，特别是在博物馆得到它们很长时间后才登

---

① 例如艾森的文章，见上页注。

② 如贝克对巴姆波的史前遗址中发现的彩色玻璃手镯的评论，见他的《公元前1560年前的玻璃》，第12—13页。

③ 贝克，上引书，第17—18页，他对在乌尔的公元前1600年前的地层中发现的透明红色玻璃珠的评论，有人怀疑这些珠子是当地集市上的现代产品。

④ 如卢卡斯对涅伽达出土的史前玻璃护身符的评论，见他的《古代埃及资源史》，第117页。

记的情况下。此外在橱窗中展览以后，会有放错的可能①。因为本
文是以博物馆中的样品为研究基础的，必须特别注意不能以孤立
的例子为证。当单个或极少数形状特别、装饰复杂、用料特殊的
珠子出现在比它们应属的地层早得多的地层中，应对它们的发现
处进行认真的再检测和证实。由于有这些较难断定之处，有些地
层被破坏的发现不能引以为据。虽然根据报告有些墓葬地层保存
完整，但是在考古的报告中这些难点没有特别的记录，因此常常
有时间定得过早的嫌疑。较好的方法是，由于我们正处在对珠子
的了解逐渐增多的阶段，最好不要急于定论，让以后的发现来解
决这个问题。至于那些表层的发现和那些盗墓贼或者古代的佩戴
者用的线，由于它们通常有不同的来历，因此对定年没有什么
价值。

　　除了旧珠新用和新珠被误作旧珠之外，另一种因素也促使我
们产生某些珠子特别耐用的印象，这就是我们不能区别那些表面
看起来很相似、只有微妙差别的珠子，类似这样的名称如"肉红
石髓珠"或者"圈珠"本身没有时间性，因为它们在各个时期都
有发现。但是如果把它们根据一些本质上的差别如形状、材料、
颜色、花纹和技术来分类，那么每种类型都分别有不同的时间限
制。如果需要用作定年的依据，像"蚀花肉红石髓珠"这样专门
的分类也会出现。当这种类型的珠子在摩亨佐·达罗和乌尔的属
于公元前 3000 年前期的遗存中出现时，人们说"在希腊、塞西
亚、帕提亚和整个印度西北部的库珊遗址中发现了上千的同类珠
子"②。但是贝克的研究证明这两组年代不同的珠子在花纹样式上

---

　　①　如贝克和斯通著《彩釉珠》，第 232 页脚注，有人怀疑在德维兹博物馆中有一
个英国的切片珠被错放到埃及珠里。

　　②　马莎尔，前引书，第 583 页；伍利，前引书，第 374 页。

有很大的差别①。我们发现多数珠子都有一个理论上的时间限制，如果我们能把再使用的旧珠和混在旧珠中的新珠识别出来并排除掉，再把余下的珠子根据年代上的重要差别分类，那么这种识别和分类的工作就会要求进一步的研究，并有助于进一步的研究。

各种类型的珠子在定年中有不同的价值。一般来说，分类越专，时间范围越窄。但是这个规律有许多的例外，需要详细地解决细节问题。然而，即使是那些使用时间相对长的珠子，也在检测其他文物提供的年代方面起重要的作用。

这个冗长的段落不仅是尝试着探索承担珠子研究工作的准则，也试图做方法论上的探讨，以此作为下面正文中所得出的结论的逻辑基础。

---

① 贝克：《蚀花的肉红石髓珠》，第384—398页。

田野考古发掘报告

琉璃阁战国车马坑[*]

（一）发掘的经过

这车马坑的编号为131号，是1950年秋间发掘的。它原来是附属于一座贵族墓的，主墓在这坑的西面。据当地居民说，主墓于1938年阴历正月间被盗掘过，所出的铜器很多，光是编钟一项，便达24件之多，可算是琉璃阁战国墓葬群中顶阔气的一座。这座车马坑，盗掘的人当时也已探出来，并且挖了4个盗洞下去。他们探清楚这是一座面积颇大的车马坑，便放弃不做了。他们不喜欢盗挖这类车马坑，因为面积颇大，而出土品仅为不值钱的小件的车马饰，所以这座坑得以侥幸保留下来。

主持发掘这车马坑的是夏鼐，初期王伯洪协助工作；后来徐智铭加入，襄助测绘全坑平面图及各车细部详图。1950年11月27日开始发掘，将坑的四周范围找寻清楚，知道南北宽约8米，东西长约21米。坑的东北角和南壁中段，都被近代的墓葬压住。

* 节选自夏鼐主编的《辉县发掘报告》，科学出版社1956年出版。节选部分为夏鼐亲自撰写的章节，图版和插图稍作变动。题目为本文集编者所加。

我们为尊重墓主后人的感情，便将这些近代墓的周围划出来，不加发掘。后来因为跨在南壁中端那座近代墓正压住两辆车子，才和墓主的家人协商，替他迁葬。至于东北角的那一座，仍始终保留未动。

11月27日开工后，发掘了二十来天，因为工人不多，仅掘到离地面约3米深，出土量约500立方米。我们于离地面1.8米的地方，发现殷代残戈1件（131：55），知道当年掘坑时曾破坏过殷代墓葬。在这一季工作期中，后来我们在车马坑北陆续发现4座殷代墓葬（墓号148、155、157、158），1951年秋又在这附近发现了20多座殷墓，知道这里原来是殷代墓葬区。

在车马坑的范围以内，我们后来又陆续发现了汉墓4座（第137、153、154、156号），唐墓1座（144号）。其中第137和144两墓较浅，离地面深度不到3米；其他三座较深，离地面4.4或4.6米，换言之，深度是和车马坑的底部相等或稍深，所以这3座墓扰乱了几辆车子和几匹马骨。这些汉墓的建筑法是掏洞的：在竖井下端的壁上挖好墓门，由墓门掏横洞进去，做成墓室和耳洞。因之，有几辆车子靠近坑底的低部被破坏了，但高处的结构，如车辕、衡轭和车篷之类，却仍能保留下来，不过有些因为汉墓后来洞室顶部的塌陷而被移动了位置而已。

12月17日，发掘到离地面3米左右，填土中开始显露出车器的零件。最初露出的是车前横衡末端的骨制饰管和铜连环。其后3天，陆续出土些骨管和铜饰零件。这些铜制的车饰，都是属于第1号车子上面的，大部分是横衡和轭上的饰物。其余的车子始终没有发现过铜饰。这许多车子在坑中排列放置的方法，是把后一辆的辕木前段压在前一辆的车轼上，因之辕木的前端上翘，离坑底部最高，所以发掘过程中，辕木前端和横衡露出最早（图版3—7，1—2；3—8，1）。这些部分的木质已经朽腐，我们在发掘开始时因为经验不够，未能辨别出来；后来才能将这些化成泥土的木痕和周围的填土，加以区分。关于辕衡轭等的形状、大小和结构等，逐渐研究清楚。

12月22日，西部露出10号和11号两辆车厢两侧的朱漆阑干（辂），我们知道已达到车厢的部分，须要更加细心的工作；当即减少起土的工人，并特别注意土中的一切现象。涂有朱漆的部分如车辂和轼前的阑干，是很容易识别出来；但是没有涂漆的部分如车座、轴、轮等，都仅留木痕，只好依靠识别土色和土质的不同了。25日，墓坑西壁下的二层台开始显露。27日，东半埋马的部分，也开始露出马骨。前几天所显露的席痕，这天全部清理出来，知道是车篷的残余。全坑都将近底部，便将工人减为10名，坑中从事清理的都是熟练工人，逐渐剥出各车的结构。28日发现土隔梁，是用以分隔马圈和车场的。这几天同时清理那两座打破车马坑的汉墓和唐墓（即第153号和144号墓）。30日，设法试探车马坑东北角的界限，知道东侧的马圈还再向北延展。因为上面压有近代墓葬，这伸出来的部分，只得让他保留，未加掘开。

1951年1月4日，开始下雪，天气转冷。后来又下了几场雪，工作渐困难。8日至16日，清理靠近南壁的2辆车子（16号和17号），因为上面压有近代墓，因与墓主后人协商解决后，才将其掘开。15日起，泥土都已冻成岩石一样坚硬，清理更不易进行，只好用木炭盆生火，将那些要剥出的部分，先行烤热，然后才用小刀或三角小铲来剥剔，工作进行得很缓慢。同时，我们仔细研究各车的结构，量出各部分的尺寸，绘测草图。19日至21日，将第10、12和18号车子的车厢底部清出，以求了解底部的结构。同时又清理了那2座破坏车马坑的汉墓（第154和156号）。22日才全部工作完毕。我们取下了第5号小车的右轮（131：57），席篷一片（131：56），以及铜制和骨制的零件。其余的车子结构，我们未加移动，仍留原坑中。后来将车马坑中挖出来的土，仍翻回坑中。这些用了两个月工夫才揭露出来的车子，于是仍被埋在4米厚的填土之下了。

（二）车马坑的形制（图版3—7，1—2）

这座车马坑作长方形，坑口南北宽7.8米，东西长21米。方向是100度。这里的地形，东高西低，坑口东壁较西壁高出0.3—0.5米。坑底的大小是南北宽7.7米，东西长20.9米，深度4.4米。坑中间近底处有一道南北向的生土隔梁，将这坑分隔成两部分：西面是车场，东室是马圈。这土梁宽0.46米，高约1.1米。隔梁中段当有一缺口，以沟通这两部分；因为被汉墓所破坏，这缺口的原来长度已无法确定。车场的四壁有宽0.51—0.55米的二层台，高出坑底约0.3米。东边紧靠着土隔梁的二层台（这边宽仅0.4米），也留一长达2.2米的缺口。

东侧的马圈中没有发现二层台。马圈由东至西长2.8米，南北的长度因北边还未到边壁，所以未能确定。我们最初以为它是和车场的南北长度是一样的。后来才发现马圈还要向北伸出，因为我们曾用探铲试探，东北角现代墓地的底下还压有马骨。这车马坑如果有墓道，我们猜想他一定便在这马圈的北端。原来打算等待将近收工时再试探，后来因为天寒地冻无法掘土，所以这点还没有弄清楚。马坑中的马匹，一部分仍被压在底下未掘开，一部分被汉墓所破坏，所以不能确知他们的数目。南边保存较好的部分，约6平方米的范围内，至少有4具马骨。马首都朝向东壁（图版3—8，2）。观察马骨排列的情况，似乎是杀害后才填土加以掩埋的。1935年春，作者在安阳西北岗东区发掘殷陵中一座马坑，发现马匹都拥挤在一个角落，有几匹伸首举足爬在坑壁上似乎要向上逃命，那是活埋无疑。又 1953 年春季发掘的安阳大司空村殷墓，有一车二马，马匹放在轭下，摆得很整齐，那是杀害后又加以整齐排列，和我们这里的，也是不相同的。

车场较马圈为大，连二层台在内，南北宽 7.8 米，东西长 17.6 米。在这约 137 平方米的面积内，放置着 19 辆木构的车子。这些车子排列得很是整齐，分做两列：北列 11 辆，南列 8 辆。各车都朝向东方。后面一辆的前辕，便压在前面一辆的车厢上。各列最东的一辆（即第 1 及第 12 号），辕木便搁置在上面所曾述及的那道分隔两室的生土隔墙上面，伸出墙东。各车的辕木前伸斜上，骤看颇有点像一排架着炮的炮车（图版 3—7，1—2；3—8，1）。北列最东一辆车子（即第 1 号）有铜饰，是 19 辆中惟一有铜饰的车子，当是举葬时在车子行列中走在最前面的一辆。设有鸾（銮）铃，似即《周礼·春官·冢人》所提及的送葬的"鸾车"。第 2 号至第 17 号的车厢都是宽而短的，但是第 18 和 19 号却是狭而长的。这第 19 号便是最末的一辆，它的附近有车篷的遗留，当便是属于它的。这一车在举葬时当是走在车子行列的末尾，但是放入车坑时，因为两行列中间所留的空隙很狭，南半一系列的车子，次序当颠倒过来，将后面的先放进去。这最末的一辆，也许是运灵柩的"丧辆车"。《释名·释丧制》说："舆棺之车曰辆，其盖曰柳，亦曰鳖甲，似鳖甲然也。"我们这一辆的车厢，长宽为 1.9×1.2 米。如果棺木像辉县固围村第 1 号墓所出的那样大小（长宽 2.3×1.1 米），或长沙五里牌第 406 号战国墓的木棺那样大小（长宽 2.1×0.9 米），是可以容纳得下去的，仅后端稍露于外而已。第 2 号至 17 号这 16 辆车子，除掉第 5 号是特小的车子以外，其余 15 辆可以依照他们车厢的大小区分为三类：大号车的车厢宽 1.4 米；中号 1.25—1.3 米；小号 1.1 米。但是各车的双轮间的距离（即车轨宽度），除特小的第 5 号车是 1.4 米外，其余 18

辆不管车厢的大小，都是1.9米左右。这些大小不同的车子的排列，如果以3辆为1组，其中第2—4辆和第6—8辆这两组，都是前面小号，中间大号，后面中号车。第9—11辆一组都是小号车，第12—17辆这两组都是大号车。至于最后的两辆，即第18—19辆，车厢狭长，和其余的各车不同。这是坑中19辆车子排列的情形。

（三）车子的结构

这一座车马坑中，可采集的车饰并不多，因为仅第1辆有铜制车饰。但是各车的木构部分保存较好，并且发掘时也曾特别加以注意，所以对于车子的结构，大致已能弄得清楚，可以复原制成模型。当发掘时，坑中各车的编号是由东而西，北列为第1至第11号，南列为第12至第19号。关于车子各部分的名称，现在绘出一幅草图（图1）来表示。车制的古代名称，有些是意义还不能确定，所以尽量少用。将来拟另撰一文，利用考古发掘的新材料，加以讨论。

现在先将保存较佳的车子，选出5辆作为代表。这5辆依其车厢（舆）宽度不同，可以代表四种类型。除了特小的一型仅有一辆，结构还无法复原外，其余三型都已复原做成小模型。复原时大体便依照这有代表性的第1、第6和第16号车，再参考同类型的其他车子来做成的（图版3—9，1—4）。现在将这5辆车子的18种尺寸测出，单位是厘米，列成一表（表1）。

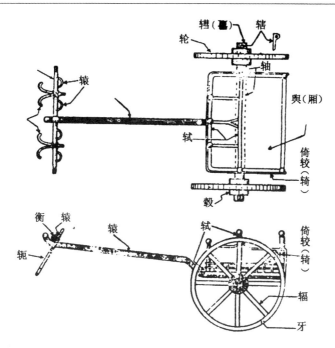

图1　车子各部分名称图

表1　　　　　　　　　　车子各部分尺寸表　　　　　　　（单位厘米）

车号	车型	轮径	牙高	牙厚	毂长	毂径	辐数	辐宽	轨宽	舆广	舆长	轼高	轿高	辕长	辕径	轴长	轴径	衡长	衡径	轭长
1	中型	140	8	5.5	38	22	26	2	190	130	104	26	36	170＋	8	242?	10—12	170	3	50
5	特小	95	6.5	4.8	16＋	16	26	1.8	140	95	93	22＋	27＋	120＋	4	178	7	140	3	15＋
6	小型	105	7.5	(6.5)	?	18	26	1.5—2	185	120	98	30	42	205	8	242	14?	140?	3	60
16	大型	130	(7)	(8)	(24)	17	26＋4	(1.5)	182	140	105	40?	40	210	10	236＋	9—12	140	4	54
17	大型	140	(7)	(8)	(24)	20	26＋4	(1.5)	180	150?	110?	(30)	(40)	215	10	242	14	150	3	48

　　说明：辐数都是26根，但是大型车有夹辅一对，看起来好像增多4根，所以注明
"＋4"。轼高指车厢前面直柱上端向后转曲处，不是指轼后部横贯车厢的横木的高度。
轿高是车厢两侧最高处的横木的高度。辕径以辕的中段为准，近车厢处常稍粗。轭长
是由轭的上端至两脚的尖端的距离。各栏数字有加号的，是遭破坏后的现存长度。有
疑问号的，是痕迹不清楚。有括弧的，原车未量，依同型的他车的相同部分补入。

第 1 号车（图版 3—8，4—6），即北列最东的一辆，也是这坑中惟一带有铜饰的一辆（复原如图 3—44）。毂的两端，都有一个由两片所合成的铜箍，便是《说文》中所谓辋。毂露出轮外部分为 16，露出轮里部分为 9。这车和其余的车一样，都没有发现辖的痕迹。车厢的前方有高 9 的阑干，横条 3 根，直柱连两侧 13 根，都是直径仅 1。紧靠阑干后面有径粗约 2.2 的直柱 5 根，至高 26 处曲折向后。转折处有小圆球为饰。斜向后伸约 46，和一横贯车厢的轼木相连接。正中一根将近和横梁相接处歧分为二枝。这伏轼的横梁直径 4.5，两端和车厢两侧的车辏相连接横梁的后面似乎有一半圆形的木板，平放着向后伸延。辏的下半段也有阑干。阑干的直柱连两端 11 根，横条 3 根是接续轼前阑干的三列横条。车辏阑干后面有较粗的直柱 3 根，其中前端的一直柱便是前轼外侧的立柱，高 26。后面 2 柱高 36，相距 57，在高 21 处有一横梁相连结。这 3 柱的中间一根的上端和轼木横梁末端相接。北侧车辏最后一柱的上端有一铜管 131：49（图版 3—8，5—6；图 1、图 2，9）管孔向上。这一侧相近中间立柱的上端另有一突出的小柱，现存部分高出辏屏之上约 15。原物已朽，仅留空隙。发掘时曾以石膏灌注，然后剥开周围的填土，似为木柱或木柄，外周用皮条斜缠，有朱砂痕（131：58）。车厢后面中间留出约 30 的空隙，当是乘车者升降的地方。空隙的两旁为遮阑，宽 38、高 26；遮阑的下半段为长方格的阑干，上半段有一斜置以连接对角的木条。这两扇车后的遮阑似乎是可以活动的（图 4，3）。第 3 号车子后面结构也和这相类似（图版 3—10，2，3b）。1 号车的辕阁置在生土隔墙上，前端伸出墙东。辕木由车厢底部外出约 80 处，稍向上折曲；至 170 处与衡木相交。衡木的南半段恰在汉墓 153 号的耳洞的上面，耳洞顶部塌陷时，衡木和所附着的铜饰，其一部分便随之下堕。南边的木辀被毁，辀末的铜管也丧失。衡木北半段似仍保留原来位置，所以可以据之加以复原。两辀相距 120，辀的上端有一带铜座的铜銮。在辀的两旁距离 15 处各有一无座的铜銮，似乎是置于木轵上面的，图中是依这假设来复原的。辀的两脚軥距銮铃铜座为 50，距衡木 40。衡木原来当有铜饰 17 件（现缺 3 件），即衡木末端 2 件，辀的两脚軥末 4 件，辀上端銮铃连座 2 件，辕上銮铃 4 件，缠线板形衡饰 2 件，长方形纽扣 2 件，正方形纽扣 1 件。器物号见下节铜制车饰各条，形状见图 2，3—8。它们的排列法，依北半段各件出土情况，当如复原图（图 1，2）。其中 3

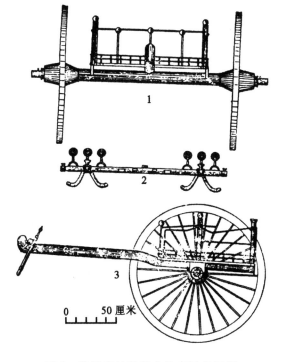

图 2　战国车马坑第 1 号车子复原图

件铜钮在衡木上如何镶嵌，还不很清楚。正方形的1件，发现时方孔向上。长方形的2件，洞孔或向前，或向上。因最后一件位置曾因堕下而移动，原来似乎也是向前方的。这3件的用途也不清楚，大概是串缠皮索的。此外尚有铜饰4件（131：3—6），位置在车轼的上面约10处。其中两件铜连环互相距离约15，两件半圆形铜圈分别放在两件连环的外侧而稍东，各距邻近的连环约22。这4件的用途也不能确定，当和车上的绳络有关。

第5号车特别矮小，类似于汉晋以后宫中小儿游戏所用的驾羊的小车（图版3—10，5；3—11，1—2）。车座离地面仅4.7，轨宽也较他车狭得多。辕长现存102，已达横衡处，前端所缺失当不多，仅达他车的辕长的一半。辕木由车座底部外出斜上20处，即稍下折作弓形，再前又平直前伸。轴长也仅及他车的3/4。轴端出毂外18，车毂露出轮外边5，露出轮里边的长度不清楚。这车的木构较细，受填土压力后变化较大，所以不易复原。车厢结构较简单。周围没有方格阑干。车轼前方似也由5根直柱组成，轼后部的横梁似有两重。车侧的輢屏仅有立柱和柱上端的横木。车厢后身没有遮阑。车衡已中断，仅留两端骨管。两軏也仅存一勾曲的末端（軥）。

第6号是小型车（图版3—11，3）。毂轴的分界不清楚。车厢前方和两侧的阑干，车轼，以及輢屏等的结构，都和第1号车相同。仅轼前立柱向后转弯处没有圆球为饰。伏轼的中央柱末端是否分叉，因恰被第7号车的辕木所遮盖，未能确定。车后身没有阑干，仅在靠近两侧处各置一弧形的立柱，斜上支持两侧转角处的直柱，和第11号车相类似（图4，1）。南侧转角处直柱上端有一小圆盘。车前辕木的曲折处离车厢35；再前又颇平直，压在第4及第5号的车厢上。横衡已中断，南半保存较佳，所以可以复

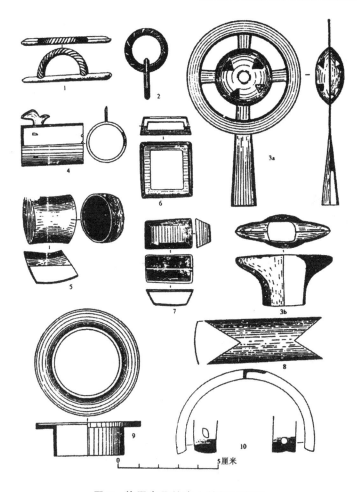

图 3　战国车马坑出土的铜制车器

1. 半圆形铜圈（131：6）　2. 铜连环（131：5）　3a. 铜銮（131：7a）　3b. 轭管铜銮的座子（131：7b）　4. 衡端铜饰（131：15）　5. 軥端铜饰（131：6）　6. 正方形铜钮（131：19）　7. 长方形铜钮（131：21）　8. 缠线板形的铜衡饰（131：16）　9. 輢屏后柱上铜管（131：49）　10. 铜軨（131：50c 的一段）

原（第 5 和第 6 号两车的辕木前端相邻近，这两件中断的衡木又是互相挨近，所以他们的隶属关系，很难确定，也许两者须互易一下，这保存较佳的衡轭属于第 5 号）。衡的两端各有一骨管，距衡端 15 处各有一轭。轭系木制，作圆径 10 的半圆形，宽 2，外周绕以弧形的骨片一长条，外侧距衡末端 15。木轭 2 件，各在距衡末端 37 处和衡木相交，轭上端突出衡上约 20，饰以骨管，轭的两末处卷成曲钩（軥）。

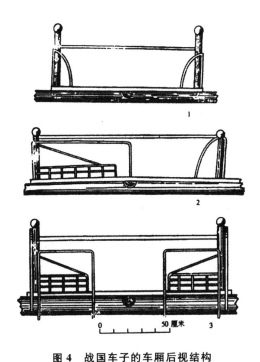

图 4　战国车子的车厢后视结构

1. 大型的车子（第 11 号车）　　2. 大型的车子（第 7 号车）

3. 大型的车子（第 3 号车）

（图中各车最上部的横条是伏轼的横梁；最下部的是轴木，皆不在车的背面，而在车厢的中央部分）。

　　第 16 号车是大型车（图版 3—12，5—6；3—13，1—3；图
3—46，1—3）。车轮除掉 26 根辐条之外，另有夹辅一对。这是两
条笔直的木条，互相平行，夹住车毂。辐条宽 1.5，辅条较粗，
为 1.8—2.0，他们作用是增加辐的支持力量。王振铎同志说，两
辅末端所夹的轮牙，可能便是两根半圆形牙木的相接处，辅的作
用，可以保护轮牙上这两处的弱点，加以巩固。在插入轮牙的地
方，夹辅是和辐条在同一平面上的，看起来颇像有 30 辐。辐条在
插入车毂的地方，都在夹辅的后面凑聚一起。这些辐条每根都向
毂斜放，全体成一中凹的碟盆状（图 5，1—2）。这是合于力学原
理的较为进步的安置辐条法，否则便要将轮牙加宽。我们猜想坑
中那些没有夹辅的车轮，可能也采用这种安置辐条法；不过他们
辐条安置的倾斜度，也许没有这些带夹辅的那样大。毂露出轮外
10，轴端又出毂外 24。毂露出轮里部分的长度不清楚。姑且依照
第 12 号车毂复原。车厢四周的结构和第 1 号车相类似。因车厢较
宽，前方阑干的竖直木条连两侧在内为 15 根，较多 2 根。轵前直
柱将近转折处有一横木联系各直柱。这横木至两旁转角处的直柱
时，折向车厢两侧，又成为轛屏中腰的横木。北侧轛屏中间的立
柱后面另有一小圆棒，稍向后斜置，现高出屏上端约 30。发掘时
灌以石膏，然后剥去周围的泥土，似乎是一根木棒，外面绕有皮
条。这木棒和第 1 号南边轛屏侧上的，实相类似。这车的辕木较
粗，笔直向前，离车厢 180 处，即和横衡相交处，才稍向上卷曲。
衡轭的结构和第 6 号车相似（图 5，4）。衡木的中央稍鼓起成一直
径 7 的小圆球。衡木压在辕木的上面。两轭距衡木两端各 30，各
轭的中心点离其所隶属的轭木为 15。轭的上端有八稜小骨管，突
出衡外 15 厘米。

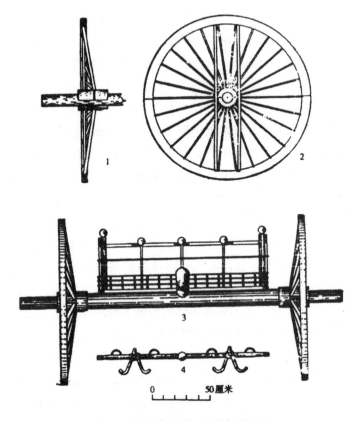

图 5　战国车马坑第 16 号车复原图

1. 车轮结构　2. 车轮正面　3. 车子的前视　4. 衡轭的结构

第 17 号也是大型车，它的结构和第 16 号大体相同（图版 3—13，3—4）。车厢宽度 150，是依两侧辀屏上端横木的距离测定的，但侧屏可能因受压向两侧外倾，原来宽度或仍为 140。辕木由车厢底部外出 155 处稍向下折，在和衡木相交处又向上卷曲。两轭的上端没有另加骨管。车厢上面北半有一长方形淤土，长125，阔 90，厚 40。我们曾加掘开，并无所得。

　　这5辆作为代表的车子以外，坑中其余各车，可以综合起来，描述如下（第2号至4号车，见图版3—10；第14号至第15号，见图版3—12）：各车的轮径是130—142。我们所量的，都是横的直径，因为车轮受压后多变成扁圆形，罕能保存正圆形的原状，竖直的轮径所受的影响更大。轮牙的宽度（即竖直高度），是5.5—7。至于牙厚，因为大多数只剥出车轮的外边，所以仅有极少数能加测定，是6.5—8。车毂的长度，仅第12号比较清楚，是24，露出轮外者10，露出轮里者8。第13号的毂露出轮外部分也是10，露出轮里边的部分未曾剥开。毂径靠近轮辐处一般为12—20。辐条的数目，可以确定的各轮，都是26根。辐条宽度1.57—1.7。有夹辅的，辅条稍阔，为1.8—2。轨宽是180—200，仅第19号车为220。所根据的是轮牙的外线，不是轮辐相交处。车轮可能以受压而稍倾斜，因之量测所得的轨宽的差异幅度，较原有的为稍大。

　　车厢的宽度，像上面所说过的，依车型而异可分三型。车厢的长度较为一致，都在100—115之间，仅最后两车是狭而长，长度为140和190。各车的车厢作长方形，但前方的两转角作弧形，没有棱角。伏轼后部的横梁，约宽2.5—3，但第3号车宽6—7，较大一倍。

　　各车的辕木，由车厢底部外出约长200左右，辕径7—12。辕木的形状，就保存较佳的几辆来观察，似分两种：一种曲辕，由车厢底部外出时，稍向上斜，至相当长度后又下折，向水平方向前伸。折转处多在约全长1/10的地方。也有在1/2处或更前，才向下折，疑原为直辕，受压后折断变形。另一种为直辕，由车厢底部外出，直至与衡相交处，都是笔直向前。这种直辕嵌入车厢底部的部分，便已后低前高，所以由车底外出后，也显得稍微向上斜伸。据我们的观察，便是第一种曲辕，它们的曲度也是不够的。各车将辕木前段拦置在前面一辆的伏轼上时，它自己的车厢底部，便显得前高后低。保存较佳的辕木，它们的末端又向上卷曲。衡木便搁在辕木的上面。这辕端上卷的作用，是马匹向前拉时，可以阻挡住缚在上面的衡木，使不易脱节。

各车的轴径是 7—12，和辕径相近。因为轮外的毂轴分界处常不清楚，两轮以内的轴木多未剥出，所以轴径并不大正确。第1号车的毂端铜锗所用以容纳轴木的孔径，两端大小不同，可以推知轴木一定中间较粗，两端变细。轴长为 230—270。其中痕迹较清楚的第 12 号及 13 号，轴端出毂外为 30。发掘时，工人曾受指示找轴头，在第 13 号车轴南端，找出一长 10，径 6 的轴头，第11 号和 15 号两车的车南端，也是如此，误做成一长 4，径 4 的轴头（有几幅照片曾加摄入）。我们后来发现这是错误的，即加改正。

上面已经说过的，除掉第 18、19 号车以外，其余各车可依舆广分为三型：大型的车子还有第 3、7、12—15 号 6 辆。它们舆广都是 140，轼前方的阑干连两边都是 15 根，横条是 3 列或 4 列，（图版 3—12，1—2），车轮除 26 根之外，都有夹辅一对（图版3—12，5）。车子的后身，除第 7 号仅左半有遮屏之外，其余都是两边各有阑干的遮屏（图版 3—12，3；图 4，2—3）。中型车有第4 和第 8 号两辆，舆广 125—130，前面阑干的柱数不清楚。车轮都没有夹辅。车后身或仅一边有遮屏（如第 4 号，见图版 3—10，3c、4），或虽两边皆具，而宽狭不同，不相对称（如第 8 号）。小型车有第 2、9—11 号第 4 辆，舆广都是 110，轼前阑干直柱连两边都是 13 根，横条仅 3 列（第 11 号车，见图版 3—11，5）。车轮除第 2 号有夹辅为例外，其余都没有夹辅。车后身或仅有一遮屏（第 2 号），或没有遮屏，仅有弧形斜支柱（第 10—11 号，见图 4，1）。

关于车厢底部的结构，我们为了尽量避免破坏车厢上部（如轼、輢等）的结构，所以只将几辆清理到底部，作为代表。

第10和第12号这两辆的车厢，似乎都以木板或皮革为底，但是痕迹不显。四周都有宽4.5的粗木条为框。中央为辕木，纵贯车底。第10号的辕木由于嵌入车底框木的深度不同，便显得前高后低。辕木的右侧有一条与之相平行的木条，宽度为3。左侧似也当有一根，但不显明。轴木横贯于辕木的底下，它的安放的位置稍偏向于前方，即距前边30，距后边60。至于第12号，为大型车。和辕木相平行的木条共4根，左右各2根，宽度为3，另有一根横木条，连接这4根。轴木位于辕木的下面，横贯车厢而稍偏于前方，即距前边40，距后边64（图版3—11，4、6）。

第18和19号的车厢底部，除了四周的框木和中间纵横的粗木条之外，另有密排着的细条的痕迹，或为皮革带的残存（图版3—14，1—2）。第18号的两侧框木的宽度为9，前后框边为3。与辕木相平行的两根木条宽度为2。这车底部的"皮革带"都与轴木平行。轴木安放位置稍偏于前，距前边65，距后边75，所以在轴前的"皮革带"计25条。在轴后的计35条。第19号车底前半为车篷所遮盖，后半又为盗坑破坏了一半。我们所观察到的，舆后边框木宽9，侧面框木宽4.5。这车的"皮革带"和辕木相平行，和第18号车的相垂直者不同。条宽0.8—1，共68条。车轴也稍偏于前。在轴的后方，有与之相平的木条2根，宽度皆约6。

其余各车的底部，都没有掘开。依据他们车厢的形式，底部当和第10及12号相似。

关于车盖的问题，我们没有发现过车盖弓或弓冒的痕迹，只发现一件车篷，是属于第19号车的（图版3—14，3—4）。这车篷宽150，长240。第19号车厢宽长为120×190。车篷当然要比车厢底部稍大。这件车篷两侧可以各外出15，前后披可以各外出25

（也许前披较后披外出更多，譬如说 35 比 15，或 30 比 20）。车篷和车厢的尺寸颇相符合。整个车篷有点像建筑物上四阿式的屋顶，也有点像今日露营用的帐篷。顶上有一根长约 150，粗约 6 的横梁。两扇梯形的席子向左右披下，两扇三角形的席子遮住两端。另以宽 1.5 的细木条做支架，纵横绑成近似方格形或梯形的格子，将席子用骨扣缚住在这细木条的支架上。骨扣作椭圆形，中有两孔，孔径 0.3（图 6）。席子似是由芦苇编成，芦条的宽度是 0.5。

以上已将这次所发现的各车的结构，大体上都已加以描述。根据上面的描述，再参考照片和测定的草图，便可以着手复原的工作。做复原工作时，自然还有一些问题须要解决。例如：各项木条凑合时的接榫法和绑缚法，绑缚时所用绳索的质料，都已无痕迹可寻。又车厢底下的结构，例如用以接合舆和轴的鞔鞔构造（伏兔），也是不能确定的。我们做模型时，只好依据现今木匠的经验，设法加以暂时的解决。后来于 1951 年冬间，我们在长沙伍家岭 203 号西汉古墓中，发现了涂漆的木车模型。今后如再试制战国车子模型，这几个问题可以根据西汉车制来解决，因为二者时代相接，制法当也相去不远。

还有一个问题可以稍加讨论：这批战国车是不是实用的东西呢？或是"备而不用"的明器呢？和这答案有关的，有两种现象值得注意。第一，这些车子的木构太纤细，似乎不能负担起载重的任务。我们利用原来所量得的尺寸，曾照原大试制一辆。试制成后，我们便感到它的各部分太纤细。不过，我们应该考虑到木材在未腐朽成泥以前一定先因干燥而萎缩；并且各种不同的木材的收缩率不会相同。我们还没有法子十分正确地恢复各部分未腐朽前原来的尺寸。但是，我们可以断定原来各木条的大小一定较现在所存留的痕迹为粗。因之，就这点而言，他们仍可能是实用的车子。第二点是这批车子中有些辕木是直木，虽嵌入舆底时前后深浅不同，因之辕木向前稍微上斜，但斜度是不够的。所以驾上马时，舆底前高后低。就这些车辕和衡轭的结构而言，这些车子都应该用曲辕的。现在这里有些车子用直辕来代替，或许由于直径粗大的曲辕比较难得，制作费力。随葬的明器，自然可以用直辕来代替。但是，当时实用的车子，可能也有些因陋就简地使用直辕的。

（四）铜制和骨制的车饰

这次发掘车马坑的重要贡献，是车子结构的研究，这在上节已经详加叙述。至于车饰零件，这坑中所发现的并不多，也不精美。现在列举于下，并且略加说明。其中铜制车饰 10 种，都是在第 1 号车子上面或附近处发现的。在图 3 中，每种都有一件作为代表。位置可以确定的几件，也在复原图中表示清楚（图 2）。器物名称或件数的后面括弧中数字，是器物号；器物号前应有的墓葬号"HLM131"，都已经省略去，单位都是厘米。

（1）半圆形铜圈共 2 件（3、6）。弧形的圈上铸有绞索纹，圈孔的半径为 1.4。下面的直弦两端伸出圆周的外边，共长 6.8，似乎原来嵌在木条上。圈中可以穿过绳索。两件都发现于第 1 辆的轵的附近。它们也可能是第 2 辆车子的衡上的轵。

（2）铜连环由两个铜环相联贯为 1 件，共出 3 件。环圈上都有文饰。其中 2 件（4、5）是在伏轵附近的高处发现的。相联贯的两环，都是大小几乎相等，外径为 3—3.2。另外件（60）是探铲带上来的，两环大小相差很大，外径为 3.7 和 2.6。这些似乎是"游环"一类的东西。

（3）铜銮共出 6 件（7、13、14、22、40、41）。上半作轮，有辐状条四根，凑合于中央一个含有弹丸的扁球体。轮的外径为 8.2。下半为柄，断面作长方形。中空。全长 13.2。宋人金石书曾有著录，误以为"汉舞铙"（吕大临《考古图》卷一○，《宣和博古图录》卷二七）。清代阮元才订正宋人的错误，确定他们是车器。他引郑氏注戴记，"鸾在衡，和在轼"，以为这些是冒在车前轼立柱上的铜和（见《揅经室集》卷5，《铜和考》）。我们这次发现的6件中有2件带有铜座（7、14），是安置于木轭的上端。轭被绑缚在衡上的时候，这些带铜座的便会超出衡木的上面，好像插在衡木上一样。其余4件没有铜座的，在每轭的两侧各有1件。这4件的柄上，在离底部约2.5处，都有容钉的细孔，可能是装在轭上或直接装于衡木上，而以前一可能性为较大。可见这6件都在衡上，不在轼上，应该叫做銮（或鸾）。

（4）衡端铜饰（15）。原来当有2件，现仅发现1件，另一件为汉墓所破坏。器形如有底的圆管，长4.6，径2.9。管上站立一鸟形饰。离底端约0.9处，有容钉的细孔3个。

（5）轭端铜饰应有4件，现仅出两件（20、43），都属左侧的一轭。右侧的两件已为汉墓所破坏。轭的两脚近末端时向外诘曲如钩。许慎《说文》："轲、轭下曲者"（卷14）。这些加于轭端的铜饰也作蜷曲的管状，高3.1。横剖面作椭圆形，径长3.5和2.3。离底端0.8处，有两个小孔，可以安钉子。

（6）正方形铜钮（19）。发现时这件是在衡木的正中央部分。器形下部较大，每边长3.9，无底，上端每边长3.6，有正方形孔。四面都有一长方孔。

（7）长方形铜钮共2件（17、21）。位置在前一件的两侧，可能嵌在衡木上。下部较大，长宽为3.6×2.1；中间有一宽0.4的横梁。上边和四侧都没有洞孔。由于横梁的位置和形状，这些铜钮当为穿皮索用的。

（8）覆瓦状铜衡饰共2件（16、42）。这两件是以铜片制成，正面状如长方形的缠线板，较短的两边有凹入的缺齿。体作覆瓦状，中间稍隆起，可贴合于圆柱形的衡木上。长宽为 8.5×3.1。

（9）辂柱上的铜管（49）。这铜管发现于左侧车辂后边木柱的上端。管高 2.5，孔径为 4.7，无底。管的上端边缘向外扩延，外缘直径为 7.8。这铜管似乎是为着插放游旌或武器等用的。

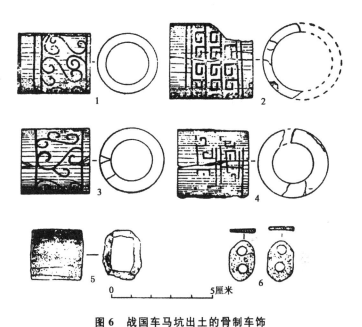

图 6 战国车马坑出土的骨制车饰

1～4. 有花纹的骨管（131：2、18、48、11）

5. 八稜骨管〔131：51（3）〕 6. 车篷上的骨饰（131：46）

（10）铜𫐄（50）。这一组铜𫐄共 4 件。许慎《说文》："𫐄、毂端锴也"（卷一四）。车毂的两端大小不同，而以近车厢的一端为较大。这组铜𫐄中近车厢的两件也是较大，外径 12.5，孔径为 11。近车辖的两件较小，外径 11，孔径 10。铜𫐄所留的洞孔是贯穿轴木用的。因为轴木由内向外穿过车毂，是逐渐缩小的，所以铜辖的孔径也有大小的不同。每件都由两段拼合而成。每段有细孔 2—3 个，以便安钉以固着于毂上。

（11）衡木骨饰（图 6，1—4）。这些骨管是套在衡木的两端。这车坑中各辆，除第 1 号为铜饰外，其余都可能有这种骨饰 2 件，原来总数可能达到 36 件。这次仅发现 20 件，当有所漏失。器物编号为 1、8—12、18、23、25、29、35、36、39、44、45、47a—b、48a—b、51c。这些骨管是截取兽类腿骨的中间一段制成的，中空，两端洞开。外表光滑，用火灼成花纹。可以看得清楚的有云雷纹和 S 形纹。骨管的大小不一致，尤以长度的相差最大。例如第 5 号小车上的一对（48），长仅 3.1，但是第 2 号车上的一对（1），长达 4.8。一般的长度是 3.5—4.1，直径 2.8—3.2，孔径 1.8—2.2。

（12）轭首骨管（图 6，5）。这些骨管是套在轭首上，仅发现 5 件（2，48c，24，51a—b），分别隶属于第 2、第 5、第 14 和第 16 号车子上的。每车有轭 1 对，所以至少原来应有 8 件。但是有些车子的轭首是原来便没有骨管。他们的形状，可分两种：其中一种和前项衡末骨饰，完全相同，横剖面也作圆形。另一种是八稜管（24，51a—b），稍小，长仅 2.2—2.4，横剖面作不规则的八角形，最宽处为 2.4。孔作长方形，宽高为 1.1×1.8。

（13）车篷上的骨扣（图 6，6）。这些骨扣作椭圆形，厚度为 0.1—0.2，大小不等，长 1.8—2.5，宽 1—1.5。中间有双孔。孔径 0.3。除了和车篷断片一起采取了一些以外，我们另外采取两粒作为标本（46）。

（14）轪上骨饰（59）。衡上的半圆圈形的轪是木制的，外缘的中央有骨饰一条，宽 0.3，厚 0.1，沿着轪的轮廓作半圆弧形。

（15）骨棒（38）。这是一条小骨棒，横剖面作圆形，径 1.5。一端平坦，另一端已断失，现残存 4.5。这件发现于第 12 号车厢上近左侧车輢处，用途不明。

（16）蚌片共 5 件（30—33，37）。这些是在车子附近发现的。有 3 件保存不佳。其中保存较佳的两件（30—31），略作椭圆形或水滴形，长 9.7—10.9，宽 4.3—4.7。5 件都没有纹饰，也没有洞眼，用途不明。

此外，我们还截取了朱漆的輢上木条数根（53），粗立柱一小段（61），车篷一片（56），第 5 号右轮子 1 件（57）。又用石膏翻制车篷模型一小块（54），第 1 号左輢旁的柱形物模型一块（58）。又于填土中发现殷代铜戈残片 1 件（55），和战国时细把陶豆残片 1 件（52）。至于编号 26—28 和 34，是有几辆车子的朱漆车輢初露出时所给的编号，并没有采取回来作为标本。

作者论著目录

1.《吕思勉先生〈饮食进化之序〉的商榷》，1930年发表于《光华大学附中周刊》第1期，部分内容重刊于《社会科学战线》1982年3期

2.《秦代官制考》，1933年发表于《清华周刊》38卷12期

3.《魏文侯一朝之政治与学术》，1933年发表于《清华周刊》39卷8期

4.《二程的人生哲学——读〈宋元学案〉札记之一》，1934年发表于《清华周刊》41卷1期

5.《鸦片战争中的天津谈判》，1934年发表于《外交月报》4卷4—5期

6.《太平天国前后长江各省之田赋问题》，1935年发表于《清华学报》10卷2期

7.《和中国成语同义的埃及俗语〈乳臭未干〉》（英文），1938年发表于《埃及考古学杂志》（英国）24卷1期

8.《关于贝克汉姆岩的几点评述》（英文），1942年发表于《埃及考古学杂志》41卷

9.《若干埃及出土的分层眼状纹玻璃珠》（英文），1944年发表于《美国考古学杂志》48卷3期

10.《几颗埃及出土的蚀花肉红石髓珠》（英文），1944年发表于《皇家亚洲学会孟加拉分会会志》10卷1期

11.《齐家期墓葬的新发现及其年代的改订》，1948年发表于《中国考古学报》第3册

12.《新获之敦煌汉简》，1948年发表于《历史语言研究所集刊》

第 19 本

13.《武威唐代吐谷浑慕容氏墓志》，1948 年发表于《历史语言研究所集刊》第 20 本上册

14.《临洮寺洼山发掘记》，1949 年发表于《中国考古学报》第 4 册

15.《西洋种痘法初传中国补考》，1950 年发表于《科学》32 卷 4 期

16.《辉县考古发掘记略》，1950 年发表于《科学通报》1 卷 8 期

17.《兰州附近的史前遗存》，1951 年发表于《中国考古学报》第 5 册

18.《河南成皋广武区考古记略》，1951 年发表于《科学通报》2 卷 7 期

19.《河南渑池的史前遗存》，1951 年发表于《科学通报》2 卷 9 期

20.《田野考古序论》，1952 年发表于《文物参考资料》本年 4 期

21.《中国考古学的现状》，1953 年发表于《科学通报》本年 12 期

22.《"辟尔当"人疑案的解决及其教训》，1954 年发表于《科学通报》本年 6 期

23.《敦煌考古漫记》，1955 年发表于《考古通讯》本年 1、2、3 期

24.《放射性同位素在考古学上的应用》，1955 年发表于《考古通讯》本年 4 期

25.《辉县发掘报告》（主编并撰写部分章节），1956 年 3 月科学出版社出版

26.《长沙发掘报告》（主编并撰写部分章节），1957 年 8 月科学出版社出版

27.《中国最近发现的波斯萨珊朝银币》，1957 年发表于《考古学报》本年 2 期

28.《青海西宁出土的波斯萨珊朝银币》，1958 年发表于《考古学报》本年 1 期

29.《田野考古方法》，见《考古学基础》，1958 年 1 月科学出版社出版

30.《关于考古学上的文化定名问题》，1959 年发表于《考古》本年 4 期

31.《咸阳底张湾隋墓出土的东罗马金币》，1959 年发表于《考古学报》本年 3 期

32.《永乐大典引元河南志古代洛阳图 14 幅跋语》，1959 年发表于《考古学报》本年 2 期

33.《元安西王府址和阿拉伯数码幻方》，1960 年发表于《考古》本年 5 期

34.《汉简中关于食粮计量的"大"、"少"二字释义等文》，1960 年发表于《考古》本年 10 期

35.《考古学论文集》，1961 年 10 月科学出版社出版

36.《西安土门村唐墓出土的拜占廷式金币》，1961 年发表于《考古》本年 8 期

37.《新中国的考古学》，1962 年发表于《红旗》本年第 17 期

38.《解放后中国原始社会史的研究》，1963 年 4 月 7 日发表于《人民日报》

39.《新疆新发现的古代丝织品——绮、锦和刺绣》，1963 年发表于《考古学报》本年 1 期

40.《作为古代中非交通关系证据的瓷器》，1963 年发表于《文物》本年 1 期

41.《唐苏谅妻马氏墓志跋》，1964 年发表于《考古》本年 9 期

42.《洛阳西汉壁画中的星象图》，1965 年发表于《考古》本年 2 期

43.《西安唐墓出土的阿剌伯金币》，1965 年发表于《考古》本年 8 期

44.《新疆吐鲁番最近出土的波斯萨珊朝银币》，1966 年发表于《考古》本年 4 期

45.《河北定县塔基舍利函中波斯萨珊朝银币》，1966 年发表于《考古》本年 5 期

46.《我国古代蚕、桑、丝、绸的历史》，1972 年发表于《考古》本年 2 期

47.《柬埔寨著名的历史遗产——吴哥古迹》，1972 年发表于《考古》本年 3 期

48.《晋周处墓出土的金属带饰的重新鉴定》，1972 年发表于《考古》本年 4 期

49.《长沙马王堆一号汉墓的棺椁制度》，1972 年发表于《考古》本年 6 期

50.《综述中国出土的波斯萨珊朝银币》，1974 年发表于《考古学报》本年 1 期

51.《沈括和考古学》，1974 年发表于《考古学报》本年 2 期

52.《我国出土的蚀花的肉红石髓珠》，1974 年发表于《考古》本年 6 期

53.《从宣化辽墓的星图论二十八宿和黄道十二宫》，1976 年发表于《考古学报》本年 2 期

54.《考古学和科技史——最近

我国有关科技史的考古新发现》，1977 年发表于《考古》本年 2 期

55.《碳 14 测定年代和中国史前考古学》，1977 年发表于《考古》本年 4 期

56.《赞皇李希宗墓出土的拜占廷金币》，1977 年发表于《考古》本年 6 期

57.《谈谈探索夏文化的几个问题》，1978 年发表于《河南文博通讯》本年 1 期

58.《近年中国出土的萨珊朝文物》，1978 年发表于《考古》本年 2 期

59.《考古学和科技史》，1979 年 4 月科学出版社出版

60.《五四运动和中国近代考古学的兴起》，1979 年发表于《考古》本年 3 期

61.《扬州拉丁文墓碑和广州威尼斯银币》，1979 年发表于《考古》本年 6 期

62.《中国考古学研究》（日文），1981 年日本学生社出版

63.《〈真腊风土记〉校注》，1981 年中华书局出版

64.《两种文字合璧的泉州也里可温（景教）墓碑》，1981 年发表于《考古》本年 1 期

65.《瑞典所藏的中国外销瓷》，1981 年发表于《文物》本年 5 期

66.《梦溪笔谈中的喻皓木经》，1982 年发表于《考古》本年 1 期

67.《另一件敦煌星图写本——敦煌星图乙本》，见《中国科技史探索》，1982 年上海古籍出版社出版

68.《湖北铜绿山古铜矿》，1982 年发表于《考古学报》本年 1 期

69.《商代玉器的分类、定名和用途》，1983 年发表于《考古》本年 5 期

70.《汉代的玉器——汉代玉器中传统的延续和变化》，1983 年发表于《考古学报》本年 2 期

71.《北魏封和突墓出土萨珊银盘考》，1983 年发表于《文物》本年 8 期

72.《中国汉代的玉器和丝绸》（英文），1983 年美国堪萨斯大学出版

73.《新中国的考古发现和研究》（主编），1984 年 5 月文物出版社出版

74.《中国考古学和中国科技史》，1984 年发表于《考古》本年 5 期

75.《中国文明的起源》（日文），1984 年日本放送出版协会

出版

76.《殷周金文集成·前言》，1984年8月中华书局出版

77.《所谓玉璿玑不会是天文仪器》，1984年发表于《考古学报》本年4期

78.《中国大百科全书·考古学卷》（主编），1986年8月中国大百科全书出版社出版

79.《中国文明的起源》，1985年7月文物出版社出版

80.《夏鼐文集》，2000年9月社会科学文献出版社出版

作者生平年表

1910年2月7日（己酉　清宣统元年十二月二十七日）生于浙江省温州府永嘉县（今温州市）。

1914年（甲寅　民国三年）5岁在温州入私塾读书。

1919年（乙未　民国八年）9岁入温州瓦市殿巷小学二年级。

1920～1924年（庚申—甲子民国九～十三年）10—15岁

在温州浙江省立第十中学（后改名浙江省立温州中学）附属小学读书。

1924～1927年（甲子—丁卯民国十三～十六年）15—18岁

在温州浙江省立第十中学初中部读书。

1927～1930年（丁卯—庚午民国十六～十九年）18—21岁

在上海私立光华大学附属中学高中部读书。

1930年（庚午　民国十九年）21岁

在《光华大学附中周刊》发表《吕思勉先生〈饮食进化之序〉的商榷》。考入燕京大学社会学系。

1931年（辛未　民国二十年）22岁

转入清华大学历史系。师从陈寅恪、钱穆、雷海宗、蒋廷黻等教授。

1933年（癸酉　民国二十二年）24岁

接替吴晗任《清华周刊》文史栏主任（为时半年）。发表《秦代官制考》等文。

1934年（甲戌　民国二十三年）25岁

与吴晗、罗尔纲等合组清华大

学史学研究会。

在《清华周刊》、《外交月报》等刊物发表《二程的人生哲学——读〈宋元学案〉札记之一》、《鸦片战争中的天津谈判》等文。

由清华大学历史系毕业。在蒋廷黻指导下撰写毕业论文，题为《太平天国前后长江各省之田赋问题》（翌年在《清华学报》发表）。

考取清华大学留美公费生的考古学部门，决意出国学习近代考古学。

1935 年（乙亥 民国二十四年）26 岁

春，以实习生身份在安阳殷墟参加梁思永主持进行的侯家庄西北冈殷代陵墓区的发掘，开始从事田野考古工作。

夏，经有关方面同意改去英国留学。在伦敦大学攻读考古学，师从惠勒（M. Wheeler）、伽丁纳尔（A. H. Gardiner）等教授。学习期间，曾参加惠勒主持进行的梅登堡（Maiden Castle）山城遗址的发掘。

1938 年（戊寅 民国二十七年）29 岁

随同英国考察团，参加埃及阿尔曼特（Armant）的调查发掘、巴勒斯坦泰尔·丢维尔（Tell Duweir）的发掘，并曾晋见由伦敦大学退休后定居在巴勒斯坦的皮特利（W. F. Petrie）教授。

发表《一个古埃及短语在汉语中的对应例子》（英文）。

1939 年（己卯 民国二十八年）30 岁

由伦敦大学毕业。后在埃及开罗博物馆从事考古研究工作一年。

1941 年（辛巳 民国三十年）32 岁

在格兰维尔（S. Glanville）教授的指导下，对古代埃及各种珠子进行系统的类型学研究，撰写长篇论文《古代埃及的珠子》（英文），后获伦敦大学埃及考古学博士学位（1946 年补授）。

1942 年（辛巳—壬午 民国三十、三十一年）33 岁

任中央博物院筹备处专门设计委员。与吴金鼎、曾昭燏、高去寻等在四川彭山县豆芽房、寨子山发掘汉代崖墓。

发表研讨古埃及象形文字的长篇论文《关于贝克汉姆岩的几点评述》（英文）。

1943 年（癸未 民国三十二年）34 岁

到中央研究院历史语言研究所考古组，在李济领导下工作，任副研究员。

1944 年（甲申　民国三十三年）35 岁

发表《若干埃及出土的玻璃分层眼状料珠》、《几颗埃及出土的蚀花肉红石髓珠》（均为英文）。

历史语言研究所、中央博物院筹备处、北京大学文科研究所等单位合组西北科学考察团，由夏鼐和向达负责去甘肃工作。本年调查发掘了敦煌佛爷庙、月牙泉的北朝和唐代墓葬，判明汉代玉门关的确切位置。

1945 年（乙酉　民国三十四年）36 岁

调查发掘甘肃宁定阳洼湾和临洮寺洼山的史前墓葬，武威喇嘛湾的唐代吐谷浑墓葬，以及兰州附近的史前遗址。其中，阳洼湾齐家墓葬的发掘，第一次从地层学上确认仰韶文化的年代早于齐家文化，从而纠正安特生（J. G. Anderson）关于甘肃远古文化分期问题的错误论断，为建立黄河流域新石器时代文化的正确年代序列打下了基础。

1947 年（丁亥　民国三十六年）38 岁

历史语言研究所所长傅斯年出国考察，受命代行所务。

发表《太初二年以前的玉门关位置考》。

1948 年（戊子　民国三十七年）39 岁

晋升为历史语言研究所研究员。

发表《齐家期墓葬的新发现及其年代的考订》、《新获之敦煌汉简》、《武威唐代吐谷浑慕容氏墓志》等文。

1949 年（己丑）40 岁

年初，拒绝随历史语言研究所迁往台湾，退居故乡温州。

秋，应聘在浙江大学人类学系任教，讲授考古学和史前史。

发表《临洮寺洼山发掘记》，第一次详细论述寺洼文化的特点，并提出马家窑文化的命名。

1950 年（庚寅）41 岁

8 月 1 日，中国科学院考古研究所正式成立，任研究员、副所长。

10 月，率领考古所调查发掘团，前往河南辉县进行大规模考古发掘。第一次在安阳以外发现早于殷墟的商代遗迹，从地域上和年代上扩大对商文化的认识。亲手成功地剔剥古代车马坑中的木车痕迹，初次显示新中国田野考古工作的技术水平。

1951 年（辛卯）42 岁

春，率领考古所调查发掘团，前往河南中部和西部地区进行田野工作。确认渑池县仰韶村遗址既有仰韶文化遗存，又有龙山文化遗存；郑州二里岗是一处早于安阳殷墟的重要商代遗址。

7月，中国史学会在北京成立，当选为该会理事。

秋，率领考古所调查发掘团，在湖南长沙近郊发掘战国和两汉墓葬，初步解决当地这一时期墓葬形制和随葬器物的分期问题，为楚文化研究开辟了道路。

1952～1955 年（壬辰——乙未）43—46 岁

为培养新中国急需的考古人才，中央文化部、中国科学院和北京大学从本年起联合举办四届考古工作人员训练班，共同创办北京大学考古专业。夏鼐参与考古训练班的组织领导，亲自担任田野考古方法课程的讲授任务。又兼任北京大学教授，为考古专业讲授考古学通论。

1953 年（癸巳）44 岁

《考古学报》成立编辑委员会，任编辑委员。

发表《中国考古学的现状》，简述中国考古学过去的基础、目前的情况，指出今后的努力方向。

1955 年（乙未）46 岁

1月，《考古通讯》创刊，任编辑委员和主编（1959 年刊名改名

《考古》）。

6月，中国科学院成立哲学社会科学等学部，任哲学社会科学部学部委员（1957 年任常务委员）。

7月，发表《放射性同位素在考古学上的应用》，介绍国外新近发明的碳十四断代法，呼吁早日建立中国自己的实验室，以应考古工作的需要。

10—11月，中华人民共和国文化部、中国科学院联合组成黄河水库考古工作队，兼任该队队长。坐镇洛阳指挥三门峡水库区的大面积调查活动，发现许多重要的古代遗址。

1956 年（丙申）47 岁

1月，考古所成立第一届学术委员会，为学术委员。

2月，中国科学院、中华人民共和国文化部联合召开考古工作会议。在闭幕式上，作了关于建国六年来考古工作成绩和问题的总结报告。

春季，参加全国科学发展规划制定工作。与郑振铎主持制定《考古学研究工作十二年远景规划草案》。

3月，主编并参加执笔的《辉县发掘报告》，由科学出版社出版。这是新中国成立后出版的第一本大

型考古报告。

5月，考古研究所成立西安研究室，兼任研究室主任。前往西安附近的半坡、沣西、汉长安城等重点发掘工地进行现场指导。

5月，指导考古研究所和北京市文化合组的长陵发掘委员会工作队，着手对明十三陵中的定陵进行大规模发掘。

7月，前往乌鲁木齐，为新疆维吾尔自治区考古工作人员训练班讲授《新疆考古概说》。

9月，参加翦伯赞为团长的中国学术代表团，出席在法国巴黎举行的第九次欧洲青年汉学家会议，并在会上作了关于新中国考古发掘的报告。

1957 年（丁酉）48 岁

春，为考古所见习员训练班讲授田野考古方法。为中央民族学院历史系讲授考古学通论。

7月，发表《中国最近发现的波斯萨珊朝银币》，开始进行中西交通史的考古学研究。

8月，主编并参加执笔的《长沙发掘报告》，由科学出版社出版。

1958 年（戊戌）49 岁

夏，北京明定陵的发掘，在其精心指导下历时两年零两个月，顺利结束。清理万历帝后棺内文物时，

抱病深入地宫两周，日夜兼程，奋力工作，以致完全病倒，被迫疗养两个多月。

1959 年（己亥）50 岁

3月7日，加入中国共产党。

4月，出席第二届全国人民代表大会第一次会议（此后，连任第三至六届全国人大代表）。

4月，针对当时考古学界对待考古学文化的错误倾向，发表《关于考古学上文化的定名问题》，科学地阐述考古学文化的含义、划分标准和定名条件，从而统一大家的认识，极大地推进中国史前时期考古研究的健康发展。

10月，出席全国先进集体和先进个人代表会议，并为主席团成员。

1960 年（庚子）51 岁

任《辞海》修订稿考古学分科主编，组织考古所有关人员进行撰写工作。

1961 年（辛丑）52 岁

8月，主编《新中国的考古收获》（考古所人员集体撰写），由文物出版社出版。

10月，集结本人前此发表的重要论文为《考古学论文集》，由科学出版社出版。

1962 年（壬寅）53 岁

3月29日，被任命为中国科学

院考古研究所所长。

9月，发表《新中国的考古学》，通过总结已有的考古研究成果，阐明中国考古学的基本课题。

1963年（癸卯）54岁

4月，发表《新疆新发现的古代丝织品——绮、锦和刺绣》，考察新疆出土汉唐时代丝织品的纺织工艺和图案纹样，兼论中西交通史的问题，从而开拓了中国科技史的考古学研究。

12月，参加张友渔为团长的中国学术代表团，前往日本访问。

1964年（甲辰）55岁

8月，参加周培源为团长的中国科学代表团，出席1964年北京科学讨论会。

1965年（乙巳）56岁

2月，发表《洛阳西汉壁画中的星象图》，指明古代星象研究需要采取的正确方法。

5月，与刘大年等去拉瓦尔品第，参加巴基斯坦历史学会第十五次年会，并在会上作了题为《中巴友谊的历史》的讲演。

年末，考古所碳十四断代实验室在其筹划和指导下，经过六七年的艰苦努力，终于建成。这是全国同类实验室中建立时间最早、测定数据最多的一座，为构建中国史前文化的年代框架发挥了重要作用。

1966年（丙午）57岁

3月，接待越南考古代表团，并陪同去西安、重庆、昆明、长沙访问。

8月起，因"文化大革命"，被迫停止工作，监督劳动。

1968年（戊申）59岁

在身处逆境的情况下，依然关心满城汉墓出土文物的修复工作，暗中向有关人员提出具体意见。

1970年（庚戌）61岁

5月，下放河南息县的"五七"干校。其间，利用休息时间，考察当地发现的古代遗址。

10月，因夫人患病需要照顾，调回北京。

1971年（辛亥）62岁

2月，主持《中国历史地图集》中原始社会遗址分布图的编绘任务。

3月，参加考古所为阿尔巴尼亚修复著名的"培拉特新约福音书"古写本羊皮书的任务（10月结束）。

5月，参加接待应中国科学院院长郭沫若邀请来我国访问的日本社会科学代表团，并开始在新闻报道中"亮相"。

9月，与王仲殊等筹备恢复《考古学报》和《考古》两种刊物，参与策划和领导中国出土文物的出国展览工作。

1972 年（壬子）63 岁

2 月，参加 21 日周恩来总理为欢迎美国总统尼克松而举行的国宴，及 25 日尼克松总统的告别宴会。

9 月，与王仲殊代表中国科学院去阿尔巴尼亚，参加在地拉那大学举行的第一次伊利里亚人研究会议，并进行学术访问。

12 月，参加在长沙召开的马王堆一号汉墓女尸解剖工作会议，与各方面专家共商解剖方案，并对主刀医师进行具体指导。

1973 年（癸丑）64 岁

4～6 月，与王仲殊等组成中国考古小组去秘鲁、墨西哥进行学术访问。

9 月，与王冶秋率领代表团前往英国，参加"中华人民共和国出土文物展览"开幕式，并进行学术访问。

9 月，发表《河北藁城台西村的商代遗址》的《读后记》，指出台西遗址出土的铁刃铜钺，虽然做过化学分析和金相考察，"并不排斥这铁是陨铁的可能"，"不能确定其系古代冶炼的熟铁"。后约请北京钢铁学院柯俊教授作进一步检测，完全证实他的论断，从而否定我国早在商代已进入铁器时代的错误推断，避免了中国科技史研究的一场混乱。

12 月，亲临长沙马王堆二、三号汉墓发掘现场，进行发掘工作的具体指导。

1974 年（甲寅）65 岁

6 月，英国学术院来信通知，被推选为该院通讯院士。

8 月，任北京大葆台汉墓发掘领导小组成员。该墓发掘期间，多次前往现场指导工作。

1976 年（丙辰）67 岁

10 月，发表《从宣化辽墓的星图论二十八宿和黄道十二宫》，对中国二十八宿体系创立年代这个聚论纷纭的问题，提出公认为比较稳妥的看法。

1977 年（丁巳）68 岁

6 月，前往河北武安县磁山遗址发掘工地视察，充分肯定当地新发现的年代早于仰韶文化的遗存，对中原地区新石器研究具有突破性意义。

7 月，发表《碳—14 测定年代和中国史前考古学》，第一次根据已有的考古发现和年代数据，全面讨论中国史前文化的谱系问题，特别是最早明确表示中国新石器文化并非黄河流域一个中心的多元说。

10 月，率领中国考古代表团，

参加伊朗全国考古中心在德黑兰召开的考古学年会，并在伊朗各地参观访问。

11月，参加国家文物局在河南登封召开的王城岗遗址发掘现场会，作了题为《谈谈探讨夏文化的几个问题》的报告，进一步指明探索夏文化的正确途径。

1978（戊午）69 岁

4月，率领中国考古代表团去希腊访问，曾参观弗吉纳新近发现的马其顿皇陵。

9月，与许涤新、钱锺书等组成中国学术代表团，出席在意大利奥蒂赛举行的欧洲研究中国协会第二十六次会议，在会上作了题为《近年来中国考古新发现》的报告。

10月，任郭沫若著作编辑出版委员会委员，主持《郭沫若全集·考古编》的编辑工作。

1979 年（己未）70 岁

4月，中国考古学会成立大会在西安举行，会上作了题为《我国考古工作的巨大成就和今后努力的方向》的报告，当选为第一届理事会理事长。会间，曾去秦始皇陵兵马俑坑发掘工地视察，提出重要的指导性意见。

4月，集结历年来根据考古新资料，运用考古学方法，创造性地研究中国科技史问题的论文，为《考古学和科技史》一书，由科学出版社出版。

5月，与周扬率领中国学术代表团前往日本访问。其间受到日方特别邀请，单独进入奈良高松冢古坟内部参观。

12月，出席联合国教科文组织在泰国曼谷召开的起草亚洲历史名城研究计划专家会议。

1980 年（庚申）71 岁

4月，重建中国史学会的代表大会在北京举行，会上当选为第二届理事会常务理事（1983 年 4 月选举产生的第三届理事会连任）。

4月，与宦乡率领中国社会科学院代表团前往英国访问。

5月，率领中国考古代表团前往美国，参加由纽约大都会艺术博物馆和美国学术协会中国文化研究委员会共同举办的中国青铜器国际讨论会，在会上作了题为《湖北铜绿山古铜矿的发掘》的报告。

8月，率领中国历史学家代表团一行 13 人，参加在罗马尼亚布加勒斯特举行的第十五届国际历史科学大会。会上，作了题为《中世纪中国和拜占庭的关系》的报告。

10月，应瑞典哥德堡大学的邀请，作为 1980 年"菲力克斯·纽伯格讲座"的讲演人在该校公开讲演，讲演内容为中国的考古研究成绩。又接受纽伯格奖。

12月，被任命为国务院学位委员会委员。

1981年（辛酉）72岁

3月，《中国大百科全书》考古学卷分编委会，经两年多的筹备，在北京正式成立，被聘任为分编委会主任。

3～4月，应邀去美国讲学。在堪萨斯大学，作为1981年"穆菲讲座"的讲演人在该校公开讲演，并主持研究生讨论班。又在美国亚洲协会（纽约中心和华盛顿分会）、哈佛大学、加州大学（洛杉矶分校和伯克利分校）、斯坦福大学等处，多次公开讲演。讲演的题目有《汉代的丝绸和丝绸之路》、《汉代玉器传统的继承和变化》等。

11月，联合国教科文组织在法国巴黎召开《人类科学文化史》国际委员会史前组编写会议，应邀以该组成员身份出席会议。

所著《〈真腊风土记〉校注》一书，由中华书局出版；《中国考古学研究》（日文本），由日本学生社出版。

1982年（壬戌）73岁

3月，任国务院古籍整理出版规划小组成员。

4月，前往湖北江陵，考察当地楚墓新近发掘出土的大批战国丝织品。

8月30日，任中国社会科学院副院长。

9月，与胡厚宣、张政烺等学者前往美国，参加在夏威夷举行的中国商文化国际讨论会，作了题为《商代玉器的分类、定名和用途》的报告。

10月，出席全国哲学社会科学规划座谈会。后任全国哲学社会科学规划领导小组考古学科规划小组组长。

12月，被德意志考古研究所推选为通讯院士。

12月，任中国社会科学院考古研究所名誉所长、中华人民共和国国家历史地图集编纂委员会委员（1983年8月任副主任委员）。

1983年（癸亥）74岁

2月，文化部聘请16位专家组成国家文物委员会，以加强对文物保护工作的指导、计划和检查，提供咨询意见。任该会主任委员。

3月，应日本广播协会（NHK）的邀请，在东京、福冈、大阪三地作公开讲演，通过电视向日本全国广播。讲演的题目有《中国考古学的回顾和展望》、《汉唐丝绸和丝绸之路》、《中国文明的起源》。讲演稿的译文，以《中国文明的起源》为书名，在日本出版。

5月，中国考古学会第四次年会在郑州举行，当选为第二届理事会理事长。

6～7月，应德意志考古研究所的邀请去德国访问，在该所作了关于汉唐丝织品的报告；又应瑞士伯尔尼大学的邀请去瑞士访问，在该校作了关于中国考古新发现的报告。

8月，中国考古学会、中国社会科学院考古研究所和联合国教科文组织联合举办的亚洲地区（中国）考古讨论会在北京和西安举行。在开幕式上被选为讨论会主席，又提出关于中国考古工作概况的报告。

9月，去广州象岗山西汉南越王墓发掘工地，进行现场指导。

12月，瑞典皇家文学、历史、考古科学院授予外国院士荣誉称号。

12月，第二届国际中国科技史研讨会在香港举行，以中国代表团顾问的身份前往出席。在开幕式上，作了题为《中国科技史和中国考古学》的报告。

1984年（申子）75岁

3月，出席文化部文物局在成都召开的1983年考古发掘工作汇报会，做了关于注意提高考古发掘质量的讲话。

应邀担任联合国教科文组织《人类科学文化史》国际委员会第一卷编委和第二卷副主编。4月，前往法国巴黎出席第一卷正、副主编会议。9月，去巴黎出席第二卷正、副主编会议。

5月，被美国全国科学院推选为外籍院士。

5月，主编的《新中国的考古发现和研究》一书（考古研究所人员集体撰写），由文物出版社出版。

8月，第三届国际中国科技史研讨会在北京举行，以中国代表团顾问身份参加会议。

10月，第三世界科学院授予院士称号。

10月，参加在安阳举行的全国商史学术讨论会，并在开幕式上讲话。

12月，参加在北京举行的北京猿人第一个完整的头盖骨发现50周年纪念会，并在会上讲话。

1981年去美国讲学的部分英文译稿，以《汉代的玉器和丝绸》为书名在美国出版。

1985年（乙丑）76岁

1月，被意大利近东远东研究所授予通讯院士称号。

3月，中国考古学会第五次年会在北京举行。在开幕式上作了题为《考古工作者需要有献身精神》的讲话。又在理事会上宣布，将自己坚持艰苦朴素生活节省下来的3万元人民币，捐赠给中国社会科学院考古研究所，作为面向全国的考古学研究成果奖金的基金。

5月，在北京主持召开《中国大百科全书》考古学卷分编委会扩大会议，进行考古学卷的定稿工作。《中国大百科全书》考古学卷，集中体现了中国考古研究的巨大成就。该书的编写过程中，他本人除具体审定全书的框架结构和大量稿件外，还（与王仲殊合作）撰写了卷首的概观性特长条《考古学》。

6月6～10日，前往洛阳对考古研究所偃师商城等发掘工地进行最后一次现场指导，并去龙门石窟等处视察。

6月17日下午，正在继续审阅《中国大百科全书》考古学卷有关稿件时，因患脑溢血突然病倒。经多方抢救无效，于6月19日下午4时30分在北京医院逝世，终年76岁。他献身中国的考古事业，孜孜不倦地奋斗了整整50年，直到生命的最后一息。

6月29日，夏鼐遗体告别仪式在北京医院举行。胡耀邦、邓小平、赵紫阳、彭真、万里、习仲勋、王震等党和国家领导人，以及全国人大常委会、国务院、中共中央组织部、中共中央宣传部等200多个单位和个人送了花圈；习仲勋、方毅、杨尚昆、宋任穷、胡乔木、邓力群、严济慈、费孝通等党和国家领导人，胡绳、梅益、张友渔、许涤新、吕叔湘、钱钟书等中国社会科学院领导和知名学者，以及首都各界人士近千人，出席了告别仪式。

夏鼐逝世后，考古研究所将他的论著编辑为《夏鼐文集》，于2000年9月由社会科学文献出版社出版。

编　后　记

　　2003 年 9 月，中国社会科学院科研局委托考古所选编《夏鼐集》。在征询部分老专家的意见后，当时的所长刘庆柱和主管编辑出版的副所长白云翔指定由姜波负责选编文集。经过精心挑选，编者从夏鼐先生生前发表的诸多作品中初选出《夏鼐集》篇目，共计 53 篇。2003 年 11 月，在征询部分学者意见后，二审确定篇目 40 篇。2004 年初，经王仲殊、王世民、刘庆柱等第三次审定，送请中国社会科学院科研局副局长王正同志审核，最终选定篇目为 25 篇，并确定了文集的基本框架。另选一篇文章做代序，文集共计 26 篇文章。

　　本文集篇目的选定，以夏鼐先生公开发表的学术论文为限，田野发掘报告和学术专著因篇幅问题未予收录（仅节录有《辉县琉璃阁》"战国车马坑"一节）。论文的研究内容，主要集中在夏鼐先生成就最著的史前考古、科技史和中西交通史三大领域，兼及考古学基础理论、科技考古、史料考订和外国考古等，力图以有限的篇目展现夏鼐先生的学术成就与治学特点。

　　《夏鼐集》入选篇目的写作年代前后跨越五十余年，从二十世纪四十年代一直延续到八十年代，其中部分篇目还曾多次修订、重版。有鉴于此，本文集所选篇目一律以最后一次出版的文稿为底本，同时参校其它版别，以尽量保持夏鼐先生著作的原貌。为此，考古所王世民先生和中国社会科学出版社编辑李是同志付出了不少心血。

考古所现任所领导齐肇业、王巍、白云翔、陈星灿非常关心文集的编辑出版工作，夏鼐先生家属和许多曾在夏鼐先生身边工作过的学者也给与了很多的支持。夏先生治学严谨、著述丰厚、成就卓越，从其卷轶浩繁的著作中选编文集，实在是一件不易的事情。限于编者的学识和水平，篇目的选定和内容的编排方面肯定有不到之处，敬请读者谅解。但有一点，我们深信，夏鼐先生在中国考古学史上的卓越成就，以及他作为一个学者的人格魅力，将永远被后人所铭记。

编　者

2008 年 6 月 6 日